TRÉSOR PUBLIC ET POLITIQUE FINANCIÈRE EN CÔTE D'IVOIRE

Des origines à nos jours

Patrick K. N'Gouan

TRÉSOR PUBLIC ET POLITIQUE FINANCIÈRE EN CÔTE D'IVOIRE

Des origines à nos jours

Préface de Joseph Y. Yao

L'Harmattan

DU MEME AUTEUR

Marché local, national et international,
(en collaboration avec Jean-Claude Lavigne),
Editions Economie et Humanisme, 1990, Lyon, France.

Système d'organisation associative,
Editions du Flamboyant, 1996, Cotonou, Benin.

5-7, rue de l'École-Polytechnique ; 75005 Paris
http://www.harmattan.fr
diffusion.harmattan@wanadoo.fr
harmattan1@wanadoo.fr
ISBN : 978-2-343-05594-7
EAN : 9782343055947

A la mémoire de Jean-Baptiste N'Da N'Gouan,
mon valeureux et généreux père.

« Lorsque quelqu'un est perdu dans la forêt dense,
qu'après plusieurs jours de battue, on le déclare disparu,
seuls Dieu et lui-même restent encore témoins de son existence ».
Jean-Baptiste N'Da N'Gouan

Avant-propos

Cet ouvrage a été rédigé en 2013, à l'occasion du cinquantenaire du Trésor Public de Côte d'Ivoire, devenu autonome par rapport au Trésor français en 1963. De par ses rôles dans la mobilisation des ressources, dans le paiement des dépenses et le financement du solde budgétaire, le Trésor Public joue un rôle pivot dans la politique financière de l'Etat. Or, la politique financière publique a évidemment des impacts sur les grands équilibres macroéconomiques à travers la croissance du revenu national, la maitrise de l'inflation et le solde des comptes extérieurs. Même si nous nous limitons, dans le cadre de cet ouvrage, aux seuls aspects macroéconomiques, rappelons tout de même que la politique financière de l'Etat a aussi des impacts microéconomiques à travers le prélèvement sur les revenus des ménages et des entreprises, la répartition de la dette publique sur les citoyens et l'affectation des ressources budgétaires à l'amélioration du bien-être individuel et collectif.

En outre, la politique financière de la Côte d'Ivoire affecte largement celle de toute l'Union Economique et Monétaire de l'Afrique de l'Ouest (UEMOA).

Ainsi, le Trésor Public ivoirien, impliqué dans toutes les opérations de l'Etat aux effets macroéconomiques et microéconomiques, apparait comme un centre d'intérêts multiples aux niveaux national et sous régional.

Il s'avère alors nécessaire de proposer une présentation des grands axes de ses missions, de son fonctionnement au fil des années et des nécessités de son renforcement en rapport avec quelques enjeux et perspectives financières internationale, sous régionale et nationale.

A cet effet, nous adressons notre gratitude à Monsieur Koné Adama, Directeur Général du Trésor et de la Comptabilité Publique (DGTCP) pour son soutien à la réalisation de cette œuvre. Notre reconnaissance s'exprime aussi à tout le personnel du Trésor Public et, en particulier, à Monsieur Edmond Gnamien Koukoura, expert du Pôle Dette ainsi qu'à tous les amis de la Direction de la Dette Publique, de la Direction du Trésor, de la Direction de la Comptabilité Publique et de la Direction de la Comptabilité Para Publique.

Nos remerciements sont enfin destinés aux collègues de différents services du Ministère de l'Economie et des Finances qui ont accepté d'apporter des contributions déterminantes, en mentionnant spécialement Messieurs Clément N'Cho Dagui de la Direction Générale de l'Economie (DGE) et Ezéchiel Bah de la Direction Générale du Budget et des Finances.

Préface

Une consultation rapide de la documentation électronique permet de constater qu'il y a peu d'écrits scientifiques et analytiques d'exigence académique sur le Trésor Public de la Côte d'Ivoire. Le travail de Dr N'Gouan vient opportunément combler un vide pour chercheurs, professionnels et étudiants mais aussi pour la documentation générale sur le Trésor Public en Afrique Francophone.

Le livre de Dr. N'Gouan est riche en ce qu'il fournit un rappel historique des politiques économiques et financières de la Côte d'Ivoire tant pour la période coloniale que précoloniale, dans les sociétés traditionnelles ivoiriennes. Ces informations, souvent inédites, présentées dans la première partie de l'ouvrage, renseignent sur l'économie politique de ces sociétés. Contre toute attente, l'auteur tire des enseignements voire des leçons de politique financière de ces sociétés dites arriérées, pour la gestion des finances publiques modernes.

La deuxième partie de l'œuvre renvoie au cœur des finances publiques ivoiriennes en montrant les articulations entre le Trésor et la politique financière durant quarante années considérées comme celles de stabilité politique (1960-1999). Elle renseigne notamment sur le mode de financement des plans quinquennaux de développement jusqu'à la fin des années 1970, le rôle joué par le Trésor dans les premiers programmes d'ajustement structurel (1981-1993) et sa contribution dans la gestion de la dévaluation de 1994 à 1999.

L'auteur situe, dans la troisième partie, en période d'incertitudes (fin des années 1990) puis de crise politico institutionnelle (2000-2011), la place occupée par le Trésor Public dans les réformes financières et comptables réalisées ou entreprises malgré tout. Il présente aussi la contribution du Trésor Public au financement des programmes économiques et financiers de l'Etat, en particulier, la mobilisation des ressources pour le paiement des dépenses publiques et parapubliques ainsi que les modalités de financement du solde budgétaire.

Dans chacune des trois parties, il souligne les mutations d'ordre institutionnel, administratif, financier et comptable intervenues dans le fonctionnement du Trésor Public ivoirien à l'effet de s'ajuster aux besoins de la politique financière de l'Etat, et de manière plus générale, de l'Union Economique et Monétaire Ouest Africaine (UEMOA).

Dans cette optique, la dernière partie de l'ouvrage est consacrée à quelques enjeux et perspectives de politiques financières internationales, sous régionales et nationales qui requièrent des réformes conséquentes dans le fonctionnement du Trésor Public ivoirien pour une plus grande efficacité.

L'ouvrage de Dr. N'Gouan, associant la précision des informations fournies et la richesse des enseignements, constitue une contribution originale et majeure aux réflexions sur la politique financière de l'Etat.

Professeur Joseph Y. Yao
PhD, Agrégé de Sciences Economiques
Directeur Honoraire du CIRES (Centre Ivoirien de Recherches Economiques et Sociales)

Sigles et abréviations

AOF : Afrique Occidentale Française
BCEAO : Banque Centrale des Etats de l'Afrique de l'Ouest
CAA : Caisse Autonome d'Amortissement
CDMT : Cadre de dépenses à moyen terme
CEDEAO : Communauté Economique des Etats de l'Afrique de l'Ouest
CEMAC : Communauté Economique et Monétaire de l'Afrique Centrale
CGAF : Compte Générale de l'Administration des Finances
CGE : Comptabilité Générale de l'Etat
CIMA : Conférence Interafricaine des Marchés d'Assurance
CIRES : Centre Ivoirien de Recherches Economiques et Sociales
CUT : Compte unique du Trésor
DCPE : Direction de la Conjoncture et de la Prévision Economique
DDP : Direction de la Dette Publique
DGBF : Direction Générale du Budget et des Finances
DGD : Direction Générale des Douanes
DGE : Direction Générale de l'Economie
DGI : Direction Générale des Impôts
DGTCP : Direction Générale du Trésor et de la Comptabilité Publique
EPN : Etablissement public national
IFI : Institutions financières internationales
LOLF : Loi organique relative à la loi de finances
MEF : Ministère de l'Economie et des Finances
PAS : Programme d'Ajustement Structurel
PCE : Plan comptable de l'Etat
PEF : Programme économique et financier
PEMFAR : Public expenditure management and financial accountability review
PNG : Position nette du gouvernement
RGCP: Règlement général sur la comptabilité publique
SIGFIP : Système intégré de gestion des finances publiques.
TOFE: Tableau des opérations financières de l'Etat
TPCI : Trésor Public de Côte d'Ivoire
UEMOA : Union Economique et Monétaire Ouest Africaine

Introduction générale

L'Etat, en tant qu'agent économique, contribue à l'atteinte des objectifs macroéconomiques, à savoir le plein emploi, la stabilité des prix et les équilibres interne et externe. En effet, l'intervention de l'Etat, à travers ses rôles microéconomique (allocation et répartition) et macroéconomique (politiques conjoncturelles et structurelles), et les modalités de leur financement, ont des incidences sur la croissance, l'inflation et le taux de change, pouvant donner lieu à des effets d'éviction ou d'entraînement. La politique financière de l'Etat consiste à mobiliser des ressources publiques pour financer les dépenses et le solde budgétaires.

En Côte d'Ivoire comme dans tous les pays africains, l'Etat a été le fer de lance de la croissance et du développement durant les deux premières décennies des indépendances (1960 à 1980). Cependant, depuis la fin des années 1970, la crise financière persistante a fait adopter, au début des années 1980, une première génération de programmes d'ajustement structurel (PAS) qui ont amené l'Etat à réduire sensiblement ses interventions. Après la dévaluation monétaire de 1994, l'Etat est revenu surtout dans le cadre des volets sociaux de la deuxième génération des PAS. La première décennie du 21ème siècle a été marquée, en Côte d'Ivoire, par une crise militaro politique aux conséquences financières énormes. Les programmes économiques et financiers ont été conduits dans un environnement d'incertitudes permanentes.

Malgré cela, de grandes réformes de la politique financière ont été effectuées avec le soutien des partenaires au développement. La finalité de ces réformes financières et comptables entreprises est l'accroissement de la transparence et de la performance dans la gestion des finances publiques, constituant ainsi, un véritable défi de gouvernance financière.

Or, la politique financière de l'Etat ivoirien est soumise à des contraintes, dont :

- les mesures déflationnistes contenues dans les PAS ;
- la politique budgétaire restrictive inscrite dans le cadre des critères de convergence de l'UEMOA (Union Economique et Monétaire Ouest-Africaine);
- la politique monétaire restrictive de l'UEMOA ;
- la suppression, depuis janvier 2002, des concours de la Banque Centrale au Trésor Public, en vue de préserver l'indépendance de cette institution ;
- le fardeau de la dette publique inscrite au titre 1 (priorité) du budget de l'Etat.

Face à une telle situation, l'Etat ivoirien cherche à desserrer ses contraintes financières en ayant souvent recours à une gestion appropriée des ressources, dépenses et soldes budgétaires.

Quelle contribution le Trésor Public, situé au cœur de cette politique financière, peut apporter pour l'atteinte de cet objectif ?

Depuis sa création en 1963, le Trésor Public de Côte d'Ivoire est en constante mutation, sur la base des changements intervenant dans les décrets définissant ses attributions et son organisation. Mais, ces mutations, pour être efficaces, devraient être rationnalisées au sein des missions essentielles du Trésor Public moderne telles que définies par Jurgensen et Lebègue (1988, P.19) en ces termes : « Le Trésor est un service de l'Etat qui assure le maintien des grands équilibres monétaires et financiers :

- en effectuant les opérations de caisse, de banque et de comptabilité nécessaires à la gestion des finances publiques ;
- et en exerçant des activités de tutelle, de financement et d'impulsion en matière économique et financière. »

Cette définition implique que le Trésor Public doit contribuer à réaliser les grands équilibres macroéconomiques, assurer l'équilibre de trésorerie pour faciliter l'exécution des lois de finances, tenir la comptabilité publique et exercer des fonctions de représentation financière de l'Etat à l'intérieur comme à l'étranger.

L'objectif général de cet ouvrage est alors de rechercher la contribution que peut apporter le Trésor Public à l'amélioration de la performance de la politique financière de l'Etat en Côte d'Ivoire.

De manière spécifique, il s'agit de :

- tirer des enseignements des expériences passées de politique financière et du rôle joué par le Trésor Public ;
- comprendre les enjeux, défis et perspectives des politiques financières internationale, sous régionale et nationale ;
- proposer des voies de réformes du Trésor Public lui permettant de s'ajuster par rapport aux challenges présents et à venir.

Les objectifs amènent à examiner la problématique centrale de l'ouvrage selon deux grands axes de réflexions.

Le premier axe est un essai d'évaluation des politiques financières menées dans la Côte d'Ivoire précoloniale, coloniale, indépendante et moderne et le rôle joué par le Trésor Public durant tout ce parcours. Cet axe couvrira les trois premières parties de l'ouvrage, à savoir :

- un bref rappel historique des politiques économiques et financières dans la Côte d'Ivoire précoloniale et coloniale pour en tirer des enseignements ;
- une analyse de l'évolution de la politique financière de l'Etat et du rôle joué par le Trésor Public ivoirien de 1963 à 1999 ;
- une description des grandes réformes financières et comptables et de la contribution du Trésor Public au cours de la douzaine d'années d'incertitudes politiques (2000-2012).

Le second grand axe de réflexion constitue la quatrième partie et porte sur des enjeux, défis et perspectives des politiques financières internationales et sous régionales pouvant aider à orienter la politique financière nationale.

Pour que la réforme cours puisse atteindre pleinement ses finalités de transparence et de performance de la gouvernance financière, le Trésor Public, qui est au cœur de tout le dispositif, pourrait envisager de se réformer afin de mieux contribuer à relever les défis.

PREMIERE PARTIE
BREF RAPPEL HISTORIQUE ET ENSEIGNEMENTS TIRES DE L'ORGANISATION ECONOMIQUE ET FINANCIERE DANS LA CÔTE D'IVOIRE PRECOLONIALE ET COLONIALE.

Les souvenirs sont nos forces. Quand la nuit essaie de revenir, il faut allumer les grandes dates, comme on allume des flambeaux.

Victor Hugo[1]

L'espace territorial que constitue la Côte d'Ivoire actuelle était habité par des peuples organisés en communautés locales ou en Etats centralisés. L'observation attentive de ces peuples révèle qu'ils menaient des activités économiques et financières dépassant les seuls trocs pour se hisser, au moyen de signes monétaires, au niveau d'une véritable économie de marché. Ils avaient des notions de finances publiques leur permettant d'assurer des services d'intérêt collectif.

Mais, la déstructuration de leur mode de production et de leur système financier par les colonisations arabes et européennes ont débouché sur de nouveaux types de rapports en matière de politiques économiques et financières.

Le retour dans les périodes précoloniale et coloniale peut fournir des enseignements pour les analyses des politiques financières publiques modernes. Ils portent, notamment, sur la décentralisation financière, la stabilité institutionnelle et la gestion des finances publiques.

Cela amène à faire :

- un aperçu des activités économiques et financières de la Côte d'Ivoire précoloniale ;
- une présentation des pénétrations arabes et européennes et les déstructurations des modes d'organisations économiques et financières en Afrique de l'Ouest du 7ème au 20ème siècle ;
- une description des politiques économiques et financières dans l'Afrique Occidentale Française et dans la Côte d'Ivoire coloniale jusqu'à l'indépendance.

---

[1] Victor Hugo (1802-1885), célèbre écrivain français et intellectuel engagé.

Chapitre I : Activités économiques et financières dans la Côte d'Ivoire précoloniale.

La politique financière et, de manière générale, les mécanismes de création et de répartition des richesses dans la Côte d'Ivoire précoloniale étaient différents selon qu'il s'agissait de sociétés à systèmes d'organisations déconcentrées ou de peuples à Etats centralisés.

Section 1 : Caractéristiques économiques et financières des sociétés précoloniales à systèmes d'organisations déconcentrées.

Les sociétés précoloniales déconcentrées ont des modes de production lignagère et de gestion locale très avancée. N'accordant pas de priorité à des ambitions de conquêtes hégémoniques, ces peuples sont organisés dans des cadres de communautés villageoises. En Côte d'Ivoire, on rencontre ce type de société dans les groupes Akan lagunaire, Krou et Gour.

§.1. Organisation économique et financière des Akan lagunaires

Les Akan lagunaires occupent les régions lagunaires et côtières du centre-sud du pays : Abbey, Abouré, Adjoukrou, Ahizi, Akyé, Alladian, Avikam, Ebrié, Eotilé, Mbatto...

Ils forment des sociétés à classes d'âge. La classe d'âge est une institution politique, économique et militaire qui lie des individus appartenant à une même tranche d'âge. Les dirigeants sont choisis parmi les éléments de la classe d'âge au pouvoir pour une durée limitée et non renouvelable. En effet, la gestion du pouvoir est cyclique et par succession de classes d'âges.

A la différence des Akan forestiers, les lagunaires n'ont pas d'institutions étatiques centralisées. Ils ont tout de même gardé des éléments caractéristiques des Akan : la succession matrilinéaire, le goût du prestige, du raffinement et de l'organisation. Ils sont agriculteurs, pêcheurs, chasseurs, artisans et exploitants de minerais.

La classe d'âge au pouvoir gère les finances publiques. Elle perçoit les contributions en nature ou en espèces pour assurer les services publics : justice, sécurité, défense, santé publique, infrastructures etc. Les instruments monétaires étaient des barres de fer ou de cuivre, la poudre d'or, le sel....

Leur proximité avec les Akan lagunaires à Etats centralisés (N'Zima et Agni Sanvi) les amenait à utiliser fréquemment la poudre d'or comme numéraire dans les transactions commerciales.

§.2. Organisation économique et financière des Krou et Mandé du Sud.

Le Groupe Krou, composé de Bété, Gouro et Wè, occupe le centre ouest et le sud- Ouest de la Côte d'Ivoire. Le peuple Mandé du Sud ou Dan fait partie du grand groupe Mandé de l'extrême ouest. Hormis les similitudes vestimentaires et les proximités linguistiques avec les mandé du Nord, les Dan ont des institutions religieuses, politiques, juridiques, économiques, financières et sociales plutôt proches de celles des Krou et régies, d'une certaine manière, par les masques. Au plan économique, les masques veillent au bon déroulement des semailles et des récoltes. Ils interviennent pour conjurer les puissances maléfiques afin de prévenir ou arrêter les calamités naturelles qui peuvent bouleverser les données de la vie agricole et menacer, par conséquent, la survie de la communauté.

Dans des sociétés où la diplomatie était souvent impuissante face à la belligérance pour régler des conflits, la bravoure était considérée comme une norme sociale de puissance.

Le système de production lignager est basé sur la satisfaction des besoins essentiels de la communauté et sur la production d'un certain nombre d'articles pouvant servir aux échanges commerciaux. Les activités économiques sont l'agriculture, la chasse, l'artisanat, le travail des métaux, notamment le fer et le cuivre. Au-delà de la consommation propre à toute économie de subsistance, il existait un processus d'accumulation portant sur des biens de production, de commercialisation et de thésaurisation (épargne). Les biens de production sont essentiellement des outils agricoles fabriqués à partir du fer et du bois. Le commerce avait un double intérêt social et économique. Les relations commerciales au sein du groupe Krou (Bété, Gouro, Wè) voire avec des peuples voisins (Baoulé, Gagou...) contribuaient au rapprochement social, selon l'examen minutieux fait, en ce qui concerne les Gouro, par Claude Meillassoux1. La portée économique de ces rapports se dégageait non seulement de l'intérêt accordé à chaque produit, mais aussi de la politique de thésaurisation. Les commerçants Dioula facilitaient le commerce lointain avec les peuples de la savane, voire du sahel. Les instruments monétaires étaient des barres de fer ou de cuivre, du sel....

Les services publics comme la santé publique, la justice, la sécurité, la défense et les infrastructures étaient assurés occasionnellement par des groupes mandatés (sages, jeunes...) sous la direction ou la supervision des

[1]Claude Meillassoux (1962) : L'économie des échanges précoloniaux en pays gouro, in Cahiers d'études africaines, n° 12, vol. III, pp.553-555.

masques. La mobilisation des ressources en nature ou en espèces suivait des procédures garanties par les masques ou simplement par les sages.

§.3. Organisation économique et financière des Gour.

Les peuples Gour ou voltaïques sont composés essentiellement de Koulangos, Sénoufos et Lobis. Les Koulangos sont le seul peuple Gour à avoir un royaume, si bien que dans le cadre de cette étude, ils seront classés dans la catégorie des Etats centralisés. Les Gour occupent le Nord Est et le Centre Nord de la Côte d'Ivoire. Les lignes ci-dessous, extraites de l'Encyclopédie Universalis, donnent des éléments synthétiques utiles sur les peuples Sénoufos et les Lobis. Les sénoufo vivent dans des villages isolés et indépendants les uns des autres, sans pouvoir centralisé. C'est une société lignagère, l'autorité à l'intérieur du clan revient au patriarche. Le chef de terre est un descendant du lignage fondateur du village, il est gardien et dépositaire du fétiche du village. Ses prérogatives s'exercent dans les domaines foncier et rituel, mais ne lui confèrent pas, pour autant, un pouvoir politique. Les affaires villageoises sont collectivement gérées par un conseil d'anciens. Les Senoufo, quoique ne dépendant pas d'une autorité centrale, ont un système socio politique assimilable à une théocratie locale illustrée par le « bois sacré » situé à la périphérie de chaque village. Ils disposent aussi d'un système d'éducation formelle à travers la formation initiatique du Poro.

Les Lobis sont un peuple très indépendant dont l'organisation sociale est pratiquement acéphale. En effet, même les villages ne sont pas dirigés par des chefs au sens politique du terme. Un collège, constitué par tous les chefs de famille, fait office de tribunal et se réunit pour résoudre des problèmes précis, son autorité étant cependant limitée.

La communauté villageoise est dirigée par un chef religieux, prêtre de l'autel de la Terre et descendant en ligne patrilinéaire du premier occupant du sol. Ce prêtre, qui a la responsabilité du maintien des bonnes relations avec la terre, assure donc le bien-être de la communauté. Il n'a surtout pas de pouvoir politique.

Les Gour pratiquent l'agriculture, la chasse, l'élevage, l'artisanat, le travail du fer et du bronze, les activités aurifères[1] et le commerce facilité par leur proximité avec les peuples malinké. Les instruments monétaires sont les cauris, les perles et les barres de fer.

La thésaurisation est essentiellement constituée de réserves de céréales et de cheptel. L'accumulation de certains métaux précieux, notamment l'or, fait partie des signes de richesse. Le collège des chefs de familles mobilise les ressources publiques (en nature ou en espèces), ordonnance les dépenses publiques et veille à leur exécution.

---

[1] Très développées chez les Lobis.

Section 2. Quels enseignements tirer de l'économie et de la finance des sociétés à systèmes d'organisations déconcentrées ?

Les peuples sans Etats centralisés sont souvent regardés à première vue, comme des populations quelque peu « barbares », vivant dans l'inorganisation (ou dans une organisation acéphale), l'indiscipline et finalement dans un retard de civilisation. Mais, la civilisation signifie-t-elle la concentration du pouvoir, censé relever de la souveraineté du peuple, dans les mains d'une famille régnant sur un royaume ou un empire uniquement sur des bases d'ascendance?

En fait, les sociétés déconcentrées ne nourrissaient pas d'ambition hégémonique sur d'autres peuples ; d'où leur désintérêt pour des stratégies politiques de conquêtes puis de constitutions d'empires ou de royaumes. Contrairement aux structurations pyramidales et aux différenciations sociales très marquées dans les royaumes et empires, les sociétés déconcentrées étaient plus égalitaires, solidaires et avaient développé un sens plus élevé de communautarisme.

Ainsi, au lieu de regarder ces peuples comme des sociétés arriérées, car sans Etat central, il apparait plus approprié de parler de sociétés à systèmes d'organisations déconcentrées ou tout simplement de sociétés déconcentrées. Les Akan lagunaires, les Krou et les Gour, par la procédure de la démocratie directe dans les choix de leurs dirigeants, par l'alternance dans la gestion du pouvoir politique, par la responsabilisation de chaque village ou groupe de villages et par des consultations régulières sur des sujets d'intérêt collectif, pratiquaient la démocratie participative et la gestion de proximité des affaires publiques.

En l'absence d'une fiscalité formelle, les prélèvements divers, en espèces ou en nature, étaient effectués, dans la transparence, pour faire face à des charges d'intérêt collectif : sécurité, justice, santé publique, éducation communautaire, festivités, infrastructures etc.

Dans ces sociétés, la décentralisation et la déconcentration coïncidaient et l'excédent ou l'équilibre budgétaire était de rigueur.

La thésaurisation porte notamment sur le bétail, la volaille, l'or, l'ivoire et une quantité importante d'unités monétaires. La richesse joue un rôle majeur dans la distinction sociale, dans les alliances matrimoniales et dans la régulation de la société. Par exemple, elle est souvent prise en compte, en plus de la bravoure et de la sagesse, dans la désignation du chef. Elle sert de régulateur social par divers mécanismes de redistribution. Elle permettait d'acquérir des armes pour la défense de la communauté lors des conflits.

Même s'il n'y a pas de fiscalité formelle, les présents et divers avantages concédés au chef de famille ou de village permettent de faire face à des charges d'intérêt collectif : sécurité, justice, santé publique, éducation communautaire, festivités, infrastructures etc. En tout état de cause, dans ces sociétés, le budget communautaire était souvent équilibré ou excédentaire.

Au lieu de regarder ces peuples comme des populations arriérées, on doit considérer plutôt leur mode de gestion collégiale et de proximité des affaires publiques qui était en avance de plusieurs siècles sur les politiques de décentralisation voire de déconcentration actuelle.

Contrairement à l'expérience de ces sociétés à décentralisation achevée, la gestion territoriale actuelle est plus politique et administrative qu'économique et financière, aussi bien dans l'UEMOA qu'en Côte d'Ivoire.

Dans la gouvernance moderne, la décentralisation est théoriquement considérée comme une voie facilitant la gestion axée sur les résultats en ce sens qu'elle devait s'inscrire dans une logique de proximité, de transparence et d'efficacité par rapport aux aspirations des populations. Ainsi, dans tous les pays de l'UEMOA, des dispositions constitutionnelles, législatives et règlementaires reconnaissent aux collectivités territoriales, des compétences pour les services de base aux citoyens. A quelques variantes près, les attributions suivantes leur sont dévolues : éducation et santé de base, services socioculturels et sportifs, propreté et salubrité publique (gestion des ordures ménagères), gestion de certains équipements collectifs (marchés, gares routières, etc.), planification et gestion urbaine (urbanisme, voirie, domaine).

Graphique 1 : Part des collectivités locales dans la mobilisation des ressources et l'exécution des dépenses publiques en 2007 (%)

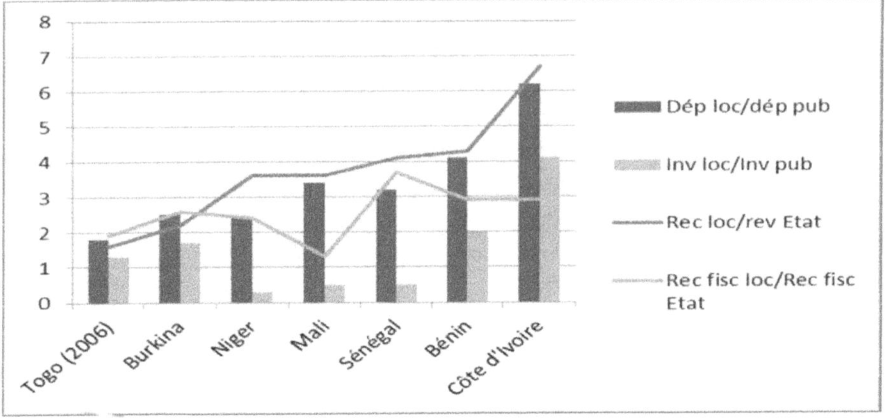

Source des données : Laboratoire Citoyenneté : Rapport d'étape dans l'écriture du livre blanc de la décentralisation financière dans l'espace UEMOA, 05 décembre 2012, PP.21-22

La Directive n°01/2011/CM/UEMOA portant régime financier des collectivités territoriales au sein de l'UEMOA est censée viser l'harmonisation de la gestion financière des collectivités territoriales au sein de l'Union. Dans tous les pays de l'UEMOA, les autorités centrales affichent une volonté de transfert de compétences aux collectivités décentralisées.

Mais les incidences financières restent en décalage avec cette volonté. Sur la figure 1, on note que dans les pays de l'UEMOA, les parts des finances locales dans les budgets nationaux restent très faibles. Même en Côte d'Ivoire, où on enregistre la plus grande décentralisation financière, les parts des dépenses locales dans les dépenses publiques (dép loc/dép pub) et des investissements locaux dans les investissements publics (inv loc/pub) sont respectivement de 6,3% et de 5,2%. De même, les ressources locales et les recettes fiscales locales représentent respectivement moins de 7% et de 3% des ressources budgétaires et des recettes fiscales totales de l'État.

En Côte d'Ivoire, on note, à travers les textes, la volonté des Autorités centrales de transférer des compétences de portée locale aux collectivités territoriales. Mais, au-delà de cette volonté affichée, le constat est l'insuffisance des moyens financiers qui leur sont accordés.

Au-delà de la volonté affichée des autorités nationales en faveur de la décentralisation, quelques observations peuvent être faites sur la politique financière en la matière. Les politiques sectorielles conduites par les ministères à travers l'administration centrale se chevauchent parfois aux compétences légalement dévolues aux collectivités territoriales.

Cette superposition de la déconcentration et de la décentralisation sur le même espace territorial met souvent devant les faits accomplis les autorités locales peu associées à la définition des politiques sectorielles nationales. Il en résulte une discontinuité entre compétences transférées et ressources nécessaires à la prise en charge effective des dépenses afférentes. En outre, des compétences importantes sont transférées aux collectivités territoriales sans commune mesure avec leurs ressources propres, généralement trop faibles. Le partenariat public-privé, qui aurait pu suppléer la faiblesse des ressources propres des collectivités territoriales, à l'instar des expériences des pays industrialisés, est absent.

En Afrique, la fiscalité locale représente 30 % du financement des collectivités locales, tandis que les transferts de l'État et la contribution des partenaires techniques et financiers en constituent 70%. Ainsi, François P. Yatta (2008) résume bien les difficultés dans la décentralisation financière de la manière suivante :

- la souveraineté des États qui fait qu'en dépit des apparences de décentralisation et de multiplication des échelles d'intervention, la prise des décisions reste largement centralisée ;
- les principes de subsidiarité et de progressivité qui caractérisent le transfert des compétences entrainent un décalage entre compétences à transférer et compétence réellement transférées ;
- la faiblesse même du système fiscal et parafiscal et la prépondérance de l'État central dans la mobilisation des ressources publiques dans tout

l'espace UEMOA. Il en découle une faiblesse des ressources internes mobilisées du fait de la sous-fiscalisation en raison de la prépondérance du secteur informel faisant reposer ainsi l'essentiel du recouvrement sur le secteur formel.

En Côte d'Ivoire, plusieurs textes organisent les transferts de compétences et de financements aux collectivités territoriales. Le MEF peut faire l'état des lieux de la situation financière des collectivités territoriales (CT) par les services du Trésor Public, notamment la Direction de la Comptabilité Publique (DCPP). Le graphique 1 fait ressortir les mêmes difficultés financières des collectivités territoriales ivoiriennes. Le fonds de roulement de l'ensemble des communes, départements et districts de Côte d'Ivoire parait positif. Mais, en retranchant les subventions du Trésor Public qui constituent 95% et 99% des trésoreries des communes et des districts et départements, leur fonds de roulement serait négatif[1].

Ainsi, contrairement aux sociétés précoloniales à organisations déconcentrées, la décentralisation financière dans l'UEMOA et en Côte d'Ivoire a besoin d'être mieux organisée.

Toutefois, force est de noter que les sociétés déconcentrées ne pouvaient pas disposer d'institutions politiques, économiques et financières solides. Dans de tels contextes, les mécanismes de production en grande quantité, d'accumulation, d'épargne et d'investissement, en un mot, de coordination de politiques économiques et financières étaient véritablement inexistants, fragiles ou très limités. Ainsi, le commerce de gros et de longue distance était concédé à des peuples disposant d'un meilleur savoir-faire, en l'occurrence les Dioulas et autres sahéliens. Les réserves de captifs et d'esclaves étaient soit assimilés, soit revendus aux Akans forestiers disposant d'institutions socio politiques plus solides ou à des marchands d'esclaves pour aller alimenter le commerce transsaharien contrôlé en grande partie par les arabes.

La conséquence de l'inexistence d'une administration solide est l'absence d'une institution financière correspondant au Trésor Public actuel.

De ce point de vue, les sociétés à Etats centralisés avaient une plus grande maîtrise de la politique économique et financière du fait qu'elles disposaient d'administrations solidement établies.

[1] Cf. graphique 7

Section 3 : Caractéristiques économiques et financières des sociétés précoloniales à Etats centralisés

Les sociétés précoloniales à Etats centralisés ont un mode de fonctionnement hiérarchisé, des institutions politiques bien établies, des administrations financières, des différenciations sociales rigides et des velléités hégémoniques. Ces modes de fonctionnement sont caractéristiques des groupes Akan et Mandé du Nord.

§.1. Organisation économique et financière chez les Akan forestiers et des savanes.

Les Akan forestiers et des savanes de Côte d'Ivoire occupent l'Est (Abron, Agni), le centre (Agni et Baoulé) et le sud-est (Agni, Abouré et N'Zima Kotoko).

Les Akan forestiers et des savanes sont généralement organisés en royaumes comportant des provinces, villages, quartiers et grandes familles. L'organisation socio politique des Akan est matrilinéaire. Hormis les Baoulé qui sont mobiles et ouverts aux autres cultures, les Akan sont généralement sédentaires et régis par des institutions politiques et administratives solides. En effet, le roi, dans l'imaginaire akan doit être intelligent, sage, pondéré et symbole de l'autorité. Sa puissance se juge au nombre de ses sujets dont il peut convertir une partie en force militaire et son prestige se mesure à la quantité de pépites et de poudre d'or en sa possession, aux objets en or, aux perles précieuses, aux objets de valeur et d'apparat, aux olifants en ivoire etc. Ces considérations étaient également valables aux niveaux des provinces, des villages et des familles.

Les activités économiques des Akan étaient l'agriculture, la pêche, la chasse, l'artisanat, l'exploitation minière (or, diamant, cuivre), les manufactures du fer, de l'or, du sel et des tissus… Le commerce et l'élevage sont des activités résiduelles.

Les instruments monétaires étaient la poudre d'or et des perles précieuses. A propos de la poudre d'or et des poids à peser, Allou René (2002, P.910) souligne que « les anciennes thèses comme celles de T. F. Garrard sont battues en brèche par les travaux de G. Niangoran-Bouah. La thèse ancienne voulait lier les poids akan à ceux des marchés islamisés de Djené et Tombouctou (dans l'actuel Mali) dont le système pondéral était basé sur le Mithqual[1] », un numéraire correspondant à des grammes d'or.

---

[1] - Garrard, T. F (1989) : Studies in akan goldweights THSG, XIII (i), p. 120, XIII (i), pp. 149-160, p. 1-17; G. Niangoran-Bouah (1991) : Problèmes de la recherche en milieu de tradition orale'', p. 12. ; Allou K. René (2002) : Histoire des peuples de civilisation Akan des

Les Akan déterminaient le prix d'une marchandise par son équivalent en poudre d'or. Une balance portative est utilisée pour les mesures. Un petit sac de poudre d'or était confectionné et utilisé à cet effet. Par exemple le nom kotokou, donné à ce sac, sert à désigner jusqu'aujourd'hui les billets de banque. Par exemple kotokou kon (1000 FCFA), kotokou yâ (100 000 FCFA), kotokou akpin (1 million de FCFA), kotokou akpin-akpin ou mgbi (1 milliard de FCFA).

Les Akan connaissaient donc les nombres en chiffres, en matière de calcul. La première pièce d'or, dénommée « l'Akey » et d'argent, appelée « le Takoe » par les Akan du Ghana ont été frappées et émises en 1796, bien avant l'arrivée des colons anglais. Elles se trouvent actuellement exposées au Musée d'Accra (Ghana).

La poudre d'or sert dans les transactions commerciales et financières. Niangoran-Bouah indique que le mot poids utilisé par les chercheurs est restrictif, alors que le terme yoboè (caillou, pierre) ne l'est pas. Or, un poids est un élément d'un système de mesure servant à déterminer la valeur pondérale d'un autre objet. Il ne se conçoit que dans un système de mesure.

Dès le 15è siècle, les européens obtiennent de la poudre d'or contre des marchandises. Eux mettent l'accent sur le poids du métal obtenu, le prenant pour une simple marchandise et pensant donc à un troc. Or les Akan mettent l'accent sur le prix, sur la valeur monétaire des marchandises achetées avec la poudre d'or. Pour les Akan, la poudre est la monnaie, il ne s'agit donc pas pour eux d'un troc mais d'un commerce monétaire. Les Européens parlent de kilogrammes d'or et les Akan parlent de bèna (benda), montant de leurs dépenses. Les Akan font la différence entre la poudre d'or qui est une monnaie et la pépite d'or qui est un patrimoine. Les Européens et les chercheurs ont ensuite cru qu'il s'agissait de poids à peser l'or, alors qu'il n'en était rien[1]. Ainsi les Akan, pour s'informer du prix d'un article, demandent sa pierre. Cette expression ne fait pas référence à une notion de poids, mais celle de prix (gwa)[2].

En plus de la poudre d'or, d'autres monnaies étaient utilisées dans les transactions (selon une certaine parité avec la poudre d'or) : cauris, bandes d'étoffe, barres de fer, etc.

Enfin, chez les Akan, la terre appartient au royaume, mais les fruits de l'exploitation reviennent aux sujets et aux familles. Les prélèvements effectués par diverses méthodes que nous verrons plus loin servent à financer les dépenses publiques.

origines à 1874, Abidjan, Université d'Abidjan, 2002, 3 volumes, 1514p. Thèse pour le Doctorat d'Etat.

[1] - Allou K. René (Idem, p. 17).

[2] gwa signifie prix et gwanou, marché ou lieu de transactions

§.2. Organisation économique et financière chez les Mandé du Nord

Les Mandé du Nord, appelés aussi Manding ou Malinké et par extension Dioulas si l'on y ajoute les Bambaras et soninkés commerçants, occupent le Nord et le Nord-Ouest de la Côte d'Ivoire. De tradition commerçante, les Dioulas sont également répandus dans toutes les régions du pays. Faisant partie des peuples ayant eu les premiers contacts avec les arabo-berbères depuis la vallée du Niger, les Dioulas se caractérisent essentiellement par l'islam, le commerce et la mobilité.

Ils formèrent, par la guerre et le commerce[1], des Etats plus ou moins instables, se composant et se décomposant, à l'image des royaumes de Kong et du Kabadougou. Même l'empire du Wassoulou, fondée par l'almamy Samory Touré, couvrant une partie de la Côte d'Ivoire, du Mali et de la Guinée, malgré l'efficacité de son organisation militaire et territoriale, ne put survivre à la pénétration coloniale.

Les Manding sont organisés en gros lignages patrilinéaires. Les lignages se regroupent en clans dispersés dans l'espace. Plusieurs clans forment un village et plusieurs villages, un canton. Les cantons sont souvent regroupés en royaumes stables ou en hégémonies éphémères. A l'inverse des sociétés Dan, la société Malinké n'était donc nullement égalitaire sans État. La société était de tradition monarchique, divisée en groupes sociaux hiérarchisés et en castes.

Les Dioulas étaient les plus grands commerçants de Côte d'Ivoire, à l'image des Wolofs du Sénégal, des Haoussas du Niger et du Nigéria et des Bamilékés du Cameroun. Ils détenaient la plus grande partie du commerce de l'or, du sel, de la cola, des tissus, des armes blanches ou à feu, de divers produits agricoles, des esclaves pour les Arabes, les Berbères et les Maures. En plus du commerce, ils pratiquaient l'agriculture (céréales et coton), l'élevage, l'artisanat et les activités manufacturières (fer, bronze...). Ils assuraient la liaison entre la Côte d'Ivoire forestière et des savanes et les régions sahéliennes. Leurs instruments monétaires étaient les cauris, les barres de fer, les étoffes...

[1]Sidi Mohamed (2008).

Section 4. Enseignements à tirer de l'organisation économique et financière des Etats centralisés.

L'observation de l'organisation économique et financière des Etats centralisés donne quelques enseignements sur la gouvernance économique et financière, l'implication de l'Etat dans l'économie, la gestion budgétaire et la gestion de la trésorerie publique.

§.1. Sur la gouvernance économique et financière

Ces sociétés, qui étaient loin de la démocratie moderne[1], maîtrisaient pourtant certains paramètres de gouvernance financière : la stabilité institutionnelle, la gestion macro-économique, la déclaration des biens et l'obligation de rendre compte dans des cercles restreints au sommet de l'Etat, la confiance de la population dans les institutions (en particulier la justice), le contrôle de la corruption...

En raison des crises militaro institutionnelles, la Côte d'Ivoire a accusé un véritable retard en matière de stabilité politique, d'obligation de rendre compte, de confiance dans la justice nationale, de contrôle de la corruption par rapport aux pays occupant les premiers rangs du classement africain en matière de gouvernance.

Parmi les pays africains actuels, seuls le Botswana, le Cap vert, le Ghana et l'Ile Maurice ont des niveaux de gouvernance institutionnelle et financière comparables à ceux de la Côte d'Ivoire précoloniale.

En matière de politique économique, passons en revue les secteurs macro-économiques.

Dans le secteur réel, les prévisions économiques dans l'Afrique précoloniale se faisaient dans un univers de l'incertain à cause d'un système économique essentiellement agricole et exposé aux aléas climatiques. A y voir de près, la situation n'a pas fondamentalement changé plusieurs siècles plus tard en Afrique. Notons tout de même que le niveau élevé de la solidarité dans les sociétés africaines précoloniales[2] générait un ensemble de mécanismes constituant une espèce de stabilisateurs automatiques au sens de la macroéconomie moderne. Quand cela ne suffisait pas, des dispositions communautaires ou royales à effets contra cycliques (ou de régulations conjoncturelles) étaient parfois prises.

Dans le secteur monétaire, contrairement à des idées reçues, les échanges commerciaux dans la Côte d'Ivoire précoloniale ne se limitaient pas à des trocs. Des instruments monétaires étaient bel et bien utilisés : la poudre d'or, les cauris, des barres et tiges de fer ou de cuivre, les pièces d'étoffes etc. Ces

[1] A l'instar de toutes les sociétés des autres continents à l'époque
[2] Et même dans une certaine mesure dans l'Afrique actuelle

instruments remplissaient totalement les fonctions classiques de la monnaie : unité de compte, intermédiaire des échanges et réserve de valeur.

Hopkins (1973) note par exemple qu'il existait un taux de change parfois fixe, parfois flottant entre l'or et les cauris. Les équilibres partiels étaient déterminés par des prix libres. Mais l'équilibre général était déterminé par un panier de prix qu'on pourrait qualifier de semi administrés. En effet, les prix sur les marchés de l'emploi (salaire annuel, saisonnier ou journalier) étaient administrés. Les prix sur le marché monétaire (taux d'intérêt) étaient officiellement administrés[1].

Tableau 1 : Gouvernance financière dans quelques pays africains durant les années 2000 (en %)

	Stabilité politique	Obligation de rendre compte	Confiance justice	Contrôle de la corruption
Côte d'Ivoire	5	12	33	11
Botswana	80	67	70	80
Cap Vert	77	67	62	69
Ghana	50	56	60	52
Ile Maurice	69	73	64	68

Source: *World Bank, African Development Indicators*

Sur le marché des biens et services, les prix étaient libres jusqu'à un certain plafond. En cas de pénurie, de famine ou de catastrophe naturelle, des décrets royaux pouvaient plafonner l'indice général des prix pour mieux contrôler l'inflation.

En matière de finances publiques, les procédures budgétaires et comptables étaient très discrètes (voire opaques pour le peuple) mais, paradoxalement, plus rigoureuses. Elles étaient encadrées par des dispositions institutionnelles, morales, mystiques et religieuses intangibles. Par exemple, on pouvait noter, certes, un volume important de ressources affectées2 ; mais ces affectations étaient connues d'avance. De manière générale, la causalité était clairement établie entre les prélèvements fiscaux, en espèces ou en nature, et les dépenses publiques. Cette causalité est bien

[1] Quand bien même, comme aujourd'hui, des usuriers du secteur informel imposaient des taux d'intérêts très élevés à leurs débiteurs.

[2] Ce qui heurte, dans les finances publiques modernes, la règle de non affectation et, partant, celle de l'unité de trésorerie.

souvent absente dans l'esprit des contribuables modernes. A cela s'ajoute une confiance insuffisante dans les institutions nationales.

Dans la gestion budgétaire et comptable précoloniale, la séparation des fonctions d'ordonnateur et de trésorier était strictement respectée et des dispositions étaient prévues pour prévenir ou sanctionner la mauvaise gouvernance financière. Le respect des biens, du patrimoine et des deniers publics était de rigueur. La règle était l'équilibre ou l'excédent budgétaire. Le déficit budgétaire était inconcevable ; car il équivaudrait à une aliénation de la souveraineté nationale. Les soldes de trésorerie négatifs étaient gérés de manière très discrète[1] et devaient être rapidement comblés pour ne pas compromettre la souveraineté nationale. C'est en cela que l'expression moderne de « dette souveraine » apparait à un certain égard comme un contresens. Comment une dette peut-elle être souveraine ? Les ancêtres ont compris que la souveraineté appartient au créancier et non au débiteur. Donc, si l'on tient à tout prix à associer la dette à la souveraineté, on pourrait dire ceci : « dette du souverain » à la place de « dette souveraine ».

§.2 - Sur l'implication de l'Etat dans l'économie

Dans certains royaumes tels que les pays Koulango de Bouna et Abron du Gyaman, l'implication de l'Etat dans les activités commerciales était négligeable. L'administration se limitait à la supervision des activités commerciales pratiquées par les professionnels Malinké-Dioula. Les droits de douane et les taxes des produits dans les marchés étaient exonérés dans le royaume Bron. Selon Terray (1982), le roi et les chefs ne levaient aucune taxe, aucun péage sur les échanges à longue distance ; le commerce et les bénéfices des Dioula, en particulier n'étaient soumis à aucun prélèvement. Terray donne quelques raisons de cette exonération fiscale. Pour lui, cette stratégie économique consistait d'une part, à permettre aux marchands Malinké-dioula de se maintenir à Bondoukou, car les droits fiscaux pourraient les détourner vers d'autres marchés beaucoup plus abordables, tel que celui de son rival voisin de Bouna, et d'autre part, à sauvegarder les liens privilégiés d'amitié qui existaient entre les deux peuples sur les plans économique, politique et religieux.

En conséquence, dans le royaume Koulago de Bouna, même si la taxation des produits était faite régulièrement, les droits de douane étaient aussi minimisés. De même, selon Jean Louis Boutillier (1969), au sujet du royaume de Bouna, ce n'était pas par le moyen de taxes et impôts sur les opérations commerciales ou sur le transit des caravanes que le pouvoir politique utilisait pour son profit l'existence de la cité marchande. S'il était payé une légère taxe collectée sur les produits vendus au marché (par un officier de la Cour royale), elle ne représentait qu'une très faible proportion

[1] Comme un « secret defense ».

des revenus du royaume[1]. Néanmoins, le souverain et les membres de l'aristocratie politique pouvaient s'associer à des marchands pour certaines opérations. Les raisons de cet allègement fiscal vis-à-vis des marchands Malinké-dioula étaient presque semblables à celle évoquées par Terray dans le royaume Abron du Gyaman, à la seule différence que le contrôle des produits qui circulaient à travers la ville de Bouna semblait beaucoup plus rigoureux à Bouna, car la capitale et le siège même du royaume étaient à Bouna, où étaient donc représentées toutes les institutions politiques du royaume, favorisant ainsi le contact quasi permanent du roi et ses fonctionnaires avec les différents groupes marchands. Par contre le royaume Abron du Gyaman fait une nette différence entre sa capitale politique qui est fonction du lieu d'habitation du souverain, et sa capitale économique qui est Bondoukou, un grand carrefour commercial.

Dans les deux cas, l'Etat ne saurait donc compter sur la fiscalité indirecte ou de porte pour renflouer ses caisses, mais plutôt sur les avantages indirects que procure l'exercice des activités commerciales sur son territoire à savoir : les cadeaux en biens et en services perçus comme devoir de reconnaissance.

En revanche, dans le royaume Agni Sanvi, l'Etat organise, planifie et bénéficie des retombées économiques et commerciales à plusieurs niveaux. L'Etat est à la fois acteur et bénéficiaire du commerce. Il dirige les activités commerciales par l'intermédiaire d'un ministère du commerce. Cela n'empêchait pas d'autres commerçants Agni d'exercer des activités commerciales. Toutefois, l'Etat a le monopole et l'exclusivité de l'acquisition d'armes à feu, d'abord parce qu'elles sont destinées à la guerre, ensuite pour des raisons évidentes de sécurité, mais aussi pour le profit financier que le trésor royal et les dignitaires peuvent tirer de leur revente[2]. Le trésor royal était toujours pourvu en biens et en produits de valeur grâce à l'intensité des activités commerciales dans les royaumes étudiés.

Dans la plupart des Etats, pour prévenir des déficits budgétaires ou de trésorerie dus à la faiblesse de la pression fiscale, des ressources non fiscales étaient maximisées à travers l'accroissement des revenus du domaine. A cet effet, des fermes publiques[3] coexistaient avec des exploitations privées. Aujourd'hui, les sociétés d'Etat et autres entreprises publiques, au lieu d'être pourvoyeuses de ressources budgétaires, tendent plutôt à aggraver le déficit public. Curieusement, les procédures budgétaires et comptables de l'Afrique moderne, réputées plus transparentes dans les textes, semblent moins rigoureuses dans les faits.

---

[1] Jean-Louis Boutillier (1969) : « La ville de Bouna de l'époque précoloniale à aujourd'hui », in Cahiers O.R.S.T.O.M., série Sciences humaines, vol. VI, n°2, (pp.2-20), p.9.

[2] Ibidem, p.922.

[3] Correspondant aux sociétés d'Etat modernes

§.3. Sur la gestion budgétaire

Il existait plusieurs méthodes de mobilisation des ressources budgétaires en espèces ou en nature. C'était notamment :

- la contribution aux frais de funérailles et à la célébration de certaines fêtes : fagots, animaux, aliments, cotisations….
- les contributions volontaires faites par des nationaux ou étrangers qui exploitent les ressources du royaume ;
- les impôts et taxes sur l'exploitation de certaines ressources spécifiques.
- les prélèvements pouvaient aller de 5% à10% de la production dans certains royaumes (Kodjo, 1992, p.11) et au tiers dans d'autres (Lainé, 1991, p.104) ;
- les revenus issus de l'exploitation du domaine public ;
- les amendes pour manquements aux us et coutumes. Chez les Akan, même de simples manquements aux règles de procédure, de protocole ou de bienséance peuvent faire l'objet d'amendes ;
- les frais d'enrôlement de plaintes ;
- les amendes judiciaires. Chez les Akan, ces amendes sont fixées en fonction de la gravité du délit ; mais aussi selon l'autorité de la Cour. Elles sont légères en première instance (devant le patriarche de la grande famille ou le Doyen du quartier), moyennes en appel (devant le chef de village) et lourdes en cassation (devant le Roi) ;
- les taxes sur les dommages et intérêts versés à la partie gagnante au procès ;
- les tributs ou frais d'allégeance des chefs de villages au roi ;
- les butins de guerre, généralement en nature. Les Abron ont bénéficié de l'assistance militaire des Agni Djuablin dans une guerre de conquête du centre-est de la Côte d'Ivoire. A la fin de la guerre, en signe de reconnaissance, le roi Abron remercia son homologue Djuablin par plusieurs présents et 101 captifs.

Les dépenses budgétaires sont faites pour contribuer à assurer la puissance du royaume, entretenir la cour et l'administration royales et faire face aux besoins collectifs.

Le chapitre budgétaire le plus important dans les Etats centralisés était la défense nationale et la sécurité publique. Même si dans ces royaumes, il existait des artisans pour la confection d'armes, tous ces Etats avaient besoin d'arsenaux plus sophistiqués d'origine étrangère pour garantir leur sécurité et leur souveraineté. Par exemple, dans les empires du Wassoulou et du Kabadougou, la plus grande partie du budget était consacrée à l'acquisition de chevaux de combats et d'armes chez les arabes, au recrutement, à l'entretien de troupes et au financement de la guerre. La plus grosse commande des Abron Gyaman chez les européens concerna, dans un premier temps, des armes et de la poudre à canon ; d'abord pour la conquête des populations locales, ensuite pour tenir tête à l'Asante et se libérer de sa tutelle[1].

L'entretien de la cour royale avait pour objectif d'exposer la puissance et le prestige du royaume, notamment à l'occasion des cérémonies officielles. Les tenues d'apparat et les méthodes ostentatoires sont très caractéristiques des rois Akan. « Quand un roi akan assistait aux grandes cérémonies, ses bras étaient si chargés d'or qu'il fallait deux personnes pour les soutenir (...). Tous les insignes royaux étaient recouverts d'or », selon Lainé (idem).

A l'image de leurs Rois, les simples sujets, chez les malinkés comme chez les Akan lagunaires, n'hésitaient pas à faire de l'ostentation à l'occasion des cérémonies matrimoniales ou festives.

En plus de l'apparat, les dépenses de la Cour royale portaient sur le financement de la diplomatie et de l'intendance royale constituée par des biens, objets et accessoires dont une liste est donnée par Fleuriot de Langle (1843). Elles portaient aussi sur l'entretien de l'administration royale. La quasi-totalité des fonctionnaires était employée à mi-temps. Ils avaient leurs activités économiques régulières. Mais, ils consacraient une partie variable de leur temps au fonctionnement de l'administration, dont le mécanisme de compensation était imputé au budget national.

Le financement des œuvres d'intérêt collectif relevait du budget de l'Etat ou de celui de la collectivité locale. Des contributions exceptionnelles, en espèces ou en nature, étaient parfois effectuées pour compléter les budgets publics. Les destinations étaient les suivantes :

- santé publique : prévention ou lutte contre des épidémies ;
- sécurité publique : prévention ou lutte contre des catastrophes naturelles, les fauves... ;
- défense nationale : guerres de conquête ou de résistance ;
- infrastructures : ouvertures ou entretiens de routes, de puits, de cours d'eaux, de cimetières...

§.4. Sur la gestion de la trésorerie publique.

Dans les Etats centralisés de la Côte d'Ivoire précoloniale, le Roi était considéré comme le chef suprême qui avait une ascendance totale sur ses sujets. La plupart de ces Etats n'avaient pas prévu de dispositions juridiques capables de traduire le Roi devant un tribunal spécial pour haute trahison ou pour malversation financière. Ce serait considéré non seulement comme un déshonneur pour le royaume. En général, les éventuelles affaires de malversations financières étaient traitées à huit clos. En cas de malversations gravissimes, de nature à compromettre l'indépendance financière et la

[1] Emmanuel Terray (1982) : « L'économie politique du royaume abron du Gyaman », in Cahiers d'Etudes Africaines, Vol. 22 N°87-88. pp. 251-275.

souveraineté du royaume, le roi pouvait être destitué[1], banni pour fuir l'humiliation publique ou subir des peines plus sévères.

Pour prévenir ces genres de situations, des dispositions morales étaient prévues dans une sorte de code de déontologie voire de code d'honneur dans la plupart des monarchies. La dignité et le sens de l'honneur pesaient plus que toute autre considération sur le Roi et sa famille.

En amont, le choix du souverain ne se faisait pas de manière mécanique, selon ce qu'on pourrait appeler des « préséances successorales ». En plus du droit d'aînesse parmi les candidats éligibles[2], les autres critères étaient, entre autres, le courage au travail, le patrimoine personnel, la capacité à défendre l'intérêt collectif, l'intégrité morale, la droiture, la sagesse, le sens de l'honneur et de la dignité, la réputation de la famille…

Au cours de sa prestation de serment, le roi jurait d'accroître le patrimoine royal qui était sacré. Il avait donc le devoir d'accroitre les ressources financières du royaume et non de les dilapider.

Il existait une séparation nette entre les fonctions d'ordonnateur et de comptable. Le Roi était l'ordonnateur du budget royal. Il pouvait déléguer ce pouvoir à son Premier ministre voire à son ministre de l'économie et des finances.

Les fonctions de trésoriers ou de comptables étaient exercées par des personnes distinctes, sous la supervision mystique des ancêtres. Dans le royaume Koulango de Bouna, l'or royal était même tenu caché, loin du regard du roi. La tradition révèle que le roi n'avait pas le droit, de son vivant, de toucher l'or. C'est seulement à son décès que l'or l'accompagnait dans sa tombe. Chez les Akan, la reine-mère[3] et parfois le garde des sceaux surveillaient la gestion financière du royaume. A cet effet, nous reprenons ici l'analyse faite par Dr Agbroffi Joachin à propos des N'Zima kotoko[4]. Le Ministre des Finances, en sa qualité d'ordonnateur national des recettes et dépenses du royaume, de garde des deniers publics et de banquier central, a un attribut de « hinnin », attribut en principe réservé au Roi ; cela, pour marquer quelque peu son indépendance relative[5]. Il était donc le roi des

[1] Ainsi, le capitaine Kouassy Anzian, officier de l'armée ghanéenne, devenu roi du Sanvi en 1985 sous le nom de Nanan Amon Ndouffou IV, fut destitué en 2002. L'accusation portait, entre autres, sur des malversations financières.

[2] Neveux du Roi chez les Akan

[3] Chez les Akan en général, la reine mère est la première dame qui est tout sauf l'épouse du Roi. Elle est une tante ou une sœur ainée du Roi qui, avec son cabinet, organise l'élection du roi et suit de très près les désignations des chefs de provinces et de villages. Le cabinet de la reine mère a des attributions de chambre constitutionnelle et de chambre des comptes, si bien que ses décisions sont sans appel.

[4] Agbroffi D. Joachin (1997) : L'Abyssa nzema et ordre social et politique chez les Nzima, option anthropologie politique, Thèse de doctorat de 3e cycle, Facultés des Lettres, Arts et Sciences humaines, Université d'Abidjan Cocody, Côte d'Ivoire.

[5] Exactement comme aujourd'hui, on préfère assurer l'indépendance de la banque centrale par rapport au gouvernement.

finances ou roi du trésor (dja sehyenle ou sana hinnin). Le trésor du royaume se subdivisait en deux : le paquet femelle et le paquet mâle. La division était faite conformément au bicéphalisme et à la sécurité financière. Le dja ou sana exclusivement mâle, était confié au roi ; l'autre, femelle était remis à la reine mère.

En sus du trésor du royaume, chaque roi avait son trésor privé. Chaque reine mère avait également le sien. Le patrimoine qui appartenait au royaume (or, plantations, parcelles) était connu par tout le peuple et distinct des biens personnels du roi et ceux de la reine-mère. C'était le principe de la déclaration des biens avant le mandat politique.

Par ailleurs, les chefs de provinces ou de villages étaient des ordonnateurs non pas délégués mais principaux, car ils étaient responsables de leur budget. De ce point de vue, la gestion financière décentralisée était déjà connue dans l'Afrique précoloniale au moment où l'UEMOA commence seulement depuis 2009, dans ses nouvelles directives, à demander à l'appliquer dans les pays membres.

En conclusion de ce chapitre, on peut noter que contrairement à des idées reçues, les peuples de la Côte d'Ivoire (et de l'Afrique) précoloniale et coloniale n'étaient pas des hordes sauvages ne vivant que de cueillette, de chasse et de troc. Organisés en sociétés déconcentrées ou en Etats centralisés, Ils avaient des systèmes de production, de distribution et d'échanges « en un mot, une économie de marché » comme le note Hopkins (1973). Des instruments monétaires étaient utilisés: la poudre d'or, les cauris, des barres et tiges de fer ou de cuivre, les pièces d'étoffes etc. Ces instruments remplissaient totalement les fonctions classiques de la monnaie : unité de compte, intermédiaire des échanges et réserve de valeur. Hopkins (op cit) note par exemple qu'il existait un taux de change parfois fixe, parfois flottant entre l'or et les cauris.

Bien plus, la gouvernance économique et financière de l'époque peut toujours aider, sur certains plans, à améliorer celle d'aujourd'hui. Les africains n'ont donc pas attendu les arabes et les européens pour mettre en place des systèmes d'organisation politique, économique et sociale du néolithique jusqu'au Moyen âge. D'ailleurs, des auteurs montrent que dans ces domaines, certaines civilisations africaines étaient en avance sur des sociétés eurasiatiques1. Le dépassement ultérieur de l'Afrique et sa domination économique et financière par les arabes puis les européens s'expliquent, en réalité, par l'absence d'écriture.

---

[1]A travers la lecture des oeuvres de Raymond Mauny (1960; 1963), Cheick Antah Diop (1954, 1960, 1967, 1981), Robert Cornevin (1964), Engelbert Mveng (1972), Joseph Ki-Zerbo (1978), Georges Niangoran-Bouah (1974; 1986) etc.

Chapitre II : Pénétrations arabes et européennes et déstructuration des modes d'organisations économiques et financières en Afrique de l'Ouest du 7ème au 20ème siècle

L'organisation politique, économique et sociale des peuples africains était comparable à ceux des autres continents dans la préhistoire et l'histoire, à la différence de l'écriture. Cette différence déterminera des rapports économiques et financiers de nature asymétrique entre l'Afrique et les autres continents, en particulier à partir du 7ème siècle jusqu'aujourd'hui. La faiblesse de l'Afrique liée à l'absence d'écriture ne pouvait que l'exposer aux peuples les plus proches, les arabes et les européens.

On peut donc passer en revue, le contrôle du commerce transsaharien par les arabes du 7ème au 18ème siècle et du commerce transatlantique par les européens du 15ème au 20ème siècle, les faits de l'impérialisme et du colonialisme, la réorganisation de l'économie de traite et l'instauration d'une nouvelle politique financière et, finalement, la création de banques coloniales.

Section 1- Le contrôle du commerce transsaharien par les arabes du 7ème au 18ème siècle et du commerce transatlantique par les européens du 15ème au 20ème siècle

Pendant les dix siècles qui ont suivi leur arrivée en Afrique du Nord au 7ème siècle, les arabes utiliseront diverses méthodes pour contrôler tout le commerce transsaharien. Le Nord, le Nord-est et le Nord-Ouest de la Côte d'Ivoire actuelle participaient activement à ce commerce à partir des citées commerciales de Bondoukou et Kong. Les énormes richesses tirées du commerce transsaharien et la main d'œuvre gratuite (esclaves) ont contribué à construire et à faire prospérer les monarchies du Maghreb et du Moyen orient, bien avant la découverte du pétrole dans ces régions.

Quant à l'Afrique de l'Ouest (dont le nord de la Côte d'Ivoire), elle est sortie perdante de ses relations économiques et financières avec l'Afrique du Nord et le monde arabe en termes de balance des paiements.

Ainsi, les bases de sa croissance économique ayant été sapées par les arabes, l'Afrique de l'Ouest, comme toute l'Afrique, se retrouva affaiblie et sans défense face aux Européens à partir du 15ème siècle.

En effet, à partir du 15ème siècle, pendant que la saignée humaine, économique et financière se poursuivait par le commerce transsaharien en direction du monde arabe, les européens installèrent sur les côtes d'Afrique Occidentale, des comptoirs qui auront progressivement les mêmes vocations de pillage. Initialement, les européens signaient avec les chefferies et royaumes locaux des accords commerciaux et même parfois des traités de protectorat1. Peu à peu, les comptoirs deviendront des centres importants de trafics transatlantiques, appelés commerce triangulaire.

« Nul doute que l'Europe et l'Amérique du Nord en ont retiré d'importants bénéfices qui confortent aujourd'hui leur avance sur les plans technologique et économique. Le commerce, la finance, les transports maritimes, les industries manufacturières, les cultures dites industrielles ont connu, pendant cette période, un développement dont l'Euro Amérique tire encore les fruits », souligne à juste titre la BCEAO (2000, p.108).

Quant à l'Afrique de l'ouest, comme avec le monde arabe, elle est sortie perdante de ses relations commerciales et financières avec l'Europe et l'Amérique. Ce commerce triangulaire, jusqu'à son abolition, a déstructuré totalement l'économie et les finances de l'Afrique Noire et de la Côte d'Ivoire.

Section 2 : Contexte de l'impérialisme et du colonialisme

Pendant et après la période de l'esclavage, les européens signaient des contrats commerciaux et même des traités de protectorats avec les souverains et chefs coutumiers africains à l'issue de négociations parfois longues2. Mais, les nations européennes devaient résoudre leurs problèmes de surcapitalisation liée à la révolution industrielle par la recherche de matières premières et de débouchés. La solution trouvée est l'impérialisme. L'impérialisme des pays européens en Afrique a commencé dans les années 1880, au moment où ce continent, après douze siècles de pillages arabes (7ème au 18èmesiècle) et européens (15èmeau 18ème siècle) s'est retrouvé totalement désorganisé et affaibli au début du 19ème siècle.

Pour éviter et prévenir les risques d'affrontements entre les pays européens conquérants des terres africaines, il est organisé la conférence de Berlin du 15 novembre 1884 au 26 février 1885. Ainsi, comme le souligne fort à propos la BCEAO (op cit, p. 250), « la conférence de Berlin n'a pas

[1]Par exemple, jusqu'à l'indépendance de la Côte d'Ivoire en 1960, le royaume sanvi était considéré non pas comme une colonie mais comme un protectorat français, conformément au traité signé entre la France et ce royaume le 04 juillet 1843.

[2] Ce qui atténue les idées reçues selon lesquelles les souverains africains se faisaient toujours duper par les européens. Pour une étude approfondie de la question, cf. Allou (2002, P. 900 et suiv.) et auteurs cités.

réellement procédé au partage de l'Afrique. Le partage avait été déjà fait. Mais la conférence donnait une base juridique internationalement reconnue à la situation de fait qui prévalait ». C'est le coup d'envoi officiel de la colonisation.

Sur les plans économique et financier, Jules Ferry en 1883, résume bien les pensées des classes politiques et bourgeoises européennes de l'époque en ces termes : « la politique coloniale est fille de la politique industrielle ».

L'ensemble des principes appelé « Pacte colonial » (voir encadré) traduit bien le contenu avant tout économique et financier de l'aventure coloniale. C'est pour cela que plus de cinquante ans après les indépendances africaines, certains analystes considèrent toujours l'existence de la zone franc comme un héritage du pacte colonial.

Encadré 1 : Le Pacte colonial

Lorsque les grandes puissances coloniales européennes : l'Espagne, le Portugal, la Hollande, l'Angleterre, la France établirent leurs empires à partir du XVIe siècle, elles cherchèrent à intégrer dans leur économie celles de leurs colonies de manière à s'assurer, d'une part le monopole des relations économiques avec leurs colonies et, d'autre part, la plus grande partie des gains résultant de leurs échanges avec elles.

Cette doctrine dont la mise en œuvre a été relativement complexe et qui a été qualifiée de « Pacte colonial », reposait essentiellement sur quatre principes :

1- Les colonies ne devaient acheter et vendre qu'à la métropole ;

2- Elles ne devaient pas avoir de manufactures, la métropole se réservant le monopole de la transformation des matières premières en produits finis ;

3- Elles ne pouvaient recevoir et expédier de marchandises que par des navires de la métropole ;

4- En contrepartie, la métropole recevait en franchise, ou avec des réductions de droits, les produits coloniaux.

Indéniablement ce système qui, sous une forme ou sous une autre, mais avec des atténuations progressives, a été appliqué du XVIe au XXe siècle, a abouti à une certaine intégration économique, mais si cette intégration fondée sur la force a avantagé les métropoles, elle a incontestablement nui au développement des économies des colonies.

Elle a conduit les treize colonies anglaises d'Amérique du Nord à proclamer leur indépendance en 1776 ; il en a été de même des colonies espagnoles au XIXe siècle. Cette évolution s'est pratiquement achevée après la deuxième guerre mondiale avec la dislocation de tous les grands empires coloniaux.

Maurice Allais *(1972)1 : La libéralisation des relations économiques internationales,* Paris, Gauthier-Villars, pp. 37-38

Section 3- La réorganisation de l'économie de traite et l'instauration d'une nouvelle politique financière

Après l'abolition de l'esclavage tout le long du 19ème siècle en Europe et aux Etats-Unis d'Amérique, les Etats européens vont réajuster leur mode de fonctionnement économique dans le but de continuer à assurer l'approvisionnement en matières premières exigé par la révolution industrielle et de trouver des débouchés suite à la surcapitalisation de leur économie. Les enjeux exigeaient leur plus grande et directe implication dans les activités économiques d'outre-mer.

La réorganisation de l'économie de traite s'est faite par la reconversion et la diversification des activités des anciens comptoirs de trafic d'esclaves. Désormais, ils devaient gérer les transactions sur les produits tropicaux diversifiés fournis par les possessions européennes.

L'instauration d'une nouvelle politique financière a comporté trois aspects : l'introduction d'une nouvelle monnaie, la formation d'une zone monétaire et la création d'une banque coloniale2.

L'introduction d'une nouvelle monnaie, le Franc, avait pour objectif de faciliter et intensifier les échanges sous la supervision de la métropole. Pour cela, il fallait procéder à une élimination des monnaies concurrentes. A partir de 1820, les pièces de monnaies, fabriquées en France, étaient envoyées au Sénégal pour permettre aux maisons de commerce d'effectuer des achats pendant la traite. A la fin de la traite, les excédents de recettes étaient envoyés en France. Ce numéraire eut cours légal et forcé aux termes d'un arrêté d'Août 1826. Les lignes de chemin de fer ont constitué des voies de diffusion de cette monnaie. Nous avons antérieurement présenté la panoplie de monnaies précoloniales qui circulaient en Afrique Occidentale et en Côte d'Ivoire. A celles-là sont venues s'ajouter des monnaies portugaises, anglaises, brésiliennes…

Cette situation pourrait bien correspondre à la théorie monétaire hayékienne[1]. Pour F. Von Hayek (1975), « Il ne peut y avoir de garantie plus

---

[1] Economiste français, Prix Nobel d'économie en 1988

[2] Pour une étude approfondie, cf. BCEAO (2000, tome 1) ; Y. E. Amaïzo (2001) et auteurs cités.

efficace contre l'abus par le gouvernement de ses prérogatives que la liberté pour les individus de refuser toute monnaie qui ne leur inspire pas confiance pour préférer une autre monnaie. De même, il ne peut exister de plus vive incitation pour les gouvernements à maintenir la stabilité de leur monnaie que la connaissance de ce simple fait : aussi longtemps qu'ils maintiendront l'offre de monnaie à un niveau inférieur à la demande, cette demande tendra à croître. Dès lors, privons les gouvernements (ou leurs autorités monétaires) de tout pouvoir monopolistique qui leur permet de protéger leur monnaie contre la concurrence : s'ils ne peuvent plus dissimuler la mauvaise qualité de leur monnaie, alors ils devront en restreindre les volumes en circulation ».

Il ajoute : « Introduisons par la loi de telles possibilités, et les citoyens refuseront rapidement leurs monnaies nationales une fois qu'elles se seront considérablement dépréciées ; ils échangeront alors une monnaie en laquelle ils auront confiance. Au final, les monnaies des pays poursuivant une politique monétaire responsable tendront progressivement à remplacer les devises les moins dignes de confiance. Une réputation de vertu en matière financière deviendra un actif jalousement gardé par les émetteurs de monnaie, car ils sauront que même la plus petite malhonnêteté réduirait la demande pour leur service ».

Pour Emmanuel Nyahoho (1995), les critiques d'Hayek portant sur le monopole étatique d'émission de la monnaie, le mythe du cours légal et la difficulté pour un gouvernement d'adopter des politiques optimales s'avèrent aujourd'hui encore fondées. Cependant, dit-il, « les solutions préconisées visant un libre marché de monnaies présentent le désavantage de n'avoir aucune assise historique et surtout de ne pas intégrer la dynamique concurrentielle de l'industrie financière. (...) le modèle de concurrence de monnaies peut très vite converger vers un marché oligopolistique par l'émergence de devises dominantes ».

En tout état de cause, par des textes règlementaires, la France réussit à imposer sa seule monnaie dans ses colonies et possessions des Antilles et d'Afrique. En 1891, l'institution de l'impôt de capitation2 c'est-à-dire l'impôt par tête consacra l'élimination définitive des monnaies locales et étrangères concurrentes. Au début, l'impôt de capitation pouvait être payé en nature pour des contribuables ne disposant pas suffisamment de numéraire. Mais progressivement, il fut décidé que cet impôt devait être acquitté en espèces. Bien plus, selon une décision de 1898 du Trésor français, il devait être payé uniquement en monnaie française. Enfin, un arrêté de janvier 1907 interdit aux caisses du Trésor Public de recevoir des paiements en cauris.

Ainsi, l'élimination de tous les signes monétaires concurrents en métropole et dans les colonies et possessions françaises a ouvert un vaste

---

[1] F. A Hayek (1975): Choice in currency: a way to stop inflation, Institute of Economic Affairs, London

[2] Un héritage de l'antiquité romaine

espace où ne circule qu'une seule monnaie, le Franc. L'unicité de cette monnaie, qui a cours légal et pouvoir libératoire, résout automatiquement le problème de change. Ce vaste espace devient, dans ces conditions, une zone monétaire, la zone Franc.

Section 4 : la création de banques coloniales

L'autre aspect de la politique financière a été la création des banques coloniales. Les industries métropolitaines avaient de plus en plus besoin de matières premières et de débouchés dans les territoires d'outre-mer. On ne pouvait donc laisser s'installer une crise économique et financière généralisée dans les colonies. Deux mesures furent prises : l'indemnisation des anciens propriétaires d'esclaves et la création de banques coloniales.

Ainsi, une loi du 30 avril 1849 crée des banques coloniales dans les Antilles françaises. Ces banques ont pour mission de mettre à la disposition des planteurs et fermiers des fonds nécessaires au paiement des salaires des travailleurs devenus libres et à la couverture des autres charges d'exploitation en attendant les récoltes. Elles faisaient aussi des opérations d'escompte.

En Afrique de l'Ouest, la première banque coloniale, créée par un décret du 21 décembre 1853, est la Banque du Sénégal dont les opérations consistent en des prêts et escomptes.

Le trésorier de la colonie est de droit administrateur de la banque, les trois autres membres sont élus par l'assemblée des actionnaires. »

La présence du Trésorier de la colonie dans le conseil d'administration est le signe de la présence du Trésor Public, donc de l'Etat français, dans l'orientation et la supervision des activités de cette banque. La banque du Sénégal, installée à Saint-Louis, a commencé à fonctionner effectivement le 04 août 1855 et est le seul établissement financier de toute l'Afrique Occidentale française (AOF). Les opérations d'émissions monétaires étaient soumises à trois contraintes principales :

- disposer d'avoirs en francs en métropole pour l'achat de ses billets ;
- ne pas émettre au-delà du triple de son capital ;
- ne pas mettre en circulation un montant de billets supérieur au triple de son encaisse métallique.

La faible capacité financière de la banque du Sénégal constituait un sérieux handicap en matière d'avances, prêts et escomptes. A la fin du 19ème siècle, la Banque du Sénégal ne pouvait pas être à mesure de financer la mise en valeur des territoires de l'Afrique Occidentale française (AOF), surtout qu'ils devaient devenir des colonies.

En effet, après le partage des territoires africains par les pays européens, il fallait d'une part, achever les conquêtes coloniales et, d'autre part, passer à la phase concrète de leur gestion administrative, économique et financière.

Chapitre III : Politiques économiques et financières coloniales dans l'Afrique Occidentale Française (AOF) et en Côte d'Ivoire de 1893 à 1962

Par un décret du 10 Mars 1893, la Côte d'Ivoire est déclarée colonie française. Un décret du 16 juin 1895 crée l'Afrique Occidentale Française (AOF). Le gouverneur général, nommé en 1902, est l'ordonnateur du budget général de l'AOF institué depuis 1904 et des budgets annexes (chemins de fer, écoles fédérales...). Chaque gouverneur de colonie (dont celui de la Côte d'Ivoire) est placé sous l'autorité directe du gouverneur général à qui il rend compte de sa gestion administrative.

La politique économique et financière menée en Côte d'Ivoire peut être décrite en quatre étapes successives : la période avant la deuxième guerre mondiale, le lendemain de la guerre jusqu'en 1958, la période transitoire jusqu'à l'autonomie financière de la Côte d'Ivoire et la séparation du Trésor Public ivoirien du Trésor Français en 1962.

Section 1- Politique financière coloniale dans l'Afrique Occidentale Française (AOF)[1] et en Côte d'Ivoire de jusqu'en 1945

Même si certaines spécificités existaient dans les colonies, les grandes orientations de la politique financière étaient définies depuis la métropole pour l'AOF. Il convient ici de voir la politique financière à travers le fonctionnement des banques privées et la gestion des finances publiques.

§1- Fonctionnement des banques privées

Après la disparition de la Banque du Sénégal (BS) en 1901, une nouvelle banque, la Banque de l'Afrique de l'Ouest (BAO) est créée à sa place par décret du 29 juin de la même année. A sa création, la BAO dispose de plus de moyens que la Banque du Sénégal. La BAO, ayant une assise financière plus large, pouvait assurer par ses propres moyens la convertibilité de la monnaie émise par elle en franc métropolitain. En effet, à cause de l'instabilité des cours des matières premières, les soldes des balances des

[1] Dans cette partie, nous nous réfèrerons assez souvent à la BCEAO (2000) : histoire de l'union monétaire ouest africaine, Paris, Georges Israël éditeur, p. 294 et suiv.

paiements des colonies étaient fluctuants ; si bien que les banques coloniales émettrices de monnaies préféraient appliquer des taux de change flexible.

La BAO est une banque d'émission, de prêt et d'escompte, avec le statut de société anonyme et soumise au contrôle de l'Etat. Ayant son siège à Paris, contrairement à la BS qui avait le sien à Dakar, elle a des activités dans l'AOF et les protectorats et « pays étrangers » de la côte occidentale de l'Afrique. Le privilège d'émission est d'une certaine durée, renouvelable par les pouvoirs publics.

En contrepartie de ce privilège, la BAO devait jouer certains rôles spécifiques :

- des avances sans intérêt de dix millions de Francs aux colonies où elle exerce son privilège ;
- des avances à taux réduit en faveur du crédit agricole ;
- des services financiers gratuits pour le compte du Trésor Public (certains paiements et recouvrements effectués aux guichets de la banque pour le Trésor Public) ;
- le sauvetage de deux banques de dépôts et d'affaires.

En ce qui concerne le territoire de Côte d'Ivoire, le franc français fut institué comme monnaie légale en 1893, date de son annexion coloniale par la France. Le 25 Décembre 1945, un décret du gouvernement français créa pour l'Afrique noire, le franc CFA (franc des colonies françaises d'Afrique) dont la valeur était de 1,70 francs métro (1franc CFA pour 1,70 francs métro). Cette valeur fut portée par un décret du 17 Octobre 1948 à 2 francs métropolitains (1 franc pour 2 francs métropolitains)1.

En outre, l'usage de la monnaie française entraîna la mise en place d'un système bancaire: la Banque de l'Afrique Occidentale (BAO), la Banque Française de l'Afrique (BFA), la Banque commerciale Africaine (BCA) et deux banques coloniales anglaises : La Bank of British West Africa (BBWA) et la Bank of Nigeria (BN). Ces différentes banques eurent des succursales généralement à Abidjan et Grand-Bassam et souvent dans la bande côtière telle que Assinie, Grand-Lahou, Sassandra.

A partir de la seconde guerre mondiale, le système bancaire connut une évolution significative avec l'installation de filiales des grandes banques françaises que sont la banque Nationale pour le Commerce et l'Industrie (BNCI), la Société Générale (SG) et le Crédit Lyonnais (CL), nationalisées par l'Etat français le 2 décembre 1945.

Selon l'analyse de Jean-Noël Loucou2, ces banques, succursales de banques métropolitaines, eurent une action préjudiciable au développement économique de la colonie pour trois raisons essentielles. D'abord, elles

---

[1]Jean-Noël Loucou, La Côte d'Ivoire coloniale, Abidjan, les Editions du CERAP, et Fondation Félix
Houphouët Boigny, 2012, 365p, p.117.

[2] Ibidem, p.119.

investissaient tous leurs capitaux y compris les économies des africains eux-mêmes en France, favorisant ainsi la formation de capital et, par conséquent, le développement de la métropole. Ensuite, elles appliquaient une politique discriminatoire en matière de prêt à l'égard des Africains et favorable aux colons français et aux sociétés commerciales de traite. Enfin, l'africanisation des cadres n'était pas prévue, entraînant ainsi un monopole européen de la banque.

Au niveau de l'AOF, le bilan de la BAO montre qu'elle a financé de manière notable le développement des infrastructures, de l'industrie et des services dans l'AOF. Mais, le financement de l'agriculture a été très faible. Bien plus, les critiques fondamentales à l'encontre de la BAO étaient d'ordre institutionnel, en particulier le cumul des fonctions d'émissions avec les activités de dépôts et d'affaires ; en d'autres termes les risques de confusions entre les rôles d'arbitre et de joueur.

Dans une étude faite sur la période de 1924 à 1949 par l'Etat français, on pouvait lire ceci : « une société commerciale, où les intérêts privés prédominent et que l'on dote du monopole de l'émission, a une tendance inévitable à faire du crédit cher, non seulement pour augmenter ses profits, mais aussi pour gêner ses concurrents bancaires qui ont besoin de recourir à son réescompte ».

Pour toutes ces raisons, l'Etat retira le privilège de l'émission, en tant que droit régalien[1], à la BAO en 1955 au profit d'un organisme public, l'Institut d'Emission de l'AOF.

§-2 - Gestion des finances publiques de l'AOF et de la Côte d'Ivoire jusqu'en 1945

La gestion des finances publiques de l'AOF et de la Côte d'Ivoire jusqu'en 1945 repose sur le budget général de l'AOF et le budget local de la Côte d'Ivoire, le budget d'exploitation du chemin de fer, la mobilisation des ressources fiscales et douanières et le financement des dépenses budgétaires.

A- Le budget général de l'AOF et le budget local de la Côte d'Ivoire

La loi du 13 avril 1900 supprima les subventions aux colonies ; autrement dit, chaque colonie devait être financièrement autonome. Un budget général fut donc adopté en Conseil de Gouvernement français pour l'AOF. Ce budget reposait sur le principe de solidarité dans les contributions entre les différentes colonies. Mais, en matière de mise en valeur des colonies, la priorité était accordée aux régions les plus défavorisées. Ainsi, la Côte

[1] Même si certains auteurs tentent de séparer le droit régalien et le droit d'émission

d'Ivoire, qui ne représentait que 12,5% de la population et 25 % du commerce de l'AOF, contribuait à hauteur de 30% de son budget.

Les budgets locaux des colonies étaient fixés par le pouvoir central ou par ses représentants1. Le budget local a évolué de la façon suivante : 1,152 millions francs en 1893 ; 3,010 millions de francs en 1906 ; 4, 821millions de francs en 1910 ; 10, 825 millions de francs en 1920 ; 72, 074 millions francs en 1930 ; 151, 390 millions francs en 19402.

Le budget local prenait en charge les dépenses de fonctionnement du territoire comme les traitements et salaires des fonctionnaires, les dépenses de santé, d'éducation…

Néanmoins, le Budget général de l'A.O.F. venait compléter le financement de certains travaux, lorsqu'en particulier, le Gouverneur Général tenait à faire accélérer des travaux de mise en valeur de la colonie.

Par exemple, les deux plus importants wharfs de la Côte d' Ivoire (Grand-Bassam et Port-Bouet) et le creusement du canal d'Asagni, furent supportés financièrement par une trésorerie mixte (AOF et Côte d'Ivoire). Des budgets spéciaux servaient aussi aux mêmes fins.

Par ailleurs, dans la colonie, existait une caisse de réserves alimentée par l'excédent des recettes sur les dépenses, résultant du règlement annuel de l'exercice budgétaire. Cette caisse jouait les rôles de banquier du budget local, de régulateur de ce budget et d'indicateur de l'état des finances de la colonie. Ainsi, l'évolution des recettes et des dépenses publiques permettait de dégager un surplus grandissant affecté à l'équipement3.

B- Le budget d'exploitation du chemin de fer

Le chemin de fer de la Côte d'Ivoire, comme d'ailleurs tous les autres de l'A.O.F, possédait un budget spécial d'exploitation, créé par décret du 26 Janvier 1917, et constitué en budget annexe du budget de l'A.O.F aux termes d'un arrêté interministériel du 12 Janvier 1918.

A compter du 1er Janvier 1918, un fonds de roulement pour le service des approvisionnements généraux de l'exploitation, un fonds de réserve spéciale et un fonds de renouvellement en furent mis en place. En même temps qu'il promulguait l'arrêté interministériel du 12 Janvier 1918, le Gouverneur Général, par trois arrêtés du 29 Janvier 1918 réglementait le fonctionnement de chacun de ces fonds. Dans chaque colonie, le fonds de roulement comprenait l'ensemble des approvisionnements en matière et en objet consommables, existant au 31 Décembre 1917 et une allocation en deniers,

---

[1] Arthur Girault, Principes de colonisation et de législation coloniale, (3 août 1894), 1904, p.67.

[2] Jean-Noël Loucou, La Côte d'Ivoire coloniale, op. cit, p. 120.

[3] Samir Amin (1971) : L'Afrique de l'ouest bloquée : l'économie politique de la colonisation 1880-1970, Paris, Editions Minuit, 322 p. p.78.

égale à la différence entre la part affectée à chaque ligne dans le montant du fonds de roulement et la valeur du matériel pour chaque ligne.

Le fonds de réserve auquel contribua le chemin de fer pour la Côte d'Ivoire était destiné à pourvoir aux insuffisances de recettes des années ultérieures et pouvait servir à l'acquittement des dépenses budgétaires. Constitués au moyen d'excédents de recettes d'exploitation, le fonds de réserve avait un montant dont le maximum était fixé par voie réglementaire. Quant au fonds de renouvellement des chemins de fer de l'A.O.F, il était destiné au financement de certains travaux d'exploitation du matériel complémentaire de renouvellement. Ces divers fonds n'ont certes pas financé les travaux des premiers établissements, ils furent créés rappelons-le en 1918, mais au moins ont permis une meilleure exploitation du réseau ferré Ouest-africain, et à cet égard ils méritaient d'être rapidement évoqués.

C- La mobilisation des recettes fiscales, douanières et diverses en Côte d'Ivoire.

En Côte d'Ivoire, les recettes fiscales et douanières constituaient des instruments de collecte de fonds pour assurer l'autonomie financière de la colonie. Les deux piliers de cette politique étaient l'impôt de capitation et les ressources douanières.

Tableau 2 : Part de l'impôt de capitation dans le budget de la Côte d'Ivoire de 1901 à 1908

Années	Recettes budgétaires	Impôt de capitation	Pourcentage
1901	2 202702	33547	1,5%
1902	3 034906	498382	16,4%
1903	2915950	546 106	18,7%
1904	3943442	776993	19,7%
1905	2994946	910778	30,4%
1906	3277184	1183204	36,1%
1907	8636392	1438510	39,5%
1908	4321373	1713495	40%

<u>Source</u> : *R. P. Anouma (1975, p. 138)*

L'impôt de capitation fut institué par arrêté local du 14 mai 1901 par le Gouverneur Clozel.

La création de cet impôt par les autorités locales s'expliquait par l'obligation faite à la colonie de trouver sur place les ressources indispensables au fonctionnement de son administration et de financer sa mise en valeur économique par ses propres moyens ; la métropole ne pouvant que lui accorder son aval pour les emprunts qu'elle pouvait être amenée à contracter[1].

Bien que la rentrée de l'impôt dût se faire en monnaie ayant cours légal aux termes de l'article 4 de l'arrêté du 14 mai 1901, les contribuables dépourvus de numéraires étaient autorisés à se libérer en espèces, en monnaies étrangères (anglaises notamment) et ou en nature.

Dans le tableau 1, on constate que l'évolution de la part de l'impôt de capitation dans les recettes budgétaires est un peu timide de 1902 à 1903, et par la suite à partir de 1904, elle connaît une montée significative jusqu'à atteindre en 1908, pratiquement la moitié des recettes budgétaires. Ces fonds acheminés vers des services spéciaux servaient de réserve permanente à l'économie coloniale.

Concernant les recettes douanières des colonies, à partir de 1904, elles alimentèrent le budget de l'A.O.F. et un régime douanier fédéral remplaça les régimes particuliers. Ce régime accordait la préférence aux produits français avec un droit d'importation généralement fixé à 5%, au détriment des produits étrangers qui supportaient en plus une surtaxe de 7%. Mais ce régime douanier n'était pas appliqué de manière uniforme dans toutes les colonies[2].

L'évolution des recettes douanières est certes liée aux différentes réformes des régimes douaniers intervenus au fil des ans. Toutefois, la corrélation apparait encore plus forte avec l'évolution du commerce extérieur. Ces recettes connaissent un faible niveau de 1900 à 1904 à cause de l'épidémie de fièvre jaune qui a sévi sur les côtes ivoiriennes de 1890 à 1904 et des difficultés d'implantation de services douaniers. La fin de l'épidémie en 1904, la réforme du régime douanier en 1905 et les implantations de services douaniers ont permis de rehausser le niveau des recettes de portes jusqu'au début de la première guerre mondiale. Cette guerre a évidemment fait chuter les recettes douanières. La reprise économique et des échanges a fait augmenter régulièrement les recettes durant toute la décennie 1920-1930 avec un pic en 1928. La crise de 1929

---

[1]René-Pierre Anouma (1975) : L'impôt de capitation en Côte d'Ivoire de 1901 à 1908 : modalités et implications d'un instrument de politique et d'économie coloniales, in Annales de l'Université d'Abidjan. Série I Histoire, Vol. tome 3, 1975, pp. 121-139.

[2] Jean-Noël Loucou (op. cit , p.116)

aux USA et ses répercussions en Europe ont dégradé le volume du commerce extérieur et celle des recettes douanières jusqu'en 1934.

De 1935 à 1939, la diversification agricole, imposée par le pouvoir colonial les années précédentes, a donné de bons résultats en termes de volumes d'exportations et de recettes douanières. Cet élan fut ralenti par la deuxième guerre mondiale (1939-1945).

Mais, de manière générale, les recettes douanières ont été régulièrement croissantes et ont constitué une part importante des ressources de l'Etat : 2,5 millions franc-or en 1904 ; 95 millions de francs en 1936 ; 2,317 milliards en 1949 ; 5,6 milliards en 1953 ; 11, 6 milliards en 1956 ; 12,9 milliards en 1958. Les recettes douanières représentaient plus de deux tiers du budget de la colonie, selon Vitaux et Doulourou (id, p.133-134).

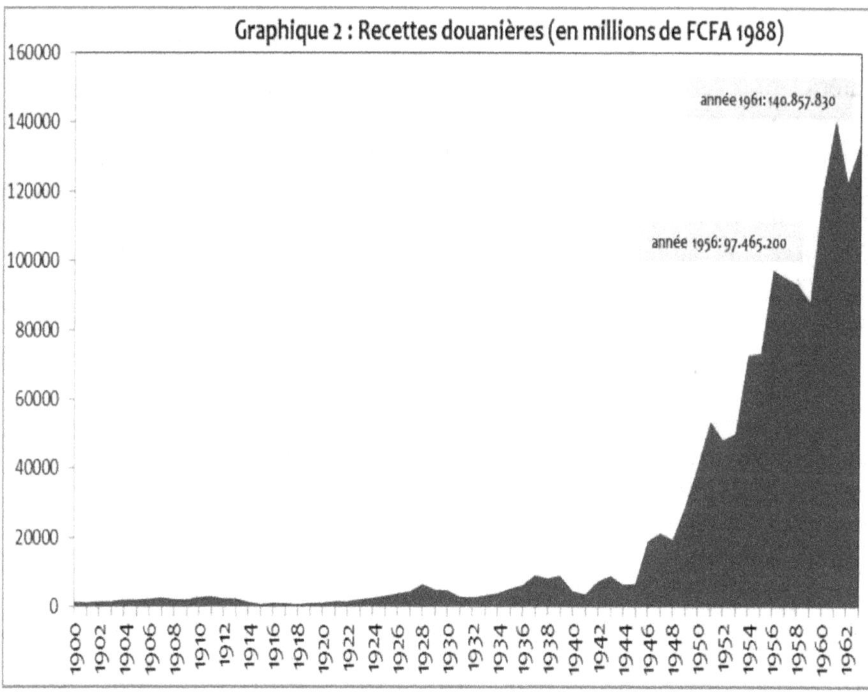

Graphique 2 : Recettes douanières (en millions de FCFA 1988)

<u>Source des données</u>: *Alain Vitaux et André Doulourou (1989, annexe 7)*

Les emprunts publics étaient autorisés seulement pour le financement du budget général ; car l'importance des recettes douanières pouvait permettre de faire face aux échéances de la dette. Ainsi, l'AOF sera autorisée à emprunter des sommes importantes sur le marché des capitaux à hauteur de 51 millions de francs (loi du 5 juillet 1903), 100 millions de francs (loi du 22 janvier 1907), 14 millions de francs (loi du 18 février 1910), 167 millions de francs (loi du 23 décembre 1913) et 1570 millions de francs (loi du 22 février 1931).

Hormis l'impôt de capitation et la fiscalité de porte, les autres recettes budgétaires de chaque colonie étaient constituées de patentes, taxes sur le bétail, contributions immobilières, droits d'enregistrement et de timbre, taxes sur le chiffre d'affaires et taxes sur la consommation. Il y avait aussi les amendes de guerre, les corvées, les travaux forcés et autres peines infligées aux individus ou aux groupes jugés récalcitrants.

D. Les dépenses budgétaires en Côte d'Ivoire les mécanismes de financement des travaux publics

Il existait trois modes de financement des travaux publics : la régie, la concession et l'entreprise.

L'exécution en régie consistait pour l'administration à faire réaliser les travaux par ses agents à l'aide du personnel qu'elle embauchait et du matériel qu'elle achetait. Par la concession au contraire, elle en confiait l'exécution à un particulier ou une société qui se rémunérait sur les usagers en exploitant l'ouvrage public une fois celui-ci construit. Par exemple, pour obtenir la construction d'une voie ferrée un peu coûteuse, l'Etat pouvait confier une partie du financement à des compagnies privées, auxquelles il promettait une garantie d'intérêt pour les capitaux qu'elles engageraient ou même leur accordait parfois des concessions de terres ou de forêts encore inexploitées[1]. Quant au travail à l'entreprise, il s'agissait d'un marché (conclu de gré à gré ou par adjudication) selon lequel l'administration confiait l'exécution de travaux à une entreprise à un prix fixé à l'avance[2].

A l'exception du premier wharf de Grand-Bassam construit par des concessionnaires et mis en exploitation régulière le 1er Juillet 1901, ainsi que ceux de Tabou et de Grand-Lahou construits en 1912, tous les travaux publics envisagés furent effectués en régie3.

Mais leur financement provenait de sources multiples : fonds d'emprunt pour les études du port d'Abidjan, les études et la construction du chemin de fer, une partie de l'infrastructure routière ; budget général ou du budget local pour la majeure partie du réseau routier, l'éclairage du littoral, l'équipement des rades foraines, et le creusement du canal d'Assagni.

D'autres sources financières furent nécessaires au fonctionnement et à l'entretien d'une partie de cet outillage (chemin de fer et wharfs), notamment la caisse de réserve mentionnée plus loin.

---

[1] André Lebon, La Politique de la France en Afrique, 1896-1898, mission Marchand, Niger, Madagascar, 1901,

[2]Semi-bi Zan (1973-1974) : « La Politique coloniale des travaux publics en Côte d'Ivoire (1900-1940) »
in Annales de l'Université d'Abidjan. Série I Histoire, 1973-1974, 359 p., p.59.

[3] ibidem

+ Les dépenses administratives

Les dépenses administratives constituaient l'ensemble des dépenses effectuées par l'autorité coloniale pour l'implantation progressive de l'administration coloniale : constructions, équipements et entretiens de bâtiments administratifs, rémunérations de fonctionnaires et autres charges administratives. En effet, selon Victor Augagneur, « les charges imposées par la création de fonctionnaires civils, par l'organisation des services indispensables : postes et télégraphes, douanes, transports, travaux publics, justice, police, agriculture, mines, c'est-à-dire tous les organes indispensables à la vie d'une collectivité, la colonie devait les payer sur ses propres ressources, sans le concours de la métropole »[1]. En outre, les agents indigènes ont aussi bénéficié des mesures administratives afin d'améliorer leurs conditions de vie.

+ les dépenses liées à la mise en valeur coloniale

Pour la mise en valeur coloniale, l'administration a focalisé les dépenses sur les travaux d'intérêt public qui sont entre autres les routes et les chemins de fer.

La réalisation de tous ces travaux d'intérêt public est considérée comme des investissements à court et à long terme. Par exemple, les recettes issues de l'exploitation du chemin de fer furent importantes. Elles s'élevaient à 689.331 francs en 1908, atteignirent 1.285.090 francs en 1913 et 1.468.102 francs en 1919. Cette tendance fut poursuivie jusqu'en 1920. Aussi, les excédents de recettes étaient-ils de 378.058F en 1911 et de près de 900.000F en 19202.

Toutes les dépenses liées à la jonction de la lagune Ebrié au Bandama, l'établissement d'une ligne dite de pénétration économique et commerciale, la construction de wharfs de plus en plus perfectionnés constituèrent les moyens fondamentaux du système de traite3.

Au total, les dépenses budgétaires étaient principalement constituées du service de la dette, des salaires, des dépenses d'investissement et d'équipement. Pour la Côte d'Ivoire, c'est dans ce cadre que furent réalisés, par exemple, le second wharf de Grand-Bassam (1923), celui de Port-Bouët (1931), le chemin de fer Abidjan-Niger (1934) et de nombreuse routes.

En définitive, l'économie coloniale a pratiquement bouleversé l'économie précoloniale à travers l'introduction de la monnaie coloniale et le système bancaire. Elle a également désorganisé le système de production précoloniale à cause de la recherche d'une main-d'œuvre capable de faire face aux travaux de mise en valeur coloniale.

---

[1]In René Pierre Anouma, op. cit, p.126.

[2]Jacques Lepé TOKPA, Côte-D'ivoire: l'immigration des voltaïques, 1919-1960, Abidjan: CERAP, 2006, 121p. p.46.

[3]Semi-Bi Zan, op. cit, p.262.

D. Les services financiers publics

Le Trésor Public français n'avait pas de postes comptables au sens plein du terme en Côte d'Ivoire avant les années 1950. Il s'appuyait plutôt sur des services financiers publics : la Caisse d'Epargne, le Service des Chèques Postaux et la Caisse de Crédit Agricole.

E. La Caisse d'Epargne

Par le décret du 22 juillet 1920 et l'arrêté du 16 mars 1922, une Caisse d'Epargne et de Prévoyance de l'Afrique Occidentale Française est créée à Dakar et installée le 1er octobre 1922, à l'image de celle de la Métropole. La succursale de Côte d'Ivoire (Abidjan) a été installée le 1er avril 1931.

La Caisse d'épargne a été créée pour capter les ressources financières importantes détenues par les indigènes, consécutivement à la vente des produits agricoles et au paiement de primes d'engagement dans l'armée. Les dépôts des populations sont placés par la Caisse d'Epargne à la Caisse des Dépôts et Consignations à Paris contre rémunération. Des intérêts sont ensuite versés aux déposants à un taux fixé par arrêté du Gouverneur général et variant en fonction des intérêts perçus sur les placements. La caisse pouvait également recevoir les dépôts d'associations et d'entreprises.

La Caisse d'Epargne fonctionnait avec la garantie de l'Etat et sous la surveillance de l'Administration. Elle était placée sous l'autorité du Directeur du Service Postal de l'AOF qui avait sous ses ordres, un agent comptable et un contrôleur pris dans le personnel du service postal. Son organisation reposait sur la Caisse centrale basée à Dakar et des succursales au chef-lieu de chaque Colonie. Les guichets des bureaux de poste servaient aux opérations de la caisse d'épargne.

F. Le service de comptes courants et chèques postaux

Un décret du 13 mars 1925 crée un service de comptes courants et chèques postaux dans le but de « mettre les moyens perfectionnés de paiement à la portée de tous, et par ces moyens, d'en arriver à la réduction de la circulation monétaire, et à la suppression des transports d'espèces, des pertes et des erreurs de toutes sortes inhérentes aux liquidations en billets de banque. Il a, de plus, pour objet de rendre productifs les capitaux qui constituent le fonds de roulement des particuliers et qui restaient auparavant sans placement. »

Il assure l'ouverture et la tenue d'un ou plusieurs comptes courants au nom d'une personne, une association ou une société. Il est placé sous l'autorité du Gouvernement général et sa gestion confiée à la Direction régionale des postes et des Télégraphes à Dakar. Il est constitué d'un Bureau central, des Bureaux de chèques postaux et des Bureaux de Poste.

Le Bureau central des chèques postaux à Dakar, créé par arrêté du Gouvernement général le 31 octobre 1927, est chargé, en dehors des attributions dévolues aux bureaux de chèques postaux ordinaires, de centraliser les opérations de ceux-ci.

Les Bureaux de chèques postaux sont établis au siège de chacune des Colonies et placés sous la surveillance et le contrôle immédiat des chefs de services des postes et télégraphes. Quant aux Bureaux de poste, ils émettent des mandats locaux et servent d'intermédiaires entre le public et les bureaux de chèques pour les opérations de versements et de paiements.

L'ouverture de comptes courants aux comptables publics de l'AOF est autorisée par le décret du 19 mars 1937. Divers impôts ainsi que les recettes des différents budgets coloniaux, généraux et locaux peuvent être perçus par l'intermédiaire du service des chèques postaux. De même, les comptables peuvent verser les excédents de recettes budgétaires par virements au Trésor.

G. Le crédit agricole

Le décret du 23 mai 1926 stipule qu'il peut être créé des Caisses de crédit agricole mutuel dans les Colonies de l'AOF. L'organisation est à deux : une Caisse centrale dans chaque colonie et des caisses locales affiliées.

Le décret du 26 juin 1931 et l'arrêté du 21 juillet 1931 transforment les Caisses de crédit agricole en établissements publics dotés de l'autonomie financière.

Finalement, le crédit agricole n'a pas profité réellement à la grande majorité des agriculteurs indigènes, en raison de l'insuffisance de ses ressources et des difficultés pour ceux-ci de présenter des garanties nécessaires pour y accéder.

Section 2 : Politiques financières dans l'AOF et en Côte d'Ivoire de 1946 à 1958

Les efforts de guerre imposés aux populations africaines à l'occasion des deux guerres mondiales, en termes de contributions humaines (soldats), financières (impôts) et en nature (denrées alimentaires, matières premières) ont été inestimables. Les gouvernements européens devaient en tenir compte. En plus, après la seconde guerre mondiale (1939-1945), l'environnement international était devenu plus que jamais favorable à la décolonisation.

Après la conférence de Brazzaville en 1944, des réformes importantes ont été mises en place pour responsabiliser davantage les africains dans la gestion des affaires territoriales tout en préservant la prééminence des intérêts français.

§.1. Gestion des finances publiques de 1946 à 1958

De 1947 jusqu'en 1959, le budget général de l'AOF est voté par le grand conseil qui est une assemblée délibérative composée de 5 représentants par pays. Le Cabinet du gouverneur général se subdivise en deux cabinets militaire et civil. En ce qui concerne la gestion économique et financière[1], les directions suivantes peuvent être citées : la Direction Générale des Finances, la Direction Générale du Plan et de la Statistique, la Direction des Services Economiques, la Direction des Domaines, la Trésorerie Générale, le contrôle financier….

Après la guerre, plusieurs facteurs concomitants propulsèrent les niveaux de recettes douanières qui connurent une évolution exponentielle jusqu'à l'indépendance. Quelques exemples sont significatifs. La mise en œuvre de plans quadriennaux de développement enclencha une espèce d'industrialisation de la Côte d'Ivoire. Vitaux et Doulourou (id, pp.231-232) relèvent que « en 1946 et 1947, le volume des exportations augmenta respectivement de 26% et de 12% et celui des importations de 40% et de 85%. (…). A partir de 1950, les efforts de développement se traduisirent par un triplement des importations de biens d'équipements ». Cette politique d'investissements massifs fut largement facilitée par la flambée des cours des matières premières, notamment les prix du café et du cacao qui augmentèrent respectivement de 70% et de 84%.

Pour toutes ces raisons, les recettes des douanes ivoiriennes connurent une croissance exponentielle comme l'illustre le graphique 3.

Après 1946, un nouveau dispositif de mobilisation de ressources permet de financer les investissements publics de la colonie. Ce sont le fonds d'investissement pour le développement économique et social (FIDES)[2] et la Caisse centrale de la France d'outre-mer (CCFOM) créés le 30 Avril 1946 et au niveau local, le Fonds d'équipement rural et de développement économique et social (FERDES) créé en mars 1949, le Fonds routier, créé en mars 1953 et les comptes café et cacao créés en 1946 et transformés en Caisses de stabilisation en septembre 1956[3].

De 1946 à 1960, les investissements publics financés par les ressources internes s'élevaient à 47,7% du total des investissements, tandis que les ressources externes en finançaient plus de la moitié, soit 52,3%. Ces chiffres révèlent que l'économie coloniale, malgré les efforts d'investissement internes, était tournée vers l'extérieur, relève Loucou (ibid).

---

[1] On peut citer aussi des services non financiers : la Direction de l'Agriculture, la Direction des Affaires politiques, la Direction de la Sûreté, la Direction de l'enseignement, la Direction de la Santé, la Direction des Travaux Publics, la Direction des affaires sociales et des services techniques etc.

[2]Depuis le 30 Avril 1946, c'est le FIDES que le parlement a chargé d'élaborer le programme d'équipement des territoires d'outre-mer. Au début, cette institution a d'abord été presque exclusivement orientée vers les investissements d'Etat. Par la suite, elle a été amenée à collaborer plus étroitement avec le secteur privé, selon René Moreux (1951) : Principes nouveaux d'économie coloniale, Paris, 174 p p.155.

[3] Jean-Noël Loucou, l'économie coloniale, op. cit, p. 120.

Le budget local supportait les dépenses de fonctionnement, en particulier l'entretien coûteux des fonctionnaires français, frais de transport et solde de congés en Métropole y compris[1]. Il finançait aussi les dépenses courantes de la colonie, avec l'aide des emprunts coloniaux. Selon Clozel, parlant du transfert de la capitale de Grand-Bassam à Bingerville, « jusqu'à ce jour, toutes les dépenses occasionnées par le transfert du chef-lieu ont été soldées sur les ressources ordinaires de la colonie .... »[2] ;

Les administrateurs coloniaux qui étaient les ordonnateurs des budgets des cercles, avaient à leurs côtés des agents spéciaux. Ces derniers étaient en général, des receveurs de postes, un commis ou un adjoint des affaires indigènes chargé de la « constatation des faits et de la liquidation des sommes à payer, recevaient du Trésor une avance qui leur permettait de liquider les dépenses urgentes sur états visés par l'administrateur et appuyées des pièces comptables réglementaires : quoique leur comptabilité soit tenue d'une façon sommaire sous la double rubrique : recettes, dépenses, sans la distinction de la nature des opérations effectuées... »[3]

Au total, les dépenses courantes de l'ensemble des organismes administratifs sont passées de 4,3 milliards courants en 1950 à 24 milliards en 1960. Ces chiffres contiennent toutefois quelques double emplois (les subventions et ristournes inter budgétaires), ainsi que quelques dépenses d'équipement mineures (renouvellement de matériels), représentant, au total, environ 10% des montants avancés4.

L'analyse statistique des finances publiques montre quelques tendances. Sur le tableau de l'annexe 1, on voit que les dépenses de fonctionnement inscrites au budget du territoire de la Côte d'Ivoire ont été multipliées par 9 de 1948 à 1958, en passant de 1,1 milliard de francs courants à 9,2 milliards. Sur la même période, la part imputée au budget de l'AOF est passée de 0,7 milliards à 3,8 milliards et la contribution française est montée de 0,5 milliards à 3,3 milliards. De manière générale, Samir Amin (1967, p. 237) relève que les structures mises en place au lendemain de la seconde guerre mondiale ont fonctionné sans changement majeur jusqu'en 1956. La part des dépenses de fonctionnement assurées par les budgets locaux (territoire de la Côte d'Ivoire, communes, Caisse des prestations familiales, organismes divers) est de 54%. Celle des dépenses assurées par l'AOF est de 30%. Les dépenses civiles et militaires prises en charge par la métropole est d'environ 14%. Par la suite, le vote de la loi-cadre de 1956 et la mise en place de nouvelles institutions d'autonomie interne eurent des incidences financières

---

[1]Simon-Pierre Ekanza, L'Afrique au temps des blancs, 1880-1935, Abidjan, Editions CERAP, 2005, 188p, p.131.

[2]Clozel François-Joseph, Dix ans à la Côte d'Ivoire, P.208.

[3]Jean-Vincent Zinsou (1975) : « L'Administration française en Côte d'Ivoire, 1890-1922 », in Annales de l'Université d'Abidjan. Série I Histoire, vol. III, pp. 73-84.

[4]Amin Samir, Le Développement du capitalisme en Côte d'Ivoire, Paris, Editions Minuit, 1967, 331p. p.239.

prises en charge par la France. Ainsi, le montant total des dépenses civiles et militaires payées par l'Etat français passait de 0,6 milliards en 1956 à 1,3 milliards en 1957 et à 1,4 milliards en 1958 ; pendant que la contribution de l'AOF diminuait pour tomber à 3,8 milliards en 1958 pour disparaître en 1959, consécutivement à l'éclatement de l'AOF.

En ce qui concerne les dépenses en capital, Samir Amin (1967, p.200) note que la moitié environ des investissements publics ont été financés sur fonds locaux : budget territorial de la Côte d'Ivoire, budget fédéral de l'ex AOF, budget de la RAN (Régie de l'Abidjan-Niger), budget du port autonome d'Abidjan, Fonds d'équipement rural pour le développement économique et social (FERDES), Fonds routier, comptes autonomes du café et du cacao, office des postes et télécommunications et budgets des municipalités. La seconde moitié des investissements publics concerne des budgets français : section locale du Fonds d'investissement pour le développement économique et social (FIDES), caisse centrale de coopération économique (CCCE), anciennement caisse centrale de la France d'outre-mer (CCFOM), Etat français à travers le bureau de recherche pétrolière.

§.2 - Création de l'Institut d'Emission en 1955 et politique monétaire restrictive dans l'AOF.

L'Institut d'Emission de l'AOF, ayant statut d'établissement public national français, a été créé par décret n°55-103 du 20 janvier 1955, portant régime d'émission en AOF et au Togo, en remplacement de la Banque de l'Afrique de l'Ouest (BAO).

Son rôle est de réguler la quantité de signes monétaires en circulation dans la zone d'émission et de garantir leur qualité, par une politique monétaire anti-inflationniste.

L'Institut d'émission mène donc la politique monétaire à travers le volume des concours accordés aux banques. Il adapte ses concours selon la conjoncture, en vue d'influencer la capacité des banques à octroyer des crédits et partant, sur leur pouvoir de création monétaire.

Il a le privilège exclusif d'émettre et de mettre en circulation la monnaie ayant cours légal dans les territoires de l'AOF et du Togo, comme contrepartie de crédits à court terme qu'il consent sous forme de réescompte ou pension d'effets, de traites et obligations cautionnées souscrites à l'ordre des comptables du Trésor Public, d'effets représentatifs de crédits à moyen terme. Il peut prendre des participations dans des organismes ou entreprises présentant un caractère d'intérêt général pour les territoires.

Il gère également le régime de change. Il peut acheter et vendre de l'or et des devises étrangères. Il est tenu d'exécuter toute demande de transfert entre la métropole et les territoires où il existe le privilège de l'émission. Il exécute les virements de fonds soit pour le compte des banques et de la Caisse Centrale de la France d'Outre-Mer, soit gratuitement pour le compte du Trésor Français.

Le Conseil d'Administration dispose des pouvoirs assez étendus. Il approuve notamment les opérations d'escompte, de crédit et d'avances. Contrairement aux établissements qui l'ont précédé (BS, BAO), la durée du privilège de l'Institut d'Emission n'est pas limitée.

La politique monétaire restrictive semble s'expliquer par le besoin d'assainissement de la zone franc, suite aux sept dévaluations successives intervenues seulement sur une période de treize ans après la guerre (de décembre 1945 à décembre 1958).

Ces dévaluations devaient permettre de relancer les exportations et la croissance économique. Mais aussi, elles devaient permettre de respecter certaines dispositions des accords de Breton Wood de fin 1945, requérant des parités soutenables entre les monnaies. Dans cette mouvance, un décret du 25 décembre 1945 crée le Franc des colonies françaises d'Afrique (CFA), décroché du franc de la métropole, mais avec une parité fixe.

Dans son premier rapport d'activité de 1956, l'institut d'Emission estime que « cette prudence est d'autant plus nécessaire que la contrepartie de la masse monétaire dans la zone est essentiellement constituée par les crédits consentis à l'économie de ces territoires, et, dans une plus faible proportion, par des disponibilités en francs métropolitains ». Plus loin, il est écrit : « Dans la mesure des moyens d'action à sa disposition, l'Institut s'efforce d'assurer aux diverses disponibilités monétaires de l'AOF et du Togo, un volume et des contreparties correspondant aux besoins réels de l'économie de ces territoires et aux conditions particulières de leurs relations extérieures », ou encore « les crédits accordés par l'Institut se traduisent, en définitive, par des émissions de billets ; aussi, sous peine d'inflation, les réescomptes d'effets à court terme doivent correspondre seulement à la mobilisation de la production courante de la zone et ceci dans la mesure où les banques ne peuvent l'assurer par leurs seules ressources ».

Le rapport de l'exercice suivant (1957) appuie la politique monétaire déflationniste en ces termes : « l'action de l'Institut d'émission dans la distribution du crédit ne peut avoir d'autre guide qu'une exacte et constante adaptation aux conditions et aux besoins propres de sa zone d'émission. Aussi, l'Institut a-t-il pour préoccupation constante de proportionner, dans la mesure de ses moyens, la création de monnaie aux besoins réels de l'économie de sa zone d'émission ».

Les concours de l'Institut d'émission au financement des crédits bancaires à l'économie ont varié de 26 à 46% selon les périodes avec une moyenne de 40% environ.

Les opérations de change avec la métropole sont exécutées dans le cadre de la convention de compte d'opérations du 29 septembre 1955 qui lie l'Institut au Trésor français. Elle dispose qu'il est ouvert dans les écritures du Trésor à Paris, au nom de l'Institut d'émission, un compte courant dénommé « compte d'opérations ». Ce compte enregistre les versements et les prélèvements effectués à Dakar par le Trésorier Général de l'AOF sur son compte à l'Institut d'Emission. L'Institut d'Emission y verse également les disponibilités (avoir) qu'il se constitue hors des territoires où il exerce l'émission, exception faite des sommes nécessaires pour sa trésorerie courante en France. En cas d'insuffisance des disponibilités, l'Institut d'Emission est autorisé à prélever sur le compte des sommes nécessaires pour la couverture des transferts sur l'extérieur ordonnés par ses agences dans les territoires et pour les dépenses qu'il doit opérer dans la métropole.

Lorsque le solde du compte est débiteur, le Trésor perçoit des intérêts. Si le solde est créditeur, il reste en dépôt au Trésor et porte intérêt au profit de l'Institut d'Emission au taux d'escompte de la Banque de France.

Les comptes de l'Institut sont arrêtés au 31 décembre de chaque année. Sur les bénéfices, il est prélevé 15% pour la réserve obligatoire. Après attribution à diverses réserves, le solde est versé au Trésor Public. L'Institut assure la liaison monétaire avec la métropole et applique la convention du 29 septembre 1955 fixant ses relations avec le Trésor Public, dite convention de « compte d'opérations ».

Tout cela faire à Arthur Girault que « dans le système d'assujettissement, l'organisation financière est établie tout entière en vue de l'avantage du Trésor métropolitain »[1].

§2. Trésor métropolitain et correspondants dans l'AOF et en Côte d'Ivoire de 1946 à 1958.

Le décret du 30 décembre 1912 organise le régime financier des colonies en prescrivant l'intégration des Trésors locaux (coloniaux) au Trésor Public métropolitain, à Paris. Les articles 50 et 51 disposent notamment : la perception des recettes et l'acquittement des dépenses comprises dans le budget de l'Etat sont effectués par les colonies sous la direction du Ministre des Finances par les Trésoriers-Payeurs ou, pour leur compte, par les (mandataires) comptables du Trésor » (Art. 50)

« Il y a dans chaque colonie un Trésorier-Payeur chargé de la recette et de la dépense tant des services de l'Etat que du service local. Les Trésoriers-Payeurs perçoivent ou font percevoir pour leur compte et centralisent tous produits réalisés soit au profit de l'Etat, soit au profit de la colonie. Ils pourvoient au payement de toutes les dépenses publiques et justifient des payements conformément aux dispositions des règlements. Ils sont chargés

[1] Arthur Girault, Principes de colonisation et de législation coloniale, (3 août 1894), 1904, p. 67-68.

des mouvements de fonds et des autres services exécutés en dehors du budget... », (Article 51).

Notons qu'à l'image des relations entre les collectivités métropolitaines et le Trésor Central, le principe de l'unité de trésorerie de l'Etat prévaut dans les colonies.

§.3. Les grands moments de l'évolution du Trésor Public métropolitain

A. En 1806, le Ministère des finances de la France met au point le plan comptable de l'État.

Le décret impérial du 31 mai 1862 récapitule l'ensemble des règles qui régissent la comptabilité publique. Le décret du 20 novembre 1882 portant régime financier des colonies va étendre à l'exécution des budgets des colonies, les règles applicables au niveau de l'État métropolitain. La loi du 18 avril1900 dote chaque colonie ou chaque groupement de colonies, de la personnalité civile et lui accorde une certaine autonomie administrative et financière. La loi du 13 juillet 1911 institue les modalités de contrôle juridictionnel des comptables exerçant dans les colonies. Déjà à cette époque, il y avait les règles de la comptabilité publique, le principe de la séparation des fonctions d'Ordonnateur et de Comptable, la responsabilité personnelle et pécuniaire et le contrôle juridictionnel des comptables publics.

Sous la colonisation, les Services du Trésor font partie intégrante du système financier de l'État français et du système financier territorial local.

B. Le décret du 30 décembre 1912 établit les grands principes du régime financier des colonies.

- L'autonomie administrative et financière des colonies est à la base des réformes.

Le principe d'autonomie administrative et financière fait qu'étant dotées de la personnalité civile, les colonies peuvent posséder des biens, entreprendre des travaux, gérer ou concéder l'exploitation des services d'utilité publique, etc. Le Gouverneur de la colonie représente l'Etat métropolitain. A ce titre, il est le seul dépositaire des pouvoirs de la République. Ses prérogatives s'étendent à des domaines variés : politique, administratif, économique, financier, militaire et judiciaire. Il a le pouvoir de promulguer et de publier les lois et décrets. En sa qualité de chef de l'administration coloniale, il organise les services, civile et militaire, et procède aux nominations et affectations. Il détermine les circonscriptions administratives, en fixe les frontières.

- La cohabitation du système financier de l'État colonial avec le système financier territorial local. Certaines opérations sont prises en compte dans le budget de l'État français et exécutées dans les colonies. En plus de cela, des services à caractère fédéral sont compris dans le budget général d'un groupement de colonies (comme l'AOF ou l'AEF). Enfin, il y avait un budget local propre à chaque colonie ou territoire.

- L'organisation plus précise des finances publiques territoriales, notamment :

• le rôle du Gouverneur en matière de finances territoriales locales ;

• les règles de droit budgétaire ;

• la présentation, la classification, les modes de perception des recettes du service local ;

• le mode d'exercice des poursuites ;

• l'organisation et le fonctionnement des Agences Spéciales ;

• les modalités de contrôle des dépenses engagées ;

• les modalités de présentation du compte de gestion des comptables au titre des opérations du budget de l'État et au titre des budgets du Service local.

Au total, la comptabilité financière du Service local est soumise aux mêmes règles que celles de l'État. Le budget de l'État métropolitain se réalise aussi dans les territoires d'outremer. En effet, la perception des recettes générées dans les colonies, pour le compte de l'État est autorisée par la loi de finances. Les dépenses acquittées dans les colonies à la charge de l'État font l'objet d'ordonnance de délégation. Le Budget de l'État est adopté par le Parlement français.

Les agents d'exécution de l'ordre administratif dans le cadre du Budget de l'État sont :

- l'Ordonnateur principal : le Ministre des Colonies

- les Ordonnateurs délégués : le Directeur de l'Intendance (dépenses militaires, dépenses de l'Inspection des Colonies), le Directeur de l'Administration pénitentiaire, le Gouverneur pour les autres dépenses et les recettes.

- le Contrôleur des dépenses engagées autres que militaires et maritimes.

En matière de recettes, il existe un livre journal des Ordres de recettes émis et en matière de dépenses, un livre journal des comptes de dépenses par rubrique.

C. Services Comptables du Trésor

La perception des recettes et l'acquittement des dépenses sont effectués dans les colonies par des Trésoriers-Payeurs (comptables supérieurs) ou pour leur compte, par d'autres comptables du Trésor (Trésoriers particuliers, préposés du Trésor, Payeurs, Percepteurs (comptables subordonnés). Ils sont vérifiés et contrôlés par les services du Gouverneur ou par l'Inspection des Colonies.

Il y a dans chaque Colonie un Trésorier-Payeur chargé de la recette et de la dépense, tant des services de l'État métropolitain que du service territorial.

Les recettes et les dépenses effectuées par les Trésoriers-Payeurs pour le compte de l'État sont centralisées par des écritures annuelles, afin de produire les comptes généraux de l'administration des finances.

D. Le contrôle juridictionnel des comptables du Trésor.

Les comptes des Trésoriers-Payeurs et ceux des Trésoriers particuliers sont justiciables de la Cour des Comptes. Trois mois après la clôture de l'exercice, les comptes de gestion des opérations métropolitaines sont transmis au ministère des finances qui les met en état d'examen avant de les envoyer à la Cour des Comptes. Tous les comptes des comptables publics sont justiciables de la Cour des Comptes en France.

E. Les Services du Trésor sous la IVème République (1946-1958).

Les dispositions financières fondamentales du décret de 1912 restent inchangées dans l'ensemble, malgré le nouveau contexte politique et administratif, marqué par la loi-cadre du 23 juin 1956 accordant une autonomie plus large aux territoires français d'outre-mer.

L'Assemblée Territoriale a désormais des pouvoirs plus étendus, car elle peut voter des mesures d'intérêt local, directement rendus exécutoires par le Gouverneur. Les territoires français en Afrique ont à travers la loi-cadre un nouveau pouvoir exécutif et un pouvoir législatif local. Mais l'organisation administrative, financière et comptable ne connaît pas de changement notable.

La colonie et l'Etat ont, localement, le même comptable public tenant une caisse unique. Ainsi, le Trésor Central tient pour chacun de ses correspondants (collectivités, établissements publics nationaux) un compte courant enregistrant leurs opérations de recettes et de dépenses, les soldes des dépôts des correspondants ou leurs avoirs confiés au Trésor Public.

Par ailleurs, dans la nomenclature comptable du Trésor, une catégorie de comptes appelés « comptes spéciaux » enregistrent les dépenses et des recettes effectuées en dehors du Budget, par des services de l'Etat sans personnalité juridique ni autonomie financière, selon Bloch-Lainé (p.64). Ce sont notamment les comptes de commerce, d'affectations, de règlement avec les gouvernements étrangers, d'opérations monétaires, d'avances ou de prêts.

Certains comptes d'opérations monétaires retracent les opérations effectuées en application d'accords internationaux approuvés par la loi (Bloch-Lainé).

Le compte courant en principe ne peut présenter de solde débiteur. Mais en fonction de l'étroitesse des relations de trésorerie entre le correspondant et le Trésor central, une avance peut lui être faite lorsqu'il risque d'être débiteur. Ces liens de trésorerie s'apprécient au regard du degré de liberté dont dispose le correspondant pour ses emprunts et pour le placement de ses ressources. L'aide du Trésor central est assortie d'un faible taux d'intérêt et remboursable.

La réforme des institutions politiques et administratives des Territoires d'Outre-Mer, issue de la loi du 23 juin 1956, a classé le service du Trésor parmi les « services d'Etats » (décret n° 56-1227 du 3 décembre 1956, modifié par décret n°57-479 du 4 avril 1957) à la demande de la République française (décret du 22 février 1958, article 2). Ces textes laissent, par contre, indéterminé le statut des « agences spéciales » auxquelles sont confiés, hors des grands centres, la perception des recettes et le paiement des dépenses publiques.

En 1957, une trésorerie générale (Dakar), 8 trésoreries, 24 paieries ou perceptions et 227 agences spéciales constituent le réseau des caisses publiques de l'AOF et du Togo. Ce réseau joue un rôle important dans les mouvements de fonds, la diffusion ou la collecte des espèces monétaires dans une région où l'usage de la monnaie scripturale est encore peu répandu.

Section 3 : Institutions financières de l'AOF et politique financière transitoire de la Côte d'Ivoire de 1958 jusqu'à l'autonomie du Trésor Public ivoirien en 1963.

Dans cette section, il sera exposé la situation des Institutions financières de l'AOF et la politique financière transitoire de la Côte d'Ivoire de 1958 à 1963.

§1- Institutions financières de l'AOF

A partir de 1958, l'évolution vers l'indépendance des colonies s'accélère. L'union française est remplacée par la communauté franco-africaine qui laisse des pouvoirs plus étendus aux territoires, mais pas encore l'indépendance.

L'ordonnance n° 58-1341 du 27 décembre 1958 institue une nouvelle unité monétaire en France pour compter du 1er janvier 1960 au plus tard : 1 nouveau franc = 100 francs anciens. L'ordonnance n° 59-491 du 4 avril 1959 relative au régime de l'émission des Etats de l'Afrique de l'Ouest dispose en substance que l'institut d'Emission de l'AOF et du Togo, établissement public géré selon les lois et usages du commerce et doté de l'autonomie financière, prend la dénomination de Banque Centrale des Etats de l'Afrique de l'Ouest (BCEAO).

Traitant du « rôle de la Banque Centrale dans l'économie ouest africaine », le premier rapport d'activité (1959), souligne que ce rôle est d'assurer à la zone d'émission, une monnaie valable » aussi bien dans les échanges intérieurs que dans les transactions extérieures.

Pour ce faire, la Banque exerce trois fonctions étroitement liées :

- mise en circulation des espèces (billets et pièces) représentatives de la monnaie ;
- convertibilité de la monnaie émise par elle en monnaie acceptée en règlement de transactions extérieures ;
- création de la monnaie scripturale par le système bancaire en lui accordant son concours en fonction d'une part, des ressources dont il dispose, notamment les dépôts et, d'autre part, des besoins de l'économie.

La BCEAO est donc du type des banques d'émission habilités à émettre la monnaie en contrepartie d'opérations de change et d'opérations de crédit – opérations génératrices de l'émission – tout en jouant un rôle passif dans la première catégorie d'opérations et un rôle actif dans la seconde.

L'ancrage du franc CFA au franc français est précisé par une décision du Président de la Communauté de mai 1959 stipulant que « le franc est la monnaie commune des Etats membres de la communauté ». L'unité monétaire de chaque Etat est soit le franc, soit une unité monétaire liée au franc par un rapport fixe qui ne peut être modifié que par décision du Président de la Communauté en conseil exécutif. La réglementation des changes est commune à tous les Etats et les ressources en devises sont mises en commun. Le Conseil supérieur du crédit s'occupe des questions relatives au crédit et à l'organisation monétaire. Le Comité monétaire de la zone franc devient une instance où siègent les représentants des Etats.

Le Conseil d'administration de la BCEAO est composé d'un président nommé par la France et de 16 membres dont la moitié est nommée par la France et l'autre moitié par les Etats de l'AOF.

Pour les politiques financière et de l'aide, les Etats devront :

- prendre toutes mesures pour assurer le respect des principes fondamentaux concernant la comptabilité publique, l'établissement, l'exécution et le contrôle du budget, la fiscalité et la non-discrimination entre les ressortissants de la communauté ;
- procéder à des échanges d'informations sur l'état et l'évolution de leurs finances publiques.

Tous les documents, à l'exception de la convention de compte d'opération, à conclure entre le Ministre français des finances et la Banque Centrale, sont paraphés à Paris, le 12 mai 1962.

Les nouveaux accords entrent en vigueur le 1er novembre 1962 conformément à l'article 12 de l'Accord de Coopération. Le 31 octobre 1962 consacre donc la disparition de l'institut d'émission né sept ans plus tôt. Les organes prévus mis en place, la nouvelle Banque Centrale pouvait commencer son activité.

Le 9 juin 1959 à Paris, une convention d'union douanière est signée entre la Côte d'Ivoire, le Dahomey, la Haute-Volta, le Mali, la Mauritanie, le Niger et le Sénégal : l'Union Douanière de l'Afrique de l'Ouest (UDAO). En ce qui concerne l'aide et la coopération, chaque Etat est invité à élaborer son programme de développement. La France peut y apporter son concours technique par le biais des organismes chargés de l'aide et de la coopération.

Par ailleurs, comme conséquence de l'accession à la souveraineté internationale, chacun des Etats peut, en principe, décider librement de son régime. Cependant, la préférence est allée au souci de solidarité monétaire pour envisager le développement économique des nouveaux Etats de l'AOF ; d'où la volonté de maintenir l'espace monétaire coloniale.

Cependant, trois contradictions exigeant des efforts de conciliation sont apparues depuis le début et semblent persister jusqu'aujourd'hui : la souveraineté de chaque Etat, les contraintes de politique monétaire commune et la quasi tutelle de l'ancienne métropole pour, dit-on, aider à assurer la cohésion et la viabilité de la zone monétaire[1].

Finalement, l'Union Monétaire Ouest Africaine (UMOA) est créée en mai 1962. Le premier exercice financier du nouvel établissement se déroule sur 11 mois, du 1er novembre 1962 au 30 septembre 1963. Le Conseil d'Administration a, en effet, fixé au 30 septembre la date de clôture de l'exercice social, considérant que la période du 1er octobre au 30 septembre était mieux adaptée au cycle annuel de l'activité économique (à dominance agricole) en Afrique de l'Ouest.

§2- Politique financière transitoire de l'aube (1958) au lendemain (1962) de l'indépendance de la Côte d'Ivoire

Le référendum du 28 septembre 1958 et l'éclatement de l'AOF (Afrique Occidentale Française) et de l'AEF (Afrique Equatoriale Française) qui l'a suivi préparaient véritablement les indépendances des colonies d'Afrique noire francophone.

Le pays devant prendre son destin en main, son budget général de fonctionnement composé de l'ensemble des dépenses courantes fut multiplié par deux de 1958 à 1962 en passant de 17,5 milliards à 34,9 milliards, le montant de 1960 étant de 24 milliards. Cela est rendu possible par le fait que les recettes fiscales et douanières ne sont plus partagées avec la métropole et l'AOF. Elles sont versées intégralement à la Côte d'Ivoire, comme cela apparait sur le graphique 3 en ce qui concerne les recettes douanières.

Les investissements publics ont connu une croissance accélérée de 12% par an en moyenne de 1959 à 1962. Les dépenses d'investissements et d'équipements sont multipliées par deux et demi en passant de 4 milliards en 1959 à 10,2 milliards en 1962, le montant de 1960 étant de 6,9 milliards. Ces

---

[1] Ce qui n'est pas le cas dans les anciennes colonies anglaises

dépenses sont imputées au BASIE (Budget autonome spécial d'investissement et d'équipement), alimenté par les excédents du budget de fonctionnement. A partir de 1962, il sera remplacé par le BSIE (Budget spécial d'investissement et d'équipement) financé par des recettes fiscales. Par ailleurs, ce budget bénéficie également des financements extérieurs fournis par la FAC, le FIDES et le FEDOM (Fonds européen d'outre-mer).

Au total, l'observation des finances publiques après la seconde guerre mondiale donne de grandes tendances. L'évolution des dépenses publiques (fonctionnement et investissement) est croissante de 1946 à 1958. A partir de 1958, les dépenses de fonctionnement font un saut de plus de 80% jusqu'en 1961 pendant que l'investissement publique croit modérément. De 1960 à 1963, la tendance s'inverse au profit des dépenses d'équipement.

Du côté des ressources publiques, les recettes fiscales et parafiscales sur le PIB est passé d'environ 15% en 1950 à 19% en 1958 et à 20% en 1965. Cette augmentation s'explique par une croissance plus rapide du commerce extérieur qui a été multiplié par 4,5 par rapport à celle du PIB multiplié par 3,5 de 1950 à 1965 comme l'indiquent les graphiques 2 et 3. Pour Samir Amin (op cit, p. 248), « une ponction fiscale plus importante pourrait sans doute être envisagée. L'examen du code général des impôts et du statut privilégié des investissements privés montre que la fiscalité directe est encore très légère. La fraude fiscale en allège encore le poids réel ».

Aux ressources internes, s'ajoute l'apport extérieur, en particulier pour les dépenses d'investissements. Certes, le taux de couverture de l'investissement public par les capitaux extérieurs a été réduit de moitié de 1950 à 1965 en passant de 70% à 35 % ; mais il demeure encore important.

§.3. Séparation des Trésors publics français et ivoirien

Durant toute la période coloniale, le Trésor public français assurait le service financier des collectivités locales dont la Côte d'Ivoire[1]. Il effectuait toutes les opérations budgétaires (recouvrement des impôts et taxes, paiement des dépenses) et hors-budgétaires du territoire. Il recevait ses fonds disponibles, gérait sa caisse de réserve et ses emprunts, et lui faisait éventuellement des avances.

Cependant, à partir du 1er janvier 1959, si la trésorerie reste unique pour les deux Etats : Côte d'Ivoire et France, le Trésorier-Payeur, comptable supérieur de la Côte d'Ivoire, dût tenir deux comptabilités distinctes:

- l'une dite « d'exécution », retraçant toutes les opérations faites en monnaie locale, et distinguant bien celles qui étaient exécutées pour le compte du territoire des autres opérations ;

[1] Dans l'administration coloniale comme dans la comptabilité publique française, chaque colonie était considérée comme une collectivité locale.

- l'autre dite « de centralisation », tenue en francs français, qui était commune à l'ensemble des comptables du Trésor français et où les résultats de la comptabilité « d'exécution » étaient repris.

Ultérieurement, la comptabilité dite « d'exécution » fut aménagée pour tenir compte de l'évolution politique des Etats africains et celle que tenait le Trésorier-Payeur de Côte d'Ivoire regroupait toutes les opérations faites pour le compte de la Côte d'Ivoire, des autres collectivités locales ivoiriennes (les communes d'Abidjan, Abengourou, Agboville, Bouaké, Daloa, Dimbokro, Gagnoa, Grand-Bassam et Man) et des établissements publics ivoiriens. Le Trésor continua à gérer les emprunts anciens de la Côte d'Ivoire et la Caisse autonome d'amortissement des emprunts souscrits par la République de Côte d'Ivoire, créée par le décret n°59-209 du 21 octobre 1959 commença à fonctionner en 1960 ;

La double comptabilité décrite ci-dessus, résultant d'instructions données par la Direction de la Comptabilité publique du Ministère des Finances aux comptables du Trésor français hors-métropole, permettait de séparer les comptes, les services et les disponibilités des Trésors ivoirien et français.

Cette séparation eut effectivement lieu le 31 décembre 1962 aux termes du décret n°62-457 du 14 décembre 1962, portant organisation des services du Trésor de la République de Côte d'ivoire. Jusqu'à cette date, l'histoire du Trésor ivoirien était intégrée dans celles de la métropole[1]. Au 31 décembre 1962, le trésor français, ne disposait, en Côte d'Ivoire, que de trois comptables directs : le trésorier-payeur, le Payeur principal de Bouaké et le Receveur-percepteur d'Abidjan. Le Trésorier-Payeur centralisait les opérations de ses subordonnés, celles des receveurs des régies financières (contributions diverses, domaines, enregistrement), celles des régisseurs de recettes et de dépenses et celles des agents spéciaux, qui étaient des régisseurs d'un genre particulier, propre à l'ancienne administration française d'outre-mer, dont l'existence était justifiée par l'impossibilité d'implanter dans de nombreux territoires un réseau de comptables.

L'article premier de ce décret consacre l'autonomie du Trésor Public ivoirien en ces termes : « à compter du 1er janvier 1963 et par application des titres II et IV de la convention franco-ivoirienne du 31 décembre 1959 sur les Trésors, les services du Trésor de la République de Côte d'Ivoire sont organisés ainsi qu'il suit :

- une trésorerie générale à Abidjan ;
- une trésorerie particulière au chef-lieu de chacun des départements du Nord, du Centre et du sud-ouest ;
- une recette perception municipale à Abidjan ;

---

[1] Pour une étude plus approfondie, cf. François Bloch-Lainé et Pierre de Vogue : Le Trésor public et le mouvement général des fonds, 375 p., Bibliothèque de la société économique, PUF, 1961 et Gilbert Devaux : La Comptabilité publique, tome 1, les Principes. Paris, Presses universitaires, 1957

- des perceptions dans les localités où se trouvent actuellement des agences spéciales.

Section 4 : Quels enseignements tirer de la politique économique et financière coloniale pour l'époque moderne ?

La polémique est parfois vive relativement aux enseignements à tirer de la politique financière coloniale. Certains auteurs[1] voient dans la politique économique et financière menée dans l'Afrique francophone indépendante, une perpétuation déguisée du Pacte colonial qui, au début du 19ème siècle, s'était lui-même substitué à la traite négrière initiée par les arabes du 7ème au 19ème siècle et amplifiée par les européens du 15ème au 19ème siècle. Au nom du pacte colonial, la gestion économique et financière des colonies a été organisée dans les seuls intérêts de la métropole jusqu'en 1960.

Les institutions financières publiques et privées mises en place dans la zone Franc s'inscrivaient dans cette logique. En dépit de l'indépendance politique des pays d'Afrique francophone intervenue en 1960, les liens ombilicaux sont, d'une certaine manière, conservés entre les politiques financières nationales, les banques centrales régionales (BCEAO, BEAC), les unions monétaires régionales (UEMOA, CEEAC)[2], le Trésor Français et la Banque de France. Le mécanisme du compte d'opérations, en particulier, a fait l'objet de beaucoup de critiques de leur part. Pour K. Yassane (2012), « le système du compte d'opération a pour principal inconvénient d'entraîner une limitation très sensible de la souveraineté des Etats africains en matière monétaire, voire dans le domaine de la politique économique générale ». Il se fonde sur le fait que la France participe à la gestion et au contrôle des deux banques centrales, en contrepartie de la garantie monétaire offerte aux Etats Africains. N. Agbohou (2012) souligne que « les dirigeants africains stockent ou immobilisent dans les caisses du Trésor français les immenses capitaux financiers indispensables au développement socioéconomique de l'Afrique ». Le mécanisme du compte d'opérations est l'expression même du manque d'indépendance de la BCEAO et de la BEAC.

Cependant, les autorités monétaires de l'UEMOA et de la CEAC, ainsi que des auteurs[3] pensent que le FCFA est un instrument puissant d'intégration économique. Or, l'intégration économique a beaucoup d'avantages qui concourent au développement des Etats membres.

---

[1] Cf : Joseph Tchunjang-Puemi (1980), Kerfalla Yassane (2012), Y. Ekoué Amaïzo (2001), Sami Amin (1967, 1971), Arghiri Emmanuel (1969), N. Agbohou (2012), Désiré Mandilou (2008) etc.

[2] BEAC : Banque des Etats d'Afrique Centrale ; CEEAC : Communauté Economique des Etats d'Afrique Centrale

[3] Dont Patrick et Sylvianne Guillaumont (1984)

Au-delà de ces deux positions, on peut noter que l'avènement de la monnaie unique de la CEDEAO prévu en 2020 pourrait dissiper les inquiétudes des premiers et renforcer les avantages attendus des seconds relativement à l'intégration monétaire et économique.

Conclusion de la première partie

Le bref rappel historique des politiques économique et financière de la Côte d'Ivoire précoloniale et coloniale a permis de tirer quelques enseignements essentiels.

La comparaison des sociétés africaines précoloniales et post coloniales fait ressortir, curieusement et à un certain niveau, l'existence d'une espèce de paradoxe de Condorcet. Les sociétés africaines contemporaines sont plus démocratiques mais, elles ne semblent pas plus égalitaires et ni plus pacifiques.

Contrairement à certaines idées reçues, les populations de la Côte d'Ivoire précoloniale pratiquaient, au-delà de la cueillette, des activités économiques et financières : agriculture, élevage, pêche, artisanat, activités minières et manufacturières dont les produits alimentaient le commerce local, régional et transfrontalier. Au-delà du troc, des signes monétaires, remplissant les fonctions habituelles de la monnaie (unité de compte, intermédiaire des échanges et réserve de valeur), faisaient mouvoir une véritable économie de marché.

Les sociétés sans Etats ou sociétés déconcentrées, au lieu d'être regardées comme des groupes arriérés, devaient plutôt être perçus comme des communautés ayant atteint un stade avancé de décentralisation et d'égalitarisme. Les sociétés à Etats centralisés avaient des politiques financières à la mesure de leur développement économique. La gestion des finances publiques était caractérisée par un paradoxe, à savoir l'existence de procédures non transparentes mais rigoureuses. La rigueur financière se traduisait par la distinction entre les biens publics et privés, la séparation des fonctions d'ordonnateur et de comptable, la recherche constante d'excédents budgétaires et de trésorerie pour préserver la souveraineté nationale. Dès lors, la qualité très approximative de la gouvernance économique et financière dans l'Afrique actuelle ne peut être considérée, à priori, comme un héritage ancestral.

Cependant, l'absence d'écriture, de planification à long terme et de formalisation adéquate des politiques économiques et financières fragilisaient les bases des systèmes d'organisation des sociétés précoloniales. Elles durent donc subir, pendant douze siècles (7ème au 19ème siècle), des pénétrations arabes et européennes, puis au 20ème siècle, la colonisation française. Le contrôle du commerce transsaharien par les arabes (7ème au 19ème siècle) et la maîtrise du commerce transatlantique par les européens (15ème au 19ème siècle), ont déstructuré les systèmes économiques et financiers des sociétés locales.

De la fin du 19ème au milieu du 20ème siècle, le système colonial français (comme tous les systèmes coloniaux) a organisé la gestion économique et financière des colonies dans les seuls intérêts de la métropole.

Après la seconde guerre mondiale, l'environnement international et les revendications d'indépendance des peuples colonisés amenèrent la France à réorienter sa politique coloniale vers une plus grande autonomie politique, économique et financière de l'AOF et de la Côte d'Ivoire. Les institutions financières publiques mises en place dans l'AOF et en Côte d'Ivoire avaient une plus grande autonomie quand bien même elles dépendaient toujours, dans leurs relations internationales, du Trésor Français et de la Banque de France. Après le référendum de septembre 1958, la voie vers l'autonomie totale était ouverte. L'indépendance des pays francophones d'Afrique intervenait tour à tour au cours de l'année 1960 mais les liens ombilicaux furent conservés entre les politiques financières nationales, les banques centrales régionales (BCEAO, BEAC), les unions monétaires régionales (UEMOA, CEAC), le Trésor Français et la Banque de France. Dans cette logique, l'autonomie du Trésor Public ivoirien fut consacrée par un décret de décembre 1962 qui entre en vigueur le 1er janvier 1963. Toutefois, les opérations du Trésor Public Ivoirien et la politique financière ivoirienne restent influencées par les dispositions de l'UEMOA et de la zone Franc.

Même si la gestion du franc CFA est influencée par la politique financière française, la création de la monnaie unique de la CEDEAO à l'horizon 2020 pourrait constituer une sorte de gage d'indépendance financière des pays de l'Afrique de l'Ouest.

A l'issue de ce rappel historique, il convient de suivre, dans la deuxième partie, l'évolution de la politique financière et du Trésor public ivoirien de 1963 à 1999.

DEUXIEME PARTIE
EVOLUTION DE LA POLITIQUE FINANCIERE ET DU TRESOR PUBLIC IVOIRIEN DE 1963 A 1999

"Monetary policy cannot do much about long-run growth, all we can try to do is to try to smooth out periods where the economy is depressed because of lack of demand".
Ben S. Bernanke[1]

Durant les deux premières décennies [2]suivant les indépendances africaines, l'Etat était considéré comme le fer de lance de la croissance et du développement. Les Trésor nationaux furent sollicités pour financer de vastes programmes de développement. Mais, les crises financières de la fin des années 1970 amenèrent les pays à adopter une première génération de programmes d'ajustement structurel au cours des années 1980 jusqu'à la dévaluation monétaire dans la zone Franc en janvier 1994. Dans le cadre des PAS, le rôle économique de l'Etat était réduit au profit du secteur privé. Toutefois, comme dans tous autres les pays africains, la structure et le financement du budget de l'Etat ivoirien ont continué d'influencer notablement l'économie nationale.

Il convient donc de passer en revue les rôles joués par le Trésor Public dans la politique financière de l'Etat et de la politique monétaire communautaire au cours des périodes suivantes :

- financement des plans quinquennaux de développement (1963-1980) ;
- contribution à la mise en œuvre de la première génération de programmes d'ajustement structurel (1981-1993) ;
- rôle dans la gestion de la politique financière post dévaluation (1994-1999)

[1] Ben Shalom Benarke, Président de la Federal Reserve (Banque Centrale des USA) de février 2006 à janvier 2014.

Chapitre IV : Trésor Public et politique financière de l'Etat dans les cadres des plans quinquennaux de développement et de la politique monétaire communautaire (1963-1980)

Durant deux décennies, le Trésor Public ivoirien, qui venait d'avoir son autonomie à l'égard du Trésor français, devait renforcer et mettre en place, à certains niveaux, son organisation administrative et comptable. Il devait aussi jouer des rôles dans le financement des plans quinquennaux de développement et dans la politique monétaire de l'UMOA. Mais, sur la période 1978-1980, la politique financière appliquée depuis l'indépendance a montré des limites dont les conséquences ont amené les autorités à prendre transitoires d'ajustement interne.

Section 1 : Organisation administrative et comptable du Trésor Public ivoirien au lendemain de l'indépendance

L'organisation administrative et comptable est résumée par le site du Trésor Public ivoirien : www. tresor.gouv.ci. A partir des textes organisant le Trésor Public de l'époque, on peut dégager quelques singularités.

§.1. Organisation du Trésor Public selon des textes

Au lendemain de l'indépendance, le décret n°62-457 du 14 décembre 1962, portant organisation des services du Trésor de la République de Côte d'ivoire, stipule qu'à compter du 1er janvier 1963, et par application des titres II à IV de la convention franco-ivoirienne du 31 décembre 1959 sur les Trésors, le Trésor ivoirien sera érigé en une Trésorerie Générale.

Ce décret consacre la séparation des Trésors Publics français et ivoirien par la nomination d'un Trésorier-Payeur général ivoirien en remplacement de l'ex-Trésorier payeur français. En application de ce décret, le Trésor ivoirien dispose, depuis le 1er janvier 1963, des réseaux de comptables suivants :

- réseau des comptables directs : un Trésorier-Payeur général à Abidjan ; trois trésoriers particuliers, à Bouaké, Daloa, Korhogo ; un receveur-percepteur à Abidjan ; 47 percepteurs ;

- réseau des comptables des postes : il est resté ce qu'il était au 31 décembre 1962 et accompli les mêmes tâches ;

- réseau des comptables des régies financières : ces comptables sont peu nombreux et, comme par le passé, leurs opérations sont centralisées par le trésorier-Payeur général ;

- réseau des régisseurs de recettes et de dépenses dont le nombre s'est multiplié depuis la mise en application du décret n°63-15 qui a modifié les règles d'engagement et de règlement des dépenses publiques ;

- agents comptables de quelques établissements publics : certains de ces comptables, participant à l'exécution d'opérations budgétaires de l'Etat, ou les centralisant, tel l'Agent comptable des chancelleries diplomatiques et consulaires, n'avaient aucun lien direct avec les divers réseaux comptables du Trésor. Il en est de même de certains organismes créés depuis 1963, notamment des sociétés d'Etat, qui, en fait, gèrent une partie du Trésor public et ont un compte courant ou de dépôts à la Caisse autonome d'amortissement.

Le décret n°68-605 du 26 décembre 1968 portant création d'une Direction de la Comptabilité Publique et du Trésor et réorganisation des services du Trésor de la République de Côte d'Ivoire crée une Direction de la Comptabilité Publique et du Trésor.

Les arrêtés organisant chacune de ces directions ne sont encore pas tous publiés. On peut toutefois indiquer que cette direction comprend :

- une agence comptable centrale du Trésor (service centralisateur) comprenant quatre sous directions ;
- une sous-direction du crédit et des finances extérieures ;
- une sous-direction du Personnel et du Matériel.

Les services extérieurs sont uniquement des services comptables, placés sous l'autorité de l'agent comptable central du Trésor (ACCT). Ce sont les trésoreries départementales (qui remplacent les trésoreries particulières), les Recettes-perceptions, les perceptions, les perceptions municipales, les perceptions secondaires et les postes comptables à l'étranger.

Les postes comptables spéciaux du Trésor sont les recettes des administrations financières (Impôts et Douanes), les Régies de recettes et les Régies d'avances.

Le décret n° 68-605 du 26 décembre 1968, portant création d'une Direction de la Comptabilité Publique et du Trésor et réorganisation des services du Trésor de la République de Côte d'Ivoire, crée une Direction de la Comptabilité Publique et du Trésor.

Le décret n°68-606 du 26 décembre 1968, portant nominations de directeurs au Ministère des Affaires Economiques et Financières, nomme le Payeur Général du Trésor en qualité de Directeur de la Comptabilité Publique et du Trésor à compter du 1er janvier 1969.

Le décret n°71-639 du 01 décembre 1971 portant réorganisation du Ministère de l'Economie et des Finances érige la Direction de la Comptabilité Publique et du Trésor en Direction Générale de la Comptabilité Publique et du Trésor (DGTCP). Un poste de Directeur général de la Comptabilité Publique et du trésor est créé à la place de l'ACCT. La DGTCP comprend :

- les services rattachés à la direction générale ;
- la Direction de la Comptabilité Publique ;
- la Direction des Finances Extérieures et du Crédit.

Le décret 78-683 du 17 août 1978 portant organisation du Trésor Public stipule que cette administration est dirigée par un Trésorier Payeur Général, placé sous l'autorité du Ministre de l'Économie et des Finances et du Plan.

L'innovation est qu'à compter du 1er janvier 1979, le responsable principal du Trésor Public Ivoirien, tout en conservant le titre de Trésorier Payeur Général, avec rang de Directeur Général d'Administration Centrale, n'exerce plus de fonctions comptables.

Bien plus, l'article 5 de ce décret apporte deux extensions majeures aux attributions du Trésorier Payeur Général. L'alinéa 2 stipule que le TPG « élabore les règlements de la comptabilité publique devant être fixés par arrêté du Ministre de l'Economie, des Finances et du Plan ou par décret pris en Conseil des Ministres ; lorsque ces règlement concernent l'engagement, l'ordonnancement et la liquidation des dépenses publiques, l'élaboration de ces textes est faite conjointement avec le Directeur Général des Finances ».

Cela implique que le Trésor peut intervenir dans la gestion des « chaînes en amont » relevant normalement de la compétence des administrateurs de crédits et des ordonnateurs délégués.

L'alinéa 4 souligne explicitement la contribution du Trésor Public dans la politique financière et dans ces termes : « il concourt à l'élaboration de la politique budgétaire, monétaire, économique et financière de l'Etat et exerce, dans le cadre général de ses attributions, toutes les actions de surveillance et de contrôle nécessaires pour sauvegarder la situation du Trésor Public ».

On a désormais quatre agences comptables centrales, avec titres de trésoreries principales :

- Agence Comptable Centrale de la Comptabilité ;
- Agence Comptable Centrale des Dépenses Publiques ;
- Agence Comptable Centrale des Ressources Publiques ;
- Agence Comptable Centrale des Chancelleries Diplomatiques et Consulaires

On a également des services extérieurs composés de :

- Trésoreries Départementales ;

- Recettes-perceptions, perceptions, perceptions municipales, perceptions secondaires (relevant des Trésoreries Départementales), postes comptables à l'étranger (dépendant de l'Agence Comptable Centrale des Chancelleries Diplomatiques et Consulaires)

- Postes Comptables Spéciaux (impôts et douanes) ;

- Régies de recettes et d'avances.

Ce décret crée aussi un service de l'Inspection Générale et des Vérifications rattaché au TPG.

Dans le cadre de la conduite de ses activités, le Trésor Public dispose d'auxiliaires :

➢ la Banque centrale des Etats de l'Afrique de l'Ouest (BCEAO) qui, en tant qu'institution d'émission communautaire :

- tient le compte courant de l'Agent comptable central du Trésor, des Trésoriers départementaux du Sud et du Centre et des comptables directs ou spéciaux installés à Abidjan ;

- peut escompter les obligations cautionnées reçues par l'Agent comptable central du Trésor en règlement de droits de douane ;

- consent, en vertu de l'article 15 de ses statuts, à ce que le Trésor tire sur son compte au-delà de ses disponibilités à condition que cette facilité de caisse ne soit pas utilisée plus de 240 jours, consécutifs ou non, au-delà d'une même année et que le découvert enregistré au cours d'une journée ne dépasse le dixième des recettes fiscales constatées au cours de l'année budgétaire écoulée.

➢ le réseau des banques privées installées en Côte d'Ivoire, chez quelques-unes, où certains comptables directs du Trésor (trésoriers départementaux et percepteurs) sont autorisés à déposer leurs disponibilités.

§.2. Singularités du Trésor Public Ivoirien

Déjà dans les années 1960, on pouvait relever deux faiblesses fondamentales dans le fonctionnement du Trésor Public. Les problèmes d'unité dans le fonctionnement et le caractère inachevé dans l'organisation constituaient des faiblesses. « Cette lacune oblige le Trésorier Payeur Général à jouer le rôle, au moins partiellement et seulement pour le réseau des comptables directs du Trésor, de directeur de la comptabilité publique et celui de directeur du Trésor pour les comptables liés à la trésorerie générale par une unité de trésorerie. Cependant cette solution ne peut-être qu'incomplète car, s'il est normal, par exemple, que le Trésorier-Payeur

Général vérifie ou fasse vérifier la caisse et les écritures des comptables subordonnés, ou qu'il soit chargé du recouvrement de leurs débets, il n'est pas possible qu'il vérifie ou fasse vérifier sa propre caisse et ses écritures, ou qu'il soit chargé, éventuellement, du recouvrement de ses propres débets ».

A cet effet, le décret n°64-240 du 26 juin 1964 sur la responsabilité et les débets des comptables publics stipule que le Ministre des Finances assure l'exécution des arrêtés constituant le Trésorier–Payeur général en débet. Quelle direction exacte du Ministère sera chargée de cette tâche ? Le décret reste muet.

En outre, « l'absence d'unité, qui résulte de la division du Trésor entre deux grands services qui n'ont pas de lien direct entre eux, est plus grave encore puisqu'il en résulte que le Ministre lui-même n'a jamais une vue complète de la situation du Trésor public et que les réseaux comptables, qui gèrent les ressources ordinaires de l'Etat et de ses satellites, peuvent éprouver des difficultés de trésoreries importantes, sans que la caisse Autonome d'Amortissement, qui gère les ressources extraordinaires, leur apporte automatiquement une aide totale et gratuite ».

La Caisse Autonome d'Amortissement (CAA) de la dette, rappelle Alexandre Coulibaly (2000, p. 241), a été créée en 1959 « à la suite d'un emprunt effectué sur le marché obligataire français, pour pourvoir à la construction des locaux administratifs. Elle avait donc vocation à permettre la garantie des emprunts destinés à l'édification des institutions de la colonie de Côte d'Ivoire, compte tenu du futur désengagement de la puissance coloniale, dans la perspective de la pleine autonomie ». Le décret de création n°59-209 du 21 octobre 1959, modifié par celui du 26 décembre de la même année, lui confère le statut d'établissement public doté de la personnalité civile.

Au lieu de constituer un service du Trésor Public, la CAA se présente comme une entité autonome[1] chargée de gérer l'ensemble de la dette publique y compris la dette avalisée par l'Etat. La dette publique comprend une composante gérée et une autre non gérée.

La dette gérée porte sur trois types d'emprunts :

- la dette à charge définitive est l'ensemble des emprunts et conventions de paiements différés qui sont gérés et remboursés dans leur intégralité par la CAA ;
- la dette répercutée est l'ensemble des emprunts contractés par l'Etat pour lesquels la CAA donne une garantie financière ; sachant que le remboursement est assuré par la l'organisme public bénéficiaire ;
- la dette consolidée est celle contractée par la CAA et reversée ensuite à une entreprise publique. Cette entreprise publique bénéficiaire rembourse la

[1] Aux termes de la loi du 24 décembre 1960, modifiant la loi organique du 31 décembre 1959, portant organisation de la loi de finances.

CAA selon un échéancier plus long que celui de la CAA à l'égard du bailleur de fonds.

La dette non gérée est également composée de trois catégories :

- les emprunts des établissements publics et des sociétés d'Etat non gérés par la CAA ;
- la dette extérieure des sociétés privées et de sociétés d'économie mixte avalisées par l'Etat ;
- la dette des sociétés multinationales africaines à laquelle l'Etat ivoirien participe.

Ici, la CAA ne tient que les statistiques, les emprunts étant contractés et gérés directement par les sociétés bénéficiaires. La CAA gère également la dette publique interne et assure auprès du public ivoirien l'émission d'emprunts obligataires, dont le montant était jusqu'à la réforme de 1999, affecté au BSIE-Trésor. Enfin, la CAA intervient pour le préfinancement de travaux bénéficiant de prêts tardifs.

Le Trésor Public était, en réalité, amputé de sa fonction de banque de l'Etat qui est confiée à la CAA. Pour effectuer ses activités bancaires, la CAA procédait à la transformation de liquidités, la gestion de dépôts et de fonds nationaux d'intérêt public.

La transformation des liquidités consiste à collecter des fonds (des dépôts à court terme et des dépôts à vue) pour octroyer des prêts à moyen et long terme. Elle fait un effort pour faire ses opérations sur fonds propres, sans recourir à un réescompte auprès de la BCEAO.

La gestion des dépôts des organismes lui est conférée par la loi du 24 décembre 1964 disposant que tous les fonds disponibles des collectivités, organismes ou établissements publics ou parapublics sont obligatoirement déposés dans un compte « Dépôts » de la Caisse autonome d'Amortissement de la dette.

En fait, on peut regrouper les activités de la CAA en trois fonctions principales :

- la gestion de la dette de l'Etat, non compris les avances de la BCAO au Trésor Public ;
- l'exécution d'une partie du budget d'investissement (BSIE-CAA) au moyen d'emprunts extérieurs ;
- des prêts aux établissements publics nationaux.

Les ressources de la CAA sont les recettes fiscales affectées (par le Trésor), les emprunts intérieurs (interventions sur le marché des capitaux), les emprunts à l'étranger et les intérêts et autres revenus de l'investissement.

Par ailleurs, il existait aussi la Caisse de Stabilisation et de Soutien des Prix des Produits agricoles (CSSPPA) appelée couramment CAISTAB. Les activités de cette caisse portaient sur les exportations de café, cacao, coton et produits dérivées du palmier. La CSSPPA affecte 60% de ses excédents d'exportations au fonds de réserves de stabilisation, 30% au Trésor Public pour financer une partie des investissements publics dans le cadre du BSIE-Trésor et 10% à la Banque Nationale pour le Développement Agricole (BNDA). Parallèlement à cela, la CSSPPA utilise une proportion de ses fonds de stabilisation pour financer une partie des investissements publics, appelée BSIE-CSSPPA. Mais pourquoi ce financement parallèle des investissements publics au lieu de renforcer le BSIE-Trésor ?

La réponse est d'ordre politique, car depuis 1974, les projets d'investissements financés par la CSSPPA étaient directement identifiés par la Présidence de la République.

Enfin, l'Etat avait créé des fonds spéciaux financés par affectations budgétaires, comme le fonds national d'assainissement (FNA), le Fonds national de l'hydraulique (FNH).....

De ce qui précède, il ressort que le Trésor Public n'a jamais exercé la totalité de ce qui devait constituer ses attributions. Une partie de sa fonction de banquier de l'Etat a été amputée par la présence de la CAA et l'autre partie de caissier de l'Etat diminuée par l'existence de la CSSPPA et de fonds divers. Les attributions du Trésor Public ivoirien se concentrent davantage sur l'aspect comptable par rapport à la dimension macroéconomique.

Section 2 : Rôle du Trésor dans le financement des plans quinquennaux de développement et de la politique économique

La présentation du contexte général de la planification et du déroulement des plans quinquennaux ouvrira la voie aux descriptions des principales caractéristiques des finances publiques ivoiriennes, de la contribution du Trésor Public aux financements des plans quinquennaux de développement, puis de la régulation conjoncturelle.

§.1. Contexte de planification et déroulement des plans quinquennaux

Le contexte des Etats africains, au lendemain des indépendances politiques, sont les nécessités de construction de nouveaux pays laissés en héritage par la colonisation.

Quelles que soient les options idéologiques, les problèmes des nouveaux pays étaient assez semblables. C'était notamment la fragilité de la base économique orientée vers l'ancienne métropole, les problèmes de cohésion nationale et culturelle au sein des nouveaux Etats, la présence importante du secteur informel, l'insuffisance des ressources financières nationales et le niveau insuffisant du capital humain. Tout se résume au défi du développement face auquel le marché formel et le secteur informel ne pouvaient donner pleinement satisfaction en termes de croissance et de régulation. Pour jeter les bases d'une croissance auto entretenue et durable, le rôle moteur de l'Etat s'imposait à travers la planification du développement.

Face à un niveau de revenu et d'épargne faible, le rôle de l'Etat était également nécessaire dans le procès d'accumulation primitive. Il disposait de prérogatives lui permettant de faire des prélèvements fiscaux et parafiscaux à des fins de réinjection dans l'investissement, la production et les pôles de développement. L'Etat était aussi l'interlocuteur privilégié du système financier international.

En Côte d'Ivoire, sur la période 1960-1980, l'Etat a mis en œuvre trois plans de développement économique et social. Le quatrième plan (1981-1985) n'a pas été réellement exécuté, car il a été remplacé par des programmes d'ajustement structurel.

Le premier plan est celui des perspectives décennales (1960-1970) qui sont un vaste schéma directeur duquel est extraite la première loi-plan sous forme de programme budgétisé. L'objectif général est une forte croissance de 8%. L'Etat se veut accompagnateur de l'industrialisation laissée à l'initiative du secteur privé étranger. A la fin de la décennie, les objectifs globaux de croissance sont atteints malgré la faible productivité industrielle et l'étroitesse du marché national.

Le deuxième plan est quinquennal (1971-1975). L'objectif de croissance forte est maintenu (7,7%). L'Etat passe de son rôle d'accompagnateur à celui de véritable acteur, avec l'accroissement des investissements publics à caractère productif. Même si la croissance est obtenue (6,2%), l'objectif de 7,7% n'a pas été atteint, à cause des faibles productivités industrielle et agricole.

Le troisième plan (1976-1980) avait pour objectif, encore une fois, une croissance forte (8,5%). Le rôle d'acteur de l'Etat s'affirme nettement avec des investissements publics supérieurs aux prévisions annuelles. Cela a donné un résultat de croissance de 7,9%, relativement proche de l'objectif fixé.

En un mot, par la planification, l'économie ivoirienne a connu une croissance appréciable durant les deux premières décennies d'indépendance du pays. Quelle a été le comportement des finances publiques dans ce processus ?

§.2. Principales caractéristiques des finances publiques ivoiriennes.

Les finances publiques des deux premières décennies d'indépendance se caractérisaient par l'hétérogénéité du système budgétaire, la prédominance des droits de porte et l'inélasticité du système fiscale, et la complexité des opérations du Trésor Public.

A - Hétérogénéité du système budgétaire

Le secteur public ivoirien se caractérisait par beaucoup de démembrements et un système relativement complexe de gestion budgétaire dont l'un des aspects importants était l'affectation de recettes. En plus de l'administration centrale et des municipalités, il y avait une quarantaine d'établissements publics à caractère administratif (EPA), une quinzaine d'établissements publics à caractère industriel et commercial (EPIC), sept sociétés d'Etat (SODE) et un certain nombre de sociétés d'économie mixte (dans lesquelles l'Etat était actionnaire). Le FMI (1984) dénombrait, avant 1980, « plus de 100 entreprises publiques non financières et institutions financières publiques contrôlées en totalité ou en partie par l'administration centrale ou qui appartiennent à d'autres institutions financières publiques. Elles exercent des activités dans tous les secteurs de l'économie, notamment l'agriculture, l'industrie extractive, l'énergie, les transports et l'industrie manufacturière. Elles se développent rapidement et ont à l'étranger des emprunts massifs garantis par l'Etat. Celui-ci s'efforce de resserrer le contrôle qu'il exerce sur les entreprises publiques et les incite à utiliser, dans la mesure du possible, des moyens de financements inférieurs au lieu d'avoir recours à l'étranger ».

L'autre difficulté en matière de gestion budgétaire est l'affectation des ressources. L'affectation des impôts est une violation d'un principe cardinal des finances publiques qui est celui de non-affectation des ressources, appelé également principe de non-contraction des recettes et des dépenses qui rejoint celui de l'unité de caisse. L'affectation des ressources, en établissant des cloisons d'une part, entre certaines sources de recettes publiques et, d'autre part, entre certaines destinations, limite les possibilités d'une gestion rationnelle de la trésorerie publique ; dans la mesure où elle introduit des biais dans la programmation efficace des dépenses. L'affectation des ressources, lorsqu'elle devient intangible comme c'est le cas ici, ne permet pas un examen rigoureux des procédures budgétaires préétablies. Les réallocations nécessaires à une rationalisation des choix budgétaires sont peu probables.

B - Prédominance des droits de porte et inélasticité du système fiscal

Les principales caractéristiques du système fiscal des années 1960 et 1970 sont celles d'un pays en voie de développement, à savoir la prédominance des droits de porte et l'inélasticité du système fiscal.

1 - Une fiscalité tirée par les droits de porte.

Les grandes masses du système fiscal sont les impôts sur le commerce international, les impôts sur biens et services, les impôts sur revenu et sur bénéfice et les impôts sur la propriété. Les impôts sur le commerce international représentent, de loin, la plus grande source de revenu pour l'Etat. De 60% des recettes fiscales en 1970, leur part s'érode au fil des années consécutivement à la baisse de la proportion des taxes en l'exportation. Ils perdent ainsi 10 points en dix ans pour s'établir à 50% des recettes fiscales en 1979.

Cette importance de la fiscalité de porte reflète la situation qui prévaut dans beaucoup de pays du Tiers Monde où les impôts sur le commerce international représentent plus du tiers des ressources publiques. La grande dépendance de ces pays à l'égard de la fiscalité de porte traduit, plus généralement, leur situation d'économie dépendante. En matière fiscale particulièrement, malgré la fraude en douane, l'identification des produits importés ou exportés est plus facile que l'assiette de la plupart des activités domestiques.

La deuxième plus grande source de revenu de l'Etat est l'ensemble des impôts sur les biens et services. Leur proportion, qui se situait à moins de 25% avant 1973, s'est élevée à plus de 30% des recettes fiscales depuis 1974. Les impôts sur biens et services sont constitués essentiellement de la taxe sur la valeur ajoutée et de la taxe sur les prestations de service qui frappent la production, les transactions et la consommation intérieures.

Cette importance des impôts sur les biens et services reflète également la situation d'un pays sous- développé où cette nature d'imposition est prépondérante par rapport aux impôts sur les revenus. Effectivement, les impôts sur le revenu et les bénéfices se classent en troisième position des sources de revenu de l'Etat avec un taux moyen de 15% sur toute la période.

En matière de fiscalité directe, la Côte d'Ivoire, comme la plupart des pays francophones d'Afrique, adopte le régime cédulaire. Les différentes catégories de revenus sont composées selon divers définitions et barèmes.

Ces impôts sont déductibles de la base de l'impôt général sur le revenu.

Après cela, il est prélevé l'impôt général sur le revenu quelle qu'en soit l'origine, ainsi que la contribution à la charge de l'employeur.

2 - Un système fiscal inélastique

L'un des objectifs d'un système fiscal est de procurer efficacement des ressources suffisantes à l'Etat et de s'adapter facilement aux mesures de politique économique. L'élasticité d'un système fiscal mesure son aptitude à jouer ces rôles.

Toutefois, pour mieux saisir la sensibilité des recettes fiscales à une évolution de l'économie dans un sens donné, on fait une différence entre l'élasticité globale et l'élasticité automatique de chaque nature d'impôt.

L'élasticité globale mesure la variation relative des recettes fiscales procurées par cet impôt suite à une variation relative du produit intérieur brut. De la même manière, on calcule l'élasticité globale du système fiscal à partir de la somme des recettes des principaux impôts.

Le système fiscal ivoirien n'est pas assez élastique. Les élasticités des recettes fiscales totales sont inférieures à l'unité. La croissance du PIB est donc supérieure à celles des recettes fiscales.

Les impôts les plus élastiques sont les taxes sur les transactions inférieures. Leurs élasticités sont proches de 1,5. Une augmentation unitaire du PIB entraîne une élévation d'une fois et demie les recettes générées par ces impôts. Cela peut s'expliquer par les augmentations successives des taux spécifiques et du taux moyen de la TVA et de la TPS entre 1975 et 1980.

Les droits à l'importation ont des élasticités globale et automatique unitaire. Leurs fluctuations sont donc proportionnelles à celles du PIB.

Les autres impôts sont pratiquement inélastiques. Pourtant, le rapport CONRAD (op.cit, p.21) note qu'au cours de la période de notre étude, les valeurs des propriétés financières ont augmenté et les taux sont ad valorem.

Les taux des impôts sur les bénéfices ont été relevés. La faiblesse des élasticités pourrait alors s'expliquer par les nombreuses exemptions et certains problèmes administratifs.

On note également que les élasticités globales et automatiques sont proches, ce qui signifie que les mesures discrétionnaires sont peu utilisées ou produisent peu d'effets.

Au total, le système fiscal ivoirien de la fin des années 1970 est celui d'un pays sous-développé et dépendant. Sa faible élasticité est l'expression d'un usage insuffisant de la législation fiscale pour accroître les recettes.

C -Complexité des opérations du Trésor Public.

En considérant seulement l'administration centrale, ses opérations sont effectuées par le Trésor Public, la caisse autonome d'amortissement (CAA) et la caisse de stabilisation et de soutien des prix de production agricole (CSSPPA).

Tableau 3 : Opérations du Trésor Public en 1978 et 1979 (en milliards de francs CFA)

Années	1978	1979
Recettes		
Budget général de fonctionnement	263,9	276,5
Budget annexes	6,5	6,7
Moins allocations budgétaires	-4,0	-4,3
Budget spéciale d'investissement et d'équipement	90,8	38,7
Moins transferts au compte spécial		-2,3
Dont : transferts de la CSSPPA	58,8	0,2
Comptes spéciaux	31,9	32,2
Moins : allocations budgétaires	-21,2	-21,4
Recettes non classées	-1,1	20,0
Recettes totales	366,8	346,1
Dépenses		
Budget général fonctionnement		
Dépenses finales	253,6	307,5
Moins : allocations (budget annexes)	-4,0	-4,3
(comptes spéciaux)	-21,1	-21,4
Dépenses non classées	2,3	4,9
Dépenses non budgétisées	8,2	1,0
Budgets annexes	7,0	7,9
Comptes spéciaux	28,7	38,0
Moins : transfert au BSIE	-	-2 ,3
Autres dépenses	-3,0	-7,0
Dépenses courantes totales	271,7	324,3
(suite tableau 6) Budget spécial d'investissement et d'équipement		
Dépenses finales	67,0	64,7
Non budgétisées	0,6	0,7
Dont : transfert à la CAA	14,8	10,7
Dépenses totale d'investissement	67,6	65,4
Dépenses totales	339,3	389,7
Prêts nets	34,5	10,9

Dont : prêt au FNH	13,5	10,0
Dépenses totales et prêts nets	373,8	400,6
Déficit	**-7,0**	**-54,5**
Financement		
Extérieur	1,4	-0,7
intérieur	5,4	55,2
Dont : dépôts des correspondants	-6,3	10,8
Dépôts affectés	5,4	10,9
Autres opérations	6,5	33,5

<u>Source</u> : FMI (1984, P. 127)

Une panoplie de budgets finance les opérations de l'administration centrale : budget général de fonctionnement (BGF), budget spécial d'investissement et d'équipement (BSIE), budgets annexes, comptes spéciaux du Trésor, CSSPPA, CAA etc. Le tableau 6 ci-dessous donne une idée de la complexité et de la dispersion des opérations du Trésor Public.

Le Trésor reçoit les recettes fiscales et douanières. La fiscalité de porte a toujours constitué au moins la moitié des ressources fiscales. En deuxième position se classe les taxes sur biens et services (ou impôts indirects) qui s'élèvent à 30% des recettes fiscales. Les impôts sur les bénéfices et revenus se positionnent en troisième place avec environ 15% des recettes fiscales.

On peut noter que cette structure fiscale est typique d'un pays du Tiers monde. Dans les pays industrialisés, le classement des natures d'impôts en termes de contributions aux recettes budgétaires, est fait dans le sens inverse. En plus des recettes fiscales, le Trésor Public et la CAA reçoivent des ressources parafiscales de la CSSPPA.

En matière de dépenses publiques, la quasi-totalité du budget général de fonctionnement est gérée par le Trésor. La CSSPPA paie une part résiduelle. Mais, le budget de fonctionnement comporte des proportions de recettes et dépenses non classées d'une part, et des dépenses non budgétisées d'autre part. Les dépenses non budgétisées correspondent en fait à des passifs dont la régularisation ne se fait pas toujours à temps. Les budgets annexes et les comptes spéciaux sont soient gérés, soit suivis par le Trésor Public.

Le financement du budget spécial d'investissement et d'équipement est fait, selon les données du FMI (ibid, PP.127-130), en plus grande partie par la CSSPPA en 1978 et 1979 à hauteur de 128,2 milliards et de 168,4 milliards. La CAA vient en deuxième position avec respectivement 90,8 et 102,9 milliards. Le Trésor Public concourt seulement à hauteur de 53 et 54 milliards pendant les deux années.

L'autre caractéristique du système budgétaire ivoirien est l'affectation des recettes fiscales, par une répartition entre le budget général de fonctionnement, le BSIE-Trésor, le service de gestion de la dette publique de la CAA et certains organismes autonomes.

Par ailleurs, le Trésor se charge des avances et prêts à court et moyen terme octroyés par l'Etat central aux collectivités locales et aux entreprises publiques. Le Trésor reçoit aussi des avances faites par la BCEAO, à hauteur de 20% des recettes fiscales de l'année précédente.

En plus des recettes budgétaires, les ressources du Trésor comprennent également les dépôts de certaines institutions publiques. Les recettes fiscales affectées à des organismes spéciaux n'étant pas immédiatement transférées, elles viennent augmenter temporairement les ressources du Trésor et lui permettent de faire des refinancements de dépenses imprévues et même de faire face à d'éventuelles tensions de trésorerie.

Le financement intérieur du solde budgétaire est assuré par le Trésor Public. Le financement extérieur du solde budgétaire échappe quasi totalement au Trésor. Il est du seul ressort de la CAA. La CAA reçoit des transferts du Trésor et de la CSSPPA. Elle gère tous les emprunts extérieurs contractés, avalisés ou garantis par l'Etat. A l'issue de ses opérations, son déficit est financé par tirage sur les emprunts.

Au total, poursuit le FMI (id, p. 120), « les comptes de Trésor sont assez complexes en raison de leur nombre, des diverses fonctions assumées par le Trésor et de l'enregistrement préalable des opérations dans les comptes d'ordre ». Comment alors évaluer la contribution du Trésor Public dans le financement des plans quinquennaux ?

§.3. Contribution du Trésor Public dans le financement des plans quinquennaux

La politique volontariste pour impulser la croissance pouvait se justifier par la nécessité d'accroissement du capital productif et d'exercice des fonctions régaliennes et tutélaires de l'Etat.

L'action de l'Etat s'est inscrite dans des plans quinquennaux de développement agricole, agro-industriel et d'infrastructures de base en vue de rechercher un taux de croissance élevé. Dans les trois plans quinquennaux de 1965 à 1980, les dépenses d'action directe sur le capital productif (prises de participation, création d'unités industrielles…) et d'accompagnement de la croissance du capital (transport, énergie, urbanisation…) représentent trois quarts de l'investissement public qui, lui-même, constituent plus de 60% de l'investissement total.

Pour assurer l'unité et la sécurité d'une nouvelle nation en construction, la cohésion sociale et la stabilité politique nécessaires à la promotion de la croissance et du développement, l'Etat a réalisé plusieurs activités à caractère régalien ou tutélaire. Ce sont les subventions à la consommation, les subventions de biens collectifs, les transferts sociaux, les soutiens à divers mécanismes de création ou de préservation de l'emploi etc.

Tout mécanisme de planification comporte des politiques structurelles à moyen terme et des politiques conjoncturelles et de régulation à court terme. Généralement, les politiques structurelles relèvent de l'administration du Plan tandis que celles de régulation conjoncturelle sont du ressort de l'administration économique et financière. Or, la Côte d'Ivoire a toujours eu pour ambition d'atteindre des taux de croissance élevés pour un développement accéléré (politique structurel) sous des contraintes de volatilité des cours des produits d'exportations (politique conjoncturelle). Pour gérer cette situation, on sera amené à privilégier tantôt des politiques structurelles, tantôt des politiques conjoncturelles (anticycliques dans le cas d'espèce).

Est-ce pour cela que l'administration du Plan a été tantôt érigée en ministère plein, tantôt rattachée au Ministère de l'Economie et des Finances ? Ou bien cette fluctuation du point d'attache du Plan est liée à des considérations politiques et administratives ? N'ayant pu avoir de réponse nette, nous constatons, en effet que :

- de 1960 à 1966, l'administration du plan faisait partie du Ministère des Finances, des Affaires Economiques et du Plan ;
- de 1966 à 1977, elle est érigée Ministère plein et rattachée à la Présidence de la République ;
- de 1977 à 1981, l'on retrouve un Ministère de l'Economie, des Finances et du Plan ;
- de 1981 à 1983, on a plutôt un Ministère du Plan et de l'Industrie.

Mais, même lorsque l'administration du Plan est intégrée dans le Ministère de l'Economie et des Finances, le Trésor Public a été très peu sollicité dans la conception et l'évaluation des plans de développement et de la politique économique, de manière générale. Son rôle s'est souvent limité au financement partiel de leur mise en œuvre.

A ce niveau, l'hétérogénéité budgétaire et la complexité des opérations du Trésor, ajoutées au caractère non exhaustif des données statistiques, rendent approximative l'évaluation de la contribution du Trésor Public dans le financement des plans quinquennaux.

Selon Foirry et Requier-Desjardins (1986, p.139), au lendemain de l'indépendance (1960-1965), l'épargne budgétaire avait représenté 61% du financement des investissements publics et du service de la dette. Les entreprises publiques ont assuré leur autofinancement. Entre 1967 et 1970, la part de l'épargne budgétaire est descendue à 52%, la différence étant compensée par l'emprunt extérieur et l'épargne locale. Cette épargne budgétaire est descendue encore à 45% en 1975.

Le problème est que l'épargne budgétaire n'est pas du seul ressort du Trésor Public. Elle est d'origine fiscale (impôts et douanes) et parafiscale (CSSPPA). De plus, en raison de nombreuses recettes affectées, il est difficile de déterminer avec exactitude la quote-part gérée par le Trésor pour financer les projets et programmes inscrits dans le plan.

Tableau 4 : Financement de la croissance selon les plans quinquennaux de 1965 à 1980
<u>Source</u> : Foirry et Requier-Desjardins (1986, pp. 139-152)

Contribution au financement (%)	**1965**	**1970**	**1975**	**1980**
Epargne des entreprises	30,3	45,4	27,4	11,6
Epargne des ménages	12,8	15,4	22,8	9,5
Epargne des administrations	33,2	52,9	25,4	19,7
Epargne des institutions	1,9	0,9	2,5	1,5
Financières	21,8	14,6	21,9	57,7
Capacité ou besoin de	62,7	66,7	56,2	46,2
financement de l'extérieur	10,8	12,8	4	8
F.C.B.F des entreprises	26,5	20,5	39,8	45,8
F.C.B.F des ménages	21,2	24,7	26	29
F.C.B.F administrations et				
Institutions financières				
Taux d'investissement				

On voit que l'épargne des administrations a fait un bond de 62% en matière de contribution au financement de la croissance de 1965 à 1970 en passant de 33,2% à 52,9%.

Cette contribution a chuté de moitié de 1970 à 1975 au profit de l'épargne des ménages et du reste du monde (dette extérieure). Elle a continué sa tendance descendante (19,7%) en 1980 contre un accroissement plus fort de l'emprunt extérieur qui a constitué 57,7% du financement de la croissance. Sans information supplémentaire, il est difficile d'isoler la contribution particulière du Trésor Public.

§.4 : Contribution du Trésor Public au financement de la régulation conjoncturelle

Comme toute économie dépendante d'un petit pays, l'économie ivoirienne était en proie à de fortes fluctuations dont la stabilisation était assurée par le financement, mais surtout l'abondance des concours extérieurs.

A – Fortes variations conjoncturelles

Compte tenu des objectifs de forte croissance, la régulation économique a consisté en Côte d'Ivoire, en une stabilisation à la hausse de la conjoncture. En effet, Jacques Pégatiénan (1987), résume l'histoire macro-économique de la Côte d'Ivoire, de 1960 à 1980 par des cycles : surplus extérieur, expansion et faible inflation (1960-1972) ; déficit et récession (1972-1974) en raison de la chute des cours du cacao de 1972, de la grande sécheresse (1972-1973) et de la crise pétrolière (1973-1974) ; déficit extérieur et expansion (1974-1975) ; surplus extérieur et expansion (1976-1977) ; déficit extérieur et récession (1978-1980).

Toutefois, les différentes politiques conjoncturelles des deux premières décennies d'indépendance ont consisté non pas à prévoir des ressources pendant les années d'excédents extérieurs pour financer les manques à gagner des années creuses[1], mais plutôt à opter pour une stabilisation à la hausse par l'emprunt extérieur en vue de maintenir le taux de croissance élevé ; d'où une politique pro cyclique pendant les bonnes années de recettes extérieures et anticyclique par le recours à l'emprunt extérieur pour financer le « gap » pendant les récessions (cf. tableau 6). Même au plus haut des cours du café et du cacao qui ont permis le doublement des recettes publiques de 1976 à 1978, le déficit global a été multiplié par neuf en passant de 18,7 milliards à 170,3 milliards.

En effet, si les dépenses courantes (payées par le Trésor Public) ont évolué au même rythme que les recettes, en revanche les dépenses d'investissement ont triplé du fait d'une participation accrue de la Caisse de Stabilisation et de Soutien des Prix des Produits Agricoles (CSSPPA) au financement des investissements, selon les statistiques de l'Institut du FMI (1984). L'emprunt extérieur (gérée par la CAA), du secteur public seul, s'est établi à 12 % du PIB. Cette politique budgétaire expansionniste permit une croissance régulière d'en moyenne 7 % l'an en valeur réelle pendant près de deux décennies (1960 à 1978). C'était l'âge d'or de l'économie ivoirienne appelée communément « miracle ivoirien ».

La forte croissance économique des années 60 et 70 masque, cependant, l'évolution contrastée du solde budgétaire et des variables financières. Pour

[1] Comme cela se faisait, par exemple, au Cameroun.

mieux comprendre la politique financière de l'époque, il apparaît important de rappeler les mécanismes de financement du budget et de la croissance.

Il semble important de détecter, dans le sillage de la croissance économique, des évolutions conjoncturelles voire cycliques liées aux mécanismes de financement du budget de l'Etat et de la croissance économique qui procèdent, eux-mêmes, de sources internes et externes.

B - Financement interne de la conjoncture

On note, de 1960 à 1972, une légère capacité de financement du secteur public, un surplus extérieur, une expansion remarquable et un faible niveau d'inflation. Cela procède d'une croissance des exportations de 27 % et une capacité de financement des importations de 800 % en moyenne annuelle. En revanche, de 1973 à 1974, il se produit un déficit budgétaire (et même interne) et une récession à cause de la baisse des cours du cacao, de la grande sécheresse de 1973 et de la crise pétrolière de 1973-1974 consécutive à la troisième guerre israélo-arabe.

Mais, la croissance revient en 1975 et se poursuit jusqu'en 1978 consécutivement au boom caféier. Les exportations augmentent de plus de 50 % et les importations sont couvertes à plus de 700 % l'an. Les recettes publiques enregistrent un doublement et pourtant, le déficit public global est multiplié par 12 en valeur nominale, en passant de 18,7 milliards en 1975 à 227,8 milliards en 1979, en raison d'un triplement des investissements publics.

Ce déficit est financé par les emprunts extérieurs (CAA) ; ce qui permet à l'Etat s'engager dans un processus de désendettement intérieur sur toute la période, se traduisant par un financement négatif du solde budgétaire de – 17 milliards FCFA en 1973 à – 154,7 milliards FCFA en 1977.

Les mécanismes mis en œuvre sont principalement les réductions des escomptes et avances faites par le système bancaire, la réduction des dépôts de l'Etat auprès du système bancaire, la baisse du niveau des obligations cautionnées ; mais surtout le paiement de la dette à l'égard de divers créanciers (FMI, 1984, p.131). Cela se reflète dans la situation monétaire où les créances nettes sur le gouvernement sont régulièrement négatives sur la période.

Tableau 5 : Opérations financières de l'administration centrale (Milliards de francs CFA)

	1975	1976	1977	1978	1979
Déficit ou excédent global (SG)	- 18,7	-47,4	6,3	-170,3	- 227,8
1. Financement intérieur	-4,3	-7,2	- 154,7	14,1	82,2
Escomptes et avances du système bancaire	-1,2	12,3	-11,6	9,6	48,4
Dépôts auprès du système bancaire	15,2	-2,6	-35,8	-43,3	7,6
Dépôts des particuliers aux CCP	-0,2	-0,7	0,8	0,2	-2,6
Obligations cautionnées	-1,0	-5,4	-7,8	2,1	5,1
Divers	-17,1	-10,8	- 100,3	45,5	23,7
2. Financement Extérieur	23,0	54,6	148,4	156,2	145,6
Trésor	-	-0,6	0,9	1,4	-0,7
CAA	-	35,1	86,8	114,6	110,0
Dette avalisée (nette)	-	20,1	60,7	40,2	36,3

Source : FMI (1984, P. 131)

En effet, dans le bilan de la BCEAO, les créances sur l'Etat sont quasiment insignifiantes jusqu'en 1978 et même inexistants en 1970, 1973 et 1977. Or, les créances de la Banque Centrale sur les banques secondaires sont corrélées à la base monétaire et évoluent au même rythme. Le doublement des créances sur les banques commerciales de 1970 (22,9 milliards) à 1973 (31,5 milliards) correspond à celui de la base monétaire qui passe de 45 milliards en 1970 à 87,5 milliards en 1974. Le doublement des créances aux banques commerciales de 90,4 milliards en 1975 à 197,7 milliards en 1979 correspond à celui de la base monétaire qui passe de 99,3 milliards à 230,1 milliards sur la même période, selon le FMI[1].

La grande solvabilité de l'Etat et le bon niveau des agrégats macroéconomiques (FMI, op.cit. p.27) vont conférer à la Côte d'Ivoire une crédibilité indéniable sur les marchés internationaux des capitaux.

[1] FMI (1984) : Analyse et programmation financière, application à la Côte d'Ivoire, Institut du FMI, Washington DC p.215.

C - Abondance du financement extérieur

Le désendettement et l'équilibre, au plan interne, sont, dans une certaine mesure, supportés par l'abondance du financement extérieur. Par exemple, le financement extérieur du solde budgétaire est multiplié par 9 en six ans en passant de 16,9 milliards en 1973 à 156,2 milliards en 1978. Ce financement extérieur est composé, en moyenne, de deux tiers d'emprunts obtenus par la Caisse Autonome d'Amortissement (CAA) sur le marché international et le reste, de la dette avalisée nette.

La situation monétaire présente des avoirs extérieurs nets (AEN) positifs jusqu'en 1978. La faible variation de cet agrégat sur la période est observable dans la balance des paiements. Le solde déficitaire de la balance des opérations courantes est exactement compensé par les entrées nettes de capitaux. On note également, dans la balance des paiements, une entrée massive de capitaux à long terme dont le montant double de 1970 (19,27 milliards) à 1974 (41,16 milliards) et triple de 1975 (60,67 milliards) à 1979 (180,18 milliards).

En somme, on peut dire que le rôle du Trésor Public dans la gestion de la politique économique a été beaucoup plus de payer les dépenses de fonctionnement et une partie des dépenses d'investissements publics. La régulation conjoncturelle a été davantage menée par la CSSPPA dans le secteur agricole et la CAA dans le domaine financier.

Section 3 : Politique monétaire dans l'UMOA et rôle du Trésor Public

Dans cette section, on verra successivement la politique monétaire de l'UMOA avant 1973, la réforme de 1973 et l'élargissement de la politique monétaire puis des éléments d'appréciation des résultats de cette politique monétaire ainsi que du rôle du Trésor Public avant 1980.

§.1 – La politique monétaire de l'UMOA avant 1973

La Côte d'Ivoire fait partie de l'union monétaire ouest-africaine (UMOA), créée par un traité du 12 mai 1962 et comprenant cinq autres pays : le Dahomey, la Haute Volta, le Sénégal, le Niger et le Togo. Aux termes de ce traité, les Etats parties ont une monnaie (le franc CFA), une banque centrale (la BCEAO) et une législation bancaire communes. Ainsi, les transferts financiers au sein de l'UEMOA ne sont soumis à aucune restriction de change ou de paiement.

La coopération monétaire et financière avec la France est privilégiée, en particulier l'existence d'un compte d'opérations de la BCEAO au Trésor français.

Dans chaque pays membre, un comité monétaire national, comprenant cinq membres nommés par le gouvernement et deux membres représentant le pays au sein du conseil d'administration avait pour mission d'appliquer les orientations données par le conseil en matière de crédit et de réescompte.

La politique monétaire (ou politique de crédit comme on l'appelait à l'époque) est précisée par un règlement du crédit adopté par le Conseil d'Administration le 28 septembre 1962, fixant les principes directeurs et les modalités d'application.

La banque centrale doit satisfaire les besoins monétaires des économies des Etats membres par l'exécution des transferts avec l'extérieur et les concours accordés aux systèmes bancaires nationaux, en sachant que le réescompte n'est pas automatique, car des contraintes sont à observer : la solvabilité de l'émission, la stabilité monétaire et la couverture appropriée de l'émission par des avoirs extérieurs. Ces contraintes visent à fournir de la liquidité suffisante pour répondre aux besoins de financement des économies tout évitant l'inflation.

Les principaux instruments utilisés sont les plafonds de réescompte accordés aux pays et des limites individuelles fixées aux entreprises sur proposition des comités monétaires nationaux.

Le Trésor Public, lui, présente toujours à l'escompte ses obligations cautionnées. Toutefois, il lui revient, en fonction de ses besoins de trésorerie, de solliciter des avances sur obligations cautionnées. La BCEAO lui donne satisfaction dans la mesure où cela ne présente pas de risque de création monétaire disproportionnée.

En outre, depuis le 02 juin 1967, des dispositions sont prises relativement au concours aux Trésors nationaux et au rapport de couverture.

La Banque procède à la fin de chaque décade, au nivellement des comptes courants dont elle peut être éventuellement titulaire auprès des offices ou services postaux par transfert au compte du Trésor en ses écritures. Le compte ouvert au Trésor ne peut être débiteur, sauf application des dispositions de l'article 15 des statuts de la BCEAO stipulant que les bons du Trésors des Etats de l'UMOA ayant moins de six mois à courir peuvent :

- être réescomptés ou pris en pension par la banque,
- être acceptés en garantie d'avance à concurrence de quotités fixées par le conseil d'administration,

- être achetés ou vendus aux banques sans endos ou à la condition que ces opérations ne soit pas traitées aux profits des Trésors émetteurs et soit exécutées dans les Etats ayant procédé à l'émission.

Le montant total des opérations sur bons du Trésor ainsi réalisées ne peut dépasser pour chaque banque intervenante 10% du montant moyen au cours des douze derniers mois des dépôts de leur clientèle. S'agissant des dépôts effectués par le Trésor et les offices postaux, seules seront toutefois retenues les sommes représentatives de dépôts de personnes physiques ou moral de droit privé.

La banque centrale peut consentir au Trésor public, au taux d'escompte sur place, des découverts en compte courant. Le concours ainsi accordé à un Trésor Public ne peut excéder en durée de 240 jours, consécutifs ou non, dans une année de calendrier et en montant, 10% des recettes fiscales nationales constatées au cours de l'année budgétaire écoulée. (...). Le Conseil d'Administration peut, après avoir pris connaissance de la situation de l'émission monétaire et apprécié les incidences de sa décision sur l'évolution prévisible de celle-ci, élever jusqu'à un montant égal à 15 % des recettes fiscales et pour une période dont il détermine la durée.

Le montant du découvert susceptible d'être effectivement mobilisé par le Trésor public ne peut excéder le maximum fixé conformément aux dispositions ci-dessus, déduction faite du montant des opérations sur bons du Trésor effectuées par la Banque en application de l'article 15 ainsi que du montant des placements auprès de ce Trésor effectués par les banques et établissements de crédit bénéficiant de concours de la BCEAO.

Il est à remarquer que le plafond de crédits accordé à chaque Etat membre de l'UMOA est proposé par le comité monétaire national et arrêté par le Conseil d'Administration de la banque centrale. Les limites de crédits relèvent de sa compétence ou de celle du Directeur national de la BCEAO. Le Trésor Public n'a pratiquement pas eu d'influence directe sur la détermination de la politique monétaire.

Faisant le bilan de la politique monétaire de l'UMOA de la première décennie (1962-1972), la BCEAO le trouve positif. L'inflation, mesurée par l'indice des prix à la consommation s'est située en dessous de 3%, les avoirs extérieurs nets ont été positifs et les réserves de change ont doublé. Le solde créditeur du compte d'opération a pratiquement doublé en passant de 32,4 milliards de F.CFA en 1962 à 63,1 milliards en 1972. Le taux de couverture des engagements à vue par les avoirs extérieurs bruts de la Banque Centrale s'est accru de 57% en début de période à 71% en 1972. Dans cette mouvance, intervient la réforme de l'UMOA en 1973.

§.2- La réforme de l'UMOA de 1973 et l'élargissement de la politique monétaire.

En fin d'année 1973, les pays membres de l'UMOA et la France signent un nouveau traité impliquant une réforme de l'Union. Les principes fondamentaux de fonctionnement de l'UMOA et de la BCEAO demeurent inchangés. Toutefois, quelques aménagements sont adoptés. La réforme souligne la nécessité d'accorder plus d'initiatives (donc moins de centralisation à Paris) à l'UMOA en matière de mise en œuvre de la politique monétaire et d'orienter davantage les activités de la BCEAO vers le développement économique des pays membres. Sur le premier point, des dispositions sont prises à l'effet de promouvoir l'africanisation du personnel et le renforcement de ses capacités, le renforcement des pouvoirs du Conseil d'Administration en tant qu'organe de gestion, l'extension et la décentralisation des compétences des comités nationaux de crédits. Sur le second point, on note l'augmentation des concours de la Banque centrale aux Trésors nationaux dont les montants sont portés à 20% (contre 15% précédemment) des recettes fiscales de l'année précédente (article 16 des statuts de la BCEAO), l'extension des concours au financement des investissements publics et des projets de développement, et la décision de créer solidairement une institution financière appelée Banque ouest africaine de développement (BOAD).

Notons toutefois que l'assouplissement des conditions d'intervention de la BCEAO doit demeurer dans les limites de principes uniformes qui assignent aux Etats les balises suivantes :

- proportionner l'activité des banques à l'importance de leurs fonds propres, de façon à assurer, dans toute la mesure du possible, la solvabilité de leur dépôt ;
- donner aux comités Monétaires Nationaux le pouvoir de contrôler efficacement la distribution du crédit, en limitant les concours bancaires générateurs d'aléas trop élevés, ou d'un intérêt économique contestable ;
- adopter des conditions de banque qui assurent une rentabilité normale aux établissements de crédit, tout en permettant de financer, au moindre coût, les activités prioritaires et d'interdire la pratique de taux abusifs.

Dans le cadre la politique du crédit, rappelle la BCEAO (idem), les comités monétaires nationaux, avec le concours des services de chaque Agence de la Banque Centrale, déterminent tous les six mois les plafonds de réescompte qu'il propose à la décision du Conseil d'Administration, avant de procéder à leur répartition entre les banques et le Trésor Public.

A ce propos, le FMI (1984, pp. 83-90) présente quelques instruments de la politique monétaire reformée de l'UMOA. Le contrôle de la monnaie et du crédit s'effectue par l'intermédiaire d'un « concours global » attribué à chaque Etat membre et fixé une fois l'an par le conseil d'administration, sur proposition du comité national du crédit. Ce concours global est calculé à partir de l'évolution prévisible du produit intérieur, d'un objectif d'avoirs extérieurs fixé par les autorités monétaires et de l'évolution des prix. Une fois que le montant du crédit est déterminé pour chaque Etat membre par la BCEAO, le comité national du crédit est seul responsable de sa répartition entre le gouvernement et les organismes publics sous forme d'avances et de réescompte, le Trésor Public pour les réescomptes des traites douanières, et le système bancaire et les autres institutions financières pour le réescompte des effets de commerce ou d'avances sur titres.

La politique en matière de taux d'intérêt est celle de taux différenciés. Les taux d'intérêts d'avant 1975 étaient délibérément fixés bas pour espérer encourager les investissements nécessaires au développement économique. A partir de 1975, la Banque Centrale a instauré deux taux différentiés :

- un taux d'escompte normal, qui est passé de 5,5 à 8,5% le 1er juillet 1975 et s'applique au réescompte d'effets à court et à moyen terme ;
- un taux d'escompte préférentiel de 5,5% pour les crédits à l'Etat, aux collectivités publiques, aux petites et moyennes entreprises nationales, à la commercialisation des produits agricoles (crédits de campagne concernant l'achat, le stockage et l'exportation) et aux crédits immobiliers n'excédant pas 15 millions de franc CFA pour l'acquisition d'une première habitation principale.

Le marché monétaire est créé par la BCEAO pour compléter la politique des taux d'intérêt et retenir l'épargne à l'intérieur de l'Union. Il permet le placement dans l'UMOA des liquidités bancaires autrefois transférées à l'extérieur.

La gestion des réserves internationales, dans les nouveaux statuts de la BCEAO, lui fait obligation de maintenir, pour l'ensemble de l'UMOA, une proportion minimum de 20% entre ses avoirs extérieurs et ses engagements intérieurs courants dans chaque Etat. La nouvelle convention sur le compte d'opérations accorde plus de latitude à la BCEAO pour la gestion des recettes en devises puisqu'elle lui permet de les placer en monnaies étrangères autres que le franc français jusqu'à concurrence de 35% de ses réserves extérieures totales (à l'exclusion des fonds de roulement, de la position de réserve au FMI, des avoirs en DTS et des obligations émises par la BIRD).

Le contrôle sélectif du crédit fait obligation aux banques commerciales d'affecter un certain pourcentage minimum de leur crédit ou de leurs dépôts au financement de secteurs jugés prioritaires par les pouvoirs publics. Elles doivent également procéder de façon plus sélective à l'octroi des crédits aux établissements sous contrôle étranger. Les pouvoirs publics fixent également un plafond aux crédits consentis par les banques aux secteurs non prioritaires. Afin d'assurer le contrôle sélectif du crédit, la Banque centrale soumet à son autorisation préalable l'octroi, par les banques, de crédits aux particuliers ou aux entreprises lorsque le montant de ces crédits dépasse une certaine limite (100 millions de francs CFA pour la Côte d'Ivoire et 30 millions de francs CFA pour les quatre autres Etats membres).

§.3. Quelques éléments d'appréciation des résultats de la politique monétaire de l'UMOA et du rôle du Trésor Public avant 1980.

Les données fournies par différentes publications de la BCEAO permettent d'avoir des éléments d'appréciation des résultats de la politique monétaire de l'UMOA et du rôle du Trésor Public avant 1980. Trois axes de réflexions seront suivis : le taux d'inflation, le comportement du système bancaire et l'impact de la politique monétaire sur les performances économiques et financières de la Côte d'Ivoire.

A-Trésor Public et inflation en Côte d'Ivoire avant 1980

La stabilité d'une monnaie est la constance, voire la progression de son pouvoir d'achat. Le pouvoir d'achat d'une monnaie, comme celui de son détenteur, est la quantité de biens et services qu'une unité de cette monnaie permet d'acheter à l'intérieur comme à l'extérieur du pays (ou de la zone d'émission). Le pouvoir d'achat diminue avec l'élévation du taux d'inflation domestique et, au contraire, augmente avec l'accroissement du taux de change à l'égard des devises étrangères.

Sur la période de 1961 à 1979, le taux d'inflation moyen en Côte d'Ivoire s'est situé à environ 10% contre des moyennes de 9% dans l'UMOA, 8% en France, 38% au Ghana et 13% au Nigéria.

Le niveau plus élevé de l'inflation en Côte d'Ivoire par rapport à la moyenne dans l'UMOA a des sources budgétaires et monétaires. Sur le plan budgétaire, l'option prise par l'Etat, pour une stabilisation à la hausse de la conjoncture dans le cadre des plans quinquennaux de développement, a maintenu toujours élevé le niveau des dépenses publiques. Le Trésor a financé quasi exclusivement la consommation publique et a partagé le financement des investissements publics avec la CAA et la CSSPPA. Or, en Côte d'Ivoire, la consommation et l'investissement publics sont positivement corrélés à la consommation et à l'investissement privés (N'Gouan, 2005). L'accroissement de la demande globale par rapport à l'offre globale a donc alimenté l'inflation.

En outre, pour financer son déficit budgétaire, l'Etat a eu parfois recours au seigneuriage en faisant appel à la monnaie centrale, susceptible de provoquer l'inflation. Cette inflation détériore quelque peu les valeurs des actifs et des encaisses du secteur privé et des ménages au profit de l'Etat. On parle alors de taxe d'inflation déjà présentée dans le chapitre 4, section1. Sur la période 1970-1979, paradoxalement, la Côte d'Ivoire a réalisé le plus faible ratio de revenu de seigneuriage sur les recettes budgétaires (5%) de l'UMOA. Cela signifie que le seigneuriage ne faisait pas partie des principales causes de l'inflation dans le pays. La Côte d'Ivoire, à travers le Trésor Public et la CAA, n'a pas utilisé toutes les opportunités permises par les statuts de la BCEAO : escompte d'obligations cautionnées (article 12), découvert en compte courant (article 14), escompte d'effets publics (article 15). Elle n'a eu recours qu'aux avances statutaires de trésorerie (article 16) et au compte courant postal. Elle n'a pas bénéficié non plus des concours du Fonds Monétaire International (FMI). Le Trésor Ivoirien, comme l'ensemble des trésors nationaux de l'UMOA, a exploité moins de 50% des plafonds de concours autorisés par les statuts de la BCEAO.

Mais, indépendamment des dépenses et déficits publics, le secteur privé national et les investisseurs étrangers, attirés par l'essor économique du pays et l'environnement de stabilité politique, ont massivement fait des d'investissements qui, ajoutés aux dépenses de consommation des ménages, ont amplifié la demande globale, avec pour corollaire, l'inflation.

L'autre source de l'inflation est d'ordre monétaire. Le taux de change étant fixe et la liberté de transferts garantie, un afflux important de devises pousse à la hausse la masse monétaire. En outre, la forte croissance économique de la Côte d'Ivoire de 1960 à 1977 ne pouvait avoir comme contrepartie, qu'un accroissement de la masse monétaire. Le taux de croissance de la masse monétaire en Côte d'Ivoire a été de 21,5% contre une moyenne de 18% dans l'UMOA, 14,5% en France, 30% au Ghana et 25,5% au Nigéria. Le résultat est que le ratio masse monétaire sur PIB s'établit ainsi pour les différents pays : Côte d'Ivoire (27,5%), UMOA (17,5%), France (67%), Ghana (23%) et Nigéria (17%).

Cependant, l'analyse de l'évolution du bilan de la banque centrale de 1970 à 1979 montre que le montant des dépôts annuels de l'Etat (12,8 milliards) a été en moyenne le double des créances de la banque sur l'Etat (6,25 milliards). La même tendance est observée dans l'évolution du bilan consolidé des banques créatrices de monnaie (banques de dépôts et institutions spécialisées de crédit). Les créances sur l'Etat sont de l'ordre de 4,04 milliards en moyenne annuelle pendant que ses dépôts annuels sont sept fois plus élevés (28,64 milliards).

Tout cela se reflète dans la position nette du gouvernement qui est équilibrée à un milliard près. On peut même faire mention des créances du Trésor Public sur le secteur privé qui s'élèvent en moyenne à 9 milliards par an. Ainsi, l'impact de la PNG sur les variations de la base monétaire ont été marginales. Ces variations sont plutôt liées à celles des avoirs extérieurs nets

(AEN), des crédits aux banques et établissements financiers et des autres postes nets.

Les déterminants des variations de la masse monétaire dans l'UMOA sont la basc monétaire et le multiplicateur monétaire. Dans le cas de l'UMOA, Bathia (1985) montre que l'accroissement de la masse monétaire n'a été expliqué par le multiplicateur monétaire que dans une proportion de 14% en Côte d'Ivoire avant 1975. Cet impact est réduit à seulement 1% dans toute l'UMOA de 1976 à 1979. C'est dire que l'accroissement de l'offre de monnaie est largement imputable à la base monétaire qui, elle-même, a été influencée par les créances sur les banques et sur le secteur privé. L'évolution du bilan de la BCEAO montre que le volume des créances sur les banques a été multiplié par 8,7 de 1970 à 1979 en passant de 22,9 milliards à 197,7 milliards de FCFA. L'évolution du bilan consolidé des banques créatrices de monnaie révèle que les créances sur le secteur privé ont été multipliées dans la même proportion en passant de 89,3 milliards en 1970 à 773,1 milliards en 1979. Le taux de croissance des crédits à l'économie est passé de 21% (1960-1974) à 29,3% (1975-1979).

A ce stade, on peut dire que la plus forte inflation en Côte d'Ivoire, notamment de 1973 à 1980 (avec un taux moyen annuel de 15,5%), par rapport aux autres pays de l'UMOA est peu imputable au financement budgétaire (impliquant le Trésor Public). Elle a été beaucoup plus alimentée par l'offre de monnaie pour répondre au besoin de financement d'une économie en croissance.

B- Trésor Public et système bancaire ivoirien

Le système bancaire ivoirien comprenait 7 banques et 44 agences de banques contre 30 banques et 111 agences dans toute l'UMOA de 1964 à 1975. De 1976 à 1979, le système bancaire ivoirien a connu une croissance fulgurante. Les nombres de banques et d'agences de banques sont passés à 16 et 202, soit respectivement 36,4% et 52,5% du total de l'UMOA. Il en résulte que le nombre d'agences par million d'habitants en Côte d'Ivoire est le double (26,84) de celui de l'UMOA (12,77).

En Côte d'Ivoire, les intérêts français représentaient 43% du capital social des banques contre 89% dans l'ensemble de l'UMOA de 1960 à 1975. L'Etat, par le Trésor Public, contrôlait 42% du capital des banques contre une moyenne de 8% dans l'UMOA. Mais la tendance va s'inverser entre 1976 et 1979. Dans l'ensemble des pays de l'UMOA, la présence française dans le capital social des banques tombe à 38% au profit des Etats dont la part passe de 8% à 38% également. En Côte d'Ivoire, le relatif désengagement français du capital social des banques (de 43% à 25%) coïncide avec un léger recul de l'Etat ivoirien (de 42% à 39%) ; ce qui a favorisé une diversification de l'actionnariat bancaire : privé national (de 2% à 7%), intérêts suisses (de 1% à 6%), intérêts américains (de 5% à 7%), autres intérêts (de 3% à 11%). Par conséquent, l'influence du Trésor Public ivoirien sur le système bancaire national a quelque peu diminué.

Du point de vue règlementaire, les directives de politique générale de la monnaie et du crédit de mai 1975 de l'UMOA indiquent que les législations bancaires nationales ne devront porter que sur l'organisation de la profession bancaire et des activités s'y rattachant, la protection des déposants et le contrôle des banques et des établissements financiers, afin de prévenir tous conflits avec les textes régissant l'Union Monétaire. Quant à la réglementation du crédit, elle est de la compétence des organes de l'Union Monétaire. Cela réduit encore le pouvoir du Trésor sur les banques.

Certes, ces directives demandent que dans chaque Etat, la commission de contrôle soit établie auprès du Ministre des Finances qui aura seul le pouvoir de rendre exécutoires les décisions disciplinaires de la Commission. Quelle est le degré de délégation du Ministre des Finances au Trésor Public dans cette matière?

Dans le même sens, un Comité National du Crédit siège auprès de chaque Direction Nationale de la BCEAO (article 53 des statuts). Il comprend :

- le Ministre des Finances, Président ;
- le second Ministre, membre du Conseil des Ministres ;
- les deux Administrateurs ;
- trois personnalités désignées en raison de leur compétence ;
- un représentant de la France.

Quel est le degré de délégation qu'accorde le Ministre des Finances au Trésor Public dans cette autre matière ? En fait, l'influence du Trésor Public sur la politique monétaire, sur les plus financiers et réglementaires, dépendait du degré de délégation que le Ministre des Finances a voulu lui accorder.

C - Impact de la politique monétaire sur les taux d'épargne, d'investissements et la stabilité monétaire en Côte d'Ivoire

L'impact de la politique monétaire sur les performances économiques et financières peut s'apprécier en termes de liens entre taux d'intérêt, d'épargne et d'investissement d'une part, et de stabilité monétaire d'autre part.

Au niveau des liens entre taux d'intérêt, d'épargne et d'investissement, les observations suivantes peuvent être faites. Au lendemain des indépendances, la Banque Centrale opta pour des taux d'intérêts bas et stables en faisant l'hypothèse d'une inélasticité ou d'une faible élasticité entre taux d'épargne taux d'intérêt dans l'UMOA. Cette politique, pensait elle, pouvait stimuler l'investissement et dynamiser les industries naissantes.

On peut donc dire, à partir du tableau 7, que la supériorité de taux d'épargne de la Côte d'ivoire par rapport au reste de l'UMOA est beaucoup plus liée au différentiel de niveaux de revenus qu'à celui de taux d'intérêt. La stagnation du taux d'épargne ivoirien de 1960 à 1979 confirme bien cela. Même en Côte d'Ivoire, la progression du ratio des dépôts à vue sur la masse monétaire (5 points) de la première (1960-1974) à la deuxième période (1975-1979) a été très légèrement supérieure à celle du ratio des dépôts à terme sur la masse monétaire (4 points). La nette supériorité des dépôts à vue sur les dépôts à terme préfigurent d'une faible propension pour l'épargne. Comparativement à la moyenne de l'UMOA, les clients des banques ivoiriennes semblent plus patients en matière de dépôts. Les ratios de dépôts à vue sur la masse monétaire sont inférieurs à ceux de l'UMOA et, au contraire, ceux des dépôts à terme sur la masse monétaire sont supérieurs ; mais cela ne change pas l'analyse.

Contrairement aux analyses précédentes, le FMI (1984, P.268) pense à l'existence d'une élasticité entre taux d'épargne et taux d'intérêt en Côte d'Ivoire qui expliquerait les transferts d'économies des travailleurs étrangers. « D'une part, une fraction importante de la main d'œuvre employée (...) provient de pays limitrophes. D'autre part, un grand nombre de postes d'encadrement (...) continuent d'être occupés par des Européens. Or, ceux-ci préfèrent épargner dans leur propre pays plutôt qu'en Côte d'Ivoire où les taux d'intérêts sont relativement plus faibles et la rentabilité de la plupart des investissements financiers, assez basse. La progression continue du montant d'épargne expatriée s'explique donc par la hausse des salaires réels en Côte d'Ivoire, la persistance d'un différentiel de taux d'intérêts réels et l'augmentation du nombre de techniciens étrangers ».

Tableau 6 : Evolution de quelques variables monétaires de 1960 à 1979

(%)	Côte d'Ivoire		UMOA	
Périodes	1960-1974	1975-1979	1960-1974	1975-1979
Dépôts à vue /masse monétaire	37	42	40	44
Dépôts à terme /masse monétaire	22	26	14	20
Taux d'épargne	27,3	27,7	13,7	16,7
Fuite des capitaux/PIB*	13,1	19,6	0,02	0,04
Taux de croissance des crédits à l'économie	20,9	29,3	17,1	26,4
Taux d'inflation	4,8	16,1	4,7	14,4
Taux de change effectif réel*	103,9	119,3	94,5	110,8
Taux d'investissement	21,1	26,1	14,2	23
Réserves (non compris or) en semaines d'importations*	4,5	1,2	1,5	0,4

* Sénégal (2ème économie après la Côte d'Ivoire) à la place de l'UMOA pour des raisons d'indisponibilité de données.

<u>Source</u> : BCEAO (2000)

Par ailleurs, la fuite des capitaux, représentant 13,1% et 19,6% du PIB sur les première et deuxième périodes, constitue, à n'en point douter, une forte érosion de l'épargne domestique. En suivant le FMI, on pourrait attribuer cette situation au différentiel de taux d'intérêts. La BCEAO l'attribue plutôt aux différentiels de taux d'inflation et de taux de change réels.

A ce propos, rappelons que les taux d'inflation et de change sont des éléments constitutifs de la stabilité monétaire. Les taux d'inflation en Côte d'Ivoire et dans l'UMOA, se situant en dessous de 5% au cours de la première période, pouvaient être considérés comme acceptables, au regard des niveaux des prix prévalant dans les autres pays africains et du Tiers Monde à l'époque. Mais ces taux ont été pratiquement multipliés par trois pour frôler 15% sur la deuxième période, érodant quelque peu le pouvoir d'achat domestique de la monnaie.

En revanche, l'appréciation des taux de change de la première à la deuxième période est de nature à consolider la valeur extérieure de la monnaie. Cette appréciation du taux de change semble avoir été obtenue par une ponction sur les réserves internationales dont la valeur en semaines d'importations a été plus que divisée par trois, en passant de 4,5 à 1,5 semaines.

Au regard de ce qui précède, la relation entre le taux d'intérêt et le taux d'investissement n'apparait pas encore très clairement. On pourrait y revenir plus loin.

Au total, la politique mise en œuvre par l'UMOA a permis d'avoir globalement une stabilité monétaire, comparativement aux autres pays de la sous-région à l'époque. Cependant, la BCEAO (2000, tome 2 P. 382) reconnait, elle-même, que « la politique monétaire, essentiellement centrée sur le réescompte, n'a pas permis de contrôler la croissance globale des crédits et de la liquidité dans les Etats membres et que, à l'exception du financement des récoltes, elle est demeurée pratiquement sans effet sur la répartition des crédits à court terme entre les différents secteurs de l'économie ».

Elle semble même rejoindre les analyses du FMI en ces termes : « le contexte de liberté totale des transferts à l'intérieur de la zone franc et la politique pratiquée par la Banque Centrale en matière de crédit et de taux d'intérêt ont amené les entreprises, les banques et les établissements financiers à placer en dehors de l'union une partie importante d'excédents de trésorerie. Simultanément, les besoins de liquidité de l'économie ont été financés, dans une proportion croissante, par le recours au réescompte de la Banque Centrale. Le relèvement des taux d'intérêt en janvier 1973 et la mise en œuvre d'autres mesures ont été insuffisants pour remédier à cette situation en raison de l'écart croissant entre les taux de vigueur de l'Union et sur le marché monétaire international ».

Les solutions qu'elle préconise sont que l'atteinte des objectifs de meilleure utilisation des ressources des Etats membres et d'intégration plus avancée des économies devrait être recherchée par une politique conjointe des taux d'intérêts, la création d'un marché monétaire et la réglementation des avoirs extérieurs des banques.

Tout ce qui précède montre que la politique monétaire de l'UMOA a contribué d'une certaine manière au financement de la croissance et du développement économique et social.

Le Trésor Public semble avoir eu un rôle plutôt implicite et indirect dans la définition et la conduite de la politique monétaire voire financière. Cette politique financière, malgré ses succès en matière de croissance économique, connaissait des limites qui sont apparues au grand jour à partir de 1978.

Section 4 – Limites de la politique financière, conséquences de 1978 à 1980 et mesures transitoires de redressement

Les deux principales faiblesses de la politique financière de l'Etat ivoirien résident dans la trop grande dépendance de l'économie par rapport aux aléas des marchés des produits primaires, de la politique d'endettement et des faiblesses de gestion interne dont des traits caractéristiques étaient particulièrement remarquables dans les contreperformances enregistrées par la plupart des établissements publics nationaux ; ce qui a suscité une tentative d'ajustement interne.

§.1. Dépendance de l'économie ivoirienne de la volatilité des cours internationaux de produits primaires et politique d'endettement non optimale

La maximisation, par la Côte d'Ivoire, de ses avantages comparatifs consistant en l'exploitation de ses ressources naturelles, lui a permis d'obtenir des devises à partir des excédents agricoles pour financer les engagements budgétaires en faveur de la croissance. Cette orientation est appuyée par une politique d'ouverture sur l'extérieur favorisant l'entrée massive de capitaux sous forme de prêts, d'aides, d'investissements directs et d'investissements de portefeuilles.

Cependant, ce mode de financement de la croissance, basée sur les ressources extérieures, a révélé ses limites déjà à la fin des années 1970 et jusqu'au début des années 1990. En effet, les chocs d'offre et de demande expliquent, selon B. Akitoby (1997), la volatilité des termes de l'échange, avec un impact significatif sur les fluctuations économiques.

La Côte d'Ivoire, dans la littérature économique, peut être assimilée, comme dans les modèles d'économie dépendante, à « un petit pays », dont les difficultés financières sont fortement liées à la situation de son commerce extérieur. Son économie dépend fortement des recettes d'exportations de quelques produits primaires dont les prix sont fixés par les marchés internationaux. Sur ces marchés, le pays producteur, malgré son exportation plus ou moins importante, est incapable individuellement d'influencer les cours à la hausse. Cette situation se vérifie en ce qui concernc le cacao dont la Côtc d'Ivoire est le premier producteur mondial et le café dont elle est le troisième (derrière le Brésil et la Colombie).
Le pays a subi fatalement le retournement violent des marchés des produits primaires intervenu sous forme de chute de plus de 35 % des cours de 1978 à 1979. Il a également été victime du choc pétrolier de 1979. A cela s'ajoute l'assèchement des marchés financiers internationaux en liaison avec la hausse des taux d'intérêts et la forte appréciation du dollar (monnaie de facturation des importations et de la dette).

Bien plus, si la Côte d'Ivoire est incapable d'influencer à la hausse les cours mondiaux de ses produits échangeables, elle peut, en revanche, contribuer à leur dépression en raison de son volume important d'exportation. Selon Jadish N. Bhagwati (1958, 1968), un pays peut être victime de sa trop grande production et du volume important de son offre sur le marché mondial. La Côte d'Ivoire est dans cette situation en ce qui concerne particulièrement le cacao. Premier producteur mondial de cacao, le pays a participé avec le Ghana, la Malaisie et d'autres grands exportateurs, à la constitution de stocks importants sur le marché international. Les conséquences sont les dépressions fréquentes des cours.

Concernant l'endettement, la solidité de l'économie ivoirienne des années 1960 et 1970 va rétrécir les voies d'accès aux emprunts concessionnels au profit de marchés financiers sur lesquels le crédit coûte relativement plus cher. Le recours plus intensif aux financements extérieurs a non seulement accru l'encours de la dette extérieure, mais modifié sa structure. D'une part, l'Etat a donné son aval à des emprunts réalisés par des sociétés multinationales[1], des banques et des institutions financières ; d'autre part, on remarque une diminution des emprunts à long terme au profit des emprunts à moyen terme », note le FMI (id, p.279). L'encours de la dette envers les établissements financiers privés représente plus de 50 % de l'encours de la dette extérieure en 1978.

En outre, on note un changement dans la structure des engagements par créditeur. La part des prêts multilatéraux baisse de moitié de 1975 (32%) à

[1] A vocation africaine ou sous régionale.

1979 (16,1%). La part des crédits fournisseurs baisse très sensiblement en passant de 36,9% en 1975 à 9,7% en 1979. En revanche, la part des prêts bilatéraux augmente de 59% sur la période et celle des institutions financières est multipliée par pratiquement trois en passant de 19,9% en 1975 à 56,4% en 1979. Le service de la dette publique quadruple en passant de 29,5 milliards en 1975 à 120,8 milliards en 1979. Le ratio du service de la dette sur les exportations double pratiquement en passant de 9,1 % en 1975 à 17 % en 1979. Les intérêts sur la dette évoluent plus vite que le principal. Ils triplent en volume de 1976 (17,9 milliards) à 1979 (53,2 milliards contre un doublement du principal sur la même période, avec respectivement 31,9 milliards et 67,6 milliards).

§.2. Faiblesses internes de la politique financière, cas spécifique des entreprises publiques

Les faiblesses internes de la politique financière sont d'ordre étatique et parapublic.

A - De sérieux problèmes de gouvernance financière au niveau de l'Etat central

Le premier grand problème de gestion financière interne est qu'en plus de la volatilité des cours des produits primaires sur les marchés internationaux, les finances publiques ivoiriennes étaient soumises aux aléas climatiques gouvernant la production agricole et, partant les ressources parafiscales. Les prévisionnistes ivoiriens étaient régulièrement confrontés à ces incertitudes.

Le deuxième problème était celui de la gouvernance financière sous un régime de monopartisme. Le type de rapport observé est une confusion entre intérêts publics et privés d'une part, et entre intérêts nationaux et étrangers d'autre part ; tout cela sur fond d'impunité et d'absence d'obligation de rendre compte.

La conséquence est, selon Claude de Miras (1982, P.212), la transformation de la bureaucratie administrative ivoirienne en classe possédante. Fauré et Médard (1982, P.147) poursuivent cette analyse en ces termes : « les fonctionnaires supérieurs, encouragés par le Président (dixit F. Houphouët-Boigny), deviennent planteurs lorsqu'ils ne l'étaient pas au départ. De plus, non contents de tirer directement profit de leur situation politico-administrative, ils sont les premiers à profiter des incitations financières qu'ils ont inspirées à l'Etat pour encourager la formation d'une bourgeoisie d'affaires ».

Il en découle des décisions et choix politiques peu rationnels, aux conséquences budgétaires et de trésorerie non maitrisées, et face auxquels le Trésor Public est totalement impuissant.

Le troisième grand problème a été parfaitement mais précocement[1] identifié par Samir Amin, déjà en 1970 quand il prédisait un possible essoufflement du modèle de croissance en Côte d'Ivoire. « La prolongation d'une croissance de type actuel est seulement possible à la condition que l'aide extérieure publique et l'apport des capitaux privés étrangers, non seulement se prolonge quasi indéfiniment, mais encore qu'ils grandissent un peu plus vite que le produit intérieur brut », souligne Samir Amin (1970, P. 263). Analysant les difficultés de mobilisation de ressources internes pour financer l'économie et ce, en dépit de la forte croissance, l'auteur (opcit, P. 275) note que « cette épargne est fonctionnellement destinée à être exportée, et aucune technique de mobilisation de l'épargne ne permettra de transgresser cette loi objective ».

A la suite de S. Amin, la Banque Mondiale (1978) relève un ensemble de contraintes et de vulnérabilités auxquelles la Côte d'Ivoire doit, de plus en plus, faire face au double plan macroéconomique et sectoriel2. L'hypertrophie et l'inefficacité du secteur public, les décisions financières parfois inappropriées et le système d'incitations engendrant des distorsions ont été soulignées par la Banque.

Tous ces problèmes de gouvernance financière au niveau central se sont répercutés sur la gestion des entreprises publiques.

B- Le coût élevé de la gestion des entreprises publiques

Plusieurs études ont été faites sur le fonctionnement et les problèmes de gestion du secteur parapublic ivoirien au cours des deux premières décennies d'indépendance. Ces études ne s'accordent pas toujours sur le champ du secteur parapublic, donc sur le nombre d'entreprises ou d'établissements exactement concernés. Cela est sans doute dû à l'insuffisance de clarté, à certains niveaux, des textes juridiques régissant ce secteur. On a grosso modo :

- les sociétés dont le fonctionnement est soumis aux règles du marché. Dans cette catégorie, on retrouve :
- les sociétés d'Etat (SODE) dont l'Etat détient plus de 50% du capital ;
- les sociétés d'économie mixte (SEM) dont l'Etat détient une partie[3] du capital.
- les établissements soumis aux règles budgétaires de l'Etat, Dans ce groupe, on a :
- les établissements publics administratifs (EPA) ;

[1] Si bien que cet auteur n'a pas été bien compris ni apprécié par les autorités ivoiriennes de l'époque.

[2] World Bank (1978): Ivory Coast, the challenge of success, A World Bank Country Report.

[3] Jusqu'à quelle proportion ?

- les établissements publics à caractère industriel et commercial (EPIC) qui jouissent d'une plus grande autonomie.

Selon les auteurs, les frontières ne sont pas toujours étanches. Par exemple, certains pensent que les EPA doivent faire partie de l'administration centrale. D'autres voudraient bien assimiler les EPIC aux SODE ou aux SEM en raison de la nature de leurs activités et de leur système de gestion financière et comptable.

Dans le cadre de cette étude, l'intérêt portera plutôt sur la situation financière de l'ensemble des entreprises à participation financière publique, dont toutes les estimations fixent le nombre à plus 200 en 1980. Selon Foirry et Requier-Desjardins (ibid, P.288), citant D. Lecallo[1], leur poids dans l'économie ivoirienne était très important, car ils représentaient 65% des investissements du secteur moderne productif. Cependant, elles ne comptent que pour 25% dans la valeur ajoutée. « Comme leur épargne ne constitue que 40% de l'épargne brute des entreprises modernes, l'on comprend que les entreprises parapubliques réalisent 54% de la dette extérieure en cours au 31 décembre 1979 et 63% des crédits bancaires intérieurs à long et à moyen terme. Ce secteur représente une charge croissante pour le budget de l'Etat qui lui transfert en 1979 plus de 125% de sa valeur ajoutée dont il n'en reçoit en échange que 19% (contre 55% pour les entreprises privées) ».

On voit bien, sur le tableau 8, que la période d'euphorie économique (1976-1978), au lieu d'améliorer la situation des entreprises publiques, a correspondu plutôt curieusement à leur dégradation financière. Cette situation inédite se manifeste à travers la croissance continue des flux financiers de l'Etat vers les entreprises publiques du simple au double de 1976 à 1977 et au triple de 1976 à 1978. Dans cette enveloppe, les avances et prêts ont été multipliés par 7 puis par 14 sur la même période. Les avals de l'Etat ont connu une ascension fulgurante de 260% de 1976 à 1977 avant de retomber en dessous de leur niveau initial en 1978.

Le caractère inédit de ces options prises par l'Etat est qu'elles constituaient des opérations à haut risque. La probabilité pour qu'aux échéances des emprunts, l'Etat soit obligé de se substituer à l'entreprise débitrice pour rembourser l'emprunt était très élevée.

---

[1] Denis Lecallo (1982) : Les entreprises publiques en Côte d'Ivoire, Ministère des Relations Extérieures, France, juin 1982.

Tableau 7 : Transferts du Trésor vers les entreprises publiques (en milliards de FCFA)

	1976	1977	1978
Flux financiers de l'Etat vers les établissements publics	34,558	69,344	89,802
Dont avances et prêts	(2,198)	(14,026)	(28,033)
Avals de l'Etat	65,221	169,425	42,337
Dont % de hauts risques	(86%)	(71%)	(6%)

<u>Source</u> : *Foirry et Desjardins (1986, P. 231)*

Les causes de la dégradation financière des entreprises à participation publique sont, entre autres, la longueur des délais de déclenchement des procédures financières, le volume élevé des actifs immobilisés, le manque de rigueur dans la conception et la mise en œuvre des programmes d'investissements, les tarifications largement en dessous des coûts marginaux, les sureffectifs, le laxisme dans le recouvrement des créances, l'aval trop facilement accordé par l'Etat pour des emprunts dont la viabilité est parfois sujette à caution etc.

Face à cette situation, l'exercice du contrôle administratif a été laxiste, complaisant ou purement et simplement absent. Quant au Trésor Public, il s'est limité à son rôle de caissier en pourvoyant des sommes énormes pour financer les erreurs voire les fautes de gestion aussi bien de l'administration centrale que des entreprises à participation financière publique. Il n'a pas véritablement joué son rôle de banquier consistant à procédure à un minimum d'analyse financière des entités publiques ou parapubliques auxquels il envoyait des transferts financiers, accordait des subventions et servait d'aval à des emprunts à risque.

Mais, en réalité, comment aurait-il pu faire davantage quand les textes qui organisent le Trésor Public confinent cette administration dans un simple rôle de grosse caisse de l'Etat ?

Au total, l'afflux massif de capitaux étrangers consécutif à l'accroissement des exportations et des emprunts extérieurs a permis de financer facilement les soldes budgétaires et courants de 1965 à 1978. Mais, la dégradation de l'environnement international a eu des répercussions directes sur l'économie ivoirienne, se traduisant par une crise financière et économique à la fin des années 70. Cette dégradation de l'environnement international, associée à des faiblesses internes de politique économique, s'est répercutée sur l'équilibre macro-économique et plus particulièrement sur le secteur public.

Par voie de conséquence, les pouvoirs publics furent amenés à prendre quelques mesures d'ajustement interne.

§.3. Quelques mesures d'ajustement interne et limites

Déjà le 20 juillet 1977, l'Etat de Côte d'Ivoire reconnaissait, pour la première fois, une certaine gabegie dans la gestion publique et parapublique et il est procédé à un profond remaniement ministériel. On crée un Ministère d'Etat chargé de la Reforme des Sociétés d'Etat et une Direction des Participations au Ministère de l'Economie et des Finances.

On met en place un dispositif de contrôle de l'endettement extérieur avalisé par l'Etat. A partir de juin 1978, l'aval de l'Etat est soumis à l'accord préalable du ministère de l'Economie et des Finances et la participation de la CAA aux négociations des emprunts.

Tableau 8 : Emprunts garantis par l'Etat dans l'ensemble des emprunts contractés (%)

	1975	**1976**	**1977**	**1978**	**1979**
Encours de la dette, y compris les montants souscrits mais non prélevés	43	46	39	38	36
Encours total de la dette, montants souscrits mais non prélevés	35	46	35	33	26
Encours total de la dette, montants effectivement prélevés	48	45	45	41	40
Nouveaux engagements contractés	36	51	33	31	25
Montants prélevés	50	44	46	38	33
Source : FMI (1984)					

Selon Contamin et Fauré (1990), on initie, en 1979, une espèce de « marché financier public embryonnaire », avec la mise en place des mécanismes de prêts entre entreprises publiques et de transferts internes au sein du secteur public, par l'intermédiaire de la CAA.

Un programme de redressement financier est adopté sous les auspices du Fonds Fiduciaire pour la période d'Avril 1978 à Mars 1979. Ce programme renforce les mesures ci-dessus prises, demande la réduction des dépenses publiques d'investissements et l'expertise des sociétés d'Etat en vue de leur reforme. Ainsi, on procède, à partir de juin 1980, à des dissolutions ou à des redressements financiers d'entreprises publiques. Aux termes d'une loi de septembre 1980 sur le contrôle des établissements publics et des sociétés d'Etat, l'autonomie de ses structures est réduite par la création de commissions consultatives de gestion, de conseils d'Administration (pour les SODE) et l'institution de fonctions de contrôleurs budgétaires nommés par le ministère de l'Economie et des Finances.

Toutes les modalités d'emprunts publics, la part de la dette garantie par l'Etat était déjà supérieure à 40% en 1975. Un an seulement après, la proportion moyenne s'élève au-dessus de 46%, avec même une domination de la dette garantie (51%) en ce qui concerne les nouveaux emprunts contractés.

De 1977 à 1979, les mesures d'ajustement interne prises par le Gouvernement produisent leurs effets. La part de l'encours de la dette totale (y compris les montants souscrits mais non prélevés) descend en dessous de 40%. Les montants souscrits mais non prélevés ainsi que les nouveaux engagements voient leur part chuter du tiers en 1977 au quart en 1979. La part de l'emprunt garanti par l'Etat dans les montants effectivement mobilisés passe de 45% en 1976 à 40% en 1979.

Il y a donc l'apparition d'une rigueur relative liée à l'ajustement interne opéré par les autorités ivoiriennes.

Nonobstant ces mesures, les tendances lourdes de l'évolution de l'économie ivoirienne se montraient de plus en plus inflexibles. La situation financière devient réellement préoccupante à partir de 1979 à cause de la conjugaison de trois facteurs : la chute brutale des cours des produits primaires de plus du tiers de 1978 à 1979, le choc pétrolier de 1979, la tendance haussière des taux d'intérêts internationaux et la forte appréciation du dollar (monnaie de facturation des importations et du service de la dette). Ainsi, jusqu'en 1978, les entrées nettes de capitaux ont permis de financer un déficit courant de plus en plus important, voire d'élever le niveau des réserves officielles en devises.

En 1979, les phénomènes ci-dessus décrits ont provoqué un déficit de la balance globale de 90,66 milliards. La plupart des emprunts contractés aux conditions du marché (dette publique ou garantie par l'Etat) durant les années 1960 et 1970 étaient arrivés à échéance. Le déficit public est multiplié par 5 en cinq ans en passant de 2,2 % du PIB en 1975 à 12 % en 1980. L'encours total de la dette (y compris les montants souscrits mais non encore encaissés) quadruple de 1975 à 1979 en passant de 326,8 milliards à 1.074,5 milliards dont deux tiers d'emprunts de l'Etat et un tiers garantis par l'Etat. Le déficit de la balance courante passe de 11% du PIB en 1975 à 15% en 1979 et à 18% en 1980.

Il y a manifestement un phénomène plus grave et plus profond qu'une simple conjoncture, à savoir une véritable crise financière. Pour faire face à cette crise, les pouvoirs publics ont, cette fois ci, recours aux programmes d'ajustements structurels (PAS) inspirés par le Fonds Monétaire International (FMI) et la Banque Mondiale.

Chapitre V : Trésor Public et politique financière dans le cadre des premiers programmes d'ajustement structurel (1981-1993)

La crise économique et financière intervenue à la fin des annécs 1970 et persistant au début des années 1980 a amené les autorités ivoiriennes et monétaires à accepter les programmes d'ajustement structurel (PAS). Quel rôle a pu jouer dans ce nouveau contexte économique et financier ? Il convient, à cet effet, de :

- voir l'organisation administrative et comptable du Trésor Public à l'époque ;
- faire des rappels sur l'orientation des programmes d'ajustement structurel (PAS) ;
- examiner la gestion de la crise financière ivoirienne au cours de la première décennie d'ajustement structurel (1981-1989) ;
- examiner le programme de stabilisation et de relance économique de 1990 à 1993 et ses résultats.

Section 1 : Organisation administrative du Trésor Public de 1981 à 1993

Plusieurs textes (décrets et arrêtés) ont été pris pour organiser le Trésor Public de 1981 à 1993. On ne rappellera ici que les décrets.

§.1. Les décrets de 1981 et de 1984

Aux termes de décret 81-138 du 18 février 1981 modifiant le décret 78-683 du 17 août 1978 portant organisation du Trésor Public, la nouvelle organisation du Trésor Public est la suivante :

- un service d'inspection générale et de vérifications ;
- une direction des établissements publics et collectivités locales divisée en deux sous- directions ;
- Il existait d'autres sous-directions

Tous ses services sont placés sous l'autorité d'un Trésorier-Payeur Général.

Le décret n°81-465 du 24 juin 1981 fixant les attributions du Ministre de l'Economie et des Finances et portant organisation de son Ministère crée la

Direction Générale de la Comptabilité Publique et du Trésor (DGCPT) qui est composée des services suivants :

- Sous-Direction de l'Administration Générale ;
- Sous-Direction de la Centralisation et de l'Informatisation ;
- Sous-Direction de la Réglementation et du Contentieux ;
- Sous-Direction du Trésor

Ces Sous-Directions sont placées sous l'autorité directe du Directeur Général.

- Direction de la Comptabilité Parapublique qui comprend : la sous-direction du Contrôle Comptable des Etablissements Publics Nationaux et la Sous-Direction du Contrôle Comptable des Collectivités Locales.
- Agence Comptable centrale de la Comptabilité ;
- Agence Comptable Centrale des Dépenses Publiques ;
- Agence Comptable Centrale des Ressources Publiques ;
- Agence Comptable Centrale des Chancelleries Diplomatiques et Consulaires ;
- Trésoreries Départementales et Perceptions.

Le titre de Trésorier Payeur Général est supprimé et remplacé de ce fait par celui de Directeur Général de la Comptabilité Publique et du Trésor.

Le décret n°84-849 du 04 juillet 1984 portant création de la Direction Générale de la Comptabilité Publique et du Trésor et de ses différents services apporte comme innovation majeure, l'érection de l'entité de contrôle en une Inspection Générale du Trésor.

§.2. Le décret 92-115 du 16 mars 1992

Le décret 92-115 du 16 mars 1992 confirme la création d'une Direction Générale de la Comptabilité Publique et du Trésor et de ses différents services, et apporte quelques innovations au niveau des Services Centraux et des Services Extérieurs.

- Innovations au niveau des Services centraux :

- la Sous-Direction de la Réglementation et du Contentieux est érigée en Agence Judiciaire du Trésor ;

- la Sous-Direction du Trésor devient la Direction du Trésor, des Affaires Monétaires et Bancaires ;

- la Direction des Assurances et de la Bourse est rattachée au Trésor Public.

- Services extérieurs :

- les Trésoreries Départementales augmentent en nombre ;
- les Recettes-Perceptions, les Perceptions, les Recettes Municipales et les Perceptions secondaires relèvent des Trésoreries Départementales dans le ressort desquelles elles sont situées ;
- les Agences Comptables des Etablissements Publics Nationaux (EPN) relèvent directement de la Direction de la Comptabilité Parapublique ;
- les Postes Comptables à l'Etranger relèvent directement de l'Agence Comptable Centrale des Chancelleries Diplomatiques ;
- les Postes Comptables Spéciaux : Recettes des Administrations Financières (impôts et Douanes), Régies de Recettes et Régies d'Avances relèvent suivant les cas soit directement de l'Agence Comptable Centrale compétente, soit de la Trésorerie Départementale dans le ressort de laquelle ils sont situés.

En outre, ce décret confère aux Trésoriers Départementaux, le rang de Directeur d'Administration centrale. Ils sont nommés par décret pris en Conseil des Ministres sur proposition du Ministère chargé de l'Economie et des Finances. Les Comptables subordonnés sont nommés par arrêté pris par le Ministre de l'Economie et des Finances sur proposition du Directeur Général de la Comptabilité Publique et du Trésor et éventuellement après avis des Ministres ou des Directeurs Généraux des Administrations Financières concernées.

Section 2 : Les politiques financières des programmes d'ajustement structurel (PAS) et les mesures préconisées pour la Côte d'Ivoire

Les PAS partent d'une explication, dans une logique libérale, des causes des déséquilibres macroéconomiques pour préconiser des remèdes.

§.1- Causes et remèdes des déséquilibres macroéconomiques

On peut voir, successivement les causes des déséquilibres macroéconomiques, les remèdes appliqués et les résultats obtenus.

A. Causes des déséquilibres macroéconomiques

Les causes des déséquilibres macroéconomiques sont résumées par Chorng Huey Wong (2002), à savoir :

- les facteurs exogènes : variation des termes de l'échange, variation des taux d'intérêt internationaux, inflation ou récession mondiale, conflits sociaux et chocs sur l'approvisionnement intérieur ;

- les rigidités structurelles : rigidités des salaires, des prix et autres rigidités structurelles du secteur financier (dans le système de commerce, d'échanges et dans les recettes et dépenses de l'Etat) nuisibles à l'affectation efficace des ressources ;

- les politiques inadaptées : politiques budgétaires et monétaires trop expansionnistes, désalignement des taux de change, emprunts extérieurs excessifs, régulation et contrôle inadéquats du secteur financier.

Cette situation engendre une relation à sens unique du déficit public vers le déficit extérieur appelés «déficits jumeaux» ou « twin deficits » constatables selon les approches par l'absorption, fiscale et monétaire de la balance des paiements.

B - Mesures de politique économique contenues dans le Consensus de Washington et dans les programmes d'ajustement structurel (PAS)

Les remèdes aux déficits jumeaux sont retracés dans le Consensus de Washington et dans les programmes d'ajustement structurel (PAS) à travers trois catégories de mesures :

- les politiques de gestion de la demande composées de politiques budgétaires et monétaires restrictives en vue de comprimer l'absorption et de juguler l'inflation ;

- les politiques de gestion de l'offre par les reformes structurelles afin de corriger les rigidités et distorsions, rendre plus efficiente l'allocation des ressources et accroître le potentiel de croissance ;

- les politiques de taux de change dont les objectifs sont la compétitivité de l'économie, l'amélioration du solde extérieur et l'équilibre du marché des changes.

Tableau 9 : Séquences des réformes en matière d'ajustement structurel

Auteurs	Réforme institu-tionnelle	Libéra-lisation des prix	Stabilisation macro-économique	Réforme système financier	Privati-sations	Réforme commerce extérieur	Flux de capitaux
Pays en développement							
Edwards			1	2		3	4
Lal			1	1		3	2
Pays en transition							
Dornbusch	1	4	2	5	3	4	3/4/5
McKinnon	1	3	1	2		3	4

Dans le cadre de cette étude, l'accent sera mis sur la gestion macroéconomique. Des travaux ultérieurs porteront sur les reformes structurelles[1]. En réalité, l'élaboration d'un programme consiste à faire une combinaison idoine des trois catégories de mesures. Les contenus des reformes, selon les auteurs, doivent être organisés suivant des séquences.

Ainsi, la plupart des auteurs semblent accorder une priorité à la stabilisation macroéconomique et à la réforme du système financier qu'aux privatisations et aux libéralisations des prix.

[1] Pour les mesures de réforme structurelle appliquées en Côte d'Ivoire à l'époque, cf.par exemple :

- Baastian A. den Tuinder (1978): Ivory Coast, the challenge of success, A World Bank Country Report.
- Banque Mondiale (1987) : Rapport sur le développement dans le monde, Washington
- Banque Mondiale (1987) : La Côte d'Ivoire en transition : de l'ajustement structurel à la croissance auto entretenue, rapport n°6051-IVC, volume II, Rapport principal, Washington.
- Samir Amin (1970) : L'accumulation à l'échelle mondiale, Paris, Anthropos
- Bernard Contamin et Yves Fauré (1990) : La bataille des entreprises publiques en Côte d'Ivoire, l'histoire d'un ajustement interne, Karthala et ORSTOM
- Gilles Duruflé (1988) : L'ajustement structurel en Afrique, Sénégal, Côte d'Ivoire, Madagascar, Paris, Karthala

C - Faiblesses relevées dans le système budgétaire et ivoirien et mesures préconisées.

Différents rapports de missions ou d'études1 du FMI identifient des faiblesses caractéristiques du système fiscal ivoirien.

Ces faiblesses, d'ordre général ou spécifique, du système fiscal sont le volume important des exonérations, des dysfonctionnements relevés dans les administrations fiscale et douanière, et des pertes de recettes liées à l'assiette et à l'administration de la TVA.

Pour accroître les ressources budgétaires, les trois instruments fiscaux dont dispose l'Etat sont la non augmentation des taux d'imposition existants, l'élargissement de l'assiette ou l'introduction de nouveaux impôts.

En matière de dépenses publiques, les institutions de Bretton Woods estiment qu'une réduction de la taille de l'Etat, à travers la compression des dépenses publiques est préférable à une majoration des taux d'imposition ; car un accroissement de l'épargne publique, résultant par exemple d'impôts additionnels, ne peut se faire qu'au détriment de l'épargne privée.

Elles ajoutent que les redevances des usagers seraient plus efficaces et plus équitables que l'impôt du fait qu'elles généreraient des recettes sans créer des distorsions dans l'économie. L'efficacité requiert la tarification du service public au coût marginal. Par ce mécanisme, le fardeau de la dépense revient à la charge des bénéficiaires.

Section 3 : Gestion de la crise financière ivoirienne avant la dévaluation (1981-1993)

Pour les institutions de Breton Woods, le déficit du secteur public est la principale cause des déséquilibres interne et externe. Elles vont donc prescrire des mesures déflationnistes dans le cadre de politiques budgétaire et monétaire restrictives en vue de l'assainissement des finances publiques. Des étapes importantes sont à identifier dans l'application des PAS sur la période : l'application des deux premiers PAS de 1981 à 1986, la suspension du troisième PAS en 1988 et la reprise des PAS de 1990 à 1993.

---

1 cf. notamment :
- le rapport CONRAD d'août 1981 sur le système fiscal ivoirien ;
- l'aide-mémoire de Baldet d'août 1986 portant sur certains aspects de la fiscalité et du système douanier ivoirien ;
- le rapport Grandcolas de juin 1995 portant sur les réformes fiscales et le renforcement des administrations fiscale et douanière.

§.1 – Les deux premiers programmes d'ajustement structurel de 1981 à 1986

De 1981 à 1986, deux programmes d'ajustement structurel sont mis en œuvre en Côte d'Ivoire.

A- Le premier programme d'ajustement structurel (1981-1983)

Le programme de stabilisation économique et financière (1981-1983) comporte essentiellement des mesures déflationnistes. Les objectifs sont de réduire de moitié les déficits public et courant de moitié, de stabiliser le ratio de la dette sur les recettes d'exportations en dessous de 30% (alors que selon les prévisions, ce ratio pourrait atteindre 40%).

La compression drastique des dépenses publiques se traduit par une baisse de 15% des dépenses d'investissements, un blocage des salaires nominaux de la fonction publique et une réduction des subventions aux établissements publics nationaux (EPN), une maîtrise des effectifs dans les secteurs public et parapublic. La réduction des subventions aux EPN provoque une élévation de plus de 30 % du tarif des transports urbains, de plus de 7,5 % et de 10 % respectivement des prix de l'électricité et de l'eau.

La chute du pouvoir d'achat est, dès lors, inévitable. Malgré, le freinage de l'expansion du crédit intérieur inscrit dans la politique monétaire restrictive de la banque centrale, l'indice des prix à la consommation (mesurant ici l'inflation) s'est établi au-dessus de 10% en raison de la forte baisse de l'offre globale. En effet, le taux de croissance économique, jusque-là positif, devient négatif (-0,26%) sur la période 1980-1985.

En ce qui concerne la demande, la réduction des dépenses publiques devait permettre théoriquement de retrouver la voie menant vers l'équilibre budgétaire. Mais cet objectif n'est pas atteint à cause, principalement, d'un facteur exogène, la sécheresse de 1983. Cette sécheresse déprime l'offre et l'exportation de produits agricoles, pourvoyeuses de ressources publiques. Ainsi, la contribution de la CSSPPA aux ressources publiques, qui était de 23%, même pendant les années difficiles (1978-1980), est descendue en dessous de 10% en 1983.

Or, pour faire face au délestage préjudiciable à la production industrielle, l'Etat a été amené à passer de grosses commandes de turbines pour relayer les barrages hydroélectriques, relevant ainsi le volume des dépenses publiques.

En conséquence, le besoin de financement du secteur public est certes réduit de 40 % de 1981 (-269,2 milliards) à 1983 (-191,9 milliards), mais il demeure toujours important. L'objectif de recherche d'équilibre budgétaire n'est que partiellement atteint avec un déficit budgétaire qui passe de 11,8 % du PIB en 1981 à 7,8 % en 1983.

La BCEAO de son côté, est amené à augmenter son plafond de concours aux Trésors nationaux de plus de 200%, en le faisant passer en moyenne annuelle de 63 milliards (1978-1980) à 154 milliards (1981-1983). Contrairement aux périodes précédentes où les Trésors réalisaient moins de la moitié du plafond, cette fois ci, les taux avoisinent 90%.

Les taux de change effectif nominal et effectif réel fléchissent, si bien que le taux de surévaluation du FCFA est légèrement inférieur à celui de la période précédente, 28% contre 33%. La balance courante, qui était excédentaire en 1981 de 82 milliards, devient déficitaire en 1983 de 10 milliards. L'encours de la dette publique ainsi que le service de la dette sont multipliés par plus de deux en passant respectivement de 972 milliards et de 122 milliards en 1980 à 2186 milliards et à 265 milliards en 1983. Le ratio du service de la dette sur les exportations s'élève à 24,7 % en 1980 et à 33,7 % en 1983 (contre un objectif de 30% au maximum). Malgré la sécheresse de 1983, on note une amélioration du solde de la balance commerciale qui redevient, depuis 1980, pour la première fois, excédentaire. Mais cela n'est pas ressenti sur le solde de la balance courante dont le déficit est de 13 % du PIB à cause de l'augmentation des intérêts à acquitter sur la dette extérieure.

Les apports nets de capitaux au secteur public chutent de manière drastique de 852 millions de dollars US en 1982 à seulement 42 millions de dollars US, suite aux difficultés rencontrées par le gouvernement ivoirien pour mobiliser des ressources extérieures. Le déficit de la balance globale, qui était de 1,1 % du PIB, remonte jusqu'à 7,7 %, retrouvant son niveau de 1980. Le gouvernement ivoirien adopte donc un groupe de mesures immédiates consistant à recouvrir aux facilités en compte courant auprès de la BCEAO[1], à obtenir en 1983, un moratoire sur la dette extérieure et accélérer les tirages sur les emprunts déjà signés pour faire face au besoin de financement important.

Face à cette situation, un PAS II est approuvé en juillet 1983 et l'accord de confirmation est signé en mai 1984.

B -Le deuxième programme d'ajustement structurel (1984-1986)

Le deuxième Programme d'Ajustement Structurel (PAS) qui couvre la période de 1984 à 1986 renforce le premier. Une prime à l'exportation est instaurée. Les tarifs publics sont à nouveau revus à la hausse avec 25 % pour l'énergie et le transport urbain, 23 % pour l'eau et 8 % pour le carburant. Les

[1] Ce qui dégrade évidemment la PNG (position nette du gouvernement)

salaires dans quarante-huit (48) organismes publics sont alignés sur ceux de la Fonction Publique à partir de 1985.

Un nouveau code des investissements est voté depuis celui de 1959. Rappelons que la loi N° 59-134 du 3 septembre 1959 portant code des investissements prévoyait les instruments d'incitation des investisseurs privés selon trois modalités : le régime des entreprises prioritaires, le régime fiscal de longue durée et les conventions d'établissements.

Le régime des entreprises prioritaires concerne les unités de production qui s'intègrent dans les objectifs du Plan et qui s'engagent à faire des investissements faisant partie des secteurs prioritaires comme la transformation (valorisation des ressources), l'import-substitution (fabrication de biens de grande consommation) et la construction.

Les mesures de faveur sont essentiellement d'ordre fiscal. Elles portent sur des exemptions permanentes ou temporaires de certains impôts, la réduction de droits de douane sur les biens et matières premières, importés et des facilitées administratives.

Le régime fiscal de longue durée : Il bénéficie aux entreprises prioritaires qui effectuent de gros investissements. Leurs charges fiscales et douanières restent stables sur une durée de 25 ans.

Le régime des conventions d'établissement s'applique aux entreprises de la première ou de la deuxième catégorie qui peuvent bénéficier, en plus, de garanties particulières faisant l'objet d'une convention spéciale entre elles et l'Etat, par exemple en raison de leur situation géographique par rapport à Abidjan. En effet, depuis 1980, le souci d'équilibre régional des pouvoirs publics les a amenés à accorder des avantages différenciés aux entreprises prioritaires. Ces avantages sont de 7 ans dans la zone A (région d'Abidjan), de 9 ans dans la zone B (Sud-Ouest, Centre et Est) et de 11 ans dans la zone C (Nord).

En plus des trois (3) régimes ci-dessus indiqués, les entreprises étrangères bénéficient de la clause de rapatriement des revenus.

En 1984, un nouveau Code des Investissements est voté dans un esprit d'ajustement structurel. Il est issu de la loi N° 84-1230 du 8 novembre 1984. Si ce code précise de manière plus nette les conditions d'entreprises prioritaires, il contient des mesures incitatives supplémentaires. Ce code s'applique aux entreprises étrangères et ivoiriennes y compris les petites et moyennes entreprises (PME) qui exercent leurs activités dans des secteurs prioritaires. Les avantages sont encore importants. La baisse de moitié des droits d'enregistrement. La période d'exonération de la contribution foncière des propriétés bâties qui passent de 4 à 8 ans suivis d'exonération dégressive sur 3 ans. L'aide à la valeur ajoutée qui est dégressive pendant les 5 premières années d'activités. Il n'est plus fait obligation aux entreprises de s'intégrer dans un plan de développement. En outre, une ordonnance de 1989 institue une exonération du droit spécial d'entrée et une réduction du droit fiscal d'entrée.

De 1984 à 1986, les facteurs exogènes s'avèrent favorables. L'avènement de meilleures conditions atmosphériques fait augmenter significativement la production et l'exportation de produits agricoles dont les cours avaient remonté. Les excédents dégagés par la caisse de Stabilisation et de Soutien des Prix des Produits Agricoles (CSSPPA) permettent d'augmenter les prix payés aux producteurs de café et cacao (+ 33 %), de coton (+ 43 %) et de palmier à huile (+ 35 %).

Les ressources publiques connaissent une croissance régulière de 1984 à 1986 pendant que les dépenses publiques stagnent, si bien que le solde public, qui était déficitaire jusqu'en 1983, devient légèrement positif en 1985 et 1986.

L'excédent de la balance commerciale arrive à corriger le déficit de la balance courante qui passe de –13,3 % du PIB en 1983 à + 3,6 % en 1985 ; et cela, malgré un taux de surévaluation monétaire plus élevé (40%) que celui de la période précédente (28%).

Parallèlement, les négociations avec les partenaires techniques et financiers aboutissent à de bons résultats aussi bien au niveau des créanciers privés que publics. A la réunion du Club de Paris de mai 1984, les créanciers publics acceptent de refinancer les crédits commerciaux garantis ou assurés par les gouvernements des pays créanciers participants ainsi que les prêts consentis par ces gouvernements. Pour la Côte d'Ivoire, les modalités de l'accord de consolidation de la dette sont que :

- la période de consolidation (inclue dans la période de mise en œuvre du PAS) est de treize mois ;
- les termes de la consolidation, c'est-à-dire les options et menus acceptés par les parties, sont le rééchelonnement classique et portent sur 50 % du capital et 50 % des intérêts.

Le 25 juin 1985, un autre accord est signé avec le Club de Paris pour une période de consolidation classique de 12 mois portant sur la totalité du capital et la moitié des intérêts.

Les négociations avec le Club de Londres aboutissent à la signature de deux accords pluriannuels de rééchelonnement selon le tableau 3. A la suite de la restructuration de la dette envers le Club de Londres, des ressources nouvelles sont accordées à la Côte d'Ivoire à hauteur de 49,1 milliards FCFA en avril 1985. Les autres créanciers de la Côte d'Ivoire, non membres des Clubs de Paris et de Londres arrivent, aux termes de discussions, à signer des accords de réaménagement avec les autorités ivoiriennes.

Tableau 10 : Différents accords conclus avec le Club de Londres

Accords	Date de signature	Période de consolidation	Termes de consolidation
Accord I	27 février 1985		
Tranche 1		13 mois (déc 1983-déc 1984)	Classique (100% K ; 0% i)
Tranche 2		12 mois (janv - déc 1985)	Baker (90 % K ; 0 % i) New money: $50 millions
Accord II	19 novembre 1986		
Tranche 1		12 mois (janv - déc 1986)	Classique (80% K ; 0 % i)
Tranche 2		12 mois (janv - déc 1987)	Classique (70% K ; 0 % i)
Tranche 3		12 mois (janv -déc 1988)	Classique (60% K ; 0 % i)
Tranche 4		12 mois (janv-déc 1989)	Classique (50% K ; 0 % i)

Note: K : Capital i : Intérêt

<u>Source</u> : DGTCP (2004), Manuel sur les mécanismes de gestion et de traitement de la dette publique, DGCPT.

Les résultats de toutes ces négociations avec les créanciers des Clubs de Paris et de Londres modifient la structure du stock de la dette et le niveau des soldes extérieurs.

Suite à différents rééchelonnements, la part de l'encours de la dette à moyen et long terme passe de 73,6 % du PIB en 1984 à 48,8 % en 1986 et l'aide publique au développement prend le dessus sur la dette commerciale. Le solde public, depuis 1979, devient excédentaire pour la première fois en 1985, ainsi que le solde courant. La balance globale, d'un déficit de 7,7 % du PIB en 1979, réalise un excédent de 5 % en 1985. La courte expansion de 1985 et 1986 est interrompue en 1987, encore une fois, par des facteurs exogènes, à savoir la subite détérioration des termes de l'échange qui provoqua une autre récession.

§.3- La récession de 1987 à 1989 et la suspension du PAS en 1988

Les détériorations des termes de l'échange sur les marchés du café, du cacao et du coton sont si importantes que, pour la première fois, il se produit un déficit de 58,2 milliards de la Caisse de Stabilisation et de Soutien des Prix des Produits Agricoles (CSSPPA). La même tendance se poursuit en 1988 et en 1989 avec des déficits de 103,5 milliards et de 158,5 milliards. La balance courante, qui a connu des excédents en 1985 et 1986, redevient déficitaire en 1987, 1988 et 1989 à hauteur de 96 milliards, 270 milliards et 363 milliards. Les intérêts versés sur la dette augmentent de 31 % de 1986 à 1989. Il en découle un accroissement du déficit budgétaire (base ordonnancement) en moyenne de 65 % entre 1986 et 1988 et s'élevant jusqu'à 16,8 % du PIB.

Cette mauvaise conjoncture amène les autorités ivoiriennes à signer, en 1988, un troisième PAS comportant des mesures de compression de la demande et d'accroissement des recettes fiscales. Par exemple, on enregistre une baisse de 50% des prix garantis aux producteurs agricoles. Les tarifs douaniers connaissent une hausse de 30% en moyenne et la TVA est étendue au champ de la distribution.

Un accord de restructuration de la dette publique extérieure est signé avec le Club de Paris le 18 décembre 1987 pour une période de consolidation de 14 mois en vue d'un rééchelonnement classique de 100 % du capital et 95 % des intérêts ainsi qu'un rééchelonnement des arriérés de 100 % du capital et 95 % des intérêts.

Toutefois, il est important de souligner que si le rééchelonnement permet d'alléger provisoirement les charges du service de la dette (réduisant ainsi les déficits budgétaire et extérieur), il n'améliore nullement les indicateurs de solvabilité du pays (encours de la dette/exportations, dette/PIB etc.). Il accroît le stock de la dette et, par conséquent, le service futur de la dette. Ainsi, sur la période de 1986 à 1990, le service de la dette publique baisse en moyenne de 20,4 % par an. La différence avec le service de la dette dû après rééchelonnement correspond aux arriérés (intérieurs et extérieurs) dont l'accumulation s'élève à 955 milliards en 1990. L'encours de la dette publique enregistre une progression annuelle de 6,2 % pour s'établir à 103 % du PIB en 1989 et 133 % en 1990 contre 85 % en 1987. Le ratio du service de la dette dû sur les exportations, même après rééchelonnement, progresse pour s'établir successivement à 33 % en 1987, 38 % en 1988 et 42 % en 1989.

Face aux difficultés éprouvées par l'Etat pour honorer le service de la dette, la mise en œuvre du PAS et des rééchelonnements est suspendue en 1988. Il est tout de même important de constater que les transferts nets (différences entre services de la dette et tirages) effectués par la Côte d'Ivoire sont restés négatifs sur la période. Malgré les difficultés financières, la Côte d'Ivoire a transféré plus de ressources à l'extérieur qu'elle n'en a reçu, notamment en direction des Institutions de Bretton Woods (cf. tableau 11).

Les années 1980 se terminent avec une situation financière grave. Selon Assémien (1994), la dette extérieure est multipliée par 19 en passant de 126,5 milliards en 1980 à 2525,5 milliards en 1990. Elle passe de 58,8 % du PIB et 107 % des exportations en 1980 à 109 % du PIB et 262,2 % des exportations en 1990.

Sur toute la période 1981-1989, la Côte d'Ivoire a diversifié les modes de gestion de la politique financière. Envers le système bancaire, elle a amélioré la PNG. Elle a exploité des opportunités offertes par la Banque Centrale en augmentant son taux de réalisation du plafond de concours. Dans ce cadre, le Trésor Public a eu recours à des escomptes d'obligations cautionnées (article 12), à des découverts en comptes courants (article 14), à des escomptes d'effets publics (article 15), tout cela constituant les concours prévus par l'article 16 des statuts de la BCEAO.

Tableau 11: Transferts nets effectués (en milliards CFA)

Années	FMI	Banque Mondiale	Total
1985	- 29,2	+10,3	- 18,9
1986	- 27,5	+ 6,9	- 20,6
1987	- 56,5	+ 51,9	- 4,6
1988	- 28,7	- 43,7	- 72,4
1989	- 49,5	- 41,3	- 90,8
Total	- 191,4	- 15,9	- 207,3

Source : Caisse Autonome d'Amortissement

En tout état de cause, la situation financière n'étant pas loin du marasme, les autorités ivoiriennes relancent les négociations avec les partenaires techniques et financiers en fin d'année 1989. Le 18 décembre 1989, un accord de consolidation de 14 mois, portant sur un rééchelonnement classique de 100 % du capital et de 100 % des intérêts, est signé avec le Club de Paris.

§ 4 - Programmes de stabilisation et de relance économique de 1990 à 1993.

De 1990 à 1993, les autorités ivoiriennes, en accord avec les institutions de Bretton Woods, mettent en œuvre trois programmes d'ajustement structurel.

A - Le programme de stabilisation de 1990.

Le programme de stabilisation de 1990 comprend, du côté des dépenses, des mesures prises pour mieux les maîtriser et les contrôler. Dans la foulée des coupes budgétaires, on procède à la suppression de 7200 emplois journaliers, à la contraction des dépenses d'investissements, des budgets annexes et des comptes spéciaux.

La persistance du déficit budgétaire devait amener l'Etat à pratiquer une politique d'austérité par des réductions de salaires des fonctionnaires et de suppressions de transferts sociaux, notamment dans le secteur de l'éducation (bourses d'études, transports scolaires et universitaires...). Il s'est produit des manifestations sociales d'ampleur nationale, ayant même pris une allure politique, avec, pour résultat, l'instauration du multipartisme dans la Côte d'Ivoire indépendante en Mai 1990.

Pour faire baisser la tension sociale, le gouvernement dût abonner le projet de réduction des salaires nominaux. Il prit l'option de rechercher des solutions du côté des ressources publiques, par l'élargissement de l'assiette de l'impôt au secteur informel. A cet effet, trois lois, toutes datées du 29 mai 1990, créèrent de nouveaux prélèvements.

En outre, des mesures sont prises pour le renforcement des administrations fiscale et douanière, l'amélioration du recouvrement des recettes fiscales, la vente de 4000 véhicules de service, des privatisations d'entreprises publiques....

A la suite du programme de stabilisation de 1990, est mis en œuvre le programme intérimaire de 1991-1992 dont le but est de :

- promouvoir le secteur privé par des allègements fiscaux d'un montant total de 5,2 milliards et des primes à l'exportation de 10 milliards ;
- poursuivre les coupes budgétaires en vue de réduire les dépenses de l'Etat.

Enfin, un programme de relance économique, appliqué en 1992-1993 consiste essentiellement en des incitations fiscales, d'où la baisse des droits de douane dans les secteurs textile et agricole et la reprise des investissements publics pour stimuler, en particulier, les secteurs des bâtiments et travaux publics.

On peut noter, par ailleurs, que les trois PAS de la période 1990-1993 sont tous assortis de mesures de restructuration de la dette publique intérieure et extérieure.

B - Les réaménagements des dettes intérieure et extérieure

En 1991, l'Etat et ses principaux créanciers nationaux trouvent un accord de réaménagement de la dette intérieure. La restructuration de la dette détermine, dans une certaine mesure, le financement du déficit budgétaire.

Au niveau de la BCEAO, les dettes des banques liquidées[1] sont consolidées en 1991 sur treize ans au taux de 3 %. La consolidation coûte 15,1 milliards en 1991. La contrepartie FMI, qui est un débit d'office du compte du Trésor Public à la BCEAO en vue du remboursement de la dette de l'Etat envers le FMI, coûte 45,7 milliards. Comme nous l'avons signalé plus haut, la crise financière n'exonère pas la Côte d'Ivoire du service de sa dette envers le FMI. Mais l'Etat arrive à assurer ce service de la dette grâce aux avances statutaires de la BCEAO qui s'élèvent à 78 milliards sur la période.

En effet, la Banque Centrale pouvait faire des avances de trésorerie aux Etats membres. Conformément à l'alinéa 1 de l'article 16 des dispositions statutaires relatives aux concours de la BCEAO aux Etats, « le montant total des concours consentis par la banque centrale à un Etat de l'Union, en application des dispositions des articles 13,14 et 15 ci-dessus, ne peut dépasser un montant égal à 20 % des recettes fiscales nationales constatées au cours de l'exercice financier écoulé ».

Au niveau des banques commerciales, la dette de l'Etat est gérée dans le cadre du plan d'ajustement du secteur financier (PASFI) soutenu par un prêt de la Banque Mondiale signé en octobre 1991 pour assainir, rendre plus solvable et diversifier le secteur financier. Les dettes de l'Etat envers les principales banques commerciales (BICICI, SGBCI, SIB, BIAO, CONFINCI) sont titrisées en 1991 puis en 1993. La titrisation de 1991 s'étend sur une période de quinze ans dont deux ans de différé au taux de 8 % l'an. Les arriérés dus à la CAA-dépôts (Caisse Autonome d'Amortissement) sont titrisés sur quinze ans avec deux ans de différé au taux de 0,5 %. Une autre partie des arriérés est consolidée sur six ans au taux de 3 %.

Au total, les banques commerciales participent au financement du déficit budgétaire à hauteur de 198,1 milliards de 1990 à 1993. Au niveau du secteur privé non bancaire, les amortissements de la dette due sont

[1] Ces banques sont : BIDI (Banque Ivoirienne pour le Développement Industriel), BNEC (Banque Nationale pour l'Epargne et le Crédit), CCI (Crédit Côte d'Ivoire).

compensés par d'importants arriérés de remboursements et par des compensations de créances et dettes entre l'Etat et certaines entreprises privées. Malgré toutes ces mesures, la dette totale de l'Etat envers les entreprises publiques et le secteur privé non bancaire n'a pu être totalement résorbée. Elle s'établit à 68,3 milliards en 1993.

La Côte d'Ivoire parvient à signer un accord de réaménagement de sa dette pour douze mois le 20 novembre 1991 selon les termes de Toronto et portant sur une réduction de 50 % de la valeur actualisée nette. Lors du Sommet du G7 en juin 1988 à Toronto (Canada), les principaux pays industrialisés ont adopté le principe de traitement spécial de la dette des pays les plus pauvres et endettés. Il s'agit de procéder à une annulation en valeur actualisée du tiers de la dette éligible. Deux options sont au menu. L'option A consiste en une réduction sur la dette éligible et un rééchelonnement du reliquat sur 14 ans dont 8 ans de grâce mais au taux du marché. L'option B, qui ne prévoit pas d'annulation, consiste à faire un traitement de la dette à taux réduit pour obtenir un montant de réduction de 33 % en valeur actualisée. La dette concessionnelle, quant à elle, est rééchelonnée sur 25 ans dont 14 ans de différé.

Malgré cela, les mesures de portée générale ou sectorielle, contenues dans les PAS, n'ont pu enrayer la crise. Les amortissements de la dette extérieure sur la période 1990-1993 ne sont assurés que par les tirages sur les prêts projets et les autres tirages pendant que les arriérés sur paiements augmentent sans cesse. Le ratio du service de la dette sur les exportations s'élève à 33 % et celui du service de la dette sur le PIB, à 12 %. La dette extérieure totale représente plus de deux fois le PIB (211 %) et plus de six fois les exportations (637 %).

Le taux de croissance est globalement négatif sur toute la période et baisse en moyenne de 1% par an de 1987 à 1993. Le taux d'accroissement de la pauvreté triple pratiquement en passant de 11 % en 1985 à 31,3 % en 1993.

Les déficits public et extérieur devenus insoutenables, la crise économique demeurant persistante, il fallait, en plus des mesures monétaires et budgétaires restrictives, avoir recours à un autre instrument de politique économique, la dévaluation qui se présente comme la solution au paradoxe entre le niveau élevé du taux de change la morosité économique et financière générale dans l'UMOA.

Section 4 : Le paradoxe de la stabilité monétaire dans un contexte de morosité économique et financière générale dans l'UMOA au début des années 1990.

L'évolution de quelques indicateurs informe sur la situation macroéconomique de l'ensemble des pays de l'UMOA au cours de la période (1990-1993) précédant la dévaluation. On note un paradoxe entre la stabilité monétaire et la morosité financière générale dans l'UMOA s'expliquant par une surévaluation du Franc CFA et engendrant des facteurs déclencheurs de la dévaluation.

§.1. La stabilité monétaire dans l'UMOA

L'inflation est maitrisée. Le taux d'inflation moyen dans l'UMOA[1], qui s'élevait à 14,4% sur la période de 1975 à 1979, a régulièrement baissé durant pratiquement les trois premiers quinquennats de PAS et d'assainissement financier de la manière suivante : 8,5% en 1980-1985 ; 2,1% en 1986-1989 et 0,6% en 1990-1993. Le niveau du taux d'inflation inférieur à 1% au cours des quatre années précédant la dévaluation est particulièrement remarquable au regard des données, sur la même période, du Nigéria (30,5%), du Ghana (22,6%) et même des pays de l'OCDE comme la France (2,8%), les USA (3,9%), le Royaume Uni (5,2%), l'Allemagne (3,6%), l'Italie (5,6%), le Canada (3,4%) et le Japon (2,3%).

Cette stabilité monétaire interne (au sein de l'Union) est essentiellement due, selon la BCEAO (ibidem, P.20-26) au faible niveau de seigneuriage et au ralentissement de la masse monétaire.

L'évolution des variables de seigneuriage dans les deux économies leaders de l'UMOA (Côte d'Ivoire et Sénégal) donne une idée de la maîtrise de l'inflation. Sur la première décennie des PAS (1980-1989), le rapport du seigneuriage au PIB est seulement de 0,51% en Côte d'Ivoire et de 1,1% au Sénégal contre 1,7% au Nigéria et 1,6% pour l'OCDE. Bien plus, en 1990-1993, ce ratio est divisé par quatre pour la Côte d'Ivoire (0,13%) et devient négatif pour le Sénégal (-0,66%), à tel point que la part du seigneuriage dans les recettes budgétaires est marginale pour la Côte d'Ivoire (0,8%) et négatif pour le Sénégal (-4%).

La conséquence est que la taxe d'inflation qui ne représentait qu'environ 0,6% en Côte d'Ivoire et au Sénégal en 1980-1989, contre 3,4% au Nigéria et 4% dans les pays industrialisés, est tombé en dessous de 0,5% en 1990-1993 en moyenne dans les deux pays de l'UMOA.

[1] Variation relative de l'indice des prix à la consommation, base 100 en 1987

Le ralentissement de l'évolution de la masse monétaire a été accentué par les PAS. Les taux de croissance de la masse monétaire en 1975-1979, étaient de l'ordre de 45,4% au Ghana et 29,6% au Nigéria contre 22,2% dans l'UMOA. En dépit des PAS des années 1980, ces taux ont demeuré inchangés au Ghana (45,1%), ont baissé au Nigéria (16,6%), mais ont très fortement baissé dans l'UMOA (7,6%). Durant la période charnière 1990-1993, le Nigéria s'est même permis d'accélérer son rythme de croissance de l'offre de monnaie (44%) et le Ghana s'est limité à 28,8% pendant que l'UMOA enregistrait un taux légèrement négatif (-0,6%).

En suivant Bathia (1985), parmi les deux déterminants de l'offre de monnaie dans l'UMOA dans les années 1970, le multiplicateur monétaire n'a eu qu'un faible impact. L'évolution de la masse de monétaire a été principalement expliquée par la base monétaire. La base monétaire elle-même a été alimentée par la PNG et le crédit à l'économie. Or, l'assainissement du secteur financier, dans le cadre des PAS, a consisté en des dissolutions de certaines banques et à des restructurations d'autres, par exemple par des recapitalisations. Les Etats ont été amenés à réduire leur présence dans le capital social des banques au profit du secteur privé.

Tableau 12 : Impact des variations des avoirs extérieurs nets, des crédits aux gouvernements et des autres actifs sur les variations de la base monétaire

	UMOA					Côte d'Ivoire				
Périodes	BM	AEN	PNG	CBEF	APN	BM	AEN	PNG	CBEF	APN
1975-1979	23,86	-4,05	3,74	24,21	-0,10	25,99	1,85	0,20	23,96	-0,02
1980-1985	15,47	-28,74	25,79	13,81	4,63	10,27	-40,03	30,76	15,33	4,26
1986-1989	6,82	8,53	-1,23	6,32	-6,80	1,05	0,69	-4,99	9,79	-4,45
1990-1993	3,37	5,56	0,06	1,29	-3,54	7,38	-4,97	1,65	4,75	0,38
1994-1995	4,44	32,22	7,61	-35,32	-0,07	20,34	72,97	12,88	-70,56	5,05

Source : BCEAO (2000), Tome III

B : base monétaire AEN : avoirs extérieurs nets PNG : position nette du gouvernement

CBE : crédits aux banques et établissements financiers APN : autres postes nettes

Les Etats de l'UMOA et les intérêts français représentaient, pour chaque groupe, 38% du capital social des banques de l'UMOA en 1976-1979, contre seulement 5% pour les privés nationaux. Les PAS ont inversé la tendance. Les parts des Etats tombent à 29% en 1980-1989, à 23% en 1994-1996 et celle de la France est divisée par deux et demi pour se stabiliser à 16%. Les privés nationaux augmentent leur part à 14% en 1980-1989, puis à 29% en 1994-1996. Le reste des actions est partagé entre des privés étrangers.

Cette nouvelle orientation, associée à la compression de la demande publique (consommation et investissement) exigée par les PAS va décélérer le rythme de croissance de la PNG et du crédit à l'économie. Le taux de croissance de la position nette du gouvernement a été relativement stable sur toute la période de 1984 à 1992 dans l'Union. Celui du crédit à l'économie, qui était de 26,4% en en 1975-1979, chutera à 5,2% en 1980-1989 et deviendra négatif (-4,4%) en 1990-1993. L'une des raisons est que, dans le cadre du programme d'assainissement du secteur financier, près du quart de l'effectif des banques ou de leurs agences ont disparu de 1980 à 1993. Dans l'UMOA et en Côte d'Ivoire, on dénombrait dans les années 1980, respectivement 62 et 20 banques, 516 et 239 agences de banques, 12,8 et 25,3 agences par million d'habitants. De 1990 à 1993, ces chiffres sont descendus respectivement à 59 et 15 banques, 421 et 183 agences de banques, 7,6 et 14,8 agences par million d'habitants[1].

Tout cela se reflète dans l'évolution des agrégats monétaires. La variation de la masse monétaire, qui était en moyenne de 17% sur la période 1984-1986 pour une contribution de la base monétaire de 29%, est tombée à -0,7% pour une contribution de -2,1% en 1992-1993.

[1] On peut remarquer que la Côte d'Ivoire enregistre la moitié du dispositif bancaire de l'UMOA.

Tableau 13 : Impacts des variations du multiplicateur et de la base monétaire sur les variations de l'offre de monnaie

	UMOA			Côte d'Ivoire		
	ΔM	Δm	ΔB	ΔM	Δm	ΔB
1975-1979	24,92	1,17	23,86	27,66	1,48	25,43
1980-1985	9,25	-4,82	15,49	5,78	-2,68	10,27
1986-1989	4,69	-1,25	6,82	2,29	4,06	1,05
1990-1993	32,36	26,03	3,37	31,75	30,19	1,80
1994-1995	22,78	17,75	4,44	25,61	9,03	20,34

Source : BCEAO (2000), Tome III

ΔM : variation de la masse monétaire Δm : variation du multiplicateur ΔB : variation de la base monétaire

Cette grande contraction de la base monétaire s'explique par la compression drastique de ses déterminants. La base monétaire, dont la variation moyenne était de 29% de 1984 à 1986, a enregistré une chute dans son évolution moyenne qui s'établit à 1,2% sur la période de 1987 à 1993. Cette chute brutale, liée aux PAS, se voit à travers celles des avoirs extérieurs nets, de la position nette du gouvernement et des autres postes nets qui passent respectivement de 13,4% ; 12,7% et 2,6% à 3,6% ; 0,9% et -2,9%, même si le crédit aux établissements financiers manifeste une tendance contraire en augmentant sa part de 0,6% à 1,5%.

Ainsi, la politique monétaire restrictive de la BCEAO a fortement contribué à assurer la stabilité monétaire interne de l'UMOA.

En ce qui concerne la stabilité externe, l'évolution des taux de change effectif nominal et réel, calculés sur la base de l'année 1985, illustrent bien les réalités dans l'UMOA. Les taux de change effectifs nominaux varient entre 90% et 99% de 1981 à 1989. Ces taux sont montés au-dessus de 100% à partir de 1986 jusqu'à environ 200% en 1993. Les taux nominaux les plus élevés en 1993 sont ceux du Niger (215,8%), du Benin (212,4%), de la Côte d'Ivoire (183%) et du Sénégal (167,4%).

Ces niveaux de taux de change traduisent la stabilité extérieure de la monnaie de l'UMOA. La politique monétaire de la BCEAO a donc porté ses fruits en matière de crédibilité du FCFA. Mais, l'une des contreparties de cette politique monétaire restrictive est la dégradation des autres indicateurs macroéconomiques.

§.2. La morosité financière générale dans l'UMOA et en Côte d'Ivoire en 1990-1993

Hormis les taux d'inflation et de change, la dégradation des autres indicateurs macroéconomiques se perçoit aux niveaux des secteurs réel, public, financier et extérieur.

Dans le secteur réel, le taux d'épargne, qui était de 16,7% en 1975-1979, est descendu à environ 10% sur la période déflationniste des PAS dans l'UMOA (1981-1993). En Côte d'Ivoire, le taux d'épargne a pris une pente résolument descendante sur ces périodes : 27,7% (1975-1979), 21,2% (1980-1985), 17% (1986-1989) et 15,2% (1990-1993). Le taux d'investissement s'élevait à 23% dans l'UMOA et est tombé à 14,5% de 1986 à 1993. La conséquence est que le taux de croissance du PIB, qui s'élevait à 6,2% en 1975-1979, est tombé à 2% de 1980 à 1985, pour osciller autour de 0% de 1986 à 1993. La Côte d'Ivoire s'inscrit dans ce mouvement général de dégradation des taux d'investissement et de croissance.

En matière de finances publiques dans l'Union, le déficit budgétaire sur le PIB, de l'ordre de -4,8% en 1975-1979, a pratiquement doublé (-9%) en moyenne sur toute la période de 1981 à 1993. Sur toute la période de l'ajustement, quand bien même l'investissement a baissé, déprimant ainsi la croissance, son taux (14,5%) est resté supérieur à celui de l'épargne (10%).

L'une des manifestations est la recrudescence de l'endettement. L'encours de la dette extérieure sur le PIB, qui était de 36,9% en 1975-1979, a été multiplié par deux dans la première décennie de l'ajustement (93,9%) et par trois (122,5%) au début des années 1990.

La croissance rapide de la dette extérieure est liée à l'obligation de respect strict des plafonds de concours de la Banque Centrale aux Trésors nationaux qui, par conséquent, ont dû s'adresser aux créanciers extérieurs. Ces derniers ont eu tendance à accorder facilement les prêts sur la base de la confiance dans la qualité du Franc CFA et dans sa convertibilité illimitée en franc français ; ce qui impliquait la solidité de leurs actifs financiers et la libre transférabilité de leurs avoirs.

Tableau 14 : Quelques agrégats macroéconomiques, Côte d'Ivoire et UMOA, 1975-1997

	Taux d'inflation moyens en % (variation relative de l'IPC)				
	1975-1979	1980-1985	1986-1989	1990-1993	1994-1997
Côte d'Ivoire	16,11	7,14	5,44	1,81	10,51
UMOA	14,4	8,48	2,11	0,64	10,9
	Taux de surévaluation du FCFA				
Côte d'Ivoire	34,22	32,49	32,96	31,79	-22
Sénégal	30,44	27,70	26,10	29,43	-20
	Ratio fuite de capitaux sur PIB (en %)				
Côte d'Ivoire	19,60	32,97	10,72	23,20	
Ghana	3,95	2,52	0,15	0,11	
	Taux de croissance des crédits à l'économie(en %)				
Côte d'Ivoire	29,3	3,88		-5,45	7,12
UMOA	26,39	5,24		-4,35	6,63
	Ratio de crédits douteux sur crédits à l'économie				
Côte d'Ivoire	1,03	2,2		8,15	4,21
UMOA	1,82	4,39		11,22	6,81
	Taux de croissance du PIB (%)				
Côte d'Ivoire	8,53	-0,26	-1,59	-0,57	5,65
UMOA	6,2	2,26	0,74	-0,06	5,18
	Taux d'investissement (en % du PIB)				
Côte d'Ivoire	26,1	19,65	11,54	9,84	14,24
UMOA	23,01	18,12	14,34	13,7	16,16
	Taux d'épargne (en % du PIB)				
Côte d'Ivoire	27,69	21,2	16,98	15,16	23,50
UMOA	16,72	10,77	10,83	9,31	14,65
	Taux d'endettement (% du PIB)				

Côte d'Ivoire	45,32	124,23	139,95	214,52	154,4
UMOA	36,9	87,1	100,7	122,5	132,1
	Déficits budgétaires (en % PIB)				
Côte d'Ivoire	-2,82	-6,41	-9,76	-11,8	-5,61
UMOA	-4,85	-9,32	-8,81	-8,88	-6,145
	Ratio masse monétaire (en % PIB)				
Côte d'Ivoire	31,3	28,6		31,32	29
UMOA	22,38	26		26,42	25

Source : BCEAO, 2000, Tome III

Au niveau des secteurs financier et extérieur, la forte appréciation du taux de change du franc FCFA a glissé vers un mésalignement c'est-à-dire un éloignement de sa valeur d'équilibre. Cette valeur est celle du taux de change réel de long terme représentant la parité réelle de change qui assure l'équilibre macroéconomique interne et externe, comme le montrent bien Hadj Amor Thouraya et El Araj Rita (2009) dans le cas de l'économie tunisienne, ainsi que Jamal Bouoiyour et Oscar Kuikeu (2012) dans celui de l'économie camerounaise. L'écart à la valeur d'équilibre est la surévaluation du FCFA relevée par Rama Martin (1998).

Les taux de surévaluation en Côte d'Ivoire et au Sénégal sont montés au-dessus de 30% à partir de 1989 pour s'y établir jusqu'en 1993. Cette surévaluation du F CFA s'est répercutée négativement sur les exportations si bien que le solde commercial de l'UMOA, qui était déjà déficitaire dans les premières années de l'ajustement structurel (1981-1983), l'est redevenu de 1991 à 1993. Les déficits persistants de la balance courante et de la base de base ont fini par avoir raison du solde de la balance des paiements dont le solde excédentaire de 97,8 milliards de 1989 n'a cessé de dégringoler pour se retrouver déficitaire de -41,4 milliards en 1993. La surévaluation a eu pour conséquence la fuite des capitaux.

En Côte d'Ivoire, les indicateurs financiers de l'année 1993 sont préoccupants. Le ratio de la dette publique sur le PIB passe de 87% en 1986 à 133 % en 1990. Le taux de change effectif réel s'apprécie jusqu'à 40 % en 1993, déprimant ainsi la compétitivité des exportations ivoiriennes. Le déficit budgétaire (base ordonnancement) est de 12 % du PIB.

De ce qui précède, tout porte à croire que les premiers programmes d'ajustement structurel (1981-1993), élaborés par les autorités nationales sous la supervision stricte des institutions de Breton Woods, ont été des échecs dans la zone Franc et en Côte d'Ivoire.

En ce qui concerne le Trésor Public ivoirien, contrairement aux deux décennies précédentes, la période allant de 1981 à 1993 a enregistré certaines innovations, en particulier une plus grande précision dans l'organisation des services comptables et un renforcement des services non comptables.

Le Trésor Public, comme toutes les régies financières ivoiriennes, a fourni des données comptables à travers sa balance générale des comptes et le tableau de bord de l'époque qui ont contribué à l'élaboration des programmes économiques et financiers.

Au niveau de la politique monétaire, sa contribution s'est davantage concentrée sur ses relations avec la banque centrale et des banques secondaires dans la gestion de la position nette du gouvernement. La gestion de la dette extérieure étant encore du ressort de la Caisse Autonome d'Amortissement, le Trésor s'est limité au paiement de la dette intérieure. Quelle a été sa contribution dans la politique financière post dévaluation ?

Chapitre VI : Contribution du Trésor Public dans la gestion de la politique financière post dévaluation (1994-1999)

La dévaluation consiste à modifier le taux de change officiel d'une monnaie (c'est-à-dire sa parité) par rapport à une monnaie internationale de référence comme le dollar, le franc français[1], l'euro etc. La dévaluation du FCFA, intervenue en janvier 1994, a fait l'objet de beaucoup de polémiques. Il convient de voir ici des aspects théoriques de la dévaluation dans la zone Franc, les facteurs ayant déclenché la dévaluation de 1994, la politique financière post dévaluation, les résultats obtenus et le rôle joué par le Trésor Public

Section 1 : Cas de nécessité de dévaluation

Sur le plan théorique, il se présente des cas de nécessité de changement de parité monétaire dont la mise en œuvre requiert des mesures de précautions.

La dévaluation d'une monnaie et la dépréciation du taux de change sont deux concepts voisins mais non identiques.

La dépréciation (ou l'appréciation) d'une monnaie est un mouvement du taux de change lié à des fluctuations du marché des changes. La monnaie nationale ou communautaire se déprécie si sa valeur baisse spontanément par rapport aux devises étrangères. Dans le cas de la dévaluation (ou de la réévaluation), la valeur du taux de change est issue d'une décision administrative prise dans le cadre d'une politique économique générale. Elle peut coïncider ou non avec les fluctuations du marché et les souhaits des partenaires commerciaux[2].

Le maniement du taux de change (dévaluation ou réévaluation) est une politique pour corriger son mésalignement. La dévaluation consiste précisément à diminuer la parité officielle d'une monnaie.

L'objectif principal d'une dévaluation est de rétablir l'équilibre de la balance des paiements à partir des équilibres commerciaux et des capitaux.

En ce qui concerne la Côte d'Ivoire et l'UMOA, les pouvoirs publics et les autorités monétaires ont essayé différentes méthodes d'ajustement : réformes institutionnelles, libéralisations des prix, stabilisation

---

[1] A l'époque

[2] Par exemple, les USA estiment que la monnaie chinoise est en-dessous de sa valeur du marché ; ce qui lui donne un avantage compétitif prenant la forme d'un dumping. Ils lui demandent donc de réévaluer sa monnaie.

macroéconomique, réforme du système financier, privatisations, contrôle des flux de capitaux, réforme du commerce extérieur...

En dépit de toutes ces mesures, l'économie n'arrive pas à sortir de son état de déséquilibre fondamental. L'écart de compétitivité entre l'économie nationale et le reste du monde ne peut être réduit, à court terme, que par un changement de la parité monétaire, d'où la dévaluation qui apparaît comme une mesure extrême.

Encadré 2: Quelques rappels historiques sur le Franc CFA

Le franc CFA est né le 26 décembre 1945, jour où la France ratifie les accords de Bretton Woods et procède à sa première déclaration de parité au Fonds monétaire internationale (FMI). Il signifie alors "franc des Colonies Françaises d'Afrique". Il prendra par la suite la dénomination de "franc de la Communauté Financière Africaine" pour les Etats membres de l'Union Monétaire Ouest Africaine (UMOA), et "franc de la Coopération Financière en Afrique Centrale" pour les pays membres de l'Union Monétaire de l'Afrique Centrale (UMAC).

Parité FCFA

Création du FCFA	26 décembre 1945	1 FCFA = 1,70 FF
Dévaluation du Franc Français (FF)	17 octobre 1948	1 FCFA = 2,00 FF
Instauration du nouveau Franc Français	1er janvier 1960	1 FCFA = 0,02 FF
Dévaluation du FCFA	12 janvier 1994	1 FCFA = 0,01 FF
Arrimage du FCFA à l'euro	1er janvier 1999	655,957 FCFA = 1 euro

Convertibilité

•garantie en franc français par le Trésor Français

•possible en devises à travers le marché des changes de Paris, avec le franc français comme étalon

•liberté totale des transferts au sein de la Zone Franc

•2 août 1993 : suspension par la BCEAO du rachat des billets de son émission exportés hors du territoire des pays africains membres de la Zone franc.

•17 septembre 1993 : entrée en vigueur de la décision des Autorités de la Banque des Etats de l'Afrique Centrale (BEAC) de suspendre le rachat des billets de leur émission exportés en Zone UMOA.
•20 décembre 1993 : suspension par la BCEAO du rachat des billets de son émission détenus en Zone UMAC.

Section 2. Facteurs ayant déclenché la dévaluation du FCFA en 1994

Le contexte économique et financier de l'UMOA durant la période de 1990 à 1993 était caractérisé, comme présenté au chapitre précédent, par le paradoxe de la stabilité monétaire dans une morosité économique. Dans cette ambiance, des facteurs déterminants ont fait franchir le pas vers la dévaluation, en particulier le problème de réactivité du compte d'opérations.

§.1. Facteurs déterminants ayant conduit directement à la dévaluation.

On a constaté, pendant toute la période de l'ajustement structurel (1981-1993), un comportement paradoxal des agents économiques de l'UMOA. Malgré la qualité reconnue de leur monnaie, ils ont eu une propension plus marquée au placement à l'étranger que la moyenne des pays africains. Le PIB de l'UMOA représente moins de 10% de celui de toute l'Afrique alors que ses résidents détiennent plus de 10% des dépôts du continent à l'étranger. Les dépôts de l'UMOA à l'extérieur correspondent en moyenne à 239% des réserves de change et 38,5% des exportations en 1990 contre respectivement 204,8% et 31,8% pour l'Afrique.

On note, par exemple, que le PIB de la Côte d'Ivoire a diminué de 40% au cours de la décennie précédant la dévaluation pendant que les dépôts de ses résidents à l'étranger triplaient en moins de sept ans en passant de 0,45 milliards de dollars US en 1983 à 1,48 milliards en 1990.

Selon les calculs de la BCEAO (ibidem, PP.67-68), cette situation n'est pas due au différentiel de taux d'intérêts prévalant au sein et hors de l'UMOA ; car l'élasticité de l'épargne au taux de l'intérêt créditeur est très faible. Le bas niveau du taux d'intérêt ne justifierait donc pas de manière significative les placements opérés par les résidents de l'UMOA à l'extérieur. Cette situation serait plutôt liée à l'anticipation des agents économiques d'une possible dévaluation dont quelques symptômes apparaissaient : appréciation du taux de change effectif réel, taux de croissance faible, accroissement du déficit de la balance courante, problème de compétitivité des produits échangeables et non échangeables etc.

A cette situation, s'est ajouté le problème de marge de rentabilité des banques primaires dans l'UMOA. Les créances douteuses, qui représentaient 4,4% des crédits à l'économie sur la décennie 1980-1989, ont été pratiquement multipliées par trois en s'élevant à 11,2% sur la période 1990-1993 et cela, en dépit de l'assainissement du secteur financier fait dans le cadre des PAS. Les banques étaient donc obligées de faire des provisions conséquentes. Ces provisions, ajoutées à l'ensemble des frais généraux, ne pouvaient être pas couvertes par les faibles marges qui s'amenuisaient au fil des ans : 4,6% en 1990, 4,4% en 1991 et 3,6% en 1992. Sur la même période, les rendements moyens des prêts de toute nature (court, moyen et long terme) se dégradaient également : 10,6% en 1990, 10% en 1991 et 9,2% en 1992.

Comme conséquences, les transferts de capitaux devenaient de plus en plus massifs.

Pour parer à ce phénomène, la BCEAO renforça son dispositif de surveillance par une révision de la règlementation bancaire en 1989 consistant précisément à :

- fixer des objectifs d'avoirs extérieurs minimums nécessaires à la convertibilité du F Cfa ;
- plafonner ses concours aux banques afin de les rendre compatibles avec les-
- contrôler la qualité du crédit par le moyen d'autorisations préalables remplacées par la suite par des accords de classement.

« *Pour faire face à la fuite des capitaux, d'une part la surveillance bancaire a été renforcée par la commission bancaire à l'échelle de l'Union, d'autre part les règles d'intervention de la BCEAO ont été réaménagées afin d'adosser désormais ses refinancements du système bancaire sur des effets déposés en garantie et cela à un guichet unique. Malgré ces décisions de 1989, les agrégats que la BCEAO envisageait de contrôler se révélaient rebelles* », résume bien Mamadou Koulibaly (1995), la situation qui prévalait à l'aube de la dévaluation.

Les autorités monétaires de l'UMOA décidèrent alors de la création d'une commission de change en début d'année 1993. Cette ambiance non rassurante a accéléré en une année, les fuites de capitaux qui, représentant seulement 7,8% du PIB en 1992, ont été multipliées par cinq pour s'établir à 38,6% (contre 16% au Ghana) en 1993. Les avoirs extérieurs nets de la BCEAO et des banques étaient toujours déficitaires. Les réserves internationales (or non compris) de la Côte d'Ivoire en semaines d'importations (ratio réserves/importations = 0,03) couvrent à peine une demi-journée. Le solde budgétaire demeurait constamment négatif de 1980 à 1993. Le taux de surévaluation du CFA en Côte d'Ivoire, qui était de 31% en 1990, est monté à 32,2% en 1993 pour 13,5% au Benin, 15,3% au Burkina Faso, 16,4% au Mali et 27,3% au Sénégal.

Cette pénurie de plus en plus prononcée de réserves en banque a amené la Banque de France à suspendre l'échange des billets de franc CFA à l'extérieur de l'UMOA et de la CEMAC. Elle prit aussi la décision de soumettre les transferts bancaires à des contrôles sévères en 1993.

§.2. Le problème particulier de mise en œuvre du compte d'opération

La coopération monétaire entre la France et ses anciennes colonies, pour mémoire, repose sur la parité fixe du Franc CFA avec le Franc français, la libre transférabilité en matière de transactions courantes ou des mouvements de capitaux, la convertibilité illimitée de la monnaie CFA garantie par le Trésor français et la centralisation des réserves de change.

En contrepartie de cette garantie donnée par la France à la convertibilité illimitée, la précaution prise par la France est que chaque banque centrale d'Afrique francophone doit déposer au moins 65 % de ses réserves de change (hormis les réserves de trésorerie courante et de transactions avec le FMI) auprès du Trésor Public français, sur un compte d'opérations ouvert en son nom. Depuis 1975, ces avoirs bénéficient d'une garantie de change vis-à-vis du DTS.

Le solde créditeur de ce compte est rémunéré au profit des Etats africains membres. A l'opposé, le solde débiteur est rémunéré, sous certaines conditions, au profit de la France. Les Etats membres peuvent donc acquérir du Franc français quelle que soit la situation de leur balance des paiements. Toutefois, la France a obtenu une précaution supplémentaire contenue dans la clause de sauvegarde. Cette clause prévoit que le recours des banques centrales aux avances du Trésor français doit revêtir un caractère exceptionnel.

Ainsi pour éviter que les comptes d'opérations ne deviennent durablement débiteurs, il est prévu des dispositions préventives. Lorsque le rapport entre les avoirs extérieurs nets et les engagements à vue de chacune des Banques centrales est demeuré, au cours de trois mois consécutifs inférieur à 20 %, le Conseil d'administration de la Banque centrale concernée se réunit en vue d'adopter les mesures appropriées : relèvement des taux directeurs, réduction des montants de refinancement. Les statuts de la BCEAO précisent que lorsque les disponibilités en compte d'opérations présentent une «évolution qui laissera prévoir leur insuffisance pour faire face aux règlements à exécuter, elle devra alimenter le compte d'opérations par prélèvement sur les disponibilités qu'elle aura pu se constituer en devises étrangères autres que le franc, demander la cession à son profit, contre francs CFA, des devises détenues par les organismes publics ou privés des pays membres (pratique dite du « ratissage »), et invitera les Etats membres à exercer leurs droits de tirage sur le Fonds monétaire international. Enfin, les statuts des banques centrales précisent que leurs concours aux Trésors nationaux ne peuvent excéder 20 % des recettes fiscales (BCEAO) ou budgétaires ordinaires (BEAC) encaissées lors du dernier exercice budgétaire.

Graphique 3: Situation annuelle du compte d'opérations de la BCEAO auprès du Trésor Français

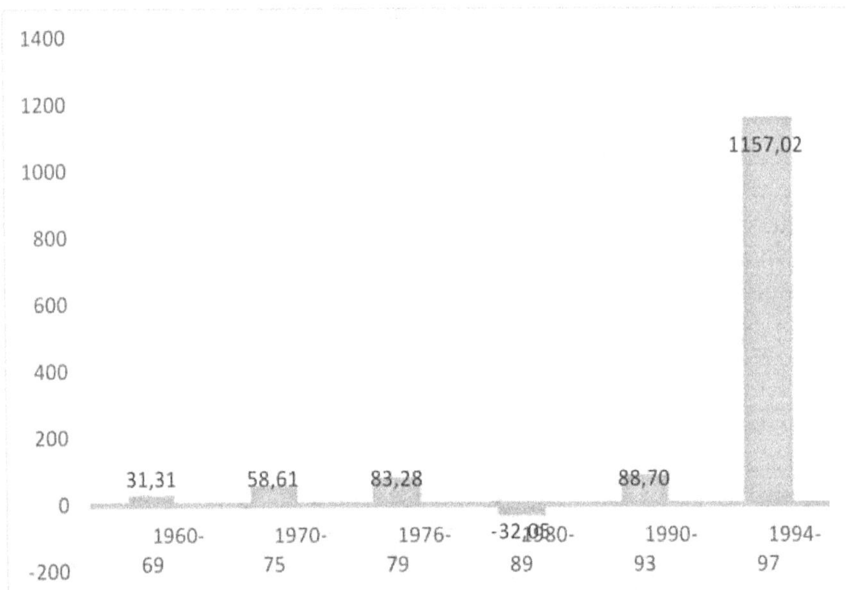

<u>Source</u> : BCEAO, 2000

Le compte d'opération a souvent été créditeur. Lorsqu'il devient débiteur, le Trésor Français peut accorder des concours à la BCEAO, sachant que les découverts sont rémunérés à des taux sensiblement proches de ceux du marché. Le problème est que le solde du compte d'opérations a été globalement débiteur de 32 milliards sur la décennie 1980-1989. Mais, l'accélération de la fuite des capitaux et l'assèchement des réserves de changes provoquèrent un grand déséquilibre entre la croissance fulgurante des montants de F CFA exigibles en devises et les possibilités de rachats de la BCEAO.

En Juillet 1993, le Conseil des Ministres de L'UMOA décida de la suspension du rachat des billets émis par la BCEAO et exportés hors des pays africains de la Zone Franc et un mois plus tard, il fut instauré un contrôle de change. Cette mesure coïncidait avec la volonté du Trésor français ne plus « continuer à subventionner la fuite des capitaux.

La situation devenue intenable, le 11 janvier 1994, suite à une réunion des chefs d'Etats de l'UMOA tenue à Dakar, intervint la dévaluation du Franc CFA de 50%.

Section 3 : La politique financière post dévaluation

La politique financière post dévaluation a été menée dans l'UMOA et en Côte d'Ivoire

§.1. Mesures d'accompagnement de la politique financière post dévaluation dans l'UMOA

La dévaluation étant intervenue en janvier 1994, elle a été soutenue dans sa mise en œuvre par des mesures d'accompagnement financées par des partenaires extérieurs et a été appuyée, au plan interne, par des mesures de court et moyen terme.

Bernard Conte (1997) expose une série de mesures d'accompagnement soutenues financièrement par des partenaires extérieurs. La France fait des contributions substantielles. Les dettes au titre de l'aide publique au développement (APD) résiduelle due par les pays moins avancés (PMA) et les pays à revenu intermédiaire de la zone Franc sont totalement ou partiellement annulées. La Caisse Française de développement (CFD) accepte d'annuler une grande partie des arriérés de paiements. De plus, la France a soutenu les pays de la zone dans leur demande d'allègement présentée devant le Club de Paris.

La Banque Mondiale aussi a accordé des prêts d'ajustement structurel pour des projets, mais majoritairement sous forme d'appuis budgétaires (75% des décaissements).

Le FMI a apporté des concours sous forme de crédits stand-by, dans le cadre de programmes de soutien négociés avec chacun des 14 Etats africains de la zone.

L'Union Européenne, de son côté, a inscrit la plus grande partie de ses concours dans le cadre des accords de Lomé, notamment dans le mécanisme du STABEX (stabilisation des recettes d'exportations).

§.2. Mesures d'accompagnement de la politique financière post dévaluation en Côte d'Ivoire

En Côte d'Ivoire, des mesures d'accompagnement sont mises en œuvre dans le cadre de la Facilité d'Ajustement Structurel Renforcé (FASR) arrêté avec le FMI et la Banque Mondiale pour la période 1994-1997. Au niveau des ressources publiques, des mesures sont prises en vue d'optimiser les recettes fiscales.

A. Innovations dans la mise en œuvre de la législation fiscale.

Pendant longtemps, la législation fiscale était composée d'un ensemble de textes, de procédures et de sanctions disséminées dans le code général des impôts et dans les annexes fiscales aux lois des finances. Cette dispersion des textes de référence engendrait bien souvent une hétérogénéité dans les interprétations de dispositions parfois particulières à chaque nature d'impôt, ajoutant ainsi à la méfiance des contribuables.

L'harmonisation des textes permet d'éviter certaines pratiques arbitraires dont sont accusés les agents du fisc[1], de rassurer les contribuables et d'améliorer le recouvrement. Dans cette optique, a été prise l'ordonnance n° 96-214 du 9 mars 1996 portant procédures et sanctions fiscales, abrogée et complétée par la loi n° 97-244 du 25 avril 1997 portant livre des procédures fiscales.

Le livre des procédures fiscales, document distinct du code général des impôts et des annexes fiscales aux lois des finances, contient six parties :

- le contrôle de l'impôt à travers des précisions supplémentaires par rapport aux dispositions générales en matière de contrôle.
- le recouvrement, en particulier les services compétents et les procédures légales.
- les sanctions à caractère fiscal ou pénal.
- le contentieux
- le domaine d'application
- les dispositions finales.

Une autre innovation importante en matière de procédures est la création du CEPICI (Centre de Promotion des Investissements en Côte d'Ivoire).

Il fallait rompre avec la complexité des formalités administratives et les retards dans les traitements des dossiers de demandes d'agréments et d'investissements.

Le CEPICI se met efficacement au service des investisseurs en matière d'information et examine leurs dossiers de déclaration ou de demande d'agrément dans les délais respectifs de deux jours et de 45 jours.

[1] Notamment en matière de contrôle.

B. Réduction des exonérations fiscales et extension du système de retenues à la source.

Déjà le rapport Grandcolas (1995, P6) recommandait, entre autres, la réduction de certaines exonérations. Face aux difficultés de trésorerie de l'Etat, certaines exonérations fiscales ou douanières ont été supprimées ou réduites.

Le troisième Code des Investissements est intervenu en 1995 au terme de la loi N° 95-620 du 3 août 1995. Ce code comporte quelques restrictions par rapport aux précédentes. Les secteurs des bâtiments et travaux publics, du commerce, des transports et des services bancaires et financiers sont exclus des régimes déclaratifs permettant de bénéficier de plein droit de certains avantages. Le nombre de zones est réduit à deux (2) (A et B) définies par décret. La durée du bénéfice des avantages passe de 7 ans à 5 ans dans la zone A et de 11 ans ou 9 ans à 8 ans dans la zone B. les exonérations sont réduites à 50 % puis à 25% des impôts et taxes normalement dus respectivement l'avant dernière et la dernière année de bénéfice des avantages. Les réductions des droits de porte sur les importations de matériaux et pièces de rechange passent de 10% à 5% etc.

Ce code contient une plus grande rigueur dans les procédures d'attribution des agréments.

Enfin, la dimension du champ des exonérations est fonction du volume des investissements réalisés. Les créations d'activités nouvelles bénéficient de plus de privilèges que les extensions. Les volumes d'investissements supérieurs à 2 milliards de francs bénéficient de plus d'exonérations que ceux qui sont en dessous de ce seuil.

Camara (op.cit pp 14-19) passe en revue une série de retenues à la source prévues par des annexes fiscales aux lois des finances et par le code général des impôts.

L'annexe fiscale à la loi des finances 1994, en son article 33, institua une taxe spéciale sur les profits de change des entreprises exportatrices qui ont bénéficié de rente de situation due à la dévaluation. L'article 13 de cette même annexe fiscale créa une taxe spéciale de 10% de réévaluation des bilans suite à la dévaluation du franc CFA.

C. Avantages accordés par des régimes particuliers.

Des avantages sont prévus dans le cadre des codes minier, pétrolier et de la construction de logements économiques.

La loi N° 95-553 du 18 juillet 1995 portant code minier régit la prospection, la reconnaissance, la recherche, l'exploitation, la détention, le traitement, le transfert et la transformation de toutes les matières minérales et gîtes géothermiques à l'exception des hydrocarbures autres que le charbon.

Les entreprises exerçant ces activités bénéficient d'exonération de TVA, d'ASDI, de droit d'enregistrement et de contribution employeur.

Quant au Code Pétrolier, il a été adopté au terme de la loi N°96-536 du 29 août 1996. Ce code accorde, selon le cas, des exemptions totales ou partielles et des exonérations d'impôt BIC, de TVA, d'ASDI et de droits d'enregistrement.

Pour aider à la construction de logements économiques, l'Etat a mis en place des dispositions fiscales conséquentes depuis les années 70. Des exonérations sont ainsi accordées aux entreprises de construction et aux acquéreurs de logements à loyer modéré.

Les entreprises peuvent bénéficier, temporairement, d'exonérations de TVA sur les travaux de construction, les matériaux et fournitures, les travaux d'assainissement, de voiries et réseaux divers. Les acquéreurs eux, peuvent bénéficier d'exonération de TPS sur les « prêts acquéreurs » et de droits d'enregistrement et de timbres.

D - Extension de la TVA et identification de nouvelles matières fiscales

L'extension du champ d'application a pour corollaire celle du droit à déduction. Ainsi, les lois des finances de 1992 à 1996 autorisent des droits à déduction progressive de TVA sur les produits pétroliers jusqu'à 100% en 1996.

L'identification de nouvelles matières fiscales a consisté en la fiscalisation systématique du secteur informel et en l'institution de redevances et autres mesures diverses.

Une meilleure fiscalisation du secteur informel a donc consisté à instituer l'impôt synthétique et l'acompte sur divers impôts. L'impôt synthétique est institué par l'annexe fiscale de la loi des finances de 1994, sur inspiration du rapport Till (1991, P.28) qui préconisait la création d'une patente synthétique. Comme son nom l'indique, l'impôt synthétique se présente comme la synthèse de la contribution des patentes, de l'impôt sur les bénéfices, de la taxe sur les valeurs ajoutées et de l'impôt général sur le revenu.

La simplification des taux s'accompagne de celle des obligations comptables pour tenir compte du niveau de formation financière et de compréhension fiscale des petits opérateurs du secteur informel. Ainsi, seuls sont exigés un livre des achats, un livre de ventes et des prestations réalisées et un livre d'inventaire de stock.

La redevance s'inscrit dans la thèse de la facturation au coût marginal du service public. Contrairement à l'impôt, selon les concepteurs des PAS, les redevances des usagers généreraient des recettes sans créer des distorsions dans l'économie. Elles permettraient d'atteindre plus facilement les objectifs d'efficacité et d'équité. Dans cette optique, des redevances et mesures diverses ont été instaurées en Côte d'Ivoire à partir de 1994.

Les redevances sont des paiements effectués par les usagers du service public ou parapublic pour bénéficier de certaines prestations.

L'objectif est d'accroître les recettes propres de l'établissement public et, par conséquent, de réduire les subventions allouées par l'Etat. Plusieurs redevances sont instituées par des annexes fiscales aux lois des finances.

Pour faire accepter toutes les mesures d'accompagnement de la dévaluation, l'Etat procède à une baisse de la TVA sur certains produits de première nécessité pour adoucir les effets de la dévaluation sur les prix à la consommation. Les salaires augmentent légèrement pour adoucir également la baisse du pouvoir d'achat des ménages ; mais avec des coefficients de revalorisation plus élevés pour les salaires les plus bas.

Section 4 : Résultats de la dévaluation à moyen terme

L'appréciation des résultats de la dévaluation à moyen terme se fera en deux étapes, la période d'expansion économique allant de 1994 à 1997 et celle de l'inflexion de la courbe durant les deux années suivantes (1998 - 1999).

§.1. L'expansion économique de 1994 à 1997

L'expansion économique se voit au niveau des quatre secteurs : réel, public, monétaire et extérieur[1].

A- Au niveau du secteur réel

Le produit intérieur brut (PIB) des quatorze pays africains de la zone Franc, dont la croissance était négative avant la dévaluation, a augmenté de plus de 5% après le changement de parité monétaire.

En Côte d'Ivoire, les sources de financement de la croissance prennent une évolution positive. Le taux d'épargne était continuellement décroissant : 27,7% (1975-1979), 21,2% (1980-1985), 17% (1986-1989) et 15,2% (1990-1993). Il est remonté de manière notable sur la période 1994-1997 à hauteur de 23,5%. Cette remontée n'est évidemment pas due au bas niveau des taux créditeurs du marché monétaire. Les taux d'intérêts réels sur les dépôts, déjà trop faibles avant la dévaluation, sont même devenus négatifs de 1994 à

[1] Dans cette section, nous utiliserons assez souvent les données du tableau 14 et d'autres sources qui seront indiquées en cas de besoin.

1997. Dans ces conditions, les deux explications de la remontée du taux d'épargne sont, d'une part, la croissance des revenus disponibles provoquée par la flambée des exportations consécutive à la dévaluation et, d'autre part, le ralentissement de la fuite des capitaux.

On note par ailleurs, une légère modification dans la structure de l'épargne. La proportion des dépôts à vue dans la masse monétaire passe de 29% en 1990-1993 à 34% en 1994-1997 pendant que les dépôts à terme suivent une tendance contraire en passant de 40% à 34%. L'accroissement de la consommation et le développement du secteur informel pourraient expliquer cette tendance.

Les crédits à l'économie ont connu une augmentation. Leur taux de croissance est passé de

-5,4% à 7,1%. Le taux d'investissement, qui était légèrement en dessous de 10%, est monté jusqu'à 14%. Le tableau 15 montre que le taux d'investissement public a augmenté d'au moins un point.

Les investissements privés ont plus que doublé par rapport à leurs niveaux de la période précédente et par rapport à aux investissements publics. Les investissements directs étrangers (IDE) ont pratiquement triplé.

Tableau 15 : Taux d'investissements (en % du PIB)

Années	**1990**	**1991**	**1992**	**1993**	**1994**	**1995**	**1996**	**1997**	**1998**	**1999**
Taux d'investissement public	3,6	3,4	3,8	3,7	4,1	4,2	5,5	6,0	6,7	4,8
Taux d'investissement privé	4,9	5,1	4,7	4,1	7,0	8,7	11,4	10,1	9,6	12
Taux	0,4	0,2	2,5	1,1	1,2	2,4	2,8	4,3	3,7	3,4

<u>Source</u> : *Banque Africaine de Développement*

La dévaluation et la FASR ont permis au pays de renouer avec la croissance dont le taux est passé de -0,6% à +5,6% et se situe au-dessus de la croissance démographique (3%).

Cette croissance semble plus tirée par l'offre (les exportations) que par la demande. Même si le taux d'investissement a augmenté, les données de la Banque Mondiale (World Development Indicators, 2012) montrent que la consommation nationale (publique et privée) a diminué sur la période.

B. Au niveau des finances publiques

Dans l'ensemble de l'UMOA, le déficit budgétaire qui équivalait à 8,9% du PIB, a été réduit du tiers pour descendre à 6,1%. Le taux d'endettement, qui était de 122,5%, a augmenté seulement de 10% grâce aux allégements de la dette extérieure et aux aides extérieures.

En Côte d'Ivoire, les données du tableau des opérations financières de l'Etat (TOFE) permettent d'apprécier la situation des finances publiques. Le taux de pression fiscale, inférieur 16%, est monté au-dessus de 18%. Le taux de croissance des recettes totales (recettes et dons), négatif de 1990 à 1993, est redevenu positif avec une ascension fulgurante de 64,5% en 1994, quand bien même son niveau annuel a diminué chaque fois de moitié jusqu'en 1997. Cette réduction graduelle est imputable à celle des dons, sachant que la part des recettes budgétaires (fiscales et non fiscales) dans le PIB est restée constante sur la période.

On peut noter, du côté des dépenses, une croissance moyenne annuelle de 4,5 % de 1994 à 1998. Le ratio des dépenses primaires sur le PIB manifeste une légère tendance annuelle à la baisse en raison du PIB qui croît plus rapidement que les dépenses publiques.

Le maintien du niveau global des recettes publiques (recettes et dons) autour de 22 % du PIB pendant que le ratio des dépenses totales sur le PIB est constamment inférieur à 25 % fait que le solde budgétaire s'améliore au fil des ans. Le solde budgétaire (base ordonnancement) sur le PIB diminue annuellement de moitié de 1993 à 1996 en passant de – 12 % à – 2 % pour se stabiliser à ce niveau jusqu'en 1998. Le déficit budgétaire est principalement financé par des sources extérieures. On procède à des restructurations de la dette extérieure. Un accord de consolidation est conclu avec le Club de Paris le 23 mars 1994 pour 36 mois, selon les termes de Toronto renforcés et portant sur 50 % de réduction de la valeur actualisée nette. Le service de la dette payée s'élève en moyenne annuelle à 351,4 milliards d'amortissement et à 337,9 milliards d'intérêts. Tout cela permet d'obtenir de nouveaux tirages et des rééchelonnements.

Le programme d'ajustement structurel, couvrant la période 1994-1997, a permis à la Côte d'Ivoire de bénéficier d'un concours financier du FMI de 281 milliards de franc CFA, la banque mondiale ajoutant 435 millions de dollars. La Caisse Française de Développement (CFD) apporte au pays un concours qui s'élève à 1,451 milliard de franc français.

A l'issue de plusieurs restructurations et paiements de la dette extérieure auprès des clubs de Londres et de Paris, le taux d'endettement est même descendu de 214,5% à 154,4%.

Par ailleurs, le Trésor Public procède à l'apurement de la dette intérieure en vue d'une part, de l'assainissement du secteur financier et, d'autre part, de la relance de l'appareil productif. Le secteur privé non bancaire a été un grand bénéficiaire de l'apurement de la dette domestique avec un montant cumulé de 410 milliards de 1994 à 1997 contre des arriérés de paiements d'un montant total de 175,6 milliards de 1991 à 1993. Un effort est également fait pour apurer les dettes des correspondants du Trésor d'un montant cumulé de 56,7 milliards contre des arriérés de 18 milliards. En plus des recettes fiscales et parafiscales, le Trésor Public a pu disposer des produits de la privatisation dont le montant cumulé s'élève à 236,8 milliards.

C. Au niveau du secteur financier

Sortant d'une dévaluation, le taux d'inflation dans l'UMOA de 10,9% peut être considéré comme relativement acceptable comparativement aux niveaux atteints durant la même période au Ghana (39,1%) et au Nigéria (64,9%). En effet, le taux de croissance de la masse monétaire entre les deux périodes, avant et après la dévaluation, a été de 22,8% dans l'UMOA contre 43% au Ghana. Bien plus, l'inflation, causée par la dévaluation, a été plus facilement résorbée dans l'UMOA qu'on ne pouvait le penser car le ratio de la masse monétaire sur le PIB, supérieur à 26% depuis 1980, a été réduit d'un point (25%) de 1994 à 1997 pendant qu'il s'élevait à 28% au Nigéria et à 70% en France. Le solde créditeur de seulement 88,7 milliards de FCFA du compte d'opération de la BCEAO au Trésor Français avant la dévaluation, a été multiplié par 13 pour s'établir à 1157,02 milliards. La Côte d'Ivoire s'inscrit dans cette mouvance générale de bonnes performances financières.

L'inflation a été contenue dans les limites du souhaitable (32,5% en 1994), c'est-à-dire en dessous des prévisions du FMI (35%). Elle a été par la suite bien contrôlée les années suivantes : 7,7% en 1995 et 5% de 1996 à 1997. Plusieurs raisons expliquent ces performances. Le ratio de la masse monétaire sur le PIB est tombé de 31,3% à 29%. L'accroissement de la base monétaire de 1,8% à 20,3% a été compensé par la forte chute du multiplicateur monétaire de 30,2% à 9%. L'impact a été la baisse de l'offre de monnaie de 31,7% à 25,6%.

Tout ceci se perçoit à travers les niveaux de crédits à l'économie et de la PNG. Les crédits à l'économie ont certes augmenté ; mais les entreprises ont financé beaucoup plus leurs activités par les recettes d'exportations et les dépôts recyclés par le système bancaire que par la création monétaire. En outre, l'inélasticité de l'investissement par rapport au taux de l'intérêt dans l'Union est bien connue. Le bas niveau de taux d'intérêt n'a pas forcément boosté l'investissement à un point tel que la demande de crédit devait prendre des proportions encore plus importantes.

En ce qui concerne le secteur public, le paiement du service de la dette intérieure à l'égard des banques améliore la PNG et contribue à l'assainissement du secteur bancaire. Le plan d'ajustement du secteur financier (PASFI), mis en œuvre de 1991 à 1995, avait justement pour objectifs d'assainir, rendre solvables et diversifier le système financier national. Même si la politique de diversification des produits financiers est lente à se réaliser, on peut dire que les objectifs d'assainissement et de solvabilité du secteur des banques et assurances sont globalement atteints grâce, en particulier, au paiement de l'important service de la dette publique envers le système financier. Envers les entreprises privées et les ménages, l'assainissement du système bancaire se traduit par le fait que le ratio des crédits douteux sur le total des crédits à l'économie est divisé par deux en passant de 8,2% à 4,2%.

Au niveau de la Banque Centrale, les concours au Trésor Ivoirien au titre de l'article 16, qui étaient montés jusqu'à 78,3% en 1993, ont été pratiquement divisés par deux sur toute la période 1994-1996. L'Etat réduit ses avances statutaires de 65,4 milliards et assure la consolidation de 28,5 milliards de dettes des banques liquidées ou en voie de l'être. Il réduit très sensiblement le recours au crédit auprès des banques commerciales qui passe de 90,5 milliards en 1995 à seulement 5,5 milliards en 1996 puis à 3,5 milliards en 1997.

Enfin, quand bien même la Côte d'Ivoire détient le record du seigneuriage sur les recettes budgétaires dans l'UMOA (9,3%), elle a le plus faible ratio de taxe d'inflation sur le PIB (1,2%) de l'Union[1]. Le taux de croissance élevé du PIB de 1994 à 1997 explique cela.

D. Au niveau du secteur extérieur

Le solde consolidé de la balance des paiements de l'UMOA était légèrement positif de 1990 à 1992 et est devenu négatif en 1993. Il est redevenu positif après la dévaluation. L'ensemble des réserves extérieures (moins l'or) de l'Union, situé en dessous de un milliard de dollars US jusqu'en 1989, est monté au-dessus de 1,15 milliard à partir de 1990 et a dépassé 2,14 milliards à partir de 1996.

En Côte d'Ivoire, le taux moyen de surévaluation était de 32% sur la période 1990-1993. Il est descendu à -22% en 1994. Le taux de change effectif réel (base 2005) de 124,4% en moyenne de 1990 à 1993 est descendu à 85%, donnant ainsi un coup d'accélérateur aux exportations. La flambée des exportations des biens et services a porté leur part dans le PIB de 30% à plus de 41% de 1990-1993 à 1994-1997. L'excédent commercial représentait 8% du PIB en 1996 (contre 5% en 1993). Les réserves internationales (or non compris) en semaines d'importations, qui étaient de moins d'une journée, sont passées à plus de 10 jours.

En somme, la dévaluation de 1994 a eu des effets positifs sur les variables macroéconomiques de l'UMOA et de la Côte d'Ivoire. Cependant, ces succès sont relativisés de 1998 à 1999.

[1] Excepté le Mali

§.2. L'inflexion de la courbe de croissance de 1998 à 1999.

Les résultats à moyen terme du changement de parité traduisent l'essoufflement des succès des quatre premières années post dévaluation. Tous les indicateurs macroéconomiques de l'UMOA et de la Côte d'Ivoire se sont dégradés sur la période 1998-1999. Le taux de croissance du PIB, qui était de 7% en moyenne de 1995 à 1997, est descendu à 4,8% en 1998 puis à 1,6% en 1999. Le taux de croissance du PIB per capita, qui était de 3,6% en moyenne de 1995 à 1997, est divisé par deux (1,8%) en 1998 pour se retrouver négatif (-1,1%) en 1999.

La conséquence est que le taux de pauvreté a plus que doublé en dix ans en passant de 15% en 1985 à 33% en 1995 pour monter jusqu'à 38% en 1999.

En matière de finances publiques, le TOFE donne quelques indications. Les recettes totales de l'Etat sur le PIB diminuent de deux points en descendant de 18,4% à 16,4%, en raison essentiellement de la réduction de moitié des recettes non fiscales, 246,5 milliards en 1998 et 122,5 milliards en 1999.

Par ailleurs, il faut souligner l'importance des pertes de recettes subies par l'Etat à cause des réformes liées au code des investissements de 1995 ou à d'autres dispositions de politique fiscale. La loi 95-620 du 3 août 1995 portant code des investissements prévoit, au titre des privilèges accordés aux investisseurs, les régimes de la déclaration et de l'agrément à l'investissement.

L'agrément à l'investissement est réservé aux sociétés réalisant un montant d'investissement supérieur à 500 millions de FCFA. Le champ d'application est constitué des impôts BIC, fonciers et de la patente. Sur la période d'étude, les pertes de recettes fiscales subies par l'Etat représentent 17,1% des investissements réalisés.

A la Direction Générale des Douanes (DGD), on estime les coûts des exonérations douanières (tableau 24) à 72,34 milliards en 1999 contre 33,3 en 2000. Ces chiffres sont importants, malgré leur baisse de plus de moitié en 2000. Cette baisse est principalement due à la forte dépression économique consécutive au coup d'Etat de décembre 1999 et à la difficile transition politique ayant caractérisé l'an 2000. A cela, il faut ajouter l'effet de la sous-facturation qui a fait perdre à l'Etat plus de 7,32 milliards pour les quatre premiers mois de 2001. L'application du tarif extérieur commun (TEC) a provoqué des pertes de recettes de 20 milliards en 1999 et de 47,86 milliards en 2000.

Le TEC, pour les pays de l'UEMOA, est de 20% maximum. La Côte d'Ivoire, ayant des droits de porte situés au-dessus de 30%, a été ramenée à

20%, d'où ces pertes de recettes douanières, contrairement à d'autres pays de l'UEMOA ayant des taux initialement inférieurs à 20% et qui enregistrent donc des gains. L'ouverture commerciale, a été, à court terme, préjudiciable à la Côte d'Ivoire en termes de recettes douanières voire de croissance. Selon Kacou (2003) : « A partir d'un modèle de commerce international qui permet de distinguer les importations selon leurs origines, l'étude a montré que le désarmement fiscal entraîne, pour la Côte d'Ivoire, une baisse du surplus commercial due à la baisse des exportations et une accumulation de moins-value en douane. Par ailleurs, la mise en œuvre du tarif extérieur commun (TEC) accentuera ces baisses et moins-values ; ce qui aura un impact très négatif sur les finances publiques et la croissance de l'économie ivoirienne ».

Cette conclusion fait penser aux résultats des études empiriques menées par Baldwin (2000) et Lutz (2001) qui émettent des doutes sur le lien systématique entre ouverture commerciale et croissance économique ; car pour Avalone et Nicolas (2003), les liens sont plus complexes qu'on ne le pense.

En matière d'impôts, le niveau général des recettes fiscales s'est notablement élevé, avec une croissance très forte à partir de 1994, due à la dévaluation monétaire. Les taux de réalisation sont généralement supérieurs à 95%. Cela semble généralement satisfaisant. Mais, des études ont montré que le rendement de l'impôt a été en deçà de ce qu'on était en droit d'attendre, vu l'importance de la matière fiscale. Bien plus, les coûts budgétaires consécutifs aux réformes fiscales semblent énormes. Gbaka (2002, P.2) résume son diagnostic du système d'imposition foncière en vigueur à l'époque en Côte d'Ivoire dans ces termes : « Celui se révèle comme un système assez judicieusement conçu mais fort limité dans son rendement en raison des nombreuses imperfections qu'il comporte, tant au niveau de la saisie de la matière imposable qu'à celui du recouvrement effectif de l'impôt ».

Du côté des dépenses, on observe, sur le TOFE, que les dépenses totales de l'Etat représentent le quart du PIB de 1995 à 1997, mais qu'elles sont tombées au cinquième du PIB de 1998 à 1999. Cette baisse est liée au fait que l'augmentation régulière des dépenses courantes est contrebalancée par une baisse des dépenses d'investissement et des intérêts dus sur la dette.

Les dépenses d'investissements, qui ont connu une croissance régulière de 1994 (195 milliards) à 1998 (455,9 milliards), ont été réduites de plus de 100 milliards en 1999.

La baisse des intérêts sur la dette est consécutive à la signature, par la Côte d'Ivoire, d'un accord avec le Club de Paris le 24 avril 1998 pour une période de consolidation de 36 mois selon les termes de Lyon et portant sur

80% de réduction de la valeur actualisée nette[1]. Un autre accord de restructuration de la dette avait été signé avec le Club de Londres le 31 mars 1998 selon les termes du plan Brady pour les PPTE (pays pauvres très endettés), portant sur une réduction de 78,5% de la valeur actualisée nette. Le reliquat a été titrisé selon des modalités de Brady sur une durée de 20 à 30 ans. Les réaménagements ont permis de réduire les arriérés de 120,9 milliards en 1998 ; mais les amortissements et les intérêts sur la dette avaient absorbé la totalité des nouveaux tirages.

Mais, l'interruption des négociations entre les autorités ivoiriennes et les bailleurs de fonds provoque l'arrêt des financements extérieurs en 1999 et la fragilisation encore plus prononcée des finances publiques.

Le besoin de financement de l'économie nationale comme celui du secteur public sont de l'ordre de 200 milliards sur la période (graphique 12). Le déficit budgétaire (base ordonnancement, selon le TOFE) passe de 1,6% à 2,7% du PIB de 1998 à 1999; ce qui reste malgré tout dans les critères de convergence de l'UEMOA.

Le solde primaire et le solde primaire de base conservent même leur signe positif qui prévaut depuis 1994. Malgré la récession, la Côte d'Ivoire a pu réaliser un relatif équilibre budgétaire[2].

Les évolutions du secteur réel et des finances publiques sont reflétées dans les agrégats monétaires. Ceux-ci connaissaient une croissance régulière depuis la dévaluation de 1994 et ont marqué le pas en 1999. Ainsi, la masse monétaire passe de 1453,6 milliards en 1996 à 1722,4 milliards en 1998 pour descendre en dessous de 1700 milliards en 1999, sous les effets conjugués des niveaux de la monnaie fiduciaire et des dépôts en banque.

Les contreparties de la masse monétaire suivent les mêmes tendances. Les avoirs extérieurs nets, qui étaient de 24,1 milliards en 1996, ont été multipliés par plus de deux en 1997 (53,8 milliards). Ils sont brutalement devenus négatifs en 1999 à cause de leur composante issue des banques commerciales dont les soldes négatifs se sont aggravés d'année en année de 1997 à 1999. Les banques commerciales se montraient de plus en plus prudentes. Cette prudence se perçoit dans la décroissance continue des crédits intérieurs nets de 1998 (1826,8 milliards) à 1999 (1791,1 milliards) ; car la contraction de la position nette du gouvernement n'a pas été compensée par une variation très positive du crédit au secteur privé.

---

[1] Les termes de Lyon comportent deux options au menu pour la dette non concessionnelle. La première option est une réduction de 80 % et une consolidation du reliquat au taux du marché sur 23 ans dont 6 ans de grâce. La seconde option est une consolidation de la totalité de la dette sur 40 ans dont 8 ans de grâce. Quant à la dette concessionnelle, elle est consolidée sur 40 ans dont 16 ans de grâce.

[2] Mais avec une contrepartie négative sur la croissance et l'emploi.

La conséquence est une tendance à la contraction de la masse monétaire (M2) dont le taux de croissance est descendu en dessous de 0% en 1999 et 2000 au profit de l'accroissement continuel du taux de liquidités bancaire qui est passé de 83,8% en 1997 à 88,1% en 1999. L'incidence positive sur la politique monétaire est le contrôle de l'inflation qui, de 5,1% tombe en dessous de 1%. L'inconvénient principal est la baisse de la croissance.

En ce qui concerne le secteur extérieur, les données confirment les tendances ci-dessus. Le taux de change effectif réel (base 2005) monte à 92%, contribuant à décélérer les exportations. Si la balance commerciale affiche un solde excédentaire de 7,8% du PIB de 1995 à 1998, la baisse des importations consécutive au ralentissement de l'activité économique contracte le déficit courant à 1% du PIB contre 2,3% l'année précédente. Les réserves totales, valant deux mois d'importations en 1998, descendent à un mois et demi en 1999.

Au total, la dévaluation a eu des effets macro financiers bénéfiques à court terme pour l'économie nationale. Le Trésor Public, encore une fois, a joué des rôles essentiels :

- le paiement des dépenses et le recouvrement d'une partie résiduelle des ressources de l'Etat ;
- la préparation des données de la comptabilité publique à travers la balance comptable qui sert à confectionner le TOFE ;
- la contribution dans la conduite du programme d'ajustement du secteur financier (PASFI) ;
- l'apurement de la dette intérieure.

A partir de 1998, on constate une inflexion vers le bas des résultats de la dévaluation, tendance qui se confirme en 1999. Cette récession est aggravée par la crise multiforme qui a couvert la première décennie de 21ème siècle de l'histoire économique de la Côte d'Ivoire.

Conclusion de la deuxième partie

Durant deux décennies, le Trésor Public ivoirien, qui venait d'avoir son autonomie à l'égard du Trésor français, a dû parachever son organisation administrative et comptable pour lui permettre de jouer des rôles dans le financement des plans quinquennaux de développement et dans la politique monétaire de l'UMOA. La Côte d'Ivoire enregistra de belles performances économiques jusqu'en 1978.

Remarquons cependant que les finances publiques des deux premières décennies d'indépendance se caractérisaient par l'hétérogénéité du système budgétaire, la prédominance des droits de porte, l'inélasticité du système fiscal et la complexité des opérations du Trésor Public. En considérant seulement l'administration centrale, ses opérations étaient concurremment effectuées par le Trésor Public, la caisse autonome d'amortissement (CAA) et la caisse de stabilisation et de soutien des prix de production agricole (CSSPPA).

Par ailleurs, les deux principales faiblesses de la politique financière de l'Etat ivoirien résidaient dans sa grande dépendance de l'économie par rapport aux aléas des marchés des produits primaires, de la politique d'endettement et des faiblesses de gestion interne dont des traits caractéristiques étaient particulièrement remarquables dans les contreperformances enregistrées par la plupart des établissements publics nationaux ; ce qui a suscité une tentative d'ajustement interne, sans grand succès.

Ainsi, la crise économique et financière intervenue à la fin des années 1970 et persistant au début des années 1980 a amené les autorités ivoiriennes et monétaires à accepter les programmes d'ajustement structurel (PAS). Dans ce nouveau contexte, plusieurs textes (décrets et arrêtés) ont été pris pour organiser le Trésor Public de 1981 à 1993. Les programmes d'ajustement structurel (PAS), fondés sur un paradigme monétariste, considèrent que la balance des paiements est un phénomène monétaire. Ainsi, les trois approches de la balance des paiements (par l'absorption, fiscale et monétaire) arrivent à la conclusion que le déficit du compte courant est le fait du déficit public ; d'où des mesures ciblant prioritairement le secteur public, en particulier à la première phase de stabilisation. Les mesures déflationnistes se traduisent par des politiques budgétaire et monétaire restrictives de 1981 à 1993.

Les résultats peu satisfaisants de cette première génération de PAS ont justifié la dévaluation en janvier 2014 qui a été soutenue, dans sa mise en œuvre, par des mesures d'accompagnement financées par des partenaires extérieurs et a été appuyée, au plan interne, par des mesures de court et moyen terme. Les résultats de la dévaluation ont été une période d'expansion économique allant de 1994 à 1997 et celle de l'inflexion de la courbe de croissance durant les deux années suivantes (1998 -1999).

Le Trésor Public, durant toute cette période d'ajustement, s'est réorganisé, a participé à la mise en œuvre de nouvelles politiques budgétaire et monétaire. Ces politiques budgétaire et monétaire ont été mises à rude épreuve durant la période de crise multiforme ayant couvert toute la première décennie des années 2000.

TROISIEME PARTIE
LE TRESOR PUBLIC DANS LES GRANDES REFORMES FINANCIERES ET COMPTABLES, DANS UN CONTEXTE D'INCERTITUDES POLITIQUES (2000-2013)

« Ce qui arrive, en fin de compte, ce n'est pas l'inévitable, mais l'imprévisible. »
John Maynard Keynes[1]

La période allant de 2000 à 2013 est caractérisée par les plus grandes incertitudes socio politiques de l'histoire de la Côte d'Ivoire provoquées par les différentes crises politico institutionnelles. Les répercussions sur la vie économique se traduisent, d'une certaine manière, par les péripéties de la conduite des PEF durant la quinzaine d'années de crise militaro politique.

Les orientations de la politique financière des années 2000 s'inscrivent, comme celles qui les ont précédées, dans des programmes économiques et financiers conclus avec les bailleurs de fonds. Un programme économique et financier (PEF) peut se définir comme un ensemble global et détaillé de mesures économiques visant des objectifs macroéconomiques et sectoriels à la fois compatibles entre eux et cohérents avec leurs stratégies et instruments.

La mise en œuvre de ces programmes a été confrontée, bon an mal an, aux différentes péripéties de la crise. En dépit de cela, de grandes réformes financières et comptables ont été menées, avec la participation du Trésor Public. En outre, le Trésor Public a largement contribué au financement des programmes économiques et financiers de l'Etat de 2000 à 2013.

[1] Mathématicien, économiste et financier britannique (1883 – 1946), l'un des fondateurs de la macroéconomie

Chapitre VII : Place du Trésor Public dans les grandes réformes financières et comptables de 2000 à 2013.

Le diagnostic fait dans la première moitié des années 1990 a révélé des faiblesses qui commandaient une réforme des finances publiques en Côte d'Ivoire. Dans le même sens, les faiblesses caractéristiques du système de comptabilité publique constatées par l'audit de Sanglier (1992) nécessitaient l'adoption de nouveaux procédés et nomenclatures en matière d'enregistrement des opérations de l'Etat central. Cela amène à passer en revue la configuration actuelle du Trésor Public, les procédures d'élaboration des budgets de l'Etat central et de ses démembrements, le rôle du Trésor Public dans l'exécution du budget de l'Etat, ainsi que celui dans l'exécution des budgets des démembrements de l'Etat.

Section 1 : Configuration actuelle du Trésor Public ivoirien

La configuration actuelle du Trésor Public est le résultat de l'évolution récente des attributions et de l'organisation de l'institution issues des décrets de 1997, 2001, 2004, 2007 et 2011. Le décret n°97-582 du 08 octobre 1997 introduit des innovations dans les attributions et, partant, l'organisation du Trésor Public.

Les principales innovations sont les suivantes :

- le Directeur Général de la Comptabilité Publique et du Trésor est assisté de deux Directeurs Généraux Adjoints ;
- la gestion de la dette extérieure, auparavant du ressort de la Caisse Autonome d'Amortissement (CAA), est désormais intégrée dans les attributions du Trésor Public ;
- la direction des assurances est rattachée au Trésor ;
- les postes comptables de l'Etat à l'étranger, auparavant placées sous l'autorité du Ministère des Affaires Etrangères, relèvent désormais de la compétence de la Trésorerie Générale pour l'Etranger (TGE), une des directions du Trésor Public.
- une réforme est entreprise pour doter le Trésor Public d'un système comptable nouveau et performant. Sa version informatique, sous forme d'un progiciel appelé ASTER, a pour objectifs de :
  - permettre un meilleur suivi budgétaire ;
  - accélérer les intégrations comptables au niveau central ;

- assurer la production régulière des comptes de gestion des comptables publics ;
- produire une balance des comptes du Trésor, un tableau de bord du Trésor et des documents de synthèse fiables et transparents.

Pour mener à bien ces nouvelles missions, une réorganisation des services est faite. Ainsi, il est créé la Cellule d'Etudes, le Centre de Formation et de Documentation, la Direction des Assurances (DA), la Direction de la Dette Publique (DDP), l'Agence Comptable de la Dette Publique (ACDP) et l'Agence Comptable des Créances Contentieuses (ACCC) et le Groupe projet ASTER.

L'Agence Comptable Centrale de la Comptabilité, l'Agence Comptable Centrale des dépenses Publiques, l'Agence Comptable Centrale des Ressources Publiques, l'Agence Comptable Centrale des Chancelleries Diplomatiques et Consulaires deviennent des services déconcentrés du Trésor Public et prennent l'appellation de Postes Comptables Généraux. Les autres postes comptables prennent d'autres appellations. L'ensemble des nouvelles attributions et appellations est récapitulé dans le tableau 16.

Tableau 16 : Anciennes et nouvelles appellations des postes comptables

Anciennes appellations	**Nouvelles appellations**
Agence Comptable de la Comptabilité (ACC)	Agence Comptable Centrale du Trésor (ACCT)
Agence Comptable des Dépenses Publiques (ACDP)	Paierie Générale du Trésor (PGT)
L'Agence Comptable Centrale des Ressources Publiques (ACCRP)	Recette Générale des Finances (RGF)
Agence Comptable Centrale des Chancelleries Diplomatiques et Consulaires (ACCCDC)	Trésorerie Générale pour l'Etranger (TGE).
Trésoreries Départementales des chefs-lieux de régions	Trésoreries Régionales
Trésoreries Départementales	Trésoreries Départementales
Perceptions ayant un volume élevé d'opérations	Trésoreries Principales

<u>Source</u> : MEF/DGTCP

Le décret n°2001-210 du 04 mai 2001 portant organisation du Ministère de l'Economie et des Finances, en ses articles 8 et suivants, définit les attributions et l'organisation du Trésor Public. L'innovation majeure apportée par ce décret est la création de l'Agence Comptable Centrale des Dépôts (ACCD).

Le décret n°2004-97 du 29 janvier 2004 portant organisation du Ministère d'Etat, Ministère de l'Economie et des Finances, en ses articles 7 et suivants, définit les attributions du Trésor Public. Ce décret constitue un tournant décisif dans les attributions du Trésor Public. La nouvelle orientation prévue dans les textes est la prééminence des considérations macroéconomiques sur la pratique comptable. Depuis lors, la nouvelle appellation de l'institution est la « Direction Générale du Trésor et de la Comptabilité Publique (DGTCP) » à la place de Direction Générale de la Comptabilité Publique et du Trésor. Pour les autorités ministérielles de l'époque et les responsables du Trésor, autant cette haute institution financière de l'Etat maîtrise la comptabilité publique, autant son expertise économique et financière a besoin d'être prise comme une priorité ; d'où cette nouvelle appellation.

Le décret n°2007-468 du 15 mai 2007, portant organisation du Ministère de l'Economie et des Finances, en ses articles 10 et suivants, reconduit quasiment les attributions de la Direction Générale du Trésor et de la Comptabilité Publique (DGTCP).

Enfin, le décret n°2011-222 du 07 septembre 2011, portant organisation du Ministère de l'Economie et des Finances, en ses articles 12 à 47, définit les attributions et l'organisation du Trésor Public en ces termes.

Article 12 : La Direction Générale du Trésor et de la Comptabilité Publique est chargée :

- de définir la politique et d'assurer la gestion administrative et comptable de la trésorerie de l'Etat ;
- d'exécuter et de contrôler les opérations des budgets de L'Etat, des établissements Publics Nationaux (EPN) et des Collectivités Territoriales ;
- d'assurer la garde et le maniement des deniers publics ;
- d'assurer la gestion administrative, financière et comptable de la dette publique ;
- de conduire les relations financières avec l'extérieur ;
- d'élaborer et d'appliquer la réglementation de la comptabilité publique ;
- de veiller à la tenue de la comptabilité de l'Etat, des EPN et des Collectivités Territoriales ;
- d'élaborer et d'appliquer la réglementation relative aux institutions mutualistes ou coopératives d'épargne et de crédit ;
- de collecter l'épargne publique ;
- d'élaborer et d'appliquer la réglementation relative aux organismes chargés du crédit, des assurances et des opération boursières en liaison avec la Banque Centrale des Etats de l'Afrique de l'ouest (BCEAO) ;
- de veiller à la clôture des opérations de liquidation des organismes publics et parapublics ;
- de veiller à la surveillance des entreprises sous-tutelle.

La DGTCP est composée de l'Inspection Générale, des Directions Centrales, des Postes Comptables Généraux et des Postes Comptables Subordonnés Déconcentrés.

Section 2 : Procédures d'élaboration des budgets de l'Etat central et de ses démembrements

Depuis 1998, de nouvelles procédures budgétaires ont été progressivement mises en place aux niveaux de l'Etat central, des établissements publics nationaux (EPN) et des communes. Ces procédures sont tout de même confrontées au défi de la coordination.

§.1. Nouvelle procédure d'élaboration budgétaire au niveau de l'Etat central

La Direction Générale du Budget et des Finances (DGBF, 2012) rappelle les principales justifications de la réforme budgétaire, les étapes d'élaboration du budget et les procédures d'exécution budgétaire.

A - Justifications de la réforme budgétaire

La loi sur les finances publiques datait de 1959. Le 14 Août 1990, Conrad, Bouley et Cornély du Département des finances publiques du FMI, publient un rapport sur l'amélioration des structures et procédures budgétaires de la Côte d'Ivoire. Suite au diagnostic fait dans ce rapport du système budgétaire ivoirien, il est apparu nécessaire d'adopter les règles de l'orthodoxie financière et des bonnes pratiques internationales. L'objectif principal est de centraliser toutes les opérations financières de l'Etat dans le cadre de procédures transparentes, permettant ainsi aux autorités de disposer d'informations complètes, et facilitant la prise de décisions rationnelles et rapides.

L'atteinte de cet objectif requiert des dispositions nouvelles. La première est de réaliser, dans les textes comme dans les faits, le principe de l'unité budgétaire. Auparavant, les opérations financières de l'Etat central étaient réparties entre le budget général de fonctionnement (BGF), le budget spécial d'investissement et d'équipement (BSIE), les budgets annexes (BA) et les comptes hors budgets (CHB). Toutes ces composantes sont maintenant consolidées dans un document unique, le budget de l'Etat. A cette fin, on a procédé à une adaptation des cadres législatif et réglementaire de la gestion budgétaire. On a également entrepris d'harmoniser les différentes procédures budgétaires de l'Etat central et de ses démembrements. L'unité budgétaire se situe en amont et facilite la réalisation de l'unité de caisse.

L'autre disposition importante est, dans le cadre de l'orthodoxie financière, de restituer à la règle (et au Droit), sa prééminence sur l'exception (et l'état de fait) ; car trop souvent, des décisions à connotation politique ont institué des dérogations aux règles et procédures financières. Il en a découlé des dérapages budgétaires non ou mal régularisés, dont les conséquences n'ont jamais été évaluées en termes de coûts cachés ou induits.

Enfin, l'autre préoccupation porte, d'un côté, sur le besoin d'une information plus avancée de la gestion budgétaire et, de l'autre, sur l'harmonisation des technologies de l'information utilisées par les différents acteurs de la chaîne d'exécution budgétaire. Ce souci d'harmonisation appelle la mise en place d'une nouvelle nomenclature budgétaire et comptable facilitant les passages d'une étape à une autre, dans la chaîne d'exécution du budget.

Tout ce qui précède présente un intérêt en termes d'analyse économique et financière.

En Effet, note la DGBF (op cit, p. 32), « l'étude détaillée des différents budgets d'avant la réforme montre que pour leur présentation formelle, plusieurs codifications disparates étaient utilisées : le BGF était présenté suivant une classification administrative et économique tandis que le BSIE s'affichait dans une classification sectorielle et que le budget des EPN utilisait la présentation comptable du Plan Comptable Générale (PCG). Dans ces conditions, la consolidation budgétaire apparaissait comme un objectif qui s'appuie sur un principe de base : encadrer toutes les catégories d'opérations financières de l'Etat par une classification fonctionnelle et économique ».

La réforme répond au souci de transparence et de rationalité dans la gestion budgétaire.

B - Procédure d'élaboration du budget de l'Etat

Le processus d'élaboration du budget de l'Etat, présenté par la DGBF (op cit, pp.25-28), fait alterner des dispositions techniques et des considérations d'ordre politique.

Etape 1: Elaboration du cadrage macro-économique

La Direction Générale de l'Economie (DGE) du Ministère de l'Economie et des Finances (MEF) élabore des estimations macro-économiques pour l'année en cours, en relation avec l'Institut National de la statistique (INS). Elle effectue ensuite les projections pour les prochaines années (au moins trois ans), esquissant les grandes tendances en matière de croissance économique. Ces projections sont basées sur les estimations de l'année en cours et les grandes orientations du Gouvernement en matière de politique économique et sociale.

La croissance économique fixée dans le cadrage macro-économique permet d'effectuer les prévisions de recettes fiscales qui sont ensuite examinées avec les Régies Financières.

Etape 2 : Validation du cadrage macro-économique

Le Gouvernement accepte les projections macro-économiques faites par le MEF. Il peut faire quelques observations et ajustements avant de donner de nouvelles orientations au regard des évolutions socio-politique et économique.

Etape 3: Elaboration du cadrage budgétaire

A partir du cadrage macroéconomique, la Direction Générale du Budget et des finances élabore le cadrage budgétaire qui se présente sous forme d'un tableau d'équilibre mettant en cohérence les engagements de l'Etat et les ressources mobilisables. Ces ressources, auxquelles doivent s'ajuster les dépenses (donc le niveau du budget), se composent des recettes intérieures (fiscales et non fiscales) et des concours extérieurs (prêts et dons projets, appuis budgétaires…..).

Le cadrage budgétaire est donc la représentation synthétique du budget qui se compose des grandes masses de dépenses (tenant compte des priorités économiques et sociales, ainsi que des engagements extérieurs) d'une part, et, d'autre part, des grandes masses de ressources de l'Etat.

Etape 4: Validation du cadrage budgétaire

Le Gouvernement approuve les choix de dépenses et le niveau de ressources mobilisables. Cette validation ouvre ainsi la voie à la répartition des enveloppes entre les ministères, institutions et collectivités décentralisées.

Etape 5 : Détermination des enveloppes budgétaires

La détermination des enveloppes budgétaires consiste à traduire les objectifs globaux définis dans le cadrage budgétaire en objectifs sectoriels. Les crédits sont alloués aux ministères, institutions et collectivités décentralisées en tenant compte :

- du niveau des crédits mis à leur disposition au cours de la gestion précédente ;
- du niveau de consommation des crédits attribués au cours de la gestion précédente ;
- des opérations nouvelles mises à leur charge par des décisions du Conseil des Ministres, par d'autres assemblées décisionnaires ou des engagements pris avec les partenaires au développement et sociaux.

Etape 6: Lettre de cadrage du Premier Ministre

La lettre de cadrage au Premier Ministre communique aux ministères, institutions et collectivités décentralisées les enveloppes budgétaires qui leur sont allouées. Ces enveloppes budgétaires sont ensuite reparties au sein de ces structures selon leurs propres besoins tout en prenant en compte les orientations données par le Gouvernement. Ces orientations sont contenues dans les enveloppes communiquées. Les besoins complémentaires non couvertes par ces dotations peuvent être exprimés. Ces besoins feront l'objet d'un examen lors des conférences budgétaires. Les choix effectués par ces structures sont transmis à la Direction Générale du Budget et des Finances par voie électronique grâce au système Intégré de Gestion Budgétaire (SIDGBUD).

Etape 7: Tenue des conférences budgétaires avec les directeurs des affaires administratives et financières (DAAF)

Les conférences budgétaires, élargies au Bureau National d'Etudes techniques et de Développement (BNETD) et à la Direction Générale du Plan, permettent d'examiner les propositions de répartition des enveloppes réalisées par les ministères, institutions et collectivités décentralisées. Elles ont pour objet :

- de vérifier le respect des orientations données dans la lettre de cadrage du Premier Ministre ;
- de s'assurer que toutes les unités administratives sont dotées (y compris les structures nouvellement créées) ;
- de s'assurer de la prise en compte des engagements antérieurs non encore dénoués (exemple : reliquat de marché, dépenses engagées non ordonnancées...) ;
- de s'assurer que les opérations ponctuelles (exemple : matériel et mobilier de bureau....) de la gestion précédente ne sont pas systématiquement reconduites ;
- d'analyser les justifications des demandes éventuelles de crédits complémentaires.

Etape 8: Arbitrage et édition du projet de budget

Au terme des conférences budgétaires, la Direction Générale du Budget et des Finances fait une synthèse des demandes complémentaires et effectue des modifications appropriées lors des arbitrages. Ceci permet d'arrêter les montants des crédits alloués à l'ensemble des structures. Un avant-projet de budget est alors édité et présenté au Ministre en charge du Budget. Celui-ci, après un arbitrage, arrête le niveau global du projet de budget qui est ensuite soumis à l'approbation du Conseil des Ministres.

Etape 9: Adoption du projet de budget par le Conseil des Ministres

L'adoption du projet de budget par le Conseil des Ministres marque la fin de l'intervention du Pouvoir Exécutif dans le processus d'élaboration du budget. Le projet de budget ainsi validé est transmis à l'Assemblée Nationale pour adoption.

Etape 10: Examen du budget par l'Assemblée Nationale

Le projet de budget est examiné et voté au niveau de l'Assemblée Nationale suite à une présentation faite par le Ministre en charge du Budget. Cette caution du pouvoir législatif confère au Budget la dénomination de « loi de finances de l'année ».

La loi de finances de l'année ainsi élaborée est promulguée par le Président de la République et rendue exécutoire. Elle peut être modifiée soit par un décret, soit par un arrêté, soit par une décision.

Au total, on peut noter que les étapes 1, 3, 5, 6, 7 et 8 sont du domaine technique. En revanche, les étapes 2, 4, 9 et 10 relèvent de considérations politiques. On peut noter également que le Trésor Public n'intervient pas véritablement dans l'élaboration du budget de l'Etat.

C – Cas de modification de crédits budgétaires

La mise à disposition initiale des crédits peut être modifiée par les actes budgétaires subséquents suivants (extrait art.40) :

- une loi de finances rectificative, lorsqu'une modification entraîne un changement dans la répartition des crédits par titres ;
- un décret d'avance, ouvrant des crédits supplémentaires, ratifié ultérieurement par une loi de finances rectificative ou plus tard, par la loi de règlement de l'année d'ouverture des crédits ;
- un arrêté du Ministre chargé des Finances visé du Contrôleur Financier, lorsque la modification a pour conséquence un changement de la répartition des crédits par chapitres ;
- un arrêté du Ministre chargé des Finances visé du Contrôleur Financier, lorsque la modification a pour conséquence une modification de la répartition des crédits par sous-chapitre ou par article ;
- un arrêté du Ministre chargé des finances visé du Contrôleur Financier valant annulation des crédits ou report des crédits ;
- un arrêté du Ministre chargé des finances visé du Contrôleur Financier lorsqu'il s'agit de répartir des crédits globaux aux chapitres d'exécution concernés ;
- une décision du Directeur Général du Budget, visée du Contrôleur financier lorsqu'une modification intervient dans la répartition des crédits au niveau du paragraphe ou de la ligne.

Aucun transfert de crédits ne peut être effectué d'une dotation évaluative au profit d'une dotation limitative (art 41).

D - Aspects généraux de la nouvelle nomenclature budgétaire

L'objectif de la nouvelle nomenclature budgétaire est d'harmoniser les codifications des opérations financières de l'Etat en un budget unique pour faciliter la gestion, le contrôle budgétaire et les analyses économiques et financières. On note trois types de classification des opérations : fonctionnelle, administrative et par nature.

Tableau 17 : Type de classification des dépenses budgétaires

Types de classification	fonctionnelle	administrative	par nature
Méthodologie	-Fonction : ensemble d'activités contribuant à un même but. -Questions : pourquoi la dépense? A quoi sert- elle ? -Réponse : objet final de la dépense • Intérêt : - un dénominateur commun à toutes les catégories de dépenses, dans l'optique du budget unique - comparaisons dans le temps, dans l'espace (entre pays) et sectorielles des dépenses budgétaires - gestion par objectif	Administration publique : ensemble d'unités administratives -Question : à qui ou à quoi est destinée la dépense ? -Réponse : service ou unité destinataire - précision dans la destination de la dépense - facilité dans le contrôle	Nature : essence de la dépense -Question : En quoi consiste la dépense ? -Réponse : moyens des administrations. - identifier avec le maximum de finesse, les natures de dépenses - établir un lien avec les classes comptables du plan comptable public - établir un lien avec la comptabilité nationale.

Structure[1]	• Trois niveaux : - secteur identifie les besoins collectifs fondamentaux à satisfaire - fonction principale regroupe les activités de l'Etat contribuant à un même objectif de réponse à un besoin fondamental. - fonction secondaire regroupe les activités de l'Etat par objectif intermédiaire. L'ensemble de ces trois niveaux permet de codifier le chapitre qui identifie la destination fonctionnelle de la dépense. C'est le code fonctionnel.	• Quatre niveaux : - type d'unité administrative : on présente un programme, un projet d'investissement ou d'équipement. - catégorie d'unité administrative : pour chaque catégorie administrative, l'unité destinataire de la dépense est identifiée - numéro d'ordre identifie l'ordre du service ou projet bénéficiaire ou destinataire de la dépense. - localisation géographique de réalisation de l'objet de la dépense. L'ensemble de ces quatre niveaux indique la destination administrative de la dépense ou le destinataire bénéficiaire direct ou indirect de l'opération	• Trois niveaux : -article -paragraphe -ligne. L'ensemble de ces trois niveaux désigne la classe des comptes du plan comptable général de l'Etat et permet de regrouper les dépenses dans des catégories homogènes.

Il est à noter que la codification d'une dépense prend en compte, à la fois, les classifications fonctionnelle, administrative et par nature de l'opération. Elle réconcilie donc l'exhaustivité et la précision.

[1] La structure est normalement traduite dans la codification. Pour la codification, cf. DGBF (id, PP.33-58).

Encadré 3: Notions d'autorisation de programme (AP), d'autorisation d'engagement (AE) et de crédits de paiements (CP)

1-Autorisation de programme (AP) : montant maximum de dépenses pouvant être engagées pour la réalisation d'un investissement. C'est le coût total de l'investissement. Elle couvre une ou plusieurs années (maximum six ans, selon la directive de l'UEMOA). Elles sont généralement pluriannuelles. Les autorisations de programmes peuvent être subdivisées en plusieurs autorisations d'engagement

2-Autorisation d'engagement (AE) : montant maximum de nouvelles dépenses pouvant être engagées au cours de l'année ou de la gestion. Elle correspond au budget de l'année

3-Crédit de paiement (CP) : montant maximum d'engagements pouvant être ordonnancés au cours de l'année.

- Les crédits de paiements peuvent être supérieurs aux autorisations d'engagement s'il y a un report de DENO (dépenses engagées non ordonnancées) de la classe 2.
- Les crédits de paiements peuvent être égaux aux autorisations d'engagements s'il n'y a pas de report de DENO.
- Les crédits de paiements ne peuvent en aucun cas être inférieurs aux autorisations d'engagement.
- Il ne saurait y avoir de DENO sur la classe 6
- Les virements et transferts de crédits se feront aussi bien sur les AE que sur les CP.

§.2. Procédure d'élaboration budgétaire au niveau des établissements publics nationaux

Au titre de l'article premier de la loi n° 80-1070 du 13 septembre 1980, les établissements publics nationaux (EPN) sont des services publics dotés de la personnalité morale et de l'autonomie financière. Ils disposent d'un patrimoine propre. Leurs deniers sont des deniers publics. Selon l'article 4, le directeur est ordonnateur principal de l'établissement.

Selon l'article 5, tout établissement public est tenu d'établir, chaque année, un projet de budget. Ce projet de budget est élaboré par son Directeur dans la limite des ressources globales dont il doit justifier la prévision.

La lecture de l'article 8 permet de noter que lorsqu'un établissement public n'a pas la possibilité d'équilibrer ses charges par ses propres ressources, une subvention de l'Etat peut être demandée par le canal du Ministère dont relève l'activité de l'établissement. Lorsque la subvention est sollicitée au titre du Budget Général de Fonctionnement, elle est examinée dans le cadre du budget fixé chaque année par la Direction Générale du Budget et des Finances.

L'article 9 stipule que la commission consultative de gestion propose au Ministre de l'économie et des Finances, sous couvert du Ministre chargé du département dont relève l'activité de l'établissement, le projet du budget avant la fin du premier semestre de l'exercice précédent celui du budget de préparation.

Le Ministre de l'Economie et des Finances, ou selon le cas, le Ministre chargé du département dont relève l'activité de l'établissement, peut renvoyer le projet de budget à la commission consultative de gestion et l'inviter à y apporter les modifications jugées nécessaires, y compris l'inscription d'office de toutes les dépenses obligatoires, dans le respect de l'équilibre budgétaire de l'établissement.

L'article 10 ajoute que les budgets de tous les établissements publics figurent en annexe à la Loi de Finances. Le budget de l'établissement public est exécutoire dès l'adoption par l'Assemblée Nationale de la Loi de Finances de l'exercice considéré. Les crédits ouverts sont limitatifs.

Après approbation du budget dans les conditions prévues ci-dessus, l'Ordonnateur en fait l'expédition à l'agent comptable. Cette transmission a pour objet de permettre à l'agent comptable de suivre l'exécution des prévisions conformément aux textes règlementant sa responsabilité de comptable public.

Les crédits ouverts dans les budgets des établissements publics nationaux par le vote de l'Assemblée Nationale étant limitatifs ils ne peuvent en aucun cas faire l'objet de dépassements.

La responsabilité de l'agent comptable, au regard de la disponibilité des crédits, est cependant couverte si des autorisations de dépenses au-delà des crédits votés ont été données par le Ministre chargé du Budget.

L'agent comptable de l'établissement, en sa qualité de conseiller financier de l'ordonnateur et agissant au nom du Trésor Public, peut être associé à la préparation du budget.

§.3. Nouvelle procédure d'élaboration budgétaire au niveau des collectivités territoriales

La nouvelle procédure d'élaboration budgétaire au niveau des collectivités territoriales est identifiable dans la loi n° 2003-489 du 26 décembre 2003 portant régime financier, fiscal et domanial des Collectivités Territoriales.

L'article 4 de cette loi stipule que le budget des collectivités territoriales est présenté et exécuté conformément à la nomenclature budgétaire et comptable fixée par décret pris en Conseil des Ministres.

Tout le chapitre 2 de la loi n°2003-489 du 26 décembre 2003 décrit la procédure d'élaboration budgétaire.

Le budget est préparé par le Maire, le Bureau du Conseil ou le Bureau du district dans le cadre du Programme d'Actions et de Développement de la commune, de la ville, du Département, de la région ou du District dans le strict respect du calendrier de programmation et de budgétisation établi.

Le chapitre 3 de la loi sus citée présente la procédure de vote du budget. Le projet de budget, accompagné de ses annexes et d'un rapport de présentation, est soumis pour avis aux structures compétentes par le Maire, le Président du Conseil Régional ou le Gouverneur du District, avant d'être transmis voté dans les délais fixés par décret pris en Conseil des ministres.

L'Autorité de tutelle peut effectuer d'office et sans renvoi du budget, les corrections de forme. Elle en avise le Maire, le Président du Conseil ou le Gouverneur en même temps qu'elle adresse en retour un exemplaire du budget corrigé.

Le chapitre 4 du décret précise les cas de modifications en cours d'exercice. Les modifications apportées au Budget doivent être préparées et votées dans les mêmes conditions que le Budget initial.

Section 3 : Le Trésor Public dans la chaîne de l'exécution du budget de l'Etat

L'année 1998 constitue un tournant décisif dans la gestion des finances publiques à travers trois textes majeurs. Le décret n°98-259 du 3 juin 1998 fixe un nouveau cadre de la nomenclature budgétaire de l'Etat. Le décret n°98-260 du 3 juin 1998 définit les modalités d'application du cadre de la nomenclature budgétaire de l'Etat. A leur suite, intervint le texte le plus « révolutionnaire », le décret n°98-716 du 16 décembre 1998 portant réforme des circuits et des procédures d'exécution des dépenses et des recettes du budget général de l'Etat, des comptes spéciaux du Trésor, et mise en œuvre du système intégré de gestion des finances publiques.

§.1. Champ d'application du décret n°98-716 du 16 juin 1998, actes de prévision et d'autorisation, et acteurs de l'exécution budgétaire.

Selon son article premier, l'objet du décret n°98-716 du 16 juin 1998 est de réformer les circuits et procédures d'exécution des dépenses et des recettes du budget général de l'Etat et des comptes spéciaux du Trésor. A cette fin, un système intégré de gestion des finances Publiques « SIGFIP » est mis en service à compter du 1er janvier 1999. Le « SIGFIP » est un applicatif informatique destiné à faciliter les prévisions et l'exécution de toutes les dépenses et toutes les recettes du budget général de l'Etat, et des comptes spéciaux du Trésor.

Il produit les documents budgétaires nécessaires à la confection de la loi de finance et des actes budgétaires subséquents. Il permet de tenir la comptabilité budgétaire des dépenses et des recettes du budget général de l'Etat et des comptes spéciaux du Trésor. Il décrit la situation des recettes à payer ou des restes à recouvrer des opérations prises en charge.

Il fournit les tableaux de bord destinés au pilotage des finances publiques, notamment les informations comptables destinées à la confection du Tableau des Opérations Financières de l'Etat (TOFE).

L'article 2 dit que le SIGFIP relie, au moyen d'un réseau informatique, les différents acteurs traitant des opérations de dépenses et de recettes du budget général de l'Etat et des comptes spéciaux du Trésor. Ces acteurs sont le directeur Général du Budget, les ordonnateurs délégués, les contrôleurs financiers et les comptables du Trésor public.

Tout le titre II du décret est consacré à la description des actes budgétaires de prévision et d'autorisation. La Direction Générale du Budget, dans le cadre de la préparation de la loi de Finances et des textes subséquents, est chargée d'introduire dans le «SIGFIP», toutes les informations relatives aux prévisions de recettes et de dépenses du budget général de l'Etat et des comptes spéciaux du Trésor.

§.2. Ouverture des crédits budgétaires et procédure d'exécution des dépenses publiques

La procédure d'exécution des dépenses publiques commence par l'ouverture des crédits budgétaires.

A - Ouverture des crédits budgétaires

Le déroulement de la procédure d'exécution des dépenses publiques est évidemment précédé par l'ouverture des crédits budgétaires. L'ouverture des crédits budgétaires est prévue dans la deuxième partie du titre III du décret de 1998.

Les dépenses de l'Etat ne peuvent être engagées, ordonnancées et payées que lorsqu'elles ont fait l'objet d'une ouverture de crédits.

L'article 40 stipule que les crédits sont ouverts par la loi de finances. Ils sont spécialisés par sections, chapitres et sous-chapitres. La mise à disposition des crédits est réalisée pour les chapitres et les sous-chapitres, par arrêté du Ministre chargé des finances, visé du Contrôleur Financier. Elle est conforme à la répartition des crédits figurant dans la loi de finances, telle que votée par le Parlement. Ces deux actes réglementaires à compétence liée sont réputés pris du seul fait de la promulgation de la loi de finances. En deçà du niveau de spécialité des crédits, leur mise à disposition est réalisée en deux temps : jusqu'à l'article inclus, par arrêté pris par le Ministre chargé des Finances et visé par le contrôleur financier ; et à compter du paragraphe, par décision du Directeur Général du Budget, visée du Contrôleur Financier.

La mise à disposition initiale des crédits peut être modifiée par les actes budgétaires subséquents suivants :

- une loi de finances rectificative, lorsqu'une modification entraine un changement dans la répartition des crédits par titres ;
- un décret d'avance, ouvrant des crédits supplémentaires, ratifié ultérieurement par une loi de finance rectificative ou, au plus tard, par la loi de règlement de l'année d'ouverture des crédits ;
- un arrêté du Ministre chargé des Finances visé du Contrôleur Financier, lorsque la modification a pour conséquence une modification de la répartition des crédits par chapitres ;
- un arrêté du Ministre chargé des Finances visé du Contrôleur Financier, lorsqu' une modification entraine un changement dans la répartition des crédits par sous-chapitre ou par article ;
- un arrêté du Ministre chargé des Finances visé du Contrôleur Financier valant annulation des crédits ou report des crédits ;
- un arrêté du Ministre chargé des Finances, visé du contrôleur Financier lorsqu'il s'agit de repartir des crédits globaux aux chapitres d'exécution concernés ;
- une décision du Directeur Général du Budget, visée du Contrôleur Financier lorsqu'une modification intervient dans la répartition des crédits au niveau du paragraphe ou de la ligne.

Par ailleurs, les crédits sont limitatifs au niveau où ils sont ouverts, c'est à dire au niveau de la ligne budgétaire, à défaut au niveau du paragraphe, ou au niveau de l'article. Cependant, les crédits des chapitres évaluatifs sur lesquels s'imputent la charge de la dette et les pertes de change qui y sont liées, les frais de justice et de réparation civile, les remboursements, dégrèvements et restitutions, peuvent faire l'objet de dépassement, régularisé au plus tard par la loi de règlement. Aucun transfert de crédits ne peut être effectué d'une dotation évaluative au profit d'une dotation limitative.

Les ordonnateurs délégués, au plan central, peuvent déléguer des crédits à des ordonnateurs secondaires désignés par les textes en vigueur. Les délégations de crédits sont visées du contrôleur financier au plan central et sont notifiées à l'ordonnateur secondaire, au contrôleur financier local et au comptable assignataire par l'intermédiaire du réseau des comptables du Trésor Public.

B - Procédure d'exécution des dépenses publiques

La nouvelle procédure d'exécution des dépenses publiques réalisée dans le SIGFIP, comme l'ancienne, comporte deux principales phases : administrative et comptable[1].

1 - Phase administrative ou budgétaire de l'exécution des dépenses dans le système de gestion des finances publiques (SIGFIP)

Le nouveau circuit de la dépense publique dans le SIGFIP suit la procédure normale ou des procédures particulières.

a- Procédure normale d'exécution des dépenses publiques dans la phase administrative

Cette phase comporte deux étapes qui sont l'engagement et l'ordonnancement[2]. Par ailleurs, des dispositions particulières sont requises avant l'engagement, dans le cas des marchés publics.

❖ L'engagement

- L'administrateur de crédits Délégué exprime ses besoins à un fournisseur ou prestataire qui lui délivre une facture pro forma, un devis ou un contrat. Il remplit ensuite une demande d'engagement accompagnée des pièces justificatives qu'il transmet aux services de l'Ordonnateur Délégué.
- L'Ordonnateur Délégué est la porte d'entrée du SIGFIP. Des agents de saisie rentrent, dans le système, les données relatives à la demande d'engagement faite par l'Administrateur de Crédits, avant l'intervention de l'Ordonnateur Délégué pour contrôles et validations.

La première validation de l'Ordonnateur Délégué intervient après vérifications de la conformité des informations saisies avec la demande d'engagement, de la qualité de l'administrateur de crédits délégué, de l'appréciation de l'opportunité de la proposition de dépense, de l'exacte imputation de la dépense et de la disponibilité de crédits.

Cette validation engendre l'édition du bon de commande.

---

[1] La Direction Générale du Budget et des Finances (2012) fournit une riche documentation sur les procédures d'exécution budgétaire, dans le cadre du SIGFIP, dont nous présentons ici de larges extraits.

[2] Ces notions ont été déjà définies au chapitre IV infra

L'ensemble des dossiers est transmis au Contrôleur Financier.

Après cette étape, l'ordonnateur délégué ne peut plus opérer de modifications.

- Le contrôleur financier exerce, conformément aux dispositions de l'article 24 du décret 98-716 du 16 décembre 1998, ses contrôles à l'issue desquels il peut rejeter le dossier, différer son visa ou viser le bon de commande.

Le visa du contrôleur financier est apposé sur le dossier électronique dans le SIGFIP, si aucune irrégularité n'a été relevée. Il édite le bordereau de transmission et appose sa signature sur le dossier physique. Le dossier informatique passe dans l'état « visé par le contrôleur financier ».

- L'ordonnateur délégué reçoit du contrôleur financier le dossier d'engagement. A ce stade, il peut encore annuler l'engagement pour irrégularité constatée ou lorsque la dépense à effectuer est devenue sans objet. Sinon, il valide l'engagement (deuxième validation). Cette deuxième validation déclenche l'édition de documents à ajouter au dossier de la commande.

❖ L'ordonnancement

- L'administrateur de crédits délégué réceptionne la livraison ainsi que les factures définitives et le bordereau d'envoi renseigné par le fournisseur.

Il procède à la liquidation de la dépense (vérifie la réalité de la dette et l'exactitude des calculs) et certifie le « service fait » (date, signature et cachet) sur la facture définitive, avant de transmettre le dossier à l'Ordonnateur Délégué. La saisie des données provenant de l'administrateur de crédits délégué génère la demande de mandatement.

- L'ordonnateur délégué vérifie que les données saisies sont conformes aux informations indiquées sur la facture définitive et le bordereau d'envoi. Il vérifie aussi la signature de l'Administrateurs de Crédits Délégué, la certification du service fait, la conformité de l'objet du mandatement à celui de l'engagement et le mode de paiement. Si le dossier est bon, il le valide pour éditer l'original et les copies du mandat de paiement. C'est la première validation. La validation du mandat entraine la consommation des crédits de paiement.

L'ensemble de ces dossiers est ensuite « transmis au contrôleur financier ».

- Le contrôleur financier fait les contrôles portant sur les qualités de l'administrateur de crédits délégué et de l'ordonnateur délégué, la conformité du mandat avec l'engagement, le montant de la liquidation, et la réalité du service fait.

Après les contrôles, il peut différer son visa, rejeter le dossier ou viser le mandat.

- L'ordonnateur délégué, à la réception du dossier du contrôleur financier, revalide ou annule le mandat.

S'il procède à la revalidation du mandat électroniquement, cela génère la mention « validé par l'ordonnateur délégué ». Il édite un bordereau de transmission des mandats ordonnancés, signe et cachette les mandats physiques avant de transmettre le dossier électroniquement et physiquement au comptable assignataire pour paiement.

L'ordonnateur délégué peut aussi annuler le mandat pour irrégularité constatée, ou lorsque la dépense à effectuer est devenue sans objet.

❖ Les dispositions particulières avant engagement, cas des marchés publics.

- Notion et conditions de marchés publics

Selon la réglementation, les marchés publics doivent être passés, approuvés et notifiés avant tout commencement d'exécution.

Aux termes de l'article 2 du Code des marchés publics, les autorités contractantes sont les personnes morales de droit public (l'Etat, ses institutions, structures ou démembrements), des associations formées par une ou plusieurs personnes morales de droit public, les sociétés à participation financière publique majoritaire, des conventions de délégation de service public...

Les dépenses de travaux, fournitures ou services dont les montants sont inférieurs aux seuils fixés par arrêté du ministre chargé des marchés publics, ne constituent pas des marchés publics, et peuvent être réglées sur simples factures ou mémoires, sous réserve de l'application des règles d'engagement, de liquidation, d'ordonnancement et de paiement propres à l'autorité contractante. Dans de tels cas, le gestionnaire à l'obligation d'organiser une concurrence informelle par la comparaison d'au moins trois factures aux fins de faire un choix efficace et économique. Un arrêté du ministre chargé des marchés publics précisera les conditions de mise en œuvre de cette concurrence.

L'un des principes importants est la séparation et l'indépendance des fonctions de contrôle et de régulation (article 10, Code des Marchés Particuliers).

Aux termes de l'article 1er de l'arrêté N° 200/MEF/DGBF/DMP du 21 avril 2010, portant fixation des seuils de passation, de validation et d'approbation dans la procédure des marchés publics, les seuils sont les limites de dépenses à partir desquelles il est fait obligation de se conformer à une procédure ou de respecter la prééminence d'une compétence définie par le code.

L'obligation de passer un marché s'applique, même s'il est fait appel à plusieurs fournisseurs, prestataires ou entrepreneurs et même si le montant de chaque commande n'égale ou n'excède pas les seuils fixés à l'article trois ci-dessus, dès lors que la dotation annuelle de la nature de dépense concernée est égale ou excède lesdits seuils conformément aux dispositions de l'article 2 du présent arrêté. Cette obligation s'applique aussi dans le cadre d'une opération inscrite dans le cadre d'un programme pluriannuel ou ayant plusieurs sources de financement. Pour les dépenses sur régie d'avance et de recettes ou gérées par une régie, il y a obligation de passer un ou des marchés selon la procédure adéquate si le montant cumulé des fournitures et prestations destinées à ces travaux égale ou excède les seuils fixés à l'article 3.

Ainsi, le contournement de l'obligation de passer marché par le fractionnement des dépenses est strictement interdit.

De manière plus précise, l'appréciation des seuils de passation de marché se réfère à la nomenclature budgétaire des structures assujetties selon les niveaux de regroupement homogène des différentes natures de dépenses précisées par l'arrêté N°199/MEF/DGBF/DMP du 21 avril 2010 modifiant l'arrêté 250 du 13 août 2002, relatif à l'exécution des crédits budgétaires au regard du Code des marchés publics.

b) Procédure simplifiée des dépenses publiques

La procédure simplifiée des dépenses est, conformément à l'article 68 du décret 98-716 du 16 décembre 98, limitée aux opérations suivantes :

- versement de traitements, primes et indemnités du personnel, cotisations sociales, prestations familiales, frais de scolarité du personnel des ambassades ;
- indemnités de formation du personnel, frais et indemnités de missions du personnel et des autorités politiques, participation aux abonnements payés aux transporteurs pour le personnel, frais d'hospitalisation d'urgence et frais d'évacuation sanitaire à l'étranger ;
- frais d'actes et de contentieux et de justice ;
- assurances, sauf contrat initial et avenants ;
- dépenses d'eau, électricité, gaz et autres sources d'énergie, à l'exception des branchements et raccordements ;
- dépenses de communication, abonnements de presse ;
- frais de transport et de missions ;
- achat de carburant et de lubrifiant centralisé par la Direction des Marchés Publics ;
- impôts, taxes et versements assimilés ;
- dépenses sur fonds spéciaux, actions et interventions urgentes engagées par les organes de souveraineté ;
- subventions d'exploitations et autres transferts courants, dont bourses et pécules de stagiaires ;
- amortissement et charge de la dette publique ;
- charges exceptionnelles énumérées dans la nomenclature budgétaire de l'Etat à l'exception des redevances SGS.
- prises de participations, placements, cautionnement souscriptions ;
- transferts en capital ;

- prêts et avances ;
- renouvellement d'avances aux régisseurs ;
- ordonnances de délégation au profit d'ambassades et services techniques à l'étranger ;
- décisions expresses du Ministère chargé des finances autorisant le recours à la procédure simplifiée ;
- régularisation des dépenses payées sans ordonnancement préalable ;
- enregistrement de dépenses réalisées directement par des bailleurs de fonds lorsque l'Etat leur en a confié la maîtrise d'ouvrage, dans les conditions fixées à l'article 81 du présent décret.

Notons qu'en pratique, à cette liste s'ajoutent les délégations de crédits, les boîtes postales, les fonds spéciaux et les décomptes sur les marchés sont aussi éligibles à la procédure simplifiée.

En matière de procédure simplifiée, les étapes de l'engagement et de l'ordonnancement se réalisent concomitamment en « engagement-ordonnancement ». L'acte de dépense généré par le système à l'engagement-ordonnancement est le mandat de paiement. Il n'y a donc pas de bon de commande en procédure simplifiée.

- L'Administrateur de Crédits Délégué reçoit du fournisseur une facture définitive en quatre exemplaires. Ce dernier certifie le « service fait » au dos des 4 exemplaires de la facture définitive, procède à la liquidation de la dépense et remplit manuellement une demande d'engagement accompagnée des pièces justificatives qu'il transmet aux services de l'Ordonnateur Délégué après avoir archivé un exemplaire de la facture définitive.

- L'Ordonnateur Délégué, après les contrôles administratifs relevant de sa compétence, vérifie la cohérence des données saisies par son agent en rapprochant la demande d'engagement de l'image du mandat (ou de l'ordre de paiement).

Si le dossier est bon, il valide éditer le mandat (ou de l'ordre de paiement) en trois exemplaires (Original et deux copies). Un engagement correspondant est créé automatiquement par le système.

- Le Contrôleur Financier, après avoir reçu le dossier de l'ordonnateur délégué, procède aux contrôles de son ressort, en particulier la certification du « service fait » et la réalité du « service fait », le cas échéant. Si le contrôleur financier n'a relevé ni insuffisance ni irrégularité, il vise aussi bien électroniquement que physiquement le dossier.

- L'ordonnateur délégué une fois en possession du dossier, le revalide s'il ne présente aucun motif d'annulation. Le dossier informatique passe dans l'état « validé par l'Ordonnateur Délégué » et est « Transmis au Trésor par l'ordonnateur».

B. Phase comptable de l'exécution des dépenses budgétaires

La phase comptable fait intervenir soit le Payeur Général du Trésor (PGT) au plan central ou les trésoriers locaux pour les dépenses ordinaires, soit l'Agent Comptable de la Dette Publique (ACDP) pour les dépenses des projets cofinancés avec les bailleurs de fonds.

La phase comptable comporte deux étapes : la prise en charge comptable et la mise en règlement. Chacune de ces étapes comporte quelques spécificités selon qu'il s'agit de procédure normale, simplifiée ou des avances de trésorerie.

1. La phase comptable en procédure normale.

a. La prise en charge comptable.

Le comptable assignataire accepte la dépense dans ses écritures après avoir effectué les contrôles de la qualité de l'ordonnateur délégué, de l'exacte imputation budgétaire de la dépense, de la disponibilité des crédits, de la régularité des pièces justificatives, de la validation de la créance et des visas du contrôleur Financier et de l'Ordonnateur Délégué.

Le Comptable dispose de cinq jours francs, à compter de la date de réception, pour viser, différer ou rejeter le mandat, et cela, dans le SIGFiP.

Il procède au visa du mandat s'il n'a constaté aucune irrégularité. Il signe et cachette le mandat papier avant d'éditer une fiche d'écriture des mandats pris en charge ; d'où la mention électronique « validé par le Trésor ».

b. La mise en règlement des mandats

Le comptable assignataire, après les contrôles de son ressort, s'assure qu'il n'y a pas de suspension ou d'opposition au paiement du mandat avant de le mettre en règlement.

Il procède à l'édition des documents de paiements, à savoir l'avis de crédits ou du bon de caisse, du bordereau de règlement et de l'avis de règlement. Le dossier informatique passe dans l'état « mis en règlement ».

2- La phase comptable en procédure simplifiée

La phase comptable en procédure simplifiée est la même que celle de la procédure normale avec les mêmes étapes, acteurs et opérations. Cependant, en cas de différé ou de rejet du dossier, ils concernent aussi bien le mandatement que l'engagement.

Par ailleurs, outre la procédure comptable décrite ci-dessus, il existe pour les projets bénéficiant d'un financement extérieur, un mode de paiement dit « paiement direct par bailleurs de fonds ». Au titre de cette modalité, lorsque les prestations sont exécutées, le fournisseur produit des décomptes selon le mode de prestation spécifié dans la convention de financement. Le Chef de projet vérifie les décomptes, certifie le « service fait » et adresse les demandes d'ordonnancement correspondant à l'ordonnateur délégué qui est le Directeur de la Dette Publique, seul fondé à demander le paiement aux bailleurs de fonds.

Les opérations entièrement financées sur dons, le plus souvent exécutées par les bailleurs eux-mêmes, doivent être intégrées au Budget de l'Etat. Les dépenses y afférentes sont enregistrées à posteriori dans le SIGFiP suivant la procédure simplifiée (article 81 du décret n° 98-716 du 16 décembre 1998).

3. La procédure dérogatoire des avances de trésorerie

L'avance de trésorerie constitue une procédure dérogatoire d'exécution des dépenses publiques. Elle consiste à faire payer la dépense sans engagement ni ordonnancement sur le base d'une lettre d'avance par laquelle le Ministère de l'Economie et des Finances réquisitionne le comptable assignataire.

L'avance de trésorerie est utilisée en cas de mise en place tardive du budget ou d'exécution d'une dépense liée à une activité urgente. Cependant, il importe de relever que toute avance de trésorerie doit obligatoirement être régularisée dans le SIGFiP. A cet effet, la phase administrative (engagement et ordonnancement) et la prise en charge comptable s'effectuent après coup. Une avance de trésorerie est toujours faite au profit d'un agent public.

§.3. Procédure d'exécution des recettes de l'Etat

La procédure d'exécution des recettes de l'Etat est décrite dans la deuxième partie du titre IV du décret de 1998. Même si le décret ne fait qu'implicitement cas de deux étapes dans l'exécution des recettes de l'Etat, dans les faits, on distingue clairement les phases administrative et comptable.

A - Phase administrative de l'exécution des recettes de l'Etat.

Il est fait recette au budget général de l'Etat et des comptes spéciaux du Trésor du montant intégral de tous les produits quelle qu'en soit la provenance, sans contraction entre les recettes et les dépenses, les frais de perception et de régie et les autres frais accessoires étant portés en dépenses aux dits budgets et aux comptes spéciaux du Trésor.

Dans les conditions fixées pour chacune d'elles, les recettes sont constatées et liquidées, ordonnancées avant d'être prises en charge et recouvrées, à l'exception des recettes encaissées au comptant. Par mesure de simplification, les recettes encaissées sur versement spontané des redevables sont portées directement en recette budgétaire par les comptables assignataires ou centralisateurs du Trésor.

Les actes formant titre de perception sont notifiés aux comptables pour prise en charge selon les modalités définies aux articles et suivants du présent décret. Ils sont notifiés aux redevables par avis les informant de la date d'échéance et des modalités de règlement.

Les ordres de recettes émis par l'ordonnateur compétent sont exécutoires de plein droit.

B- Phase comptable de l'exécution des recettes de l'Etat

Les comptables ayant accepté la prise en charge des titres de perception sont chargés de leur recouvrement, sous leur responsabilité et dans les conditions fixés par les lois et règlements en vigueur. Les recettes sont prises en compte au titre du budget de l'année au cours de laquelle elles sont encaissées par un comptable public.

Toutes les recettes encaissées ou centralisées par le Receveur Général des Finances, l'Agent Comptable de la Dette Publique ou l'Agent Comptable Central du Trésor doivent être reprises dans le système « SIGFIP », afin d'obtenir les situations d'exécution budgétaire exhaustive en recettes.

Normalement, les recettes sont recouvrées après émissions[1]. La procédure d'enregistrement comporte deux phases.

1. L'émission des ordres de recettes

Les dispositions du présent décret ne traitent que des émissions des ordres de recettes des Directeurs des Affaires Administratives et Financières (DAAF) relatifs aux annulations de mandatement, et les émissions d'ordre de recettes relatifs aux conventions de financement de dons ou de prêts du Directeur de la Dette.

Les autres émissions sont réalisées par les ordonnateurs délégués et prises en charge par les comptables publics dans les conditions prévues par les autres textes en vigueur.

Les émissions d'ordres de recettes relatives aux annulations de dépenses sont saisies dans « SIGFIP ». Elles contiennent l'imputation budgétaire. Elles sont transmises pour prises en charge au Receveur Général des Finances qui en suit le recouvrement dans « SIGFIP ». L'ordre de recette est également notifié au débiteur.

Les émissions d'ordre de recettes du Directeur de la Dette correspondant à des ressources de dons ou de prêts sur financements extérieurs sont saisies dans « SIGFIP ». Elles mouvementent l'exécution budgétaire en engagements financiers des bailleurs de fonds sur les projets concernés, afin

[1] Comme en matière de dépenses, les paiements sont faits après engagement et ordonnancement.

de produire les situations d'exécution des projets. Elles sont transmises pour prise en charge à l'Agent Comptable de la Dette Publique qui en suit le recouvrement. L'ordre de recette est également notifié au bailleur de fonds invité à en produire les références lorsqu'il mobilisera les fonds.

2. Les encaissements sur ordres de recettes

Les encaissements sur ordres de recettes pris en charge dans « SIGFIP » sont saisis par les comptables du Trésor. Ils font référence à l'ordre de recettes initialement pris en charge. Les encaissements émargent les ordres de recettes, enregistrent une recette budgétaire dans « SIGFIP », et génèrent l'édition de déclarations de recettes nominatives.

Les encaissements relatifs à des ordres de recettes ou titres de perception autres que ceux pris en charge dans « SIGFIP » doivent faire l'objet de saisie dans « SIGFIP ». Enregistrés globalement, ils ne font pas référence à un ordre de recette, mais ils enregistrent une recette budgétaire.

A côté de la procédure normale qui vient d'être décrite, existe celle de l'enregistrement des recettes au comptant. Les recettes au comptant encaissées ou centralisées par le Receveur Général des Finances, l'Agent Comptable de la Dette Publique ou l'Agent Comptable Central de Trésor font l'objet d'enregistrements globaux par journée ou par période comptable, par nature de recette et par comptable assignataire ou mode d'encaissement.

§.4 - L'enregistrement comptable des opérations de l'Etat dans les livres du Trésor

La Direction Générale du Trésor et de la Comptabilité Publique (DGTCP) a produit, depuis 1999, une riche documentation sur le nouveau dispositif comptable en vigueur. Ce paragraphe constituera, en fait, une reproduction de larges extraits de divers documents relatifs aux orientations, spécificités et avantages du nouveau système comptable de l'Etat, au progiciel structurant les postes comptables, au cadre comptable et son fonctionnement, et aux opérations de fin de gestion.

C. A - Orientations, spécificités et avantages de la nouvelle comptabilité publique

Voyons successivement les orientations, spécificités et avantages de la nouvelle comptabilité publique.

1 - Orientations de la nouvelle comptabilité publique

Suite aux recommandations de l'audit de 1992 du système comptable de l'Etat et en application des dispositions de la Directive n° 05/97/CM/UEMOA relative aux lois de finances et la Directive n° 06/97/CM/UEMOA portant règlement général sur la comptabilité publique, la Côte d'Ivoire a décidé de réorienter sa comptabilité publique. Le Plan Comptable de l'Etat se rapproche désormais du Plan Comptable Général en vigueur dans le secteur privé. Les opérations de l'Etat sont décrites selon un plan comptable s'inspirant du Système Comptable de l'Organisation pour l'harmonisation du Droit des Affaires en Afrique (SYSCOHADA)1. Il prévoit un classement rationnel et des procédures logiques, facilite l'agrégation de la comptabilité des divers agents économiques, notamment dans le cadre de la comptabilité nationale.

Comme toute comptabilité de droit commun, la comptabilité de l'Etat satisfait aux obligations de régularité (conformité aux règles et procédures prévues), de sincérité (application de bonne foi de ces règles et procédures) et de transparence (production d'états financiers conformes à la situation réelle de l'Etat).

La comptabilité de l'Etat affirme en outre, les principes de l'indépendance des exercices, de la prudence, de la partie double et de la permanence des méthodes.

Toutefois, la comptabilité publique a conservé certaines particularités liées aux spécificités de l'Etat.

2 - Spécificités de la nouvelle comptabilité publique

Les spécificités de la nouvelle comptabilité publique tirent leur source du droit budgétaire et du droit administratif. Elles sont relatives aux éléments ci-après.

❖ Les contraintes de description des opérations budgétaires

La vocation de la comptabilité publique s'étend à la description tout le processus de l'exécution du budget de l'Etat. Il a donc été prévu un système interactif qui met en œuvre une comptabilité générale, des comptabilités auxiliaires et deux nomenclatures de comptes (budgétaire et patrimoniale).

En effet, le Plan Comptable de l'Etat ivoirien a retenu, conformément aux directives communautaires, la juxtaposition de la nomenclature du plan comptable général et de celle spécifiquement budgétaire. Ces deux nomenclatures sont interdépendantes. Les opérations budgétaires sont décrites globalement en comptabilité générale de l'Etat (CGE), par la classe 9 « comptabilité analytique budgétaire » et, de manière détaillée, dans les

[1] cf. article 2, alinéa 2 du Décret n° 98-260 du 03 juin 1998 portant Plan Comptable de l'Etat.

comptabilités auxiliaires budgétaires des dépenses et des recettes adaptées aux méthodes de classement retenues par les Lois de Finances.

La finalité de service public des opérations de l'Etat diffère de celle de profit d'une entreprise privée. Ainsi, le montant des recettes publiques ne se justifie que dans la mesure où il assure la couverture des dépenses. Quant aux dépenses, elles sont faites dans l'intérêt général et ne s'apprécient pas en termes de rentabilité financière. Les résultats des opérations financières ne s'analysent donc pas en termes de bénéfice ou de perte mais plutôt d'excédent ou de déficit budgétaire. Ils sont dégagés, en fin d'année, selon trois optiques différentes qui débouchent sur trois catégories de solde, en application de l'article 36 de la directive UEMOA relative aux lois de finances :

- l'optique budgétaire permet d'aboutir aux résultats d'exécution budgétaire ou résultat d'exécution de la loi de Finances de l'année (compte 98) ;
- l'optique du plan Comptable Général, quant à elle, conduit au résultat de type patrimonial (compte 117) ;
- l'optique traditionnelle et juridique dégage, enfin, le découvert du Trésor (compte de la classe 0).

❖ Les classes des comptes réservés à la description des spécificités de l'Etat sont :

- la classe 3 « comptes internes » est réservé à la description des opérations internes spécifique à l'Etat ;
- la classe 9 « comptabilité analytique budgétaire » décrit l'ensemble des opérations budgétaire selon la présentation de la loi de finances ;
- la classe 0 « résultat des Lois de Règlement et des comptes d'ordre» est une classe située hors comptabilité générale, elle retrace des informations financières dont le suivi est exigé par les textes.

❖ La prévision d'une période complémentaire de comptabilisation des opérations budgétaires.

Le système comptable ivoirien est placé sous le régime de la gestion. Ce système ne se réduit cependant pas à la prise en comptes des opérations de caisse exécutées durant l'année civile. La gestion est prolongée d'une période complémentaire de deux mois (janvier et février de l'année N+1), en application des dispositions de la Directive n° 05/97/CM/UEMOA relative aux lois de Finances.

L'adoption de la période complémentaire a des incidences sur les enregistrements comptables. L'imputation définitive des opérations exécutées en période complémentaire au titre de la gestion N est rattachée à cette même gestion de l'année écoulée par une écriture datée du 31 décembre de l'année N. Les règlements correspondants opérés en période complémentaire sont cependant datés du jour où ils ont été effectués. Ils sont par conséquent constatés dans la gestion N+1. L'écriture au compte d'imputation définitive de la dépense et celle au compte financier, figurent ainsi dans la comptabilité de deux gestions différentes. Ceci a conduit à la création de compte « charnières » de classe 4 ayant pour vocation la liaison entre ces deux écritures.

3 - Avantages du nouveau système comptable de l'Etat.

Les avantages du nouveau système comptable de l'Etat par rapport à l'ancien sont nombreux :

1. tenue d'une comptabilité des droits constatés ;
2. utilisation de deux nomenclatures (budgétaire et patrimonial) dans la description des opérations ;
3. enregistrement des opérations au jour le jour dans la classe 9, pour suivre les recettes et les dépenses, à la fois en encaissement et décaissement en vue du calcul, en fin de gestion, du résultat budgétaire qui permet de connaître immédiatement l'incidence de l'exécution budgétaire sur l'endettement de l'Etat ;
4. avantage de la comptabilité à partie double consistant en la lisibilité de l'ensemble des écritures au niveau de chaque poste, facilitant ainsi le contrôle des équilibres et la surveillance des comptes d'imputation provisoire et des journaux auxiliaires tenus dans le poste ;
5. possibilité pour chaque poste comptable d'éditer à tout moment sa propre balance ;
6. des intégrations comptables au niveau central grâce aux performances avérées du nouvel outil moderne de gestion ASTER ;
7. possibilité de suivre et de contrôler la comptabilité administrative de l'Ordonnateur grâce à la tenue de la CAD (comptabilité auxiliaire de dépenses) et de la CAR (comptabilité auxiliaire de recettes) ;
8. production régulière des comptes individuels de gestion sur chiffres des comptables principaux de l'Etat ;
9. production à la demande ou mensuellement d'une balance générale des comptes du Trésor ;
10. production du Compte Général de l'Administration des Finances (CGAF). Il permet, entre autres, d'intégrer les opérations de la dette dans la balance générale des comptes du Trésor, en vue de la détermination du stock de la dette, non plus de façon extra comptable, mais de façon comptable par la balance générale de fin de gestion et d'inventaire des comptes du Trésor.
11. en termes de volume, la nouvelle balance générale des comptes fait 25 pages alors que l'ancienne faisait 744 pages ;

12. possibilité de production du bilan, de la variation des éléments de l'actif et du passif, du compte de résultat, du tableau synthétique d'exécution des Lois de Finances ;
13. réalisation du principe de l'unité de trésorerie au profit du Trésor Public ;
14. possibilité d'amortir dans l'avenir les immobilisations du patrimoine de l'Etat ;
15. exercice plus facile de la surveillance multilatérale au sein de l'UEMOA. Cette comptabilité facilite également les négociations avec les bailleurs de fonds qui sont demandeurs de documents comptables ou financiers de grande qualité.

Par ailleurs, ASTER dispose de fonctionnalités lui permettant, par des passerelles, de recevoir les éléments en provenance des chaînes amont c'est-à-dire du SIGFIP.

Tableau 18 : Réseaux des comptables du Trésor

Réseaux comptables	Qualités des comptables
1- Réseau des comptables directs du Trésor, relevant de la DGTCP	Comptable Généraux : l'Agent Comptable Central du Trésor, le Receveur Général des Finances, le Payeur Général du Trésor, le Trésorier Général pour l'Etranger, l'Agent Comptable de la Dette Publique, l'Agent Comptable des Créances Contentieuses, l'Agent Comptable Central des Dépôts et le Payeur Général des Armées.
	Comptables déconcentrés : Trésoriers Généraux, Trésoreries Principaux, Paieries Départementaux, Trésoreries, Agents ACCD, Agents de Projets Cofinancés-ACDP et Receveurs des Produits Divers.
	Payeurs placés auprès des Ambassades de Côte d'Ivoire à l'étranger.
2- Réseau des comptables nommés par la DGI	Receveurs des Impôts (à Abidjan, dont le receveur Principal des Impôts et à l'intérieur)
3- Comptables nommés par la DGD	Receveurs des Douanes (le Receveur Principal des Douanes d'Abidjan et le Receveur de San Pedro)

Source : DGTCP, 2014

Bien plus, par son caractère structurant, ASTER remodèle le schéma d'organisation des postes comptables chargés de l'exécution des recettes et des dépenses sur l'ensemble du territoire national, avec un redimensionnement du rôle des postes comptables centralisateurs.

B- Cadre comptable et fonctionnement des comptes

La présentation du cadre comptable permet de mieux comprendre les principes de fonctionnement des comptes.

1 - Le cadre comptable

Le cadre comptable est structuré par la nomenclature des comptes de l'Etat. Cette nomenclature comprend dix classes qui se répartissent comme suit :

a) Cinq classes de comptes du bilan

❖ Classe 1 : Résultats et dettes

La classe 1 comprend les résultats, l'ensemble de la dette de l'Etat, les dons et les legs.

Les comptes de résultats sont les suivants :

- compte 112 : Report à nouveau constitué pour l'Etat, cumul des résultats de type patrimonial.
- compte 117 : Résultat patrimonial de l'année qui représente la différence entre les produits (classe 7) et les charges (classe 6).
- comptes 14, 15, 16,17 : comptes de dettes, enregistrant toutes les dettes de l'Etat par catégorie.
- comptes 121 et 122 : dons et legs.

La classe 1 est servie par l'Agent Comptable de la Dette Publique et par l'Agent Comptable Central du Trésor par imputation directe ou par réflexion.

❖ Classe 2 : Immobilisations

La classe 2 regroupe les immobilisations, les prêts, les dotations, les participations, les créances attachées ainsi que les avances et autres immobilisations de l'Etat. Les comptes d'immobilisations sont servis par l'Agent comptable Centrale du Trésor par réflexion.

❖ Classe 3 : Comptes internes

La classe 3 décrit des opérations spécifiques à l'Etat. Les comptes de cette classe décrivent les relations avec les services non personnalisés de l'Etat ainsi que les relations entre comptables de l'Etat. Il s'agit :

- d'opérations courantes concernant les services non personnalisés de l'Etat, c'est-à-dire les budgets annexes et les avances consenties par le Trésor aux régisseurs, réglées par comptes courants (comptes 36) ;

- des transferts comptables opérés, soit entre comptable du Trésor, soit entre receveurs des administrations financières et comptable du Trésor (compte 391.3)

- d'opérations entre comptables centralisateurs et non centralisateurs (compte 390.3) ;

- des comptes relatifs à la comptabilisation des droits constatés (prise en charge). Ces comptes assurent la liaison entre la comptabilité patrimoniale et la comptabilité budgétaire : le compte 398 permet ainsi de suivre les recettes à la fois en «droits constatés », dans la comptabilité de type patrimonial, et en « encaissement », dans la comptabilité budgétaire.

Les comptes de la classe 3 sont mouvementés en cours d'année par tous les comptables.

❖ La classe 4 : Comptes de tiers

La classe 4 enregistre les créances et les dettes de l'Etat liées à des opérations non exclusivement financières et faites généralement à court terme : dettes exigibles constituées par les dépôts des correspondant du Trésor ou liées aux engagements de l'Etat vis-à-vis des tiers (fournisseurs), ainsi que des créances exigibles sur les redevables des produits budgétaires. Elle comprend également les comptes d'imputation provisoire de recettes et de dépenses et les comptes de régularisation qui assurent la liaison entre les exercices comptables.

Ces comptes sont mouvementés en cours d'année par tous les comptables.

❖ Classe 5 : Comptes financiers

Cette classe enregistre les mouvements en espèces, les effets et chèques ainsi que les opérations faites avec les banques et établissements financiers assimilés.

Ces comptes sont mouvementés en cours d'année par tous les comptables.

b) Deux classes pour la présentation économique des opérations d'exécution de la Loi de Finances

❖ classe 6 : comptes de charges

Cette classe enregistre, par nature, les charges qui concernent toutes les opérations budgétaires de l'année se rapportant à l'exploitation normale et courante, à la gestion financière et aux opérations exceptionnelles.

La classe 6 est servie par réflexion des dépenses budgétaires décrites en classe 9 (comptes 90) et directement pour les opérations suivantes : dotations, annulations des droits constatés au cours des années antérieures et charges exceptionnelles.

La classe 6 est servie par l'Agent Comptable Central du Trésor au moment de la réflexion.

❖ Classe 7 : comptes de produits

La classe 7 enregistre, par nature, les produits qui concernent l'opération budgétaire de l'année se rapportant à l'exploitation normale et courante, à la gestion financière et aux opérations exceptionnelles. Le classement est effectué en fonctions des critères économiques.

Cette classe est servie par réflexion des encaissements décrits en classe 9 (compte 91) et directement pour les transferts de charges et les produits exceptionnels. Elle est également servie par l'Agent Comptable Central du Trésor au moment de la réflexion.

c) Une classe de comptes pour la description des opérations d'exécutions de la loi de finances

La classe 9 « comptabilité budgétaire analytique» est utilisée pour décrire au jour le jour l'exécution de la Loi de Finances, selon la présentation retenue dans les documents budgétaires, en contrepartie des comptes de bilan. Les comptes de la classe 9 présentent sous une forme agrégée les opérations d'exécution budgétaire qui font l'objet d'un développement au niveau le plus fin dans les comptabilités auxiliaires (CAD, CAR). Les résultats d'ensemble de l'exécution de la Loi de Finances sont décrits au comptes 98 « résultat d'exécution de la Loi de Finances ».

Seuls les comptables assignataires de recettes et de dépenses mouvementent, en cours d'année, la classe 9. Il s'agit notamment des comptables généraux ainsi que des centralisateurs de 1er niveau (TG-C, RPI-C, RPD-C).

d) Une classe de comptes pour la description des résultats des lois de Règlement

La classe 0 « Comptes d'ordre et résultat des lois Règlement » présente les résultats comptables conformément aux dispositions des textes règlementaires. Tenue en partie simple, cette classe permet de présenter les résultats comptables du budget général, des comptes spéciaux du Trésor et des fonds de concours.

Elle est servie en fin d'année par l'Agent Comptable Central du Trésor.

Le résultat, au sens de la loi de Règlement, est inscrit aux subdivisions du compte 01, dans l'attente du vote de la loi de Règlement. Dès que le vote intervient, ce résultat est transporté au compte 02 « Découvert du Trésor ».

Les subdivisions du compte 03 enregistrent le solde cumulé au 31 décembre de chacun des comptes spéciaux du Trésor en activité. Les subdivisions du compte 04 enregistrent les soldes des fonds des concours.

2 - Les principes de fonctionnement des comptes.

Cinq principes permettent de mieux suivre le fonctionnement de la comptabilité de l'Etat.

a) La comptabilité en partie double

Le principe de la comptabilité en partie double implique que tout mouvement affectant un ou plusieurs comptes en débit doit être nécessairement accompagné d'un mouvement de même importance sur un ou plusieurs comptes en crédit. Chaque mouvement comptable a nécessairement une ou plusieurs contreparties. En conséquence, l'on obtient, pour toute opération, l'égalité suivante :

Total débit = Total crédit

La comptabilité en partie double traduit le principe voire l'obligation de réaliser, dans chaque écriture, l'équilibre comptable. Dans la comptabilité à partie simple qui a prévalu jusqu'à la fin des années 1990, chaque écriture comptable primaire d'emploi ou ressource n'avait pas de contrepartie immédiate. L'équilibre comptable se réalisait plus tard dans la balance comptable après déversement et agrégation de toutes les opérations en emploi et en ressource. L'une des grandes réformes des années 2000 est la réalisation immédiate de l'équilibre de chaque enregistrement avant son intégration dans la balance.

b) La comptabilité de droits constatés

La comptabilité de droits constatés est fondée sur l'enregistrement et l'évaluation des droits et obligations. Le principe des droits constatés permet d'enregistrer, au cours d'un exercice, les données comptables dès la naissance du droit ou de l'obligation. En fin d'exercice comptable, à l'arrêté des comptes, les écritures d'inventaire ont pour objet de compléter les écritures courantes pour rattacher les opérations qui créent des droits ou des obligations à l'exercice auquel elles se rapportent. Ce principe rend les exercices comptables indépendants les uns des autres.

La classe 9 enregistre les opérations budgétaires dans l'optique encaissement pour les recettes et dans l'optique ordonnancement pour les dépenses.

- En recette

Toutes les recettes encaissées sont imputées au jour le jour dans les subdivisions du compte 91 pour ce qui concerne les recettes du budget général de l'Etat, du compte 95 pour les recettes des budgets annexes et du compte 96 pour celle des comptes spéciaux du Trésor.

Les recettes perçues sur rôles ou titres de perception donnent lieu à comptabilisation de la manière suivante :

- les créances sont comptabilisées au débit du compte 41 « Redevables » et par contrepartie au crédit du compte 398 « produit à recouvrer » ;

- les encaissements sont comptabilisés au crédit du compte 91 par le débit des comptes financiers ou de transfert. Simultanément, une écriture de même montant est comptabilisées au débit du compte 398 et au crédit du compte 41 pour la mise à jour des restes à recouvrer.

- En dépense

Les dépenses comptabilisées dans les subdivisions du compte 90 pour ce qui concerne le budget général, du compte 95 pour les budgets annexes suivis par le Trésor et du compte 96 pour les dépenses spéciales du Trésor correspondent :

- aux mandats visés par le comptable quand il s'agit de dépenses soumises à ordonnancement préalable, leur comptabilisation est faite par l'intermédiaire des comptes de tiers soldés au moment du règlement ;

- aux régularisations des dépenses payées avant ordonnancement au moyen d'un ordre de paiement établi et signé par le comptable, au vu d'une lettre d'avance signée par le Ministre de l'Economie et des Finances.

c) La réflexion

La réflexion peut se définir comme une opération comptable qui s'exécute automatiquement et par laquelle les opérations budgétaires enregistrées globalement en classe 9 et de manière détaillée dans la CAR et dans le CAD sont reclassées dans les comptes patrimoniaux (classe 1, 2, 6, et 7).

En effet, la classe 9 est utilisée au jour le jour par les comptables assignataires (Receveur Général des Finances, Payeur Général du Trésor, Agent Comptable de la Dette publique, Agent Comptable des créances Contentieuses, Agent Comptable Central du Trésor, Trésorier Général pour l'Etranger, Payeur Général des Forces de Défenses et de sécurité, Trésoriers Généraux, Receveur principal des douanes et receveur Principal des Impôts), en contrepartie des comptes de tiers, des comptes de règlement ou des comptes de transfert avec les autres comptables. Cette classe compte offre ainsi en cours d'année une connaissance du déroulement de l'exécution de la loi de finances.

Au moment de la réflexion, les opérations d'exécution budgétaire développées dans le CAD et dans la CAR, sont reclassées dans la comptabilité patrimoniale, aux classes 1, 2, 6 et 7.

Les écritures comptables de réflexion sont passées dans la comptabilité de l'Les écritures comptables de réflexion sont passées dans la comptabilité de l'Agent Comptable Central du Trésor (en tant que centralisateur de plus haut niveau) par l'intermédiaire du comptes 99 « réflexion des opérations d'exécutions des lois de finances ».

d) Les opérations budgétaires et non budgétaires

Les opérations de l'Etat peuvent être classées en deux groupes à savoir les opérations budgétaires et les opérations non budgétaires.

- Les opérations budgétaires

Ce sont les opérations prévues au budget de l'Etat. Elles font intervenir deux nomenclatures à savoir une nomenclature spécifiquement budgétaire (classe 9) et une nomenclature de type patrimonial (classe 1, 2, 6 et 7). Le passage de la nomenclature budgétaire à la nomenclature de type patrimoniale est fondé sur le système de la réflexion.

- Les opérations non budgétaires

Elles comprennent les mouvements de disponibilités, les opérations de transferts, de ré imputation et de régularisation et, enfin, les mouvements de dépôts et retraits sur comptes de fonds déposés au Trésor. Elles ne font jouer que les comptes de bilan (classes 3, 4, 5).

e) Les comptes d'exécution et comptes de reclassement ou de présentation

L'objectif de la comptabilité de type patrimonial, dont les principes sont ceux de l'Organisation sur l'Harmonisation du Droit des Affaires en Afrique (OHADA), et les impératifs de la comptabilité de type budgétaire, impliquent de rendre compte de l'exécution des lois de Finances dans les normes prescrits par la loi organique.

La comptabilité de l'Etat met en œuvre des techniques complexes d'enregistrement des opérations qui reposent sur la distinction entre les comptes d'exécution et les comptes de présentation. En effet, tous les comptes de la nomenclature de la comptabilité générale de l'Etat ne jouent pas en cours d'année.

Les comptes d'exécution (comptes de classe 3, 4, 5, et 9), utilisé au jour le jour, permettent d'établir la situation budgétaire et de trésorerie périodiques. Ils sont servis au jour le jour par l'ensemble des comptables compétents l'Etat (tous les comptes d'exécution ne sont pas utilisés par tous les comptables publics).

Les comptes de présentation (classes 1, 2, 6, 7) utilisés en cours et en fin de gestion pour procéder au reclassement, dans une optique patrimoniale de l'ensemble des opérations de l'année, permettent de calculer le résultat de type patrimonial et de présenter en fin d'année le bilan et le compte de résultat dans le compte Général de l'Administration des Finances. Le reclassement est opéré en cours et en fin de gestion, de façon automatisée, par l'ACCT, qui est le seul à servir les comptes de présentation.

La classe 0, qui est la cinquième classe de comptes de présentation, permet d'enregistrer le résultat sens de la loi de Règlement (Le découvert, ainsi que le solde cumulé des comptes spéciaux en activité et les soles des fonds de concours.

C. Opérations de fin de gestion

Les opérations de fin de gestion sont de deux ordres : budgétaire et comptable.

1. Les opérations budgétaires de fin de gestion.

a) Les engagements et ordonnancements

A la fin de la gestion, les dépenses engagées non ordonnancées (DENO), de la classe 2, pour lesquelles des livraisons ont été faites ou encours de réalisations sont reportées.

Les engagements au titre de la gestion budgétaire prennent généralement fin entre le 20 et 30 novembre de l'année. Aucun engagement ne peut se faire après cette date.

Après l'arrêt des engagements, les ordonnancements continuent à se faire :

- jusqu'au 31 décembre de l'année en cours pour toutes les dépenses.
- après le 31 décembre, aucun ordonnancement n'est possible pour les dépenses de la classe 2.

Par contre, les ordonnancements peuvent se faire pour les dépenses de la classe 6 jusqu'à une date ultérieure au 31 Décembre.

b) La régularisation des avances de trésorerie

Les avances de trésorerie consenties par le Trésor sont régularisées dès la réalisation de l'activité pour laquelle elles ont été consenties. Si ces régularisations ne sont pas faites dans les délais, le Trésor se réserve le droit de saisir tout engagement ultérieur à titre de régularisation quelle qu'en soit la nature.

c) Les annulations

A la fin de la période complémentaire, les opérations suivantes font l'objet d'annulations :

- crédits disponibles sur les Autorisations d'Engagement quelle que soit la classe (2 ou 6) ;
- engagements non ordonnancées de la classe 6 ;
- dépenses engagées non ordonnancées (DENO) de la classe 2 pour lesquelles l'administrateur de crédits délégués et l'ordonnateur demandent expressément l'annulation ;
- mandats différés par le comptable et dont les motifs n'ont pas été satisfaits (classe 6) et les engagements correspondant ;
- mandats différés par le comptable et dont les motifs n'ont pas été satisfaits (classe 2).

Il est également pris un arrêté d'annulation de toutes les disponibilités sur les Autorisations d'Engagement, les Crédits de Paiement et la clôture définitive de la gestion budgétaire.

d) Les arriérés

Les arriérés sont des mandats qui ont fait l'objet de prise en charge par le comptable assignataire mais qui n'ont pas été payés au-delà de 90 jours.

Les opérations budgétaires se terminent par l'édition d'un compte administratif produit par la Direction Générale des Budgets et Comptes grâce au SIGFIP.

3- Les opérations comptables et le compte général de l'administration des finances

a) Les opérations comptables de fin de gestion

La prise en charge comptable achève le processus d'ordonnancement. Elle se poursuit pendant la période complémentaire allant du 1er janvier au 28 février de l'année suivante.

Le système comptable ivoirien est placé sous le régime de la gestion. Ce système ne se réduit cependant pas à la prise en compte des opérations de caisse exécutées durant l'année civile. La gestion est prolongée d'une période complémentaire de deux mois en application des dispositions de la Directive n° 05/97/CM/UEMOA relative aux lois de Finances. Pendant la période complémentaire, peuvent être prises en compte, au titre de l'année précédente, les opérations suivantes :

- les ordonnances ou mandats pris en charge jusqu'au terme de la période complémentaire et visés par le comptable, pour le paiement des dépenses ordinaires de rapportant à des droits nés au cours de la gestion précédente ;

- les opérations de régularisation. Il s'agit notamment :
  - de rectifications d'écritures erronées ;
  - d'imputations définitives de recettes ou dépenses déjà constatées en écritures, notamment à des comptes d'imputations provisoires ;
  - de règlements, par la procédure des rétablissements de crédits, de cessions consenties à un service de l'Etat par un autre service relevant du budget général et des comptes spéciaux du Trésor.

L'adoption de la période complémentaire a une incidence directe sur la comptabilité de l'Etat :

- l'imputation définitive des opérations exécutées en période complémentaire au titre de la gestion N est rattachée à cette même gestion de l'année écoulée (N-1) par une écriture datée du 31 décembre de l'année N. Les règlements correspondants opérés en période complémentaire sont cependant datés du jour où ils ont été effectués. Ils sont par conséquent constatés dans la gestion N+1 ;
- l'écriture au compte d'imputation définitive de la dépense et celle au compte financier figurent ainsi dans la comptabilité de deux gestions différentes. Ceci a conduit à la création de comptes « charnières » de classe 4 ayant pour vocation la liaison entre ces deux écritures.

En fin de gestion, la classe 9 décrit le résultat d'exécution de la loi de Finance (compte 98) et la réflexion (compte 99) dans les comptes de classes 1, 2, 6 et 7.

b) Le compte général de l'administration des finances (CGAF)

Le Compte Général de l'Administration des Finances (CGAF) est prévu à l'article 88 de la Directive n° 60/97/CM/UEMOA portant Règlement Général sur la Comptabilité Publique.

Le CGAF comprend cinq catégories de documents qu'on brièvement passés en revue ci-dessous.

➢ La balance générale des comptes du Trésor

La balance générale des comptes du Trésor est le document principal du CGAF. Elle constitue un document de synthèse des comptabilités des postes comptables principaux de l'Etat[1]. Comme toute balance d'entreprise, la balance générale des comptes du Trésor présente, dans l'ordre croissant de leur numéro, les lignes des comptes ouverts dans la nomenclature comptable de l'Etat : comptes de bilan (classe 1 à 5) et comptes de résultat (classe 1, 6, 7 et 9).

---

[1] Sachant que les comptabilités des postes comptables principaux ont, elles-mêmes, préalablement intégré celles des postes comptables qui leur sont rattachés.

- Le développement des recettes budgétaires

Le développement des recettes budgétaires se présente sous forme d'un tableau subdivisé en quatre colonnes (le compte, la ligne budgétaire suivi de son libellé, les recettes au comptant, des recettes sur prises en charge et le total des recettes budgétaires). Cette présentation est faite selon un ordre croissant des comptes divisionnaires.

- Le développement des dépenses budgétaires

Etabli à partir de la comptabilité auxiliaire de dépenses (CAD) et certifié par les comptables assignataires, il fait apparaître, par titre, le ministère et par chapitre, le montant de la dette publique, des dépenses ordinaires et des dépenses en capital des services civils et des services militaires (budget général et comptes spéciaux).

- Le développement des opérations de recettes des comptes spéciaux du Trésor

L'état de développement des recettes constatées aux comptes spéciaux du Trésor comprend deux parties apparaissant au titre IV :

- les résultats généraux font apparaître pour chaque compte les droits constatés et les recouvrements (versement des entreprises, remboursements de prêts rétrocédés ou avalisés...).

- le développement, par ligne de recettes, détaille les éléments pour chaque compte spécial.

- Le développement des comptes de résultat.

Le CGAF fait ressortir trois types de résultats comptables :

- le résultat d'exécution des Lois de Finances de l'année, ou résultat d'exécution budgétaire.

Il est égal à l'excédent de charges (déficit budgétaire) ou de ressources (excédent budgétaire). Il comprend les opérations du budget général et celles des comptes spéciaux du Trésor. Il est dégagé au compte 98 « résultat d'exécution de la Loi de Finances ».

- le résultat de type patrimonial.

Il est calculé dans l'optique du Plan comptable Général, c'est-à-dire en termes d'enrichissement ou d'appauvrissement de l'Etat. Les recettes y sont incluses pour le montant des recettes recouvrées dans l'année. Seules des dépenses ordonnancées apparaissent dans la comptabilité auxiliaire des dépenses et, par conséquent, dans les comptes de réflexion des classes 1, 2 et 6. Les dépenses payées par avance qui n'ont pas fait l'objet de régularisation avant la clôture de l'exercice peuvent, par la Loi de Règlement, être intégrées aux dépenses de l'année et servir à la détermination du résultat définitif.

Le résultat patrimonial est égal à la différence entre les produits (classe 7 : recettes encaissées au cours de l'année quelle que soit l'année d'émission) et les charges (classe 6 : dépenses ordonnancées quelle que soit l'année de paiement). Il exclut par conséquent les opérations qui affectent les comptes de bilan : immobilisations corporelles et incorporelles, prêts avances, dotations et participations. Il est dégagé aux comptes 117.1 « résultats des opérations du budget général » et au comptes 117.2 « résultat des opérations des comptes spéciaux ».

- Le résultat dans l'optique traditionnelle du Trésor : le découvert du Trésor

Il comprend les opérations du budget général, le solde des comptes du Trésor dont la clôture a été prononcée par la Loi de Finance, les soldes des comptes spéciaux du Trésor systématiquement clôturés en fin d'année, les pertes et profits sur emprunts et engagements, les créances admises en surséances et les remises de dettes. Il est dégagé aux comptes de la classe 0. Le résultat appelé « découvert du Trésor » est en effet inscrit aux subdivisions du compte 01 « résultat des budgets non réglés », dans l'attente du vote de la loi de Règlement, dès que ce vote intervient, le résultat est transporté au compte 02 « découvert du Trésor ».

Les subdivisions du compte 03 enregistrent le solde cumulé au 31 décembre de chacun des comptes spéciaux du Trésor en activité, étant donné que seuls les soldes des comptes spéciaux définitivement clos au 31 décembre ou systématiquement soldés en fin d'année sont transportés au découvert du Trésor (comptes 01, puis 02).

c) Le besoin ou la capacité de financement de l'Etat

Tout ce qui précède permet de dégager un besoin ou une capacité de financement de l'Etat.

3. Les annexes du CGAF

Les cinq composantes du CGAF sont appuyées par deux catégories d'annexes. Le premier groupe est composé de documents de synthèse prévus par le Plan comptable Général, à savoir le bilan, la variation des éléments de l'actif et du passif, et le compte de résultat patrimonial. Le second groupe est constitué de documents prévus par les textes réglementaires :

- le développement du résultat au sens de la Loi de règlement (le découvert du Trésor) ;
- la ventilation des dépenses budgétaires par ministère et par titre ;
- la ventilation des recettes budgétaires par compte, ligne budgétaires et libellé, recettes au comptant, recettes sur prise en charge et total des recettes budgétaires ;
- le tableau synthétique d'exécution des Lois de Finances de l'année.

Section 4 : Le Trésor Public dans l'exécution des budgets des démembrements de l'Etat

Cette section permettra de passer en revue les paragraphes suivants l'exécution des budgets des collectivités territoriales et celle des budgets des EPN.

§.1. Exécution des budgets des collectivités territoriales

Comme précédemment, l'exécution des budgets des collectivités territoriales comporte les phases administrative et comptable.

A – la phase administrative de l'exécution des budgets des collectivités territoriales

En sa qualité d'ordonnateur du budget de sa collectivité, le Maire, le Président du Conseil ou le Gouverneur tient une comptabilité administrative selon les modalités fixées par décret pris en Conseil des ministres. Il est personnellement responsable :

- en matière de recettes, de l'émission des titres de recettes de toute nature ;
- en matière de dépenses, de l'engagement, de la liquidation et de l'ordonnancement de toute dépense imputable au Budget de la Collectivité territoriale.

En aucun cas, les opérations relatives à l'émission des titres de recettes, à l'engagement, à la liquidation et à l'ordonnancement des dépenses ne peuvent être confiées au trésorier ou à tout autre agent affecté à la recette (principe de séparation des fonctions d'ordonnateur et de comptable).

Les recettes des collectivités territoriales sont perçues sur ordre de recettes ou par voie de rôles d'impôts ordonnancés par le Maire, le Président ou le Gouverneur. Il suit régulièrement les opérations de perception et les poursuites éventuelles entreprises par le trésorier. Il apporte son concours en vue d'assurer le recouvrement rapide et intégral de toutes les recettes de la collectivité territoriale.

L'apurement de la prise en charge, par le trésorier, des rôles d'impôts donne lieu de sa part à l'établissement d'états de cotes irrécouvrables qu'il communique au Maire, au Président du Conseil ou au Gouverneur du District en vue de leur admission en non-valeur par délibération du Conseil. Dans les mêmes conditions et aux mêmes fins, il communique au Maire, au Président du Conseil ou au Gouverneur des états des restes à recouvrer.

Les recettes des collectivités territoriales dont la perception doit s'effectuer par voie de rôle sont déterminées par la loi, de même que les règles relatives à l'établissement et à l'apurement des rôles ainsi que les modalités de recouvrement et de perception.

En matière de dépense, le Maire, le Président du Conseil ou le Gouverneur ne peut engager une dépense que dans la limite des montants inscrits au Budget de l'exercice. Dans les limites d'un plafond fixé par l'Autorité de tutelle, il procède à l'engagement des dépenses. Pour toute dépense d'un montant supérieur au plafond fixé, il doit recueillir l'avis favorable de la municipalité ou du Bureau du Conseil sur l'opportunité de la dépense. Toutes les opérations préliminaires à l'attribution d'un marché par les Collectivités territoriales, au-delà d'un seuil fixé par arrêté du ministre chargé des Marchés publics, sont effectuées conformément aux dispositions du Code des Marchés Publics.

Les dépenses dont la couverture est assurée par un fonds de concours ne peuvent être engagées avant la mobilisation de ce fonds. Les dépenses financées sur emprunt ne peuvent faire l'objet d'un engagement budgétaire que dans la limite des montants effectivement mobilisés.

Conformément au principe dit du 12ème provisoire, les engagements et ordonnancements ne peuvent toutefois dépasser pour chaque mois écoulé ou commencé, le douzième du montant total inscrit pour le même objet au budget de l'exercice précédent.

Par ailleurs, des dispositions sont prévues pour le contrôle de l'exécution du budget. Le maire, le Président du Conseil ou le gouverneur établit chaque fin de mois, dans les huit jours suivant l'arrêté des écritures, un état mensuel d'exécution du budget qu'il certifie exact, date et signe, après avoir recueilli le visa du Trésorier. Il soumet l'Etat à la municipalité ou au bureau du Conseil et le communique pour information aux membres de la commission chargée des questions budgétaires et financières.

L'état mensuel cumulé correspondant aux fins de trimestre est soumis dans les quinze jours de l'arrêté des écritures au Conseil, pour délibération, après avis de la commission chargée des questions budgétaires et financières. Le procès-verbal des délibérations et l'état mensuel cumulé sont ensuite transmis à l'Autorité de tutelle.

En fin d'exercice, dans les quarante-cinq jours de la clôture des comptes, le Maire, le Président du Conseil ou le Gouverneur établit un rapport sur la gestion financière de la Collectivité territoriale conformément aux modalités fixées par décret pris en Conseil des ministres. Le rapport sur la gestion financière de la Collectivité territoriale, appuyé du dernier état mensuel et de l'état cumulé de la gestion et accompagné d'un exemplaire du compte de gestion du Trésorier est soumis pour avis à la Commission chargée des questions budgétaires et financières avant d'être transmis au Conseil pour délibération en dehors de la présence du Maire, du Président du Conseil ou du Gouverneur et sous la présidence du doyen d'âge du Conseil.

Le rapport sur la gestion financière doit être soumis aussi à la Commission de la planification, du Développement et de la Coopération décentralisée. Le Conseil donne à cette occasion quitus au Maire, Président du Conseil ou au Gouverneur de sa gestion. Le procès-verbal des délibérations et le rapport annexé sont transmis à l'Autorité de tutelle dans les huit jours de la délibération.

L'Inspection des collectivités territoriales par l'autorité de tutelle, comporte obligatoirement le contrôle et la vérification des écritures de l'ordonnateur. Le Ministère de l'Economie et des Finances peut aussi effectuer une inspection des Collectivités territoriales portant sur les comptes de l'ordonnateur.

Le gouverneur de District, le président du Conseil ou le maire est ordonnateur des recettes et dépenses des collectivités territoriales. Il récapitule les mandats ou les ordres de recettes sur des bordereaux qu'il adresse au comptable public (trésorier ou payeur) pour recouvrement ou paiement.

B -La phase comptable de l'exécution des collectivités territoriales

Le payeur de district, de région ou de département, ou encore le trésorier municipal, après avoir reçu les mandats ou titres de recettes de l'ordonnateur, procède aux vérifications usuelles avant d'effectuer le paiement ou le recouvrement. Ensuite, il procède à l'enregistrement comptable.

La comptabilité parapublique, composée de la comptabilité communale et de la comptabilité des établissements publics nationaux, devient une composante essentielle du système comptable du Trésor Public ivoirien à partir de 1980.

A partir de cette date, la décentralisation de l'Etat devient plus effective avec les élections municipales faites au suffrage universel direct au sein du parti unique. Les directions des communes sont soustraites des attributions des préfets pour être confiées à des maires élus. Des textes législatifs et réglementaires organisent la gestion financière et comptable des communes.

La loi n°80-1180 du 17 octobre 1980, relative à l'organisation municipale comporte quelques dispositions à caractère financier. La loi n°81-1129 du 30 décembre 1981, portant régime financier des communes et de la ville d'Abidjan comporte plusieurs dispositions à caractère budgétaire et comptable. La loi n°81-1130 du 31 décembre 1981, portant régime fiscal des communes fait de même. Le décret n°82-1092 du 24 novembre 1982 fixe les règles de programmation et de budgétisation des actions de développement des communes et de la ville d'Abidjan ainsi que leur nomenclature budgétaire et comptable. Le décret n°82-1093 du 24 novembre 1982 porte règlement financier et comptable des communes et de la ville d'Abidjan. Le décret n°83-152 du 02 mars 1983 fixe le régime des taxes rémunératoires et des redevances des communes et de la ville d'Abidjan. Le décret n°85-08 du 04 janvier 1985, fixe les limites et conditions dans lesquelles les communes et la ville d'Abidjan peuvent contracter des emprunts.

La loi n°2003-489 du 26 décembre 2003 portant régime financier, fiscal et domanial des collectivités territoriales détermine le mode de gestion des communes, districts et régions de Côte d'Ivoire.

La nomenclature comptable des collectivités territoriales est la suivante :

- classe 0 : recette d'investissement
- classe 1 : capitaux permanents
- classe 2 : Valeurs immobilisées
- classe 4 : comptes de tiers et comptes hors budget
- classe 5: comptes financiers
- classe 6 : dépenses de fonctionnement
- classe 7 : recettes de fonctionnement
- classe 9 : dépenses d'investissement

Les écritures comptables font l'objet d'arrêtés hebdomadaires, mensuels et de fin de gestion.

Le compte de gestion sur chiffres est représenté par la balance générale définitive du 31 décembre de l'année. Il est accompagné du compte de gestion sur pièces qui est transmis à l'ordonnateur au plus tard trente jours après la clôture de l'exercice pour être soumis au Conseil municipal, régional, départemental ou de district. Après la certification de l'ordonnateur, il est adressé à la Direction Générale du Trésor et de la Comptabilité Publique (DGTCP) au plus tard le 30 juin de l'année N+1. Après mise en état d'examen, le Trésor Public le transmet à la Chambre des Comptes de la Cour Suprême pour contrôle.

§.2. Exécution budgétaire dans les établissements publics nationaux (EPN).

L'exécution budgétaire dans les EPN, comme d'habitude, comporte les phases administrative et comptable décrites dans l'instruction n°98 MEF du 05 juillet 1990 relative aux modalités d'application des dispositions du décret n°81-137 du 18 février 1981 portant régime financier et comptable des établissements publics nationaux.

A. Phase administrative de l'exécution budgétaire des EPN

La phase administrative de l'exécution des recettes budgétaires est faite selon les dispositions des articles 34 à 38. Sous réserve de l'application des dispositions légales et règlementaires régissant le domaine de l'Etat, les recettes de l'établissement public sont liquidées par l'Ordonnateur (le directeur de l'établissement) sur les bases fixées par la loi, les règlements, les décisions de justice ou administratives et les conventions. Les conventions sont passées par l'Ordonnateur dans le cadre des dispositions légales et règlementaires en la matière ainsi que du décret de création de l'établissement. L'autorisation de la Commission consultative de gestion est obligatoire en cas d'aliénation de biens immobiliers et en matière de baux et locations d'immeubles. La Commission consultative de gestion doit être consultée sur les conditions générales de vente des produits et services.

Les recettes des Etablissements Publics Nationaux comprennent les produits de leurs ressources internes et externes. Les ressources internes sont composées de l'ensemble des produits inhérents à l'activité de l'établissement, tels que ceux-ci résultent de l'application des lois, règlements, décisions de justice, et conventions passées par l'organisme intéressé. Les ressources externes sont constituées par le produit des subventions de l'Etat ou des autres collectivités et organismes nationaux ou internationaux, des fonds de concours et participations ainsi que des prêts dont bénéficie éventuellement l'établissement. Les unes et les autres font l'objet d'états prévisionnels détaillés du budget de l'organisme intéressé. Il est fait recette du montant intégral des produits sans contraction entre les recettes et les dépenses. L'ensemble des recettes assure l'ensemble des dépenses (article 6 de la loi organique n°59-249 du 31 décembre 1959 relative aux lois de finances) sauf en ce qui concerne les opérations d'investissements du Titre II qui peuvent faire chacune l'objet d'un financement propre.

Les redevances pour services rendus et les autres produits divers donnent lieu à émission d'ordres de recettes. Toute créance de l'établissement public constatée et liquidée fait l'objet d'un acte formant titre de perception émis par l'Ordonnateur, qui en tient la comptabilité. Les titres de recettes, établis par l'Ordonnateur sont remis, accompagnés des pièces justificatives, à l'Agent Comptable pour recouvrement.

En ce qui concerne des dépenses, les dispositions des articles 44 à 49 décrivent la phase administrative de leur exécution. L'Ordonnateur et ses délégués ont seuls qualité pour procéder à l'engagement des dépenses de l'établissement public. Toutefois, l'autorisation de la Commission Consultative de Gestion est exigée en matière d'acquisition immobilière et de location de biens immobiliers pris à loyer. Les règles édictées pour la procédure des marchés publics sont applicables en tous points aux Etablissements Publics Nationaux. Les engagements de dépenses sont limités au montant des crédits disponibles.

L'Ordonnateur tient une comptabilité des engagements de dépenses. Toutes les dépenses doivent être liquidées et ordonnancées au cours de l'exercice auquel elles se rattachent.

Toute dépense liquidée par l'Ordonnateur donne lieu à l'émission par celui-ci d'un ordre de paiement (OP). Les ordres de paiement émis par l'Ordonnateur, dans les conditions définies par instruction du Ministre de l'Economie et des Finances, sont transmis à l'Agent Comptable pour règlement.

B – Phase comptable de l'exécution des budgets des EPN.

La phase comptable de l'exécution des recettes et dépenses des EPN est aussi décrite dans le texte cité antérieurement.

En matière de recettes, l'agent comptable prend en charge les ordres de recettes et les notifie aux redevables. Dans le cadre des obligations qui lui incombent en matière de recouvrement, l'Agent Comptable est tenu de faire diligence pour assurer la rentrée de toutes les ressources de l'établissement public, d'avertir l'Ordonnateur de l'expiration des baux, d'empêcher les prescriptions et de requérir l'inscription hypothécaire des titres de créances susceptibles d'être soumis à cette formalité. Les créances de l'établissement public qui n'ont pu être recouvrées à l'amiable, font l'objet d'états rendus exécutoires par l'ordonnateur. Les poursuites amorcées par les établissements publics à caractère industriel et commercial peuvent également être conduites conformément aux usages du commerce.

L'ordonnateur peut suspendre les poursuites si, en accord avec l'agent comptable et le contrôleur budgétaire, il estime que la créance est devenu irrécouvrable ou que l'octroi d'un délai est conforme à l'intérêt de l'établissement public. Les créances non recouvrées de l'établissement public peuvent faire l'objet d'une admission en non-valeur, en cas d'insolvabilité des débiteurs. La décision est prise par l'ordonnateur après avis conforme de l'agent comptable, du contrôleur budgétaire et autorisation expresse de la Commission Consultative de Gestion.

En matière de dépenses, l'agent comptable prend en charge les ordres de paiements reçus.

Il effectue un certain nombre de contrôles relevant de sa double qualité de payeur (visa) et de caissier (paiement). Ces contrôles sont les mêmes que ceux effectués dans le cadre de l'exécution du budget de l'Etat.

Lorsque les conditions ne sont pas remplies, l'Agent Comptable refuse de viser l'ordre de paiement concerné et le renvoie, accompagné de ses annexes à l'Ordonnateur. En cas de constatation d'une grave irrégularité, il rend compte au Ministre de l'Economie et des Finances. Lorsque toutes les conditions sont remplies, l'agent comptable vise l'ordre de paiement, le prend en charge pour son montant brut et procède sous sa responsabilité au règlement.

A l'issue des prises en charges, des recouvrements de recettes ou des paiements de dépenses, l'agent comptable procède à leur enregistrement conformément au plan comptable des EPN.

La nomenclature comptable des EPN est très proche de celle de la comptabilité privée :

- classe 0 : compte de reclassement ;
- classe 1 : capitaux permanents ;
- classe 2 : Valeurs immobilisées ;
- classe 3 : stocks ;
- classe 4 : comptes de tiers ;

- classe 5: comptes financiers
- classe 6 : comptes de charges
- classe 7 : comptes de produits
- classe 8 : comptes de résultats
- classe 9 : comptabilité complémentaire

En fin d'exercice, l'Agent comptable en fonction prépare le compte financier de l'EPN. Ce compte financier comprend la balance définitive des comptes, le développement, par chapitre, des dépenses et des recettes budgétaires, le développement des résultats de l'exercice, le bilan et, le cas échéant, la balance des comptes de valeurs.

L'Agent Comptable peut faire figurer en annexe au compte financier, toutes les observations utiles. Le compte financier est visé par l'ordonnateur qui certifie que le montant des ordres de dépense et des ordres de recette est conforme à ses écritures. Au vu du compte financier, le Directeur dresse un rapport sur la gestion financière de l'établissement pendant l'exercice écoulé.

Les conclusions générales du rapport sur la gestion financière de l'établissement portent spécialement sur les mesures prises, prévues ou proposées par le Directeur pour améliorer la gestion et la situation financière de l'établissement. Y sont joints tous documents administratifs de nature à éclairer la Commission Consultative de Gestion. Dans un délai de trois mois suivant la fin de l'exercice, le compte financier, accompagné du rapport sur la gestion financière établi par le Directeur et du rapport du Contrôleur Budgétaire, est soumis à l'examen de la Commission Consultative de Gestion qui l'arrête. Le compte financier arrêté par la Commission Consultative de Gestion et accompagné des observations et annexes éventuelles, est soumis à l'approbation du Ministre de l'Economie et des Finances, pour insertion dans la Loi de règlement.

Sauf dérogation accordée par décret, l'établissement public national est soumis à l'ensemble des règles de la comptabilité publique.

Chapitre VIII : Elaboration et péripéties de politiques financières en Côte d'Ivoire en période d'incertitudes politiques (2000-2013)

La période allant de 2000 à 2013 est caractérisée par les plus grandes incertitudes socio politiques. Le retentissement sur l'évolution des agrégats macro-économiques s'est fait sentir dans la conduite des programmes économiques et financiers. Ces programmes sont élaborés selon une méthodologie standard, mais adaptée au contexte de chaque pays. On peut donc passer en revue :

- la méthode d'élaboration d'un programme économique et financier ;
- la politique financière durant la première crise politico institutionnelle de 2000 à 2002 ;
- la politique financière durant la deuxième crise politico institutionnelle de 2003 à 2011 ;
- les tentatives de relance économique et financière de 2012 à 2014.

Section 1 : Elaboration et suivi des programmes économiques et financiers

Pour mieux comprendre les logiques des programmes économiques et financiers, il est important de se rappeler, au préalable, les quatre principaux objectifs qu'ils visent : l'équilibre des finances publiques, la croissance économique, la lutte contre l'inflation et l'équilibre extérieur. Il convient donc, dans cette section :

- de présenter les interrelations entre les comptes des quatre secteurs ;
- de rappeler les grandes étapes de l'élaboration de la politique économique et financière.

§1 : Brève présentation des interrelations entre les comptes des secteurs

L'atteinte des objectifs indiqués précédemment repose sur les équilibres des comptes des secteurs.

A - Le secteur des finances publiques

Le secteur des finances publiques, en particulier, est représenté par le TOFE (tableau des opérations financières de l'Etat).

Le « haut du TOFE » est composé de toutes les recettes et dépenses de l'Etat. Il s'en dégage un solde.

Le « bas du TOFE » est constitué d'un ensemble d'opérations de financements intérieurs et extérieurs du solde budgétaire. Pour des besoins d'analyse, on peut calculer plusieurs types de soldes présentés dans l'encadré 4.

Encadré 4 : Définition des soldes

1 - Le solde budgétaire est pris sur base ordonnancement, par application du « principe de prudence » en comptabilité. Ce solde est la différence entre les recettes enregistrées sur base caisse pendant que les dépenses le sont sur base ordonnancement. Ce solde est un indicateur de mesure de l'effort budgétaire fait ou à faire pour améliorer la situation financière de l'Etat.

2 - Le solde global peut être présenté avec ou sans les dons. Le solde global hors dons indique l'effort budgétaire réel et nécessaire à faire par l'Etat pour équilibrer les finances publiques, sans recourir aux dons qui sont souvent liés et dont le volume est fluctuant, voire imprévisible. Ainsi, le solde global de base, défini comme le solde global hors dons et hors investissements financés sur ressources extérieures, permet de mesurer la soutenabilité de la politique budgétaire.

3 - Le solde primaire est défini comme le solde global hors dons et hors charges de la dette intérieure et extérieure. Il permet de mesurer l'effort d'ajustement à entreprendre, sans que celui-ci ne soit entravé par le poids de la dette, considéré comme la conséquence de politiques d'endettement passées, et une donnée sur laquelle le pays n'a plus prise à court terme. En outre, le solde primaire est la variable fondamentale qui détermine la variation du ratio d'endettement.

4 - Le solde primaire de base est le solde primaire hors investissements financés par l'extérieur. Il mesure la capacité du pays à assurer le service de sa dette.

5 - Le solde courant ou épargne propre des administrations, est la différence entre les recettes courantes (fiscales et non fiscales) et les dépenses courantes. Ce concept est utile dans la mesure où il permet d'analyser la capacité de l'Etat à faire face non seulement à la couverture de ses dépenses courantes mais également de dégager une épargne pour financer les dépenses d'investissement.

B. Relations entre les comptes des secteurs

Les relations entre les comptes des quatre secteurs sont retracées 19. Quelques exemples de relations sont les suivantes :

1. Relations entre TOFE et balance des paiements

Les opérations des unités non résidentes en direction des unités résidentes figurent toutes dans la balance des paiements. La composante publique de ces opérations est reflétée dans le TOFE. Exemples : Les dons font partie des recettes de l'Etat (haut du TOFE). Les emprunts publics extérieurs, le service de la dette (intérêts + amortissements), les arriérés, les rééchelonnements sont en financement (bas du TOFE).

2- Relations entre comptes monétaires et autres comptes macro-économiques

La situation monétaire ne s'intéresse qu'aux opérations financières et les présente sous forme de stock ou d'encours. Quelques exemples de correspondances entre la situation monétaire et les autres comptes macroéconomiques :

- les créances nettes sur l'Etat ou position nette du gouvernement (PNG) sont une composante du financement intérieur dans le TOFE.

- les AEN se retrouvent en financement extérieur dans le TOFE et en financement de la balance globale dans la balance des paiements

La situation monétaire a des relations avec les finances publiques et la balance des paiements, en particulier à travers l'approche monétaire de la balance des paiements.

Soit : Mm = masse monétaire

CIR = Crédit intérieur composé de crédit au secteur public (CIRg) et crédit au secteur privé (CIRp)

AEN = Mm – CIR

Soit : AEN, objectif de politique économique

Mm, une donnée de politique économique (relevant de la Banque Centrale)

CIR un instrument de politique économique

L'Etat ne peut agir que sur le CIR (public) en le réduisant pour accroitre les AEN.

Tableau 19 : Correspondance entre les catégories d'opérations des quatre systèmes de comptes macroéconomiques

	Comptes nationaux	**Balance des paiements**	**Statistiques de finances publiques**	**Situation monétaire**
	Flux ou variation d'encours			Encours
Opérations non financières	Opérations sur biens et services (production, consommation, investissement, exportations,…) Opérations de répartition (salaires, intérêts, subventions, transferts,…)	Opérations courantes (exportations, importations, services, transferts, …)	Opérations non remboursables (impôts, dons, dépenses courantes, salaires, intérêts, subventions, dépenses en capital…)	
Soldes	Capacité ou besoin de financement (Solde du compte de capital)	Solde du compte courant	Solde des finances publiques : excédents/déficit[1]	
Opérations financières	Opérations financières (variation de la monnaie, des crédits à court terme…)	Opérations de capital et financières (investissements directs, emprunts à moyen et long terme, variation des	Opérations remboursables (prêts moins recouvrements, emprunts extérieurs, amortissements, crédit bancaire, emprunts non bancaires…)	Bilan des avoirs et engagements (avoirs extérieurs nets, crédit net à l'Etat, crédit à l'économie, monnaie

		réserves…)		et quasi-monnaie)

[1] A l'exception des Prêts moins recouvrements qui constituent des opérations remboursables mais qui sont en général classés au-dessus de la ligne (car ils « déterminent » le solde, et ne servent pas à le financer).

§.2. Méthodologie d'élaboration des programmes économiques et financiers

Comme le soulignent si bien Daumont et alli (op.cit. p.4), « la programmation financière est une démarche normative et quantifiée s'appuyant sur une projection globale à moyen terme de l'économie ». Elle consiste précisément au diagnostic de la situation économique et financière en l'élaboration et au suivi de la stratégie d'ajustement1.

A- Diagnostic de la situation économique et financière

Le diagnostic de la situation économique et financière du pays se fait à partir du scénario de référence. Pour faire un bon diagnostic, il est donc nécessaire de cerner la notion de scénario de référence.

1 - Construction et viabilité du scénario de référence

Le scénario de référence est plutôt un ensemble cohérent de projections macroéconomiques et sectorielles à politique inchangée.

L'hypothèse fondamentale sous-tendant le scénario de référence est que les politiques mises en place, les pratiques et les tendances resteront inchangées. La construction d'un tel scénario demande que les projections prennent en compte les effets attendus de l'existant et de l'imminent, c'est-à-dire les facteurs suivants :

- les mesures réalisées récemment (par exemple pendant des trois dernières années) ou en cours de réalisation ;
- les engagements pris par les agents économiques et par le gouvernement ;
- les tendances économiques passées susceptibles de se poursuivre ;

[1] Dans tous ouvrages de programmation financière, notamment dans le manuel de référence de Daumont et alii (1999), la phase du diagnostic est incluse dans celle de l'élaboration du programme. Nous l'avons isolée ici pour des raisons pédagogiques.

- les projections relatives aux cours des produits primaires exportées sur les marchés internationaux, aux taux de change, à l'évolution de la demande chez les partenaires commerciaux...

A partir de cette hypothèse fondamentale, on procède aux projections des agrégats des secteurs réel, public, monétaire et extérieur tout en respectant les exigences de cohérence comptable et économique. Cette projection de l'économie globale offre la possibilité d'apprécier la viabilité du scénario macroéconomique (de référence) à moyen terme à partir des comptes des secteurs. Tous ces éléments sectoriels sont regroupés dans les critères de convergence de l'UEMOA.

Le niveau de viabilité du scénario de référence appelle un diagnostic de l'économie.

2. Détection de la nature et des sources des déséquilibres macroéconomiques.

La détection de la nature et des sources des déséquilibres économiques consiste à comparer les tendances du passé récent aux projections du scénario de référence. Deux principaux axes d'analyses sont suivis, d'une part les trois approches de la balance des paiements et, d'autre part, l'analyse structurelle de l'économie.

L'analyse structurelle de l'économie concerne la performance des secteurs de production (primaire, secondaire, tertiaire) et la compétitivité générale de l'économie dans l'environnement international. L'attention porte particulièrement sur les distorsions dues à des politiques étatiques considérées comme inadaptées, en matière d'allocation de ressources nationales, pour engendrer une croissance de long terme.

Daumont et alii (id, P. 256) posent une série de questions dont les réponses devraient faciliter le diagnostic :

- en quoi consistent les déséquilibres et quelles en sont les causes ?
- quels doivent être l'ampleur et le rythme de l'ajustement ?
- de quels instruments de politique économique dispose-t-on pour mettre en œuvre cet ajustement ?
- compte tenu de la multiplicité des objectifs et des contraintes, comment utiliser au mieux les instruments de politique économique ?

De ce groupe de quatre questions, on pourrait extraire deux préoccupations qui y sont contenues de manière implicite : comment déterminer les priorités, mobiliser et affecter efficacement les ressources ?

Le diagnostic ouvre la porte à l'élaboration du scénario de programme économique et financier.

B - Elaboration du scénario de programme économique et financier (PEF).

La phase de diagnostic ayant révélé la nature et les causes des déséquilibres, celle d'élaboration du programme cherchera à les corriger et à les prévenir à travers la définition d'objectifs et priorités, de stratégies et de méthodes.

1 - Définition des objectifs et priorités des programmes économiques et financiers

Dans les PEF, les quatre objectifs retenus sont ceux des comptes des secteurs présentés plus haut : la croissance économique[1], l'équilibre des finances publiques, la stabilité des prix et l'équilibre extérieur. Ces quatre objectifs se traduisent par divers ratios.

La croissance économique, à laquelle on associe, depuis les deux dernières décennies, les indicateurs sociaux, se traduit par le taux de croissance (réel, par habitant), le taux de chômage, le taux de pauvreté etc.

La stabilité des prix se mesure par le taux d'inflation, l'indice des prix à la consommation (IPC), les sources d'alimentation de l'inflation (crédit à l'économie, PNG, base monétaire, vitesse de circulation de la monnaie...).

L'équilibre des finances publiques est mesuré par plusieurs indicateurs : différents soldes budgétaires sur PIB, taux de pression fiscale, masse salariale sur budget, divers ratios d'endettement...

L'équilibre extérieur est appréhendé par le solde courant sur le PIB, le solde global sur le PIB, le solde global par rapport au niveau des réserves internationales en mois d'importations etc.

Comme dans le cas du carré magique de Kaldor, l'atteinte simultanée des quatre objectifs est impossible. Il faut alors déterminer des priorités à l'issue de discussions parfois difficiles entre les autorités nationales et les bailleurs de fonds.

2 - Définition des stratégies à mettre en œuvre

Pour atteindre les objectifs et réaliser les priorités, on a recours à des stratégies portant sur :

- la politique budgétaire et, de manière plus large, la politique des finances publiques devant prendre aussi en compte le secteur parapublic ;
- la politique monétaire ;
- la politique du taux de change qui, dans l'UEMOA, est directement gérée par la BCEAO ;
- la politique de la dette extérieure ;

[1] Y compris l'emploi

- les politiques structurelles au niveau des secteurs primaire, secondaire, tertiaire ;

- la compétitivité extérieure de l'économie ;

- les filets de sécurité sociale.

A tous ces niveaux, des dosages idoines seront effectués pour parvenir à une mise en œuvre adéquate des mesures d'ajustement structurel. Par ailleurs, l'un des points de stratégies, trop souvent négligé, par les pouvoirs publics consiste aux négociations avec tous les partenaires sociaux. Autant les négociations avec les institutions de Bretton Woods constituent une condition sine qua non de conclusion des PEF, autant la bonne communication doit être entretenue, au-delà du patronat, avec les autres acteurs sociaux, notamment ceux de la société civile représentative (syndicats, ONG, organisations paysannes...) pour en faciliter la mise en œuvre.

3 - Méthodes d'élaboration du programme économique et financier.

Le scénario de programme économique et financier, à la différence du scénario de référence, est un ensemble cohérent de projections macroéconomiques et sectorielles à politique différente de celle qui est en cours d'exécution. Au lieu d'une démarche passive, comme dans le premier cas, l'attitude des modélisateurs est ici active et prend en compte des considérations normatives en termes d'objectifs et de priorités définies par les responsables de la politique économique.

Le PEF est préparé à partir du cadrage macroéconomique élaboré par la DGE, sous la supervision du MEF et en relation avec le représentant résident du FMI. Ce cadrage macroéconomique détermine le cadrage budgétaire.

La méthode décrite ci-dessus d'élaboration d'un PEF fait partie intégrante du processus menant vers la conclusion d'un accord de programme avec les institutions de Bretton Woods, en particulier le FMI.

§.3. Processus menant vers la conclusion d'un programme économique et financier avec le FMI et suivi de la mise en œuvre.

A - Etapes successives vers la conclusion d'un accord avec le FMI

Les étapes conduisant à l'approbation par FMI d'un programme financier sont décrites par Daumont et alii (idem P. 3).

1. *Sollicitation ou demande du pays*

Les autorités nationales, en général le Ministre chargé des finances et/ou le Gouverneur de la Banque Centrale, demandent au Directeur Général du FMI ou au Directeur du département géographique concerné (ici le département Afrique), qu'une mission vienne ou que des discussions se tiennent afin de s'entendre sur un programme financier.

2. *Préparation du mandat*

Les services du FMI élaborent une note analysant la situation économique récente du pays, accompagnée des principaux tableaux sur les différents secteurs, mis à jour à partir des données disponibles les plus récentes :

- les hypothèses de prix à l'exportation et à l'importation utilisés dans les travaux préparatifs pour la publication semestrielle ;
- les perspectives de l'économie mondiale ;
- les données fournies par les autorités (ou le représentant résident éventuel) ;
- les politiques économiques et financières requises pour redresser la situation.

Cette note, après avoir fait l'objet de circulation interne pour commentaires et accord sur les politiques à suivre, est approuvée par le Directeur Général avant le départ de la Mission. Ce mandat donne pouvoir au chef de mission de négocier, ad referendum, un programme financier qui pourrait être appuyé par le FMI.

3. *Elaboration du programme financier*

Le programme est élaboré par une équipe du FMI et les autorités au cours d'une mission d'environ une à deux semaines d'une équipe du FMI, ou au cours de discussions au siège à Washington. Elles portent sur :

- la mise à jour des données du passé (n-1), la ré estimation des données de l'année en cours (n), la projection de l'année de programme (n+1) dans le cadre de projections à moyen terme (n+1 à n+3), en tenant compte des financements extérieurs attendus ;
- l'appréciation de la situation économique récente et le diagnostic de la situation projetée (n+1) ;
- la détermination des objectifs et politiques requises à mettre en œuvre dans le cadre du programme ;
- la définition des techniques de suivi du programme ;
- la préparation, souvent par les services du Fonds, de la « lettre d'intention » des autorités (engagement des autorités de mise en œuvre de politiques économiques et financières) et éventuellement du document cadre de politiques économiques et financières (il s'agit d'un programme appuyé

par la Facilité d'ajustement structurel renforcée). Le texte est négocié avec les autorités. S'il n'y a pas d'accord, les discussions sont interrompues et l'équipe du FMI doit rendre compte de l'état des négociations au Directeur général du FMI et le processus reprend éventuellement au point 2 ci-dessus. S'il y a accord, les documents (lettre, document cadre éventuel, et tableaux) sont finalisés, sous réserve d'approbation par le conseil d'administration du FMI.

4. Approbation du programme financier

A son retour au siège, le chef de mission rend compte au Directeur Général des discussions et fait circuler au sein du FMI pour commentaires les documents du programme. Les commentaires éventuels sont, après accord avec les autorités, intégrés dans les documents. On rédige un rapport présentant la demande d'appui du FMI au programme des autorités, qui doit être prêt plusieurs semaines avant la discussion de ce rapport par le Conseil d'Administration du FMI. Des engagements fermes sur la couverture de l'écart de financement éventuel sont obtenus. Le Conseil d'administration discute et, en général, approuve le programme, et le premier tirage peut-être effectué immédiatement.

La durée totale de ces quatre étapes est le plus souvent d'environ trois à quatre mois, mais elle peut être réduite exceptionnellement à quelques semaines ou, au contraire, durer en cas de désaccord plusieurs années[1].

B - Suivi et évaluation de la mise en œuvre du programme économique et financier

Le suivi et l'évaluation sont importants pour s'assurer que le programme est exécuté dans les normes et est susceptible d'atteindre les objectifs et priorités fixés. Pour la partie ivoirienne, le suivi et l'évaluation permettent de détecter les sources éventuelles de blocage ou de ralentissement dans l'exécution du programme et de les corriger. Cela sert à obtenir des résultats pouvant convaincre les partenaires et bénéficier de nouveaux tirages. Pour les partenaires, le suivi et l'évaluation constituent des moyens de s'assurer de la crédibilité et de la transparence dans la conduite et l'exécution du PEF. A cet effet, le FMI, en tant que chef de file des partenaires économiques et financiers, envoie des missions de revue en Côte d'Ivoire, à fréquences généralement semestrielles.

La DGE établit une matrice de diligences pour la mise en œuvre du PEF contenant les secteurs impliqués dans le programme, les thèmes abordés, l'objectif de chaque diligence, les délais du programme et les délais internes, les structures attributaires des diligences, les moyens de vérifications de la

[1] Comme ce fut le cas, dans les relations entre la Côte d'Ivoire et le FMI de 1987 à 1988 et de 1999 à 2001.

réalisation, et les observations. Le suivi du PEF, pour les aspects concernant le Trésor, est assuré par la Direction de la Coordination Statistique. Ces aspects sont les données comptables issues de la balance et du CGAF, la mobilisation des ressources sur le marché des capitaux, la dette flottante, la PNG et les modes de financement du déficit budgétaire, en particulier les arriérés.

Tout le processus conduisant à la conclusion d'un programme économique et financier avec le FMI, ainsi que le suivi de la mise en œuvre est conduit par le MEF, en relation avec la représentation nationale du FMI et sous la supervision de la Primature.

Encore une fois, il est fortement recommandé aux pouvoirs publics d'associer les organisations représentatives de la société civile dans la mise en œuvre et le suivi des programmes économiques et financiers.

Comme on l'a vu en conclusion de la troisième partie, le boom économique issu de la dévaluation a duré quatre ans (1994-1997). A partir de 1998, on pouvait observer une inflexion de la croissance confirmée par une récession en 1999.

C'est dans cette ambiance de morosité économique que survient le coup d'état du 24 décembre 1999, suivi d'une période d'incertitude socio-politique jusqu'en 2002.

Section 2 : Politique financière durant la première crise politico institutionnelle de 2000 à 2002 en Côte d'Ivoire.

La période de 2000 à 2002 est caractérisée par l'instauration d'un régime militaro-civil en janvier 2000, l'adoption d'une nouvelle constitution le 1er Août 2000, l'organisation de nouvelles élections présidentielles dans des conditions chaotiques en octobre 2000 et la survenance d'une rébellion armée le 19 septembre 2002.

L'activité économique a atteint son niveau-plancher en 2000 avec un taux de croissance de

-3,7%. Le taux de croissance global et le taux de croissance per capita chutent à -1,7% et à

-4% sur la période 2000-2002 contre respectivement 4% et 1,1% sur la période 1997-1999.

Durant cette période d'instabilité socio-politique et de rupture de relations avec les bailleurs de fonds, on observe sur le TOFE, une certaine évolution des finances publiques, du côté des recettes comme des dépenses publiques. Les dons, dont le montant total a doublé en passant de 29,7 milliards de FCFA en 1994 à 64,9 milliards en 1999, ont connu une chute drastique sur toute la période de 2000 à 2002, avec une moyenne de 34,1 milliards.

Les recettes non fiscales aussi tombent en moyenne annuelle à 154,7 milliards de 1999 à 2002 contre 214,7 milliards de 1995 à 1998, soit une baisse de 38,7% et ce, en dépit de l'introduction d'une redevance sur les télécommunications à partir de 2001.

Du côté des dépenses, le niveau moyen de dépenses budgétaires annuel est de 1419,8 milliards sur la période 2000-2002 contre un montant de 1496,3 milliards en moyenne annuelle de 1996 à 1999, soit une baisse nominale de 5,1%. Cette baisse est liée au fait que l'augmentation régulière des dépenses courantes est contrebalancée par la baisse notable des dépenses d'investissement et des intérêts dus sur la dette.

Par ailleurs, il faut souligner l'importance des pertes de recettes subies par l'Etat à cause des réformes liées au code des investissements de 1995 ou à d'autres dispositions de politique fiscale. La loi 95-620 du 3 août 1995 portant code des investissements prévoit, au titre des privilèges accordés aux investisseurs, les régimes de la déclaration et de l'agrément à l'investissement. Les coûts prévisionnels (à défaut d'avoir les coûts effectifs) des reformes de divers impôts sont relativement énormes. Le coût fiscal prévisionnel total dû au régime de la déclaration à l'investissement en moyenne supérieur au montant espéré des investissements (103%) sur la période 2001-2003. Les coûts liés à l'agrément à l'investissement sont, eux, acceptables car ils ne représentent que 17% du montant total des investissements. Les coûts des exonérations sur les logements sociaux sont évalués à plus du tiers de la valeur des investissements.

De plus, l'interruption des négociations entre les autorités ivoiriennes et les bailleurs de fonds provoque l'arrêt des financements extérieurs en 1999 et la fragilisation encore plus prononcée des finances publiques.

Le DSRP constituait, d'une certaine manière, un instrument de l'initiative en faveur des Pays Pauvres Très Endettés (PPTE). Le DSRP est préparé par le gouvernement, avec la participation de la société civile et des partenaires au développement.

Lancée en 1996 par le FMI et la Banque mondiale, l'initiative PPTE consacrait l'impuissance des divers traitements (rééchelonnements, annulations…) à régler la crise d'endettement de la Côte d'Ivoire et de nombreux pays en développement. La Côte d'Ivoire est devenue éligible au programme PPTE en 1998, mais dont la mise en œuvre est arrêtée en 1999, suite à la rupture des relations du pays avec les institutions financières internationales.

Après les élections générales de 2000 et 2001, l'Etat met en place plusieurs mesures regroupées dans les budgets des exercices 2001 et 2002 pour essayer de juguler les difficultés de finances publiques. Le budget de l'exercice 2001, appelé « budget sécurisé », est essentiellement orienté vers les dépenses prioritaires de l'Etat et le recouvrement des recettes intérieures. La bonne exécution de ce budget a permis la reprise des négociations avec les institutions de Bretton Woods. Un programme intérimaire, d'une durée de six mois, est conclu avec le FMI en juin 2001. En 2002, les autorités ivoiriennes mettent en place un « budget d'assainissement » et concluent, avec le FMI et la Banque Mondiale, un programme triennal (2002-2004) appuyé par la Facilité pour la Réduction de la Pauvreté et pour la Croissance (FRPC) dont les objectifs sont de :

- consolider les acquis en matière d'assainissement des finances publiques ;
- préparer les bases de la renaissance économique et financière de la Côte d'Ivoire ;
- obtenir la baisse effective du stock de la dette publique dans le cadre de l'initiative en faveur des pays pauvres très endettés (ou initiative PPTE).

Ainsi, le 10 avril 2002, un accord de consolidation de trois ans est signé avec le Club de Paris, selon les termes de Lyon, consistant en une réduction de 80 % de la valeur actualisée nette de la dette. En d'autres termes, on a un rééchelonnement de 20% et une annulation de 80%. Une promesse ferme est même faite à la Côte d'Ivoire de lui faire bénéficier des termes de Cologne consistant en une réduction de 90 % en valeur actualisée nette dès que le pays aura atteint et franchi le point de décision en matière d'initiative PPTE. Les négociations avec le Club de Londres ont commencé lorsque survint la guerre le 19 septembre 2002.

Les résultats de la politique financière de 2000 à 2002 sont perceptibles à plusieurs niveaux. L'épargne brute de l'économie nationale était croissante de 1994 (année de la dévaluation) à 1998. A partir de 1999, elle chute jusqu'en 2001. L'épargne brute du secteur public est devenue négative en 2000 et est restée très faible jusqu'en 2002.

Le besoin de financement du secteur public devient supérieur à celui de l'économie nationale (graphique 4) et dépasse 200 milliards sur la période de 1998 à 2002, à l'exception de l'année 2001.

Les évolutions du secteur réel et des finances publiques sont reflétées dans les agrégats monétaires en termes de contraction de la masse monétaire. La situation exceptionnelle que vit la Côte d'Ivoire depuis le 19 septembre 2002 a eu des répercussions sur le secteur financier. La politique monétaire initiée par la BCEAO a été très conservatrice et s'est traduite par la contraction de la masse monétaire. L'environnement socio-politique rendu incertain a conduit les banques à réduire les lignes de crédits. Par ailleurs, on a assisté à la fermeture des succursales implantées dans les zones de conflit ainsi que dans la zone tampon (environ 10% du total du réseau bancaire).

Graphique 4 : Evolution du besoin de financement des administrations publiques et de l'économie nationale

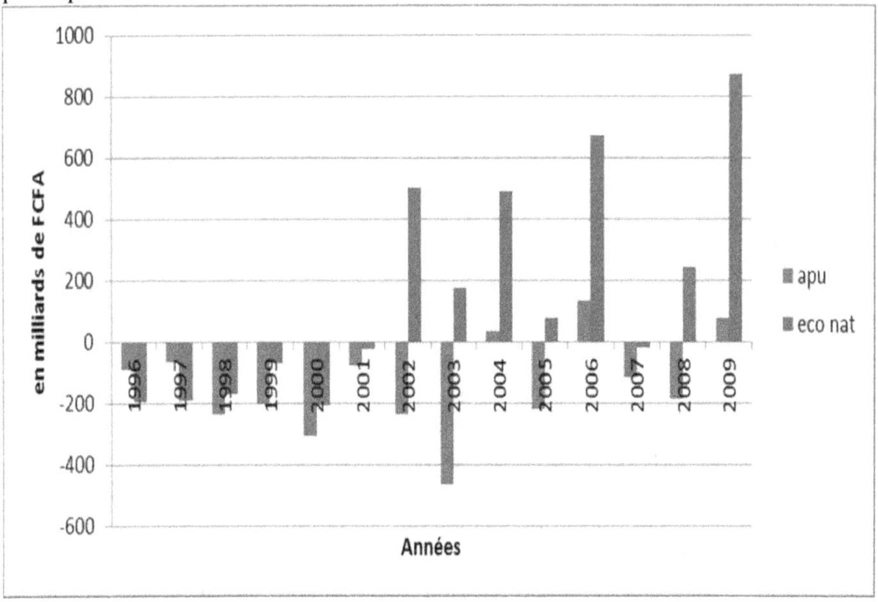

Source : Comptabilité Nationale (2013)

Apu : Administrations publiques éco nat : économie nationale

La masse monétaire de 1722,4 milliards en 1998, descend en dessous de 1700 milliards en 1999-2000 avant de remonter à plus de 2000 milliards en moyenne durant les années 2001 et 2002, sous les effets conjugués des niveaux de la monnaie fiduciaire et des dépôts en banque.

Les contreparties de la masse monétaire suivent les mêmes tendances. Le relèvement spectaculaire du niveau des avoirs extérieurs nets est le fait de la Banque Centrale dont le solde positif de 32,6 milliards en 2000, a été multiplié par plus de dix en 2001 (371,6 milliards) et par plus de vingt en 2002 (778,1 milliards). La Banque Centrale gardait donc confiance dans le système économique ivoirien pendant que les banques commerciales se montraient de plus en plus prudentes. Cette prudence se perçoit dans la décroissance continue des crédits intérieurs nets de 1998 (1826,8 milliards) à 2002 (1688,8 milliards) ; car la contraction de la position nette du gouvernement n'a pas été compensée par une variation très positive du crédit au secteur privé. Le crédit à l'économie a stagné sur la période parce que la légère augmentation du crédit de court terme a été neutralisée par la baisse du volume de celui de moyen et long terme.

Cela trouve son origine dans « le paradoxe de la coexistence d'un besoin chronique de financement de l'économie et d'une surliquidité bancaire », selon N'Gouan (2005, p.199). Sur le tableau 21, on lit un taux d'intérêt créditeur qui est en augmentation de 1994 à 2002, pendant que le taux débiteur est en décroissance. Il en résulte un taux de marge qui est multiplié par deux de 1994 à 2001-2002. La répercussion est visible sur le volume total des bénéfices engrangés par le système bancaire national qui est multiplié par 6 de 1994 à 2001. Il est même multiplié par 2,5 en une seule année, en passant de 24 milliards en 2001 à 59 milliards en 2002. En outre, on estime à plus de 211 milliards l'ensemble de la liquidité bancaire dans l'UEMOA. En y ajoutant les avoirs extérieurs bruts et divers titres négociables, on obtient 682,5 milliards. Paradoxalement, le financement total de l'économie nationale par le secteur bancaire baisse de trois points en passant de 24% du PIB en 1998 à 21% en 2002 contre 70% en France et 65% en Tunisie. Le crédit au secteur privé est quasiment resté constant, avec une moyenne de 15,3% sur la période. Le crédit agricole ne représente que 6% des risques bancaires alors que le secteur primaire demeure encore la base de la croissance en Côte d'Ivoire.

Tableau 20 : taux d'intérêt et bénéfices réalisés par le système bancaire ivoirien de 1994 à 2002

Années	1994	2001	2002
Taux créditeur moyen (en %)	4,5	1,6	2,2
Taux débiteur moyen (en %)	10,1	12,2	13,1
Taux de marge (en %)	5,6	10,5	10,9
Bénéfices (en milliards)	4,1	24	59

Source : BCEAO (2004)

Un tel contraste, qui tend à devenir chronique, a suscité des réflexions. Plusieurs solutions sont avancées, dont les deux principales sont l'assouplissement de la fiscalité financière et la sécurité de l'environnement des affaires. Si l'environnement institutionnel et économique est un facteur pertinent dans l'analyse de la surliquidité bancaire, on peut, en revanche, se poser des questions sur la véracité de l'argument de l'impôt sur le revenu des valeurs mobilières (IRVM).

La conséquence de ce qui précède est une tendance à la contraction de la masse monétaire (M2) dont le taux de croissance est descendu en dessous de 0% en 1999 et 2000 au profit de l'accroissement continuel du taux de liquidités bancaire qui est passé de 83,8% en 1997 à 100,5% en 2002. L'incidence positive sur la politique monétaire est le contrôle de l'inflation.

L'inconvénient principal est la pénalisation de la croissance qui est restée négative sur toute la période.

En ce qui concerne le secteur extérieur, les données confirment les tendances ci-dessus. Si le taux de change effectif réel de 91,9% de 1998 à 1999, descend à 89,6% de 2000 à 2002 ; si bien que la balance commerciale affiche toujours un solde excédentaire. La balance courante, elle, est déficitaire de 1,7% du PIB. Le service de la dette, représentant 25,7% des exportations de biens et services de 1996 à 2000, est réduit de moitié (13,5%) en 2001-2002. Les réserves totales, valant un mois et demi d'importations de 1995 à 1999, ont doublé leur durée pour donner trois mois de 2000 à 2002. Dans le même sens, ces réserves, qui valaient 2,8% de la dette extérieure, ont vu leur proportion doublée pour se situer à 6,1%.

En conclusion de cette section, on peut noter qu'après la relative expansion consécutive à la dévaluation de la monnaie, la période de 1999 à 2002 s'est caractérisée par une légère dépression dans un contexte d'incertitude politique et de politique monétaire restrictive. Ces incertitudes seront aggravées à partir de 2003.

Section 3 : La politique financière dans un contexte de crise militaro institutionnelle de 2003 à 2011.

La crise militaro politique, intervenue le 19 septembre 2002, la partition du pays qui l'a suivie et le conflit post électoral du premier semestre 2011 ont eu des conséquences politico institutionnelles, socioéconomiques et financières incalculables. Pendant huit ans (2003-2010), la Côte d'Ivoire a été dirigée par des gouvernements de coalition et des institutions quasi ad hoc mises en place sur des bases plus politiques que juridiques, à l'issue d'accords de paix. En dépit de la signature des accords de Marcoussis en France en janvier 2003, la partition du pays a été maintenue jusqu'en 2010, avec son corollaire de difficile normalisation socio-politique.

§ 1- Evolution du secteur réel

De 2003 à 2010, le taux de croissance a oscillé autour de 1%, tirée du côté de l'offre, comme d'habitude, par la production vivrière et l'exportation de produits de rente (café, cacao, bois et d'autres ressources forestières). Mais, la grande résistance de l'économie à l'instabilité socio politique est aussi redevable, en grande partie, aux nouvelles sources de la croissance qui sont l'exportation de produits pétroliers et gaziers. Les contributions respectives du pétrole et du gaz naturel dans le PIB étaient de 1,1% et 1% en 2002, sont montées à 1,9% et 7,6% en 2006 avant de retomber à 1% et 4,4% en 2011. Dans le secteur tertiaire, la contribution de la téléphonie mobile est également soulignée dans les différents rapports de la Direction Générale de l'Economie.

Malgré tout cela, l'activité économique est notablement affectée par les effets de la crise post-électorale. Cette crise a eu de graves conséquences sur l'administration publique et le tissu économique et social. Le taux de croissance du PIB est descendu à -4,7% en 2011 contre 14,4% au Ghana et 7,4% au Nigéria. Le taux de croissance du revenu per capita est resté en moyenne négatif (-1%) de 2003 à 2011 contre 2,4% en Afrique Subsaharienne (sans l'Afrique du Sud).

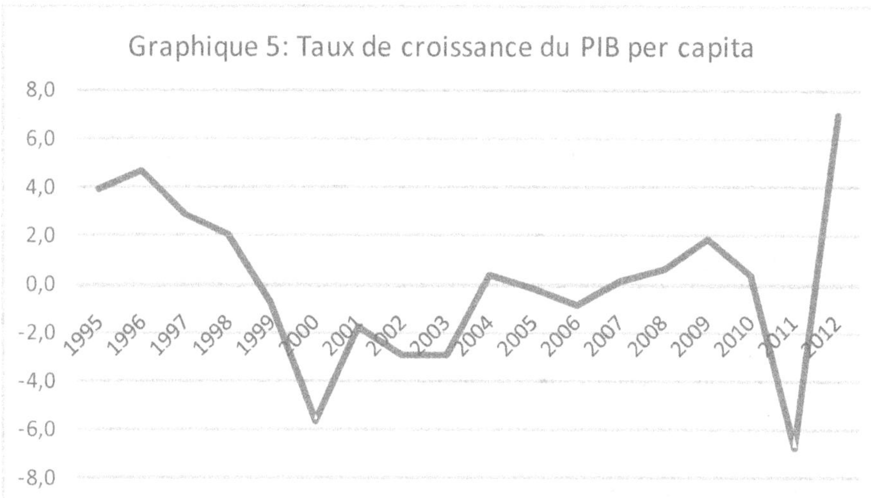

<u>Source</u>: World Bank, World Development Indicators, 2013

Les chutes les plus significatives se manifestent juste après des crises militaro politiques :

-5,7% en 2000 après le coup d'état de décembre 1999 et -3,1% en 2002-2003 après la survenance de la rébellion armée de septembre 2002. La chute record est enregistrée en 2011, soit -4,7%, après la crise post-électorale du premier semestre de cette année. La dépression ivoirienne a tiré vers le bas les taux croissance de l'UEMOA à 0,9% contre 4,8% en 2010 et de la CEDEAO à 6,7% contre 7,2% en 2010. Les conséquences directes sont la montée fulgurante du taux de pauvreté qui est passé de 15% en 1985, à 33% en 1998 et à plus de 50% en 2011. La forte croissance économique de 2012 a permis d'accélérer celle du PIB par tête de 7%.

§ 2- Evolution financière du secteur public.

L'analyse financière du secteur public portera successivement sur les évolutions des finances publiques (administration centrale), de la situation financière du secteur parapublic et de l'ensemble des administrations publiques.

A - Evolution des finances publiques

La gestion des finances publiques a été conçue et appliquée, chaque année, en prenant en compte le contexte de crise. En 2003, la situation politique n'a pas permis de reprendre le programme économique et financier conclu auparavant avec les bailleurs de fonds. Le pays a été quasiment privé d'appuis financiers des institutions de Breton Woods jusqu'à la signature de l'accord politique de Ouagadougou en Mars 2007. Le budget de l'exercice 2003, appelé « budget de sauvetage », est expliqué par les difficultés économiques et financières aggravées par la suspension des concours extérieurs à cause de la guerre. Même les dons connaissent une restriction de 13,7 % par rapport à leur niveau de 2002 et de 39,2 % par rapport à celui de 2001. De 2004 à 2005, le niveau des dons de 39,1 milliards est multiplié par plus de deux, mais retombe à seulement 15,1 milliards en 2006. L'ensemble des tirages sur prêts projets et autres tirages passent de 41,1 milliards en 2004 à seulement 7 milliards en 2005 et 12,2 milliards en 2006. La faiblesse des dons et appuis budgétaires extérieurs est quasiment compensée par la mobilisation efficace des recettes intérieures. Les recettes intérieures passent de 1351,9 milliards en 2003 à 1600,4 milliards en 2006 grâce à un accroissement de 16,4% des recettes fiscales et de 46,1% des recettes non fiscales.

Du côté des dépenses, l'élévation de leur niveau est en grande partie imputable à la crise. En effet, du fait de la suspension des négociations avec les bailleurs de fonds en 1999, les intérêts servis sur la dette ont continuellement baissé de cette année (298,5 milliards) à 2006 (131,9 milliards). Les dépenses d'investissements baissent également de 352,5 milliards en 1999 à 239 milliards en 2006, soit une chute de 32,2%. En revanche, les dépenses de fonctionnement augmentent de 26,8% de 2002 à 2006, probablement pour prendre en compte des charges liées aux intenses et nombreuses négociations d'accords de paix, à l'augmentation de la taille du gouvernement...

Bien plus, les autres dépenses, liées aux efforts de paix, coûtent à l'Etat, en moyenne 78,7 milliards par an de 2002 à 2006. Elles portent sur l'application des accords de Marcoussis, l'identification, la démobilisation, le désarmement, la réinsertion...

Le solde budgétaire base ordonnancement qui était légèrement positif (+0,9%) en 2001, est devenu négatif en moyenne de -1,8% de 2002 à 2006. Le besoin de financement des administrations publiques (graphique 11), de l'ordre de 200 milliards en moyenne durant les cinq années précédentes, explose en 2003 au-dessus de 400 milliards avant de décrire de fortes fluctuations jusqu'en 2006. Les soldes primaire et primaire de base passent respectivement de 2,9% et 3,6% à 0,3% et 0,5% en moyenne de 2000-2002 à 2003-2006.

Notons tout de même qu'au-delà de la suspension officielle des négociations avec les bailleurs de fonds, les autorités ivoiriennes ont pris soin de maintenir un certain niveau de relations avec eux à l'effet d'entretenir des rapports de confiance, de préparer des dossiers techniques et de créer le cadre et les conditions propices à la reprise de la coopération financière dès le retour à la normalisation. Des missions sont parfois effectuées à Washington auprès du FMI et de la Banque Mondiale pour faire avancer certains dossiers techniques. LA BAD, la BOAD, l'Union Européenne, la France, le Japon et la Chine ont continué de financer certains projets qui pouvaient encore l'être.

Dès lors, suite à la signature de l'accord politique de Ouagadougou le 04 Mars 2007, la Côte d'Ivoire renoua officiellement ses relations avec les différents partenaires, notamment le FMI dans le cadre du programme d'aide d'urgence post-conflit (AUPC) conclu le 03 Août de la même année. Un nouvel accord est conclu avec les bailleurs de fonds dans le cadre de la facilité de réduction de la pauvreté et pour la croissance (FRPC). On procède, entre autres, à la réduction d'arriérés envers les institutions financières internationales, à la mise en place d'un « track record », à la reprise de l'élaboration des documents stratégiques de réduction de la pauvreté (DSRP) arrêtée depuis 1999, à des tirages sur prêts projets, à des restructurations des dettes des clubs de Paris et de Londres.

La mise en œuvre de tout cela a permis l'atteinte du point de décision du PPTE en mars 2009, consacrée par la visite du directeur général du FMI en Côte d'Ivoire[1] en mai 2009. Un programme économique et financier appuyé par la Facilité Elargie de Crédit (FEC, ex FRPC), assortie de l'atteinte du point de décision de l'Initiative en faveur des Pays Pauvres Très Endettés (PPTE), est conclu.

Le 15 mai 2009, un accord est signé avec le Club de Paris pour une période de consolidation de trois ans. Selon les termes de Naples, les arriérés sont annulés à hauteur de 67% et le reste est rééchelonné. Les flux sont traités selon les termes de Cologne portant sur une annulation de 90% et un rééchelonnement de 10%. Le 16 avril 2010, un accord est signé avec le Club de Londres portant sur tout le stock de la dette au 31 décembre 2009. La restructuration est un plan de type Brady permettant une annulation de 20% et un rééchelonnement de 80%.

Le volume total des dons augmente de manière notable de 2007 à 2010 car, aux dons projets, s'ajoutent des dons programmes dont les montants sont plus importants que les premiers. Le volume des dons s'élève à 310,9

[1] A l'occasion de cette visite, M. Dominique Strauss-Khan a eu une séance de travail avec la société civile

milliards en 2009, soit vingt fois et demie leur niveau de 2006, avant de retomber à seulement 32,9 milliards en 2011.

Les recettes intérieures progressent continuellement pour atteindre 2176,2 milliards en 2010, soit 36% de plus que leur niveau de 2006 grâce, notamment, à des efforts notables de recouvrement des ressources fiscales dont l'accroissement est de 41,4% sur la période. Le taux de pression fiscale de 15% satisfait, pour une fois, le critère de convergence de l'UEMOA (17%) en 2010 et 2011. Les recettes non fiscales, elles, n'augmentent que de 4,8% sur la période. En 2011, toutes ces recettes chutent pour retrouver pratiquement leur niveau de 2006.

Par ailleurs, il convient de signaler l'importance des coûts fiscaux découlant du code des investissements de 1995. Ces coûts, évalués sur la période de 2004 à 2009 par la Direction Générale des Impôts, s'avèrent considérables pour le régime de l'agrément et varient entre 15,5 milliards et 106,8 milliards. En ce qui concerne le régime de la déclaration, sur la période d'étude, les coûts ont varié d'un milliard à 9,6 milliards. L'état a renoncé à 323 milliards F CFA de 2004 à 2009 (soit en moyenne 53,8 milliards) dans le cadre des exonérations du code des investissements, dont 297 milliards pour l'agrément et 26 milliards pour la déclaration à l'investissement. L'incidence financière des mesures d'allègements en faveur des entreprises contenues dans l'annexe fiscale 2011 s'élève, elle seule, à 68,7 milliards sans compter les pertes de recettes douanières, probablement aussi importantes.

Du côté des dépenses, elles s'élèvent à 2208,7 milliards en 2011, représentant 25,9% du PIB contre 19,7% en 2006, soit une progression de 6,7%. Cette augmentation est imputable à celles des montants des intérêts sur la dette de 66,3% et des dépenses primaires de 43,1%. L'élévation du niveau des dépenses primaires s'explique par celles de ses composantes. Les dépenses courantes, les dépenses d'investissements et celles liées directement à la crise[1] augmentent respectivement de 40,4%, de 46,4% et de 107,9% de 2006 à 2010. En 2011, toutes ces dépenses baissent légèrement.

Sur toute la période de 2000 à 2010, le déficit budgétaire, base ordonnancement, est demeuré dans les limites permises par le critère de convergence de l'UEMOA, c'est-à-dire inférieur à 3% du PIB. En 2011, le déficit budgétaire est sorti du tunnel pour s'élever à 5,7% du PIB.

B – Situation financière du secteur parapublic

La situation financière globale du secteur parapublic construite à partir des données du Trésor de 2007 à 2012 est caractérisée comme suit :

(Trésorerie + créances) - dettes = fonds de roulement.

---

[1] Les collectifs budgétaires, les fréquentes avances de trésorerie plus ou moins régularisées etc.

Les montants totaux des opérations financières du secteur parapublic sont élevés en 2009 et en 2012 où ils sont respectivement de 600 milliards et de 700 milliards. Les fonds de roulement totaux sont de 100,9 milliards et de 151,8 milliards. Les autres années, ces montants ont été généralement inférieurs à 500 milliards et, consécutivement, les fonds de roulement en dessous de 95 milliards.

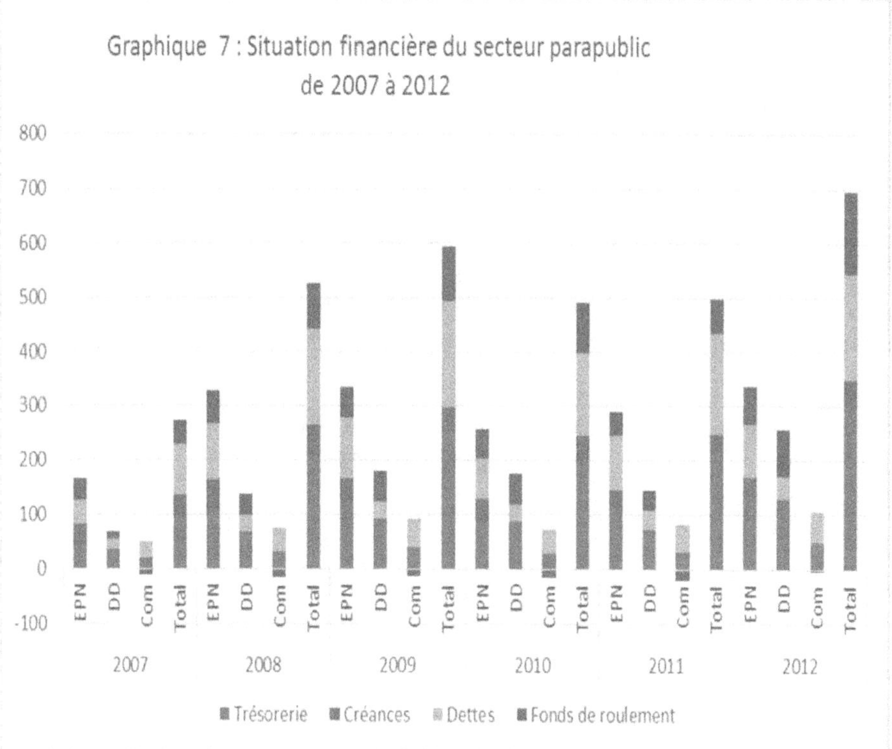

Source des données : DGTCP/DCPP

Ces fonds de roulement sont alimentés principalement par les approvisionnements du Trésor Public. En effet, les trésoreries totales des structures parapubliques ont été fournies par l'Agence Comptable du Trésor (ACCT) dans des proportions annuelles de 83%, 99% et 93% sur toute la période d'étude pour les EPN, les départements et districts et les communes.

En soustrayant les approvisionnements du Trésor, les fonds de roulement du secteur parapublic auraient été négatifs sur toute la période. Même en maintenant ces subventions, les fonds de roulement des communes sont demeurés négatifs.

Notons tout de même que les EPN ont eu les plus proportions de subventions par rapport à leur trésorerie totale. Pourtant ils ont enregistré des niveaux fonds de roulement les plus élevés. Cela s'explique par l'importance des ressources propres générées par leurs activités marchandes. En revanche, les fonds de roulement positifs des départements et districts s'expliquent uniquement par les volumes très importants des approvisionnements du Trésor qui représentent la quasi-totalité de leur trésorerie.

C- Evolution financière globale des administrations publiques

L'analyse de l'évolution financière globale des administrations publiques se fera par les données du CGAF et de la comptabilité nationale.

Les résultats de la période 2007-2011, sont traduits sur les graphiques ci-dessous. La capacité de financement de l'économie nationale, positive depuis 2002, ayant connu une baisse en 2007, a repris sa croissance en 2008-2009. Le besoin de financement des administrations publiques est contenu dans la limite de 200 milliards et est même devenu une capacité de financement en 2009.

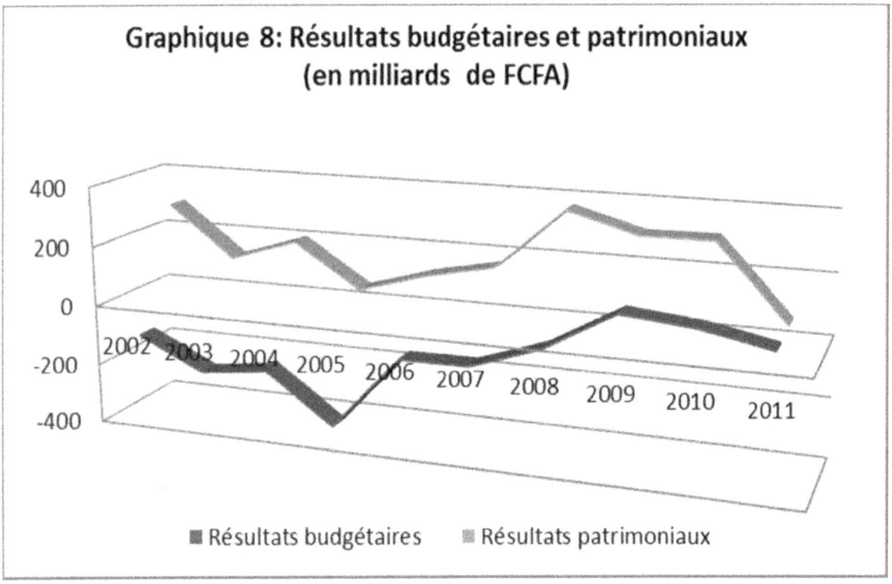

Source : DGTCP, CGAF (2002-2011)

Sur le graphique 8, les résultats budgétaires et patrimoniaux, en décroissance depuis 2002, remontent à partir de 2006 pour marquer le pas en 2011. Rappelons que dans le CGAF, le résultat patrimonial ou résultat comptable est la différence entre les produits et charges. A la clôture de la gestion, il envoyé au Passif du bilan (compte 117) pour être intégré aux comptes des capitaux.

A l'ouverture de la gestion suivante, il est ajouté au report à nouveau (compte 112). Le résultat patrimonial représente les ressources dégagées par l'Etat de son fonctionnement pour financer ses investissements (inscrits à l'Actif).

Les signes négatifs des résultats patrimoniaux de 2002 à 2005 montrent les soldes déficitaires de l'Etat qui a dû financer les acquisitions d'immobilisations (classe 2 : terrains, bâtiments, matériel et outillage…) par un endettement. A partir de 2006 au contraire, les acquisitions sont financées sur capitaux propres. Dans les comptes de la nation, l'évolution de la part de l'épargne brute des administrations publiques (APU) dans l'économie nationale corrobore celle des résultats patrimoniaux. L'épargne brute des administrations publiques connaît une tendance à la baisse sur la décennie 1996-2006. Elle est passée de 29% en 1996 à 3,2% en 2006, avec des valeurs négatives considérables de -22% en 2000 et de -17% en 2003. Même si de légères hausses sont constatées à partir de 2004, il a fallu attendre l'année 2009 pour avoir un résultat de 20,6%, encore éloigné de celui de 1996 qui était de 29%.

Les résultats budgétaires dans le CGAF suivent pratiquement la même évolution que les résultats patrimoniaux. Du côté de l'Actif de l'Etat, les biens et créances ne sont pas classés en fonction de leur liquidité croissante, mais de leur nature. Limitons nous ici à la première division de l'actif en deux groupes : actif immobilisé et actif circulant. Les actifs immobilisés (AI) comprennent les immobilisations corporelles, incorporelles et financières[1]. Les actifs circulants (AC) sont constitués des créances de l'Etat sur les redevables et sur les banques et établissements financiers, les disponibilités affectées, disponibilités des régisseurs et des fonds de caisse.

L'observation du graphique 9 montre que les actifs circulants de l'Etat sont nettement supérieurs à ses actifs immobilisés sur toute la période 2002-2011. La croissance lente mais régulière des actifs immobilisés traduit l'évolution des investissements publics. En effet, la crise décennale et l'application de la politique budgétaire restrictive ont pesé lourdement sur les investissements publics. Les investissements financés sur appuis budgétaires ou sur prêts et dons projets représentent, chacun, sur toute la période, des proportions comprises entre 2% et 2,5% du PIB.

Dans les comptes de la nation, on note que le compte de capital, premier compte d'accumulation, présente sur toute la période des soldes déficitaires, représentés par la succession de besoins de financement du graphique 11. C'est dire que les investissements en actifs physiques n'ont pas trouvé en face une épargne publique suffisante pour les financer. La faiblesse ou l'absence de capacité d'autofinancement des administrations publiques

[1] Appelées aussi actifs financiers

explique la faible variation des actifs immobilisés comparativement aux actifs circulants.

Pendant ce temps, les niveaux des actifs circulants ont fait des bonds significatifs, notamment au cours des années 2003, 2006 et 2009. Ces bonds traduisent les efforts de recouvrements de recettes intérieures (recettes fiscales et non fiscales, émissions de titres publics...), ainsi que l'évolution de la PNG.

Toutefois, les efforts exceptionnels de mobilisations de ressources intérieures et le niveau des déficits budgétaires respectant la norme communautaire de 3% trahissent mal la situation réelle des comptes des administrations publiques dans un pays divisé en deux. Les évolutions des agrégats illustrées sur le graphique 10 le montrent bien.

Pour une meilleure compréhension du graphique 9, quelques explications s'avèrent nécessaires. Selon le rapport de présentation du CGAF (2011, p.61), « les crédits des comptes du passif représentent les ressources reçues par le Trésor Public. A la différence d'une société privée, l'Etat n'a pas de compte de capital social ou de compte de dotation initiale. Ces crédits correspondent aux formes diverses que l'endettement de l'Etat, dans son acception la plus large, revêtait au 1er janvier 2003[1]. (....).

Au Passif du bilan, les dettes sont classées en fonction de leur nature économique et non selon le critère d'exigibilité croissante». Le Passif de l'Etat, au sens du CGAF, comprend la situation nette de l'Etat, les dettes financières, les autres dettes et les comptes de régularisation créditeurs. L'analyse du graphique 9 permet de faire quelques commentaires.

[1] Année de première édition du CGAF

Graphique 9 : Actif, passif et situation nette de l'Etat

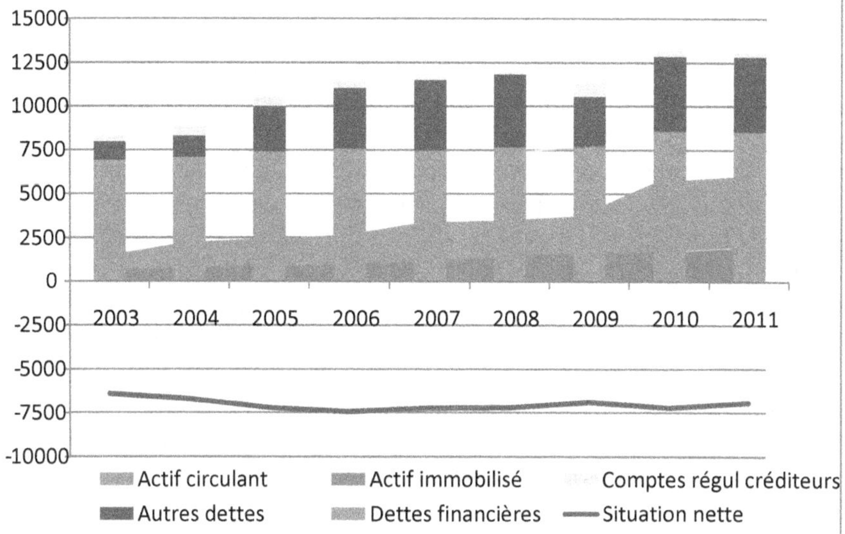

<u>Source</u> : DGTCP, CGAF (2002-2012)

La situation nette de l'Etat comprend le résultat patrimonial de l'année, le cumul des résultats non ventilés, le report à nouveau cumulé, les dettes annulées et les écarts de réévaluation. Cette situation nette est négative en moyenne de 7 000 milliards sur la période de 2003 à 2011.

Les dettes financières sont constituées de dons et legs, d'emprunts en cours de tirage, de bons du Trésor, d'emprunts projets, d'emprunts d'ajustement structurel, d'autres emprunts, des dettes avalisées ou rééchelonnées. Le montant total de ces dettes, proche de 8000 milliards, a franchi cette barre en 2010 pour s'en maintenir au-dessus.

Les autres dettes et comptes de régularisations sont les suivants :

- les avances de trésoreries faites aux grandes institutions et aux collectivités territoriales non encore régularisées au plan budgétaire ;
- les dépôts de divers correspondants du Trésor (EPN, organismes nationaux ou internationaux…) ;
- les avoirs des déposants ;
- les services non personnalisés ;
- les restes à payer composés de la dette flottante et des arriérés de paiements, selon que la durée est inférieure ou supérieure à 90 jours ;
- les opérations avec l'étranger ;

- les créditeurs divers et les comptes d'attente créditeurs ;
- les opérations de régularisation avec l'étranger ;
- les virements et liaisons internes.

Le volume total des autres dettes a été continuellement croissant. Il a dépassé la barre de 2000 milliards en 2005 puis celle de 4000 milliards en 2008 pour s'y maintenir pratiquement au-dessus, si l'on ne considère pas les comptes de régularisations créditeurs de 2009.

Ces derniers comprennent les dépenses réglées dans la gestion suivante et les autres charges restant à payer. Leur volume total, quoique marginal et en constante diminution, s'élève tout de même à plus de 23 milliards en 2011.

Ainsi, l'évolution de la structure du Passif montre que la situation financière de l'Etat s'est dégradée sur toute la période de crise de 2002 à 2011. Par exemple, selon les données de l'UEMOA et de l'AMAO, l'encours de la dette extérieure sur le PIB, de 2008 à 2011 est de 66,3% en Côte d'Ivoire contre 38,1% dans l'UEMOA et 11,7% dans la CEDEAO. Des données des comptes de la nation, représentées sur le graphique 10, corroborent les tendances ci-dessus révélées dans le CGAF.

Graphique 10 : Aspects des contributions des adminisitrations publiques dans l'économie nationale (%)

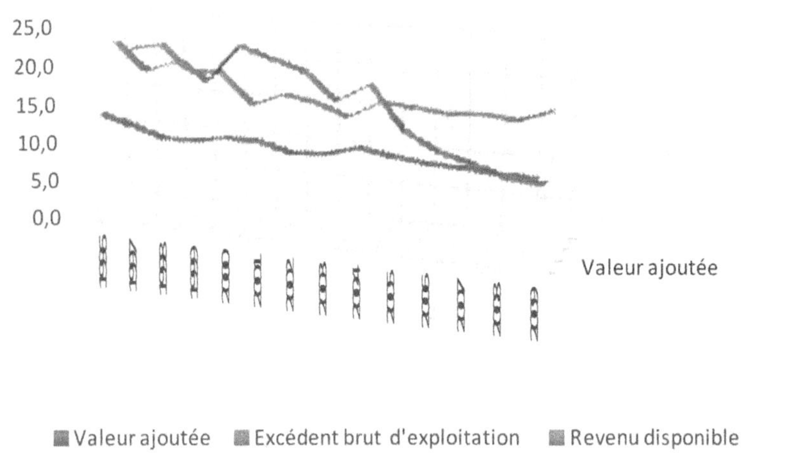

Source : INS/Comptabilité nationale (2013)

La valeur ajoutée, solde du compte de production, mesure la contribution du secteur institutionnel (en l'occurrence l'Etat) au PIB. Cette contribution des administrations publiques, qui était proche de 15% au milieu des années 1990, a oscillé autour de 12% de 1999 à 2008, excepté l'année 2004, avant de frôler même son niveau plancher de 10% en 2008-2009.

A l'issue de la répartition de la valeur ajoutée telle que décrite dans le compte d'exploitation, le solde que l'Etat conserve pour lui-même, l'excédent brut d'exploitation (EBE), présente une tendance globalement décroissante de 1996 à 2009. La part des administrations publiques dans l'EBE nationale était de 22% en 1996, a diminué jusqu'à 17,8% en 1999, est remontée à 22,6% en 2000, avant de reprendre sa tendance résolument descendante pour se retrouver à seulement 8,6% en 2009.

Le revenu disponible est le solde du compte de distribution secondaire du revenu. Il représente la somme dont le secteur institutionnel peut disposer pour la consommation ou pour l'épargne. La contribution des administrations publiques dans le revenu disponible national est descendante de 1996 à 1999, mais conserve une moyenne de 19,3%. De 2000 à 2009, elle perd quatre points pour s'établir en moyenne à 15,2%.

La situation des finances publiques en 2010 est caractérisée par une difficile exécution du budget, notamment en fin d'année. Les principaux critères budgétaires arrêtés dans le cadre du programme conclu avec le FMI n'ont pas été respectés à cause des perturbations de l'activité économique provoquées par la crise post-électorale. L'Etat a accumulé des arriérés de 31,1 milliards au titre de la dette intérieure et 19,7 milliards sur la dette extérieure. Cette situation a conduit à l'annulation du programme économique et financier 2009-2011, soutenu par la Facilité Elargie de Crédit (FEC).

§ 3- Evolution du secteur financier

La crise des années 2000 a légèrement affecté la structure de l'Actif du système bancaire en général (graphique 11), sans en modifier fondamentalement les grandes tendances, à l'exception de celle des avoirs extérieurs nets (AEN). Dans la mouvance de l'expansion post dévaluation de 1994 à 1997, tous les postes de l'actif du système bancaire ont connu une tendance haussière, avec une nette domination du crédit à court terme et une remontée très remarquable des AEN grâce à la robustesse des exportations. Cette ambiance de reprise amène les banques à élever le niveau de leurs actifs risqués (graphique 13), notamment les créances en souffrance, douteuses ou litigieuses. Les deux années 1998 et 1999 de transition vers la crise marquent une décélération dans l'évolution de tous ces postes d'actif au profit de la PNG et du crédit à moyen terme. Les banques font un effort d'assainissement de leurs portefeuilles par une compression drastique de tous leurs actifs risqués, en particulier les crédits impayés et immobilisés.

Dans ce sens, de 2000 à 2002, les banques continuent d'observer une politique de prudence à cause de la crise qui a poussé beaucoup d'entreprises au surendettement ou à la faillite. En 2002, la Banque Mondiale et le FMI, dans le cadre du programme d'évaluation du secteur financier, font des recommandations en vue de renforcer le système bancaire et de réduire la vulnérabilité et le problème des créances douteuses. Des réformes sont engagées en vue d'assurer aux différentes structures financières la viabilité financière à long terme.

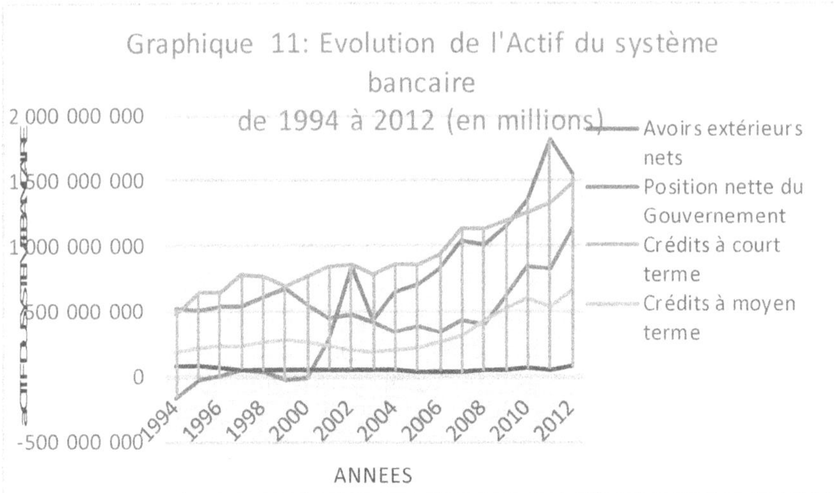

Source : BCEAO (2013)

S'agissant particulièrement de la Banque Nationale d'Investissement (BNI), la dernière banque d'Etat après les privatisations du début des années 1990, l'étude a rappelé les risques liés à la part très élevée des créances en souffrance et à la forte concentration des crédits.

Un plan de restructuration est adopté en 2001 pour renforcer ses capacités aussi bien en termes de ressources humaines que d'équipement et d'organisation. Ce regain de professionnalisme permet de réaliser des résultats nets positifs depuis 2002. En outre, sa situation face aux ratios prudentiels, quelque peu préoccupante, a pu être résolue avec la signature d'un échéancier portant sur le paiement de la dette de l'Etat. En effet, la créance de l'Etat a été consolidée en septembre 2005 pour un montant global de 150 milliards de F.CFA. La nouvelle convention se traduit par le paiement annuel de 24 milliards de F.CFA sur sept ans à un taux annuel de 3,5%. La banque a aussi élargi sa clientèle en ouvrant des guichets aux privés

Les graphiques 11 et 12 restituent, à travers la recomposition des actifs, la politique prudentielle du système bancaire nationale de 2000 à 2007. Tout le crédit intérieur, malgré les injections d'importants fonds dans les secteurs de l'agro-industrie, du pétrole et gaz et des télécommunications, se comprime au profit des avoirs extérieurs nets. Même ceux-ci marquent une cassure consécutive à la crise armée de 2002 avant de reprendre leur évolution en

2004. Au sein du crédit intérieur, la décélération constatée dans l'évolution des agrégats monétaires reflète le doute qui s'installe entre le système bancaire et les acteurs économiques. La PNG et le crédit à moyen terme cèdent une place encore plus grande au crédit à court terme qui, lui-même, croit à une vitesse moins rapide par rapport aux années précédentes.

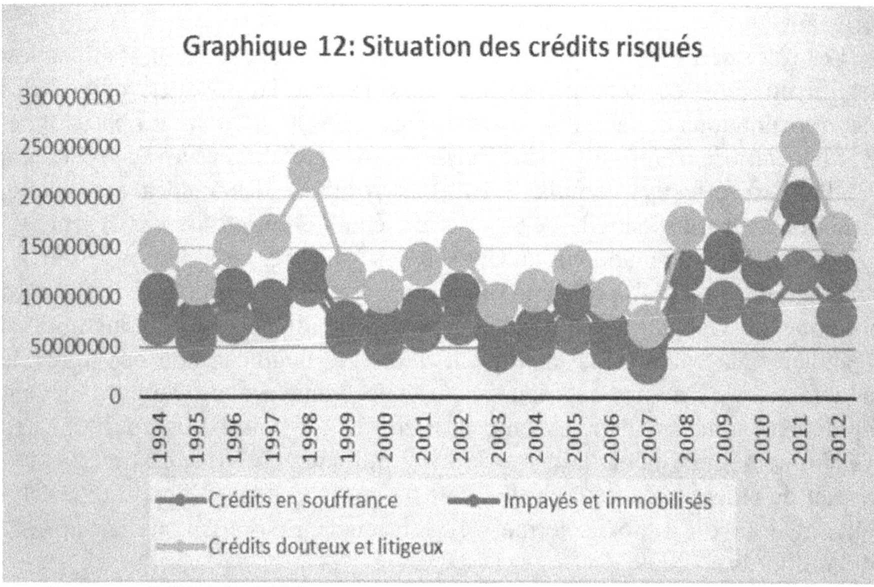

Source : BCEAO, 2013

Les interventions de la Banque Centrale deviennent plus rigoureuses. Les avances statutaires à l'Etat sont limitées. Les refinancements des banques commerciales s'amenuisent. Les banques poursuivent l'assainissement de leurs portefeuilles. Les crédits en souffrance et les crédits litigieux ou douteux se dégonflent, quand bien même une partie se transforme en créances immobilisées ou impayées. Le crédit intérieur, qui représentait 21,1% du PIB en 2002, s'établit en moyenne à 18,5% de 2003 à 2006. L'effet sur la masse monétaire est mécanique : 30% du PIB en 2002 et 23,8% en moyenne sur la période 2003-2006. L'un des résultats est le contrôle de l'inflation à moins de 3%, conformément au critère de l'UEMOA en la matière.

De 2007 à 2010, les pouvoirs publics et les autorités monétaires prennent des dispositions pour assainir le secteur financier. Sur neuf banques identifiées par la Commission Bancaire de l'UEMOA en 2007 par rapport au respect insuffisant des ratios prudentiels, quatre suivent l'instruction de recapitalisation afin de revaloriser leurs fonds propres. En particulier, trois des cinq banques affichant des fonds propres négatifs à fin décembre 2007 sont amenées à procéder à des recapitalisations. On procède à la finalisation de l'audit financier et opérationnel de la BNI. Dans le cadre de l'assainissement du secteur de la micro finance, des aménagements sont apportés au cadre règlementaire, notamment l'adhésion obligatoire des institutions mutualistes ou coopératives d'épargne et de crédit à l'Association Interprofessionnelle des Systèmes Financiers Décentralisés de Côte d'Ivoire, l'indexation sur les fonds propres des crédits accordés aux dirigeants des institutions de micro-finances etc.

Les réformes sont engagées à l'effet de réaliser la revue et la stabilisation des institutions de sécurité sociale et veiller à la mise en œuvre des recommandations de la Commission Bancaire. Suite à un audit opérationnel et financier, la réforme de la Caisse Nationale de Prévoyance Sociale (CNPS) est effective depuis 2010. Les résultats des études actuarielle, juridique et institutionnelle de la Caisse Générale de retraite des Agents de l'Etat (CGRAE) sont adoptés en Conseil des Ministres en 2009.

D'un autre côté, l'optimisme qui a prévalu après la signature de l'accord politique de Ouagadougou et la reprise des relations avec les institutions financières internationales expliquent une forte augmentation des agrégats monétaires. Les avoirs extérieurs nets et le crédit à court terme s'élèvent rapidement pour franchir, chacun, la barre de 1000 milliards en 2008. Les AEN franchissent même la barre de 1500 milliards en 2010, élevant ainsi le niveau de réserves de deux à plus de trois mois et demi d'importations. La PNG et le crédit à moyen terme s'élèvent chacun au-dessus de la barre de 500 milliards en 2009.

Tableau 21 : Quelques agrégats monétaires de 2002 à 2011

Années	2002	2003	2004	2005	2006	2007	2008	2009	2010	2011
Réserves en mois d'importations				2,0	2,5	3,1	2,5	3,6	3,7	
Masse monétaire M2 (% PIB)	30,0	22,0	23,6	24,1	25,3	29,9	28,6	32,3	36,6	40,5
Taux d'inflation (%)	3,1	3,3	1,4	3,9	2,5	1,9	6,3	1,0	1,7	4,9
Crédit intérieur (% PIB)	21,1	18,8	18,6	18,2	18,0	20,7	20,1	23,0	25,0	25,3

Source: World Bank, World Development Indicators (2013)

Parallèlement, on assiste à une recrudescence des opérations sur les actifs risqués du système bancaire qui connaissent une évolution exponentielle pour retrouver voire dépasser leur niveau d'avant 2002.

Le volume du crédit intérieur augmente de plus de quatre points en passant de 18,4% du PIB à 22,8% de 2002-2006 à 2007-2010. Le ratio de la masse monétaire sur le PIB augmente de huit points en passant de 23,8% à 31,8% sur les deux périodes. Paradoxalement, en faisant abstraction de l'année 2008, le taux d'inflation moyen sur la période 2007-2010 se limite seulement à 1,5%. L'exception de 6,3% en 2008 s'explique par la flambée des prix internationaux des produits alimentaires et énergétiques, entrainant des tensions inflationnistes sur les produits de première nécessité en Côte d'Ivoire. La modération du taux d'inflation autour de 1,5% est essentiellement liée à quatre facteurs :

- l'effet du recul des prix internationaux de produits énergétiques et alimentaires sur l'évolution nationale des prix à la consommation ;
- les abattements fiscaux sur les importations de riz ;
- l'approvisionnement régulier des marchés en produits vivriers ;
- les contrôles de prix de gros et de détails exercés par les pouvoirs publics.

L'année 2011 se caractérise par des tendances baissières de la plupart des variables monétaires. Les AEN baissent consécutivement à la contraction des exportations. Le crédit à moyen terme et la PNG se compriment au profit du crédit à court terme. La dépression ayant été anticipée par les banques, elles se sont imposé une discipline prudentielle, se traduisant par la compression générale des crédits en souffrance, litigieux, douteux, immobilisés ou impayés.

L'augmentation du ratio du crédit intérieur sur le PIB (tableau 26) est essentiellement due à sa composante de court terme qui frôle même la barre de 1500 milliards en 2012. Mais, cette augmentation relative peut être aussi imputable à la réduction du PIB. Le même raisonnement peut être tenu en ce qui concerne l'élévation du ratio de la masse monétaire sur le PIB. Toutefois, leur incidence sur le niveau général des prix (4,9%) devra être considérée avec prudence. Le taux d'inflation élevé de cette année semble procéder davantage de sources non monétaires liées à l'insécurité : difficultés d'approvisionnement des marchés, rackets sur les routes, spéculations, augmentation des coûts de transactions et des prix de revient des marchandises…

En ce qui concerne le secteur extérieur, la crise de septembre 2002 a eu une incidence sur le taux de changes effectif réel qui, de 89,6% de 2000 à 2002, est monté à 101,4% de 2003 à 2011. Les répercussions sur les comptes extérieurs sont visibles (graphique 19). De 2003 à 2007, les comptes extérieurs ont enregistré des contractions notables en raison de survenance d'aléas internes et de quelques chocs externes rappelés dans les différents rapports économiques et financiers. En 2003, l'économie ivoirienne ne s'était pas encore remise de la partition du pays qu'elle dut faire face, à partir du deux du mois de mars, à la chute brutale et prononcée des cours du cacao.

En 2004, l'activité économique mondiale a connu une relance accompagnée toutefois, de pressions inflationnistes du fait de la flambée des cours du pétrole. Cependant, les pays européens, principaux partenaires de la Côte d'Ivoire, accusèrent une croissance plus faible en raison du bas niveau de la consommation intérieure et à leurs contre-performances à l'exportation (du fait de la dépréciation du dollar). De manière générale, le commerce extérieur ivoirien fut confronté à la baisse continue des cours des principaux produits agricoles d'exportation et à la dépréciation du dollar américain. Cette dépréciation réduisit la compétitivité de l'économie ivoirienne, pénalisa les importations des pays européens en provenance d'Afrique et favorisa plutôt les pays asiatiques, principaux concurrents de la Côte d'Ivoire sur les produits de base. Ainsi, la forte détérioration des termes de l'échange (-12,9%) a légèrement dégradé le solde des transactions courantes.

En 2005, en raison de la dégradation des termes de l'échange (-13,2%), le solde commercial, bien qu'excédentaire, s'est réduit (-15,5%) par rapport à l'année 2004. Dans le même temps, le déficit traditionnel de la balance des invisibles s'accroît légèrement (-1269 milliards) par rapport à l'année 2004 (-1261,1 milliards). Dans ces conditions, le compte des transactions courantes ressort déficitaire à -20,5 milliards (-0,2% du PIB) pour la première fois depuis le déclenchement de la crise. En revanche, le solde du compte de capital et d'opérations financières s'améliore, passant de 59,6 milliards en 2004 à 63,3 milliards. Notons cependant que cet excédent provient en grande partie de l'accumulation d'arriérés de paiements extérieurs.

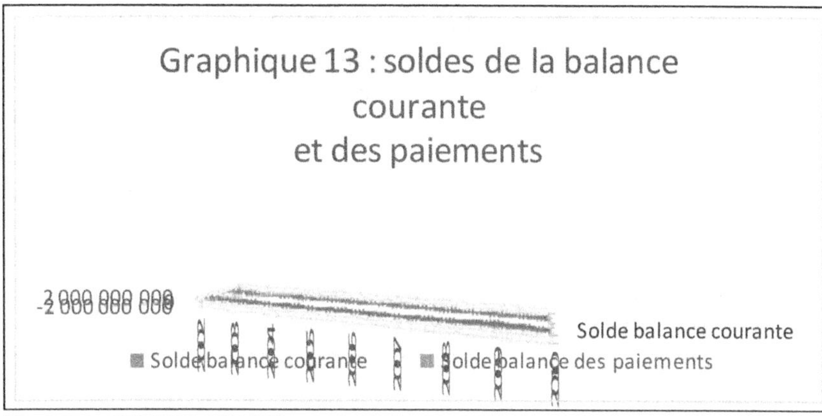

Source : BCEAO (2013)

En 2006, grâce au raffermissement des cours de la plupart des matières premières, les termes de l'échange se sont sensiblement améliorés (+8,4%), entraînant un excédent commercial de 1.647,6 milliards contre 1.290,3 enregistrés un an plutôt. En dépit de la dégradation de la balance des invisibles, la balance des transactions courantes est ressortie positive à 206,3 milliards contre 20,9 milliards en 2005, soit 2,2% du PIB.

En 2007, la baisse des exportations de biens et services non facteurs s'est traduite par une dégradation de la balance commerciale FOB-FOB de 25%, induisant un déficit du solde courant de 0,7% du PIB, contre un excédent de 2,7% du PIB en 2006. Cependant, le solde global de la balance des paiements est ressorti excédentaire à 215,3 milliards, encore une fois au moyen d'accumulation d'arriérés.

De 2008 à 2010, les comptes extérieurs retrouvent des soldes globalement positifs. La balance commerciale (FOB-FOB) de 2008 est ressortie excédentaire, avec une hausse de 21,4% par rapport à 2007. Le solde courant a affiché un excédent de +2,1% du PIB, malgré les déficits des balances des services et des revenus. Le solde du compte de capital et d'opérations financières a enregistré un déficit de 234,2 milliards, du fait de la reprise du paiement du service de la dette extérieure (Banque Mondiale et BAD) et du paiement des arriérés extérieurs. Même si le solde global est ressorti déficitaire de 15,5 milliards en 2008, ledit déficit est plus réaliste par rapport à l'excédent de 212,6 milliards en 2007 qui contenait des arriérés de paiements.

En 2009, les exportations de biens et services non facteurs ont été nettement en hausse de 10,6%, contre une baisse de 0,8% en 2008, en raison du redressement des productions de cacao, de café et de pétrole brut. Les importations de biens et services non facteurs s'accroissent de 5,2%, en lien avec la progression des achats des biens d'équipement de 32,2%, des produits alimentaires de 24,7% et des autres biens de consommation de 16,5%. Le solde global est ressorti excédentaire de 127,8 milliards, après le déficit de 2008. Cette évolution favorable est attribuable principalement à la bonne tenue du solde courant, qui s'est établi à 804 milliards (+7% du PIB), en liaison avec la bonne tenue de la balance commerciale et le repli des déficits structurels des balances des services et de transferts courants.

En 2010, les exportations de biens et services non facteurs ont replié de 1,4%, en liaison avec la baisse des volumes exportés de cacao, de café et de pétrole brut. Dans le même temps, la progression de 3,5% des importations s'explique par la hausse des biens d'équipements et intermédiaires. La balance des transactions courantes est ressortie excédentaire de 125 milliards (1,1% du PIB), contre 763,8 milliards (7% du PIB) en 2009, du fait du repli du solde commercial et de la dégradation des balances des services et des transferts courants. Le solde global s'est affiché à 244,3 milliards (2,2% du PIB), en liaison avec l'amélioration du solde du compte de capital et d'opérations financières.

En 2011, vu les effets de la crise post-électorale, on s'attendait à une chute des comptes extérieurs. C'est plutôt le résultat contraire qui est observé. La balance commerciale est excédentaire en liaison, d'une part, avec les effets quantités et prix du cacao exporté et, d'autre part, avec la baisse des importations. La hausse des prix du cacao et la baisse des importations sont directement liées à la crise post-électorale du premier semestre 2011. Le compte extérieur courant est passé de 125 milliards de FCFA (1,1% du PIB) en 2010 à 387,1 milliards de FCFA (3,4% du PIB) en 2011, grâce à l'amélioration du solde des transactions courantes. De plus, le pays a bénéficié de financements exceptionnels (156 milliards) composés largement de rééchelonnements (93,7 milliards) et de remises de dettes (51 milliards). Ainsi, malgré les contractions des flux nets d'investissements directs étrangers (155,5 milliards en 2010 contre 126,8 milliards en 2011), des investissements de portefeuilles (226,4 milliards en 2010 contre 46 milliards en 2011) et des autres investissements (-948,6 milliards en 2010 contre -981,3 milliards en 2011), la balance globale est ressortie excédentaire de 427,5 milliards, soit 4% du PIB contre 1,1% en 2010. Cette amélioration n'est qu'apparente. Elle résulte des baisses notables des importations et du PIB, consécutives à la récession générale.

Au total, les péripéties de la politique financière de la décennie 2000 sont caractérisées par quelques chocs externes et des incertitudes internes. Les chocs externes sont habituellement liés aux fluctuations intervenant sur les marchés des produits primaires où la Côte d'Ivoire se présente comme un « petit pays » au sens de la théorie du commerce international. Les incertitudes se manifestant au plan interne sont grandement imputables à la crise militaro institutionnelle et politique qui a prévalu dans le pays pendant plus d'une décennie. Les manifestations économiques et financières s'analysent en termes de :

- montée inexorable du risque-pays avec, pour conséquences directes, la contraction des crédits à l'économie, la baisse des crédits fournisseurs accordés par les partenaires extérieurs aux opérateurs économiques ivoiriens, la chute des investissements directs étrangers et des investissements de portefeuilles ;

- suspensions voire arrêts des programmes économiques et financiers conclus avec les partenaires techniques et financiers, notamment le FMI durant les années 2000-2001, 2002-2006 et 2011 ;
- pertes de parts du marché intérieur par les opérateurs économiques correspondant à des zones ou localités insuffisamment sécurisées ;
- pertes de parts de marché à l'étranger, en particulier dans les pays de l'hinterland : la partition du pays et l'incertitude ont conduit à rechercher des voies de contournement avec des surcoûts qui ont affecté la compétitivité des produits ivoiriens.

Enfin, l'analyse comparative des données fournies par la comptabilité publique, la comptabilité nationale, les statistiques des finances publiques et les comptes monétaires et extérieurs permet de conclure que la situation des finances de l'Etat, en dépit de tous les programmes économiques, de diverses restructurations de la dette et de l'austérité imposée à la population, s'est réellement dégradée durant douze années de crise militaro politique et institutionnelle allant de 2000 à 2011.

Selon le PND (P. 11), « avec des crises successives, le pays n'a pas pu bénéficier de l'amélioration significative des termes de l'échange depuis le début des années 2000 et ses indices de développement pour la plupart se sont retrouvés en dessous de la moyenne des pays de l'Afrique subsaharienne. Ainsi, la Côte d'Ivoire se retrouve en 2011 au 169ème rang sur 183 pays dans le classement de la Banque Mondiale en ce qui concerne le climat des affaires et dans le groupe des 30 pays dans le monde qui se situent au bas de l'échelle en ce qui concerne la bonne gouvernance et la lutte contre la corruption. Enfin, le pays se retrouve 170ème sur 187 pays en ce qui concerne l'Indice de Développement Humain du PNUD ».

Depuis 2012, à la faveur de la stabilisation progressive du pays, des efforts sont entrepris dans le sens d'une relance économique et financière.

Section 4 : La tentative de relance économique et financière de 2012 à 2013.

Vers la fin de la belligérance post-électorale, on assista à un rétablissement des relations entre la Côte d'Ivoire et ses partenaires au développement. Le gouvernement mit en place un programme d'urgence appuyé par la facilité de crédit rapide (FCR) aux deuxième et troisième trimestres 2011. Suite à l'exécution de ce programme, le 04 novembre 2011, un programme triennal 2012-2014 soutenu par la facilité élargie de crédit (FEC) est conclu.

Avec le Club de Paris, un accord de consolidation de la dette est signé le 15 novembre 2011 pour une période de 36 mois selon les termes de Cologne. Il permet un rééchelonnement de 10% et une annulation de 90%.

Le 26 juin 2012, le FMI et la Banque Mondiale décident d'inscrire la Côte d'Ivoire sur la liste des 41 pays[1] auxquels sont ou seront accordés le point d'achèvement de l'IPPTE. Cela permet à la Côte d'Ivoire de bénéficier, le 29 juin 2012, de l'annulation de 99,5% de sa dette envers le Club de Paris. Le club de Londres, à son tour, procède à la restructuration de la dette ivoirienne envers la Standard Bank et la banque Sphinx le 12 novembre 2012.

L'environnement national plus propice aux activités économiques comparativement à l'année précédente et l'accompagnement plus affirmé des partenaires techniques et financiers ont retenti sur les indicateurs macro-économiques en 2012 et 2013.

La lecture des rapports économiques et financiers établis par la Direction Générale de l'Economie (DGE)2 permet de suivre l'évolution des agrégats macroéconomiques.

Au niveau du secteur réel, la reprise économique a été effective en 2012 avec un taux de croissance de 9,8%, contre -4,7% en 2011. Du côté de l'offre, les secteurs d'activités ayant tiré la reprise économique sont principalement les secteurs secondaire (+19,2%) et tertiaire (+13,5%). En 2013, le secteur primaire enregistrerait un taux de croissance de 3,7% contre 2,3% en 2012, grâce aux évolutions favorables de la production minière (+1,3% contre -4,5% en 2012) et de la performance de l'agriculture d'exportation (4% contre -0,2% en 2012). Du côté de la demande globale, la croissance est impulsée par une élévation forte du niveau d'investissement et de la consommation (public et privé). Le taux d'investissement s'élève à 13,7% du PIB, contre 8,2% en 2011 et 9% en 2010. La consommation finale augmente de 13% en 2012 contre -5,1% en 2011. Il en ressort un taux de

[1] Dont le Ghana, le Benin, l'Ouganda, le Burkina-Faso, le Cameroun, la Mauritanie, le Niger, le Honduras, le Malawi, le Nicaragua...

[2] Dont nous reproduisons ici de larges extraits

croissance du PIB de 8% en 2013, se situant au-dessus des moyennes de l'UEMOA (6,1%) et de la CEDEAO (6,4%).

Les finances publiques ont bénéficié en 2012 d'un contexte macroéconomique favorable ainsi que de la mise en œuvre des réformes relatives à la filière café-cacao et à la sécurité sociale. Par ailleurs, elles ont été caractérisées par la création de nouvelles taxes, la promotion des investissements publics et la hausse des subventions au secteur électricité, relativement aux difficultés financières de ce secteur.

Tableau 22: Concours extérieurs de 2009 à 2013

En milliards F CFA	**2009**	**2010**	**2011**	**2012**	**2013 estimation**
1. Multilatéraux	**405,6**	**93,0**	**274,2**	**111,5**	**116,8**
Banque mondiale	75,1	65,6	82,5	10,0	31,8
Appui budgétaires	71,9	46,3	71,5	0,0	25,0
Dons programme	3,2	19,3	11,0	10,0	6,8
FMI	82,6	27,4	121,7	101,5	75,1
BAD	247,9	0,0	70,0	0,0	9,9
Appui budgétaires	64,0	0,0	70,0	0,0	9,9
Dons programme	183,9	0,0	0,0		
2. Bilatéraux	**0,0**	**0,0**	**229,6**	**19,7**	**98,4**
AFD (y/c CDD)	0,0	0,0	229,6	19,7	98,4
3. Autres	**113,2**	**86,5**	**54,2**	**136,5**	**427,3**
UEMOA	0,0	0,0	2,0	2,2	
Dons programme	10,4	0,0	0,0	0,0	
Dons projets	49,5	41	21,9	51,5	130,4
Prêts projets	53,3	45,5	30,3	54,0	257,5

Union Européenne	0,0	0,0	0,0	28,8	39,4
TOTAL	**518,8**	**179,5**	**558**	**267,7**	**642,5**

Source : *MEF/DGE (DCPE)*

Avec l'atteinte du point d'achèvement de l'Initiative PPTE le 26 juin 2012, l'économie ivoirienne a bénéficié d'une réduction significative du fardeau de sa dette lui donnant ainsi des perspectives d'accès au marché international de capitaux.

Les recettes fiscales ont été recouvrées à hauteur de 17,6% du PIB en 2012, respectant ainsi le critère de convergence de l'UEMOA.

De nouvelles taxes ont été introduites, notamment les taxes sur les télécommunications, sur le caoutchouc et sur les profits additionnels miniers. La situation des finances publiques en 2013 est caractérisée par la mise en œuvre de la nouvelle structure des prix des produits pétroliers et les aménagements de l'annexe fiscale, notamment les allègements liés au code des investissements. En effet, de 2012 à 2013, les coûts fiscaux liés aux régimes spéciaux (code minier, code des investissements) et à divers allègements fiscaux sont passés de 51,887 milliards à 101,071 milliards, soit pratiquement le double.

Par rapport aux objectifs de recettes, on note une moins-value de 7,3 milliards imputable à la contreperformance des recouvrements sur les droits et taxes à l'importation (-49,8 milliards) et à la TVA (-14,4 milliards), atténué par la bonne tenue des droits et taxes à l'exportation (+33,6 milliards). Les recettes non fiscales, elles, enregistrent une plus-value de 9,6 milliards liée au bon comportement des cotisations de la CGRAE, prenant en compte un niveau plus élevé que prévu de l'impact de la réforme de cette structure.

Quant aux dépenses et prêts nets, elles ont enregistré des hausses de 2011 à 2013 imputables aux dépenses courantes (recrutements de personnels, subventions au secteur de l'électricité…) et aux dépenses d'investissements en infrastructures.

Au titre de l'endettement, la Côte d'Ivoire compte consolider la soutenabilité des finances publiques et assurer la viabilité de sa dette après les allègements liés à l'atteinte du point d'achèvement de l'initiative PPTE. La coordination et le suivi de la politique nationale d'endettement ont été confiés au Comité National de la Dette Publique (CNDP) créé par le décret n°2011-424 du 30 novembre 2011.

Avec l'appui des dons extérieurs, les écarts entre les ressources et les dépenses publiques se sont réduits au fur et à mesure, en passant de -5,7% du PIB en 2011, à -3,4% en 2012 et -2,7% en 2013.

La situation monétaire en 2012 a enregistré une baisse des avoirs extérieurs nets de 257 milliards pour se situer à 1 555,9 milliards. Le crédit intérieur a connu une augmentation de 17,6% (3 441,5 milliards contre 2 927,9 milliards en 2011) en relation avec une légère dégradation de la Position Nette du Gouvernement (1 133,3 milliards contre 874,1 milliards en 2011) et de l'augmentation des crédits à l'économie (2 308,3 milliards contre 2053,3 milliards en 2011). La masse monétaire en 2012 s'établit à 4 705,2 milliards.

Cela ne semble pas affecter notablement le niveau général des prix. En effet, l'inflation en Côte d'Ivoire, a la particularité de procéder bien souvent de sources non monétaires (corruption, rackets, difficultés d'approvisionnements...). De 4,9% en 2011, elle est descendue à 1,3%, en deçà de la norme communautaire (maximum 3%) grâce à l'amélioration des circuits de distribution, des voies de dessertes agricoles ainsi qu'aux mesures prises par le Gouvernement pour lutter contre la cherté de la vie. Ces mesures ont concerné principalement la lutte contre le racket, la réduction des barrages routiers et les abattements sur les droits de douanes pour les produits de grande consommation tel que le riz.

En 2013, la masse monétaire a progressé de 9,9%, se situant dans le sillage de la croissance du produit intérieur brut en valeur (+11,8%). Les avoirs extérieurs nets devraient se situer à

1 603,9 milliards à fin décembre 2013 contre 1 555,9 milliards en décembre 2012, soit une consolidation de 48 milliards en liaison avec la bonne tenue des exportations et de l'afflux de capitaux étrangers attendus du retour de la stabilité et de l'amélioration des infrastructures économiques et de l'environnement des affaires.

Le coefficient de liquidité (inverse de la vitesse de circulation de la monnaie) s'établirait à 0,3767 contre 0,3942 enregistré en 2012.

Le taux de préférence pour les billets passerait de 0,3240 en 2012 à 0,2730 en 2013 en liaison avec les retombées des campagnes de promotion de la bancarisation et la facilitation des conditions d'ouverture des comptes bancaires. A fin décembre 2013, les dépôts en banque devraient ressortir à 3 849,1 milliards contre 3 320,1 milliards en 2012, soit une progression attendue de 15,9%.

Concernant l'inflation, la croissance économique attendue en 2013 ne devrait pas s'accompagner de trop grandes tensions sur les prix en raison des mesures spécifiques prises par le Gouvernement et de l'accroissement de l'offre de la production vivrière.

Pour ce qui est des échanges extérieurs, les importations ont connu une hausse de 60% portée par les biens intermédiaires et d'équipements, en lien avec le regain de l'activité économique nationale et le renouvellement des stocks pillés pendant la crise post-électorale. Les exportations ont progressé de 11% en relation avec la hausse des produits pétroliers et les produits de l'agro-industrie. Il en découle une baisse du solde de la balance commerciale de 48% (1 282 milliards contre 2 463 milliards en 2011, due à la forte hausse des importations et des services reçus de l'étranger (1 175 milliards contre 841 milliards en 2011) ainsi que celle des transferts de revenus à destination de l'étranger (475 milliards contre 462 milliards en 2012). La balance des transactions courantes est alors restée déficitaire de -2,2% du PIB contre -9,2% en 2011.

En 2013, les exportations évolueraient de 10,9%, sous l'impulsion de la demande extérieure des produits transformés et des produits primaires. Les importations, portées par les biens intermédiaires et d'équipement, devraient soutenir la croissance et progresser de 13,8%.

Les autres services croissent de 10,7% contre 12,9% en 2012. Cette progression proviendrait notamment des banques-assurances et du tourisme-hôtellerie, en lien avec la consolidation des activités économiques et sociales. La balance des transactions courantes ressortirait déficitaire de -2,8% du PIB en 2013 contre -2,2% en 2012. Quant au compte de capital et d'opérations financières, il enregistrerait un excédent de 445,2 milliards. Le solde global de la balance des paiements ressortirait excédentaire de 48,3 milliards, soit x% du PIB.

Au total, les deux années 2012 et 2013 sont considérées comme celles de la reprise économique et financière à la faveur de la normalisation progressive du pays. Force est de constater que les performances observées ont besoin d'être poursuivies pour compenser une décennie de crise multiforme. Avant d'envisager le rôle que pourrait jouer le Trésor Public dans les perspectives de poursuite des performances économiques et financières, il est important de voir ses contributions dans le financement de la politique économique de 2000 à 2013.

Chapitre IX : Contribution du Trésor Public au financement des programmes économiques et financiers de l'Etat de 2000 à 2013.

Le Trésor Public, dans le cadre de ses attributions, a contribué substantiellement au financement des programmes économiques et financiers de la Côte d'Ivoire durant la quinzaine d'années d'incertitudes politiques. Il a notamment assuré la mobilisation de ressources publiques, le paiement des dépenses publiques et parapubliques, le financement des soldes budgétaires et la réalisation d'autres activités monétaires et financières.

Section 1: Mobilisation de ressources publiques

On note que le volume des recettes fiscales recouvrées par le Trésor Public est dérisoire par rapport à ceux recouvrés par les Directions Générales de la Douane (DGD) et des Impôts (DGI). De 1994 à 2003, les recettes fiscales recouvrées par le Trésor évoluent entre 30 et 35 milliards, représentant respectivement 7,5% et 6,2% des réalisations de la DGD et de la DGI. A partir de 2004, les recouvrements des recettes fiscales et douanières sont dorénavant laissés quasiment à la compétence de ces deux régies financières.

Graphique 14 : Mobilisation de ressources budgétaires par les régies financières

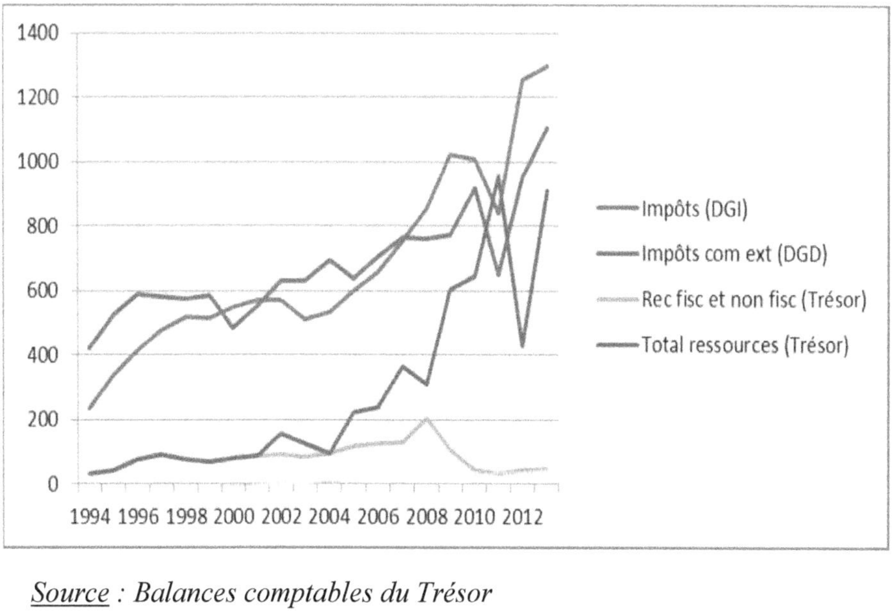

<u>Source</u> : Balances comptables du Trésor

La part du Trésor Public dans le recouvrement tombe en dessous de 15 milliards en moyenne annuelle, soit moins de 2% des réalisations respectives de la DGD et de la DGI. Les recettes non fiscales connaissent un accroissement très sensible de 2005 à 2008, mais ne permettent pas au Trésor d'atteindre 200 milliards. D'ailleurs, de 2009 à 2013, les recouvrements fiscaux et non fiscaux du Trésor descendent annuellement à en dessous de 20 milliards.

Le Trésor Public se concentre davantage sur la mobilisation de deux catégories de ressources :

- une partie des recettes non fiscales : dividendes, recettes de services, prélèvements divers etc.

- les emprunts sur le marché de l'UEMOA : bons du Trésor, obligations du Trésor et emprunts obligataires.

Dans les calculs, nous ne considérons que les bons du Trésor à plus d'un an ou échéance intra annuelle inscrits au budget. Les bons à maturité infra annuelle sont considérés comme des ressources de trésorerie.

Sous cette réserve, lorsqu'on fait la somme des recettes totales mobilisées par le Trésor Public, il s'élève à plus de 200 milliards en moyenne de 2005 à 2008. De 2009 à 2011, les recettes procurées par les titres publics s'élèvent en moyenne annuelle à près de huit cents milliards et se rapprochent quasiment des performances de la DGI et de la DGD. Suite à la restructuration de l'encours des bons du Trésor en novembre 2011, la confiance des investisseurs dans les titres publics semble avoir légèrement diminué en 2012, d'où la chute du montant des recettes mobilisées sur le marché financier à 382,9milliards.

Tableau 23 : Synthèse de l'exécution des lois de finances de 2003 à 2012

Années	2003	2004	2005	2006	2007	2008	2009 (a)	2010	2011	2012
Dettes pub (ACDP)	428,7	339,1	589	572,6	467,2	628,3	751,55	874,8	1312,6	856
Dépenses ord (TPC (b))	935,2	1038,7	1021	1075,2	1244,7	1287,5	1400,7	1513,9	1393,4	1798
Dép. invest (PGT)	124,9	127,7	106,5	190,5	148,1	174,5	175,55	176,6	126,2	196,6
Dép. invest (ACDP)	31,1	57,2	27,5	21,5	49,8	102,8	110,85	118,9	103,8	163,4
Dép. invest (PGA)								12,5	13,1	43,4
Dép. invest (APC)								108,4	84,2	237,6
Dépenses totales	**1519,9**	**1562,7**	**1744**	**1859,8**	**1909,8**	**2193,1**	**2438,65**	**2805,1**	**3033,3**	**3295**
Rec fisc et non fisc (RGF)	1217,2	1288,2	1298,3	1425,2	1548,6	1742,5	1919,55	2096,6	1709,3	2172,2
Autres rec. Intérieures								674,2	780,9	399,4
EOT (ACDP (c))	40,4	57,6	86,1	328,7	230	267,1	470,65			
Rec. Ext. (ACDP)	35,8	30,2	11,3	6,5	33,4	165,3	146,05	126,8	590,4	595,3
Compt. Spéc.	13,2	1,8	1,6	2,8	1,4	0,8	0,6	0,4	0,7	0,2
Recettes totales	**1306,6**	**1377,8**	**1397,3**	**1763,2**	**1813,4**	**2175,7**	**2536,85**	**2898**	**3081,3**	**3167,1**
Solde budgétaire	**-213,3**	**-184,9**	**-346,7**	**-96,6**	**-96,4**	**-17,4**	**98,2**	**92,9**	**48**	**-127,9**

(a): Les données de 2009 sont des estimations obtenues par la moyenne de celles de 2008 et 2010

(b): Jusqu'en 2008, les dépenses ordinaires étaient centralisées par la PGT. Depuis 2009, la PGT est fondue dans l'ensemble des postes comptables

(c) : Jusqu'en 2009, les emprunts et obligations du Trésor sur le marché de l'UEMOA, retracés dans les écritures de l'ACDP, étaient distinctement précisés dans le CGAF. A partir de 2010, ils sont fondus dans l'ensemble des autres recettes intérieures.

En 2013, la confiance étant revenue, ces recettes sont remontées à 863,3 milliards, portant ainsi le montant total des ressources mobilisées par le Trésor Public à 910,1 milliards, relativement proches des performances de la DGI et de la DGD qui sont respectivement de 1295,8 milliards et de 1105,7 milliards.

Sur le tableau 24, les recettes publiques recouvrées par la RGF, la DGI et la DGD et centralisées dans les écritures de la RGF représentent environ trois quarts des ressources de l'Etat. Le reste, composé des dons et ressources d'emprunts, est centralisé dans les écritures de l'ACDP.

Section 2 : Contribution du Trésor au paiement des dépenses publiques et parapubliques

Dans les statistiques financières, on distingue parfois les efforts internes de financement budgétaire des concours extérieurs. La contribution interne est celle qui est dégagée par le Trésor Public à partir des ressources fiscales et non fiscales[1]. Les concours extérieurs sont composés des emprunts et dons.

[1] Rappelons que, quand bien même le Trésor Public a une faible part dans la mobilisation des ressources fiscales, toutes les recettes recouvrées par la DGI et la DGD sont reversées sur son compte à la BCEAO pour servir à payer les dépenses de l'Etat, dont en principe, il a l'exclusivité.

Graphique 15 : Ressources du Trésor Public dans le paiement des dépenses d'investissement

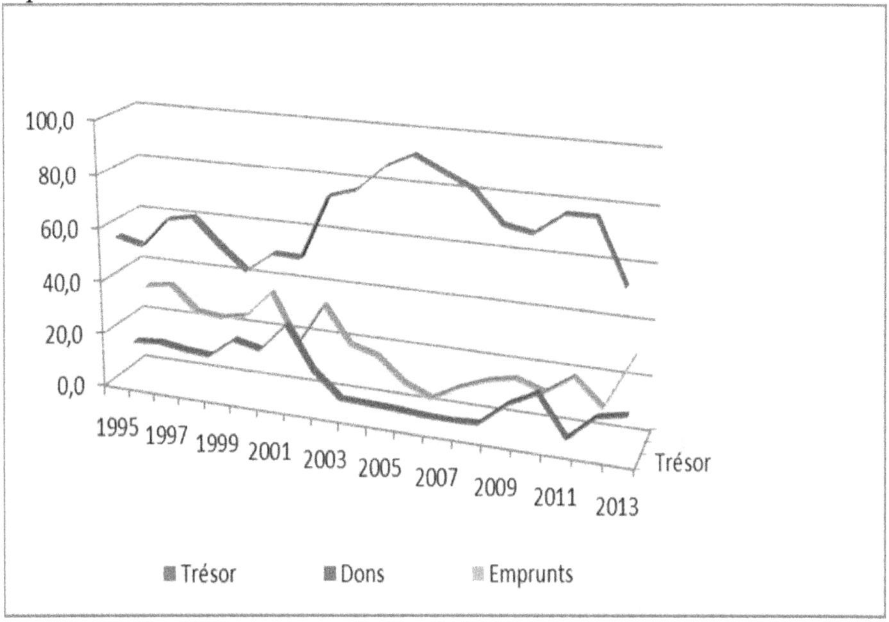

<u>Source</u> : *DGE/DPCE*

Le Trésor Public paie pratiquement toutes les dépenses ordinaires de l'Etat, même si certaines proportions des appuis budgétaires sont destinées au fonctionnement. Concernant les dépenses d'investissements, le graphique 15 montre que le Trésor Public paie la plus grande partie.

De 1995 à 2002, la part du Trésor Public dans le paiement des dépenses d'investissements est de 58% en moyenne. Les parts respectives des emprunts et des dons sont de 27% et de 15%. Durant toute la période de crise politico institutionnelle, les écarts se sont accentués. Les concours extérieurs ont baissé de manière drastique. La contribution des emprunts est descendue à 11,5% avec un niveau de 2,5% en 2006. Les dons sont tombés à 4% du financement des investissements de la période, car ils ont été inexistants en 2007 et en 2011.

Par conséquent, le Trésor Public a vu sa part dans le financement des investissements augmenter très sensiblement (84,5%) sur le période, avec un record moyen de 94% de 2007.

En tout état de cause, quelles que soient les sources de financement des dépenses de l'Etat, leurs paiements sont faits ou retracés dans les livres comptables du Trésor Public. Sur le tableau 25, la totalité du service de la dette extérieure est assurée par l'ACDP (Agence Comptable de la Dette Publique). Les dépenses ordinaires sont payées par tous les postes comptables (TPC) du Trésor. La plus grande part des dépenses d'investissement était assurée par la Pairie Générale du Trésor (PGT) jusqu'en 2008. A partir de 2009, la normalisation relative de la situation socio politique a permis un accroissement substantiel des emprunts et dons qui sont gérés par l'ACDP. A partir de 2010, la Paierie Générale des Armées (PGA) et les autres postes comptables paient directement et enregistrent dans leurs livres comptables les dépenses d'investissements payés par eux.

Par ailleurs, les approvisionnements effectués par l'Agence Comptable Centrale du Trésor représentent 90% de la trésorerie des structures parapubliques. La quasi-totalité (99%) de la trésorerie des districts et départements est alimentée par les subventions du Trésor. Ces proportions sont de 83% pour les établissements nationaux (EPN) et de 30% pour les communes.

Section 3 : Contribution du Trésor Public au financement du solde budgétaire

A partir du TOFE, on dégage, sur le graphique 16, les soldes budgétaires (base ordonnancement), le solde primaire et le solde primaire de base.

Les soldes primaire et primaire de base présentent une forte corrélation sur la période de 2000 à 2013. Ils sont de tendance décroissante mais conservent leur signe positif jusqu'en 2008.

Selon la définition du solde primaire, sans les dons et les charges des dettes antérieures, le solde budgétaire serait positif. L'effort d'ajustement à entreprendre, sans que celui-ci ne soit entravé par le poids de la dette, parait donc supportable.

Le solde primaire de base, représentant le solde primaire hors investissements financés par l'extérieur, est également positif, traduisant la capacité du pays à assurer le service de sa dette.

Le solde budgétaire (base ordonnancement), même présente un déficit contrôlable, car il se situe globalement dans un intervalle de 0% à 2% du PIB sur la période. On est là en présence d'un déficit soutenable au regard des critères de convergence de l'UEMOA.

Graphique 16 : Les soldes budgétaires de 2000 à 2013

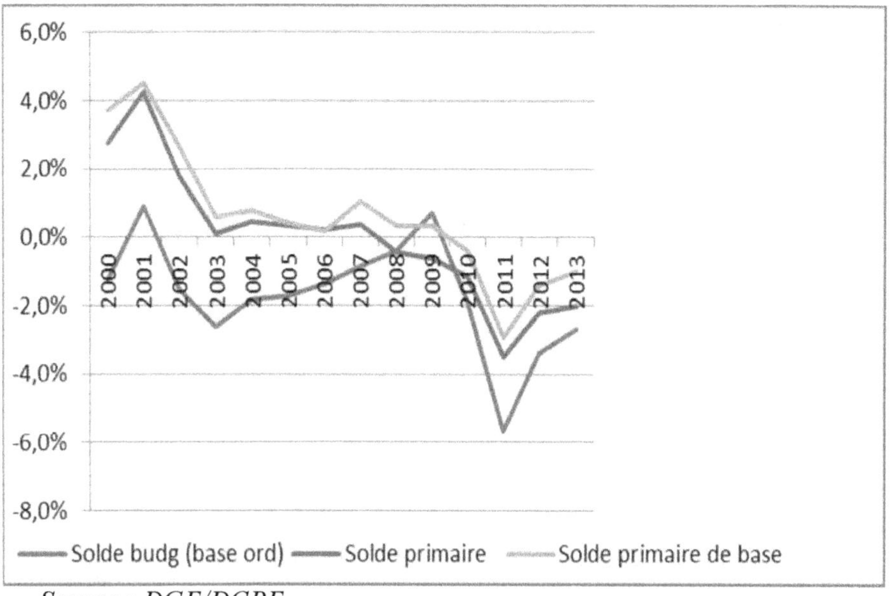

<u>Source</u> : *DGE/DCPE*

C'est dire que la politique budgétaire semble avoir été extrêmement prudente, probablement en raison de suspensions fréquentes de la coopération entre la Côte d'Ivoire et les bailleurs de fonds. Paradoxalement, le rétablissement de la coopération avec les partenaires au développement semble avoir amené la partie ivoirienne à pratiquer une politique budgétaire moins restrictive. Le solde primaire est devenu négatif en 2008, suivi des deux autres soldes à partir de 2009. Le solde budgétaire (base ordonnancement) est même sorti du tunnel de 0% à 3% du PIB en 2011 et 2012 à cause de la crise post-électorale.

Au total, en dépit des incertitudes socio politiques, le déficit budgétaire est resté dans des limites soutenables. Cependant, le financement de ce déficit soutenable n'a pas été toujours facile. C'est le rôle qu'a joué le Trésor Public à ce niveau.

On constate, sur le graphique 18, que le financement extérieur a été généralement supérieur à celui de l'intérieur. Pour mieux comprendre les évolutions ci-dessus exposées, il est nécessaire de suivre les structures des deux catégories de financements qui sont liées à l'histoire financière de la Côte d'Ivoire des années 2000.

De 2000 à 2006, le financement extérieur s'est situé entre 100 et 200 milliards pendant que le l'intérieur fluctuait entre -100 et 100 milliards. Cette faiblesse du financement intérieur s'explique principalement par la politique monétaire restrictive menée par le système bancaire en général et la

Banque Centrale en particulier. Le financement bancaire a été négatif de 46,7 milliards en moyenne annuelle sur la période. Cette situation est quasiment due au sous financement de la BCEAO du même ordre (46,9 milliards). Le financement négatif de la BCEAO est déterminé à 80% par les contreparties FMI c'est-à-dire aux débits d'office opérés sur le compte du Trésor Public au profit du FMI, s'élevant à 37,6 milliards en moyenne annuelle.

Graphique 17 : Financements externe et interne du solde budgétaire (en milliards FCFA)

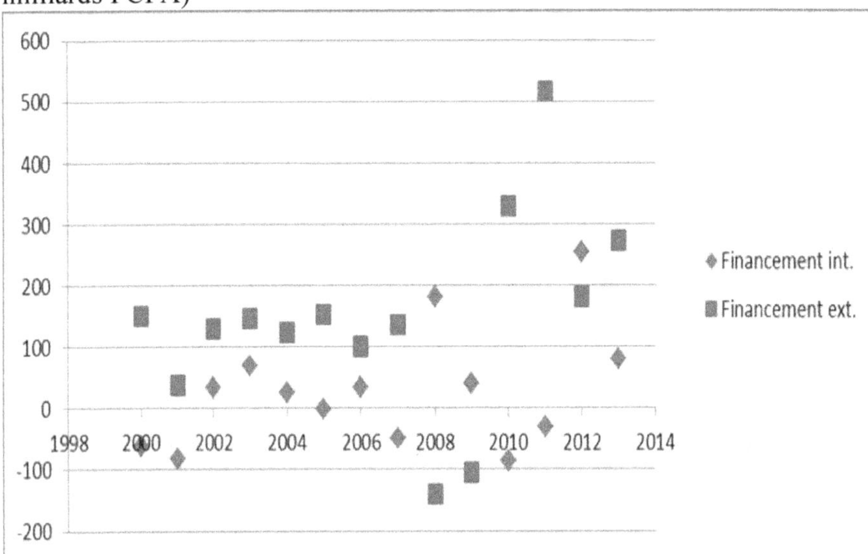

Source : MEF/DGE (DCPE)

Pendant ce temps, les banques commerciales observaient, de leur côté, une extrême prudence consécutive au contexte national de crise ; d'où un financement nul du solde budgétaire de l'Etat sur la période, et même un remboursement annuel net de l'Etat de 10 milliards, compensé par des dépôts et obligations cautionnés de 11,2 milliards.

Le financement moyen positif du secteur non bancaire sur la période 2000 à 2006 (49,2 milliards) a servi pratiquement à couvrir celui, négatif, du secteur bancaire (-46,7 milliards).

Ce financement positif a été obtenu au moyen de la couverture des amortissements annuels de la dette par les arriérés de paiements envers les fournisseurs de l'Etat et par les émissions de titres publics.

En ce qui concerne le financement extérieur, même si les amortissements de la dette extérieure l'ont sensiblement dégradé d'un montant moyen annuel de 354 milliards sur la période, il est resté positif ; car ces amortissements ont été plus que couverts par :

- des tirages sur prêts projets et autres tirages qui, quoique s'amenuisant au fil des années, restent, pour certains issus d'anciens accords encore en vigueur ;
- des arriérés extérieurs d'un montant annuel de 217,2 milliards ;
- des restructurations et retraitements de la dette de 2000 à 2003.

De 2007 à 2013, la reprise formelle de la coopération avec les bailleurs de fonds engendre un relatif rééquilibrage entre les financements extérieur et intérieur, avec de fortes fluctuations du premier par rapport au second. Ce signal rassurant pour les milieux financiers produit une politique de détente du crédit. La plupart des indicateurs financiers présentent alors des signes positifs par rapport à la période précédente (2000-2006). Ainsi, de 2007 à 2013, la contribution moyenne du système bancaire au financement intérieur du solde budgétaire qui était de -46,7 milliards de 2000 à 2006, devient 101,3 milliards. Ce changement de cap a pu se réaliser grâce aux contreparties positives du FMI (nouveaux tirages) et aux crédits consentis par les banques commerciales à l'Etat en moyennes annuelles de 52,8 milliards et de 85,6 milliards sur la période. Il a surtout permis au Trésor d'apurer une grande partie de la dette intérieure de l'Etat envers le secteur non bancaire. Les engagements annuels moyens du Trésor envers le secteur non bancaire, de 49 milliards, sont transformés en désengagements de -45,8 milliards, soit une évolution de 193%. Le plus gros bénéficiaire est le secteur privé national envers lequel les arriérés de l'Etat passent de 41,7 milliards à -33 milliards, soit une évolution 180%. Consécutivement, l'Etat a pu augmenter sa capacité annuelle d'amortir sa dette intérieure de 19 milliards à 32,8 milliards, soit 177%. Enfin, le Trésor a pu faire face aux différences échéances d'amortissement des titres publics, plus particulièrement celles des bons du Trésor.

En matière de financement extérieur du déficit budgétaire, on observe une tendance positivement similaire. Le volume annuel des tirages sur prêts projets et autres tirages s'élève à 143 milliards contre 73 milliards la période précédente, soit un accroissement de 96%.

Tableau 24 : Structure essentielle du financement du solde budgétaire (en milliards de FCFA)

Années	2000	2001	2002	2003	2004	2005	2006	2007	2008	2009	2010	2011	2012	2013
Eléments de financement intérieur														
Système bancaire	**-126,7**	**-101,5**	**23,7**	**-60,9**	**-62,3**	**34,6**	**-32,7**	**85,9**	**-31,1**	**212**	**118,3**	**-1,9**	**191,9**	**134,2**
Banque Centrale	-54,9	-48,7	4,1	-117,3	-51,0	5,6	-66,3	-15,2	46,4	222,6	13,7	15,2	106,9	-11,86
dont contreparties FMI	-23,5	-40,4	3,6	-57,9	-66,4	-47,7	-30,8	4,1	3,6	74,2	16,6	110,7	87,7	72,4
Banques commerciales	-71,8	-52,8	19,6	56,4	-11,3	29,0	33,5	101,1	-77,5	-10,6	104,7	-17,1	81,4	145,7
dont crédits à l'Etat	-59,0	-22,4	-8,3	8,2	-21,9	7,0	26,7	114,8	-94,4	-10	220,8	97,1	130,5	140,4
Financement non bancaire	**64,7**	**18,7**	**10,0**	**130,8**	**87,4**	**-35,2**	**67,8**	**-136**	**212,2**	**-172,1**	**-204,2**	**-28,4**	**61,5**	**-53,9**
Titres publics			16,8	21,7	0,0	-10,9	21,7	41,9	11,26	9,4	-42,2	11,7	40,2	-40,6
Amortissement dû	-17,9	-2,8	-40,9	-28,0	-23,8	-12,5	-4,03	-9,1	-1,5	-20,4	-52,29	-63,1	-45,7	-37,9
Variation nette des arriérés	60,8	0,49	22,1	133,7	98,3	-14,4	-9,0	-170	30,3	-72,9	-7,93	13,9	-13,3	-11,4
Autres opérations	21,8	21,0	12,0	3,5	12,9	2,6	59,0	1,3	172,1	-88,2	-101,7	9,1	80,3	35,9
Eléments de financement extérieur														
Tirages prêts projets et autres	126,8	28,42	255,8	39,3	41,1	7,0	12,2	22,5	38,9	125,2	45,5	403,7	84,98	281,2
Amortissement dû	-372,6	-344,33	-501,4	-381	-335,4	-273,3	-269	-223	-237,8	-247	-310,3	-234	-316,21	-127,5
Variation arriérés extérieurs	189,8	157,1	-400,6	382,3	428,7	417,5	345,3	266,	15,4	-183	-	47,12	-195,83	-
Restructuration/retraitement dette	205,	209,74	755,4	90,8						150,	241,2	248,6	358,47	
Titres publics							23,31	69,2	42,9	33	261,1	49,82	60,4	86,9

<u>Source</u> : *DGE/DCPE*

En outre, de 2009 à 2010, dans le cadre de l'initiative PPTE (points de décision et d'achèvements cumulés), la Côte d'Ivoire bénéficie de différentes restructurations de sa dette. Selon les rapports économiques et financiers du MEF, les opérations financières de l'Etat ont été caractérisées par des appuis importants des partenaires au développement : signature d'un accord de restructuration de la dette envers le Club de Paris le 15 mai 2009, allocation de Droits de Tirage Spéciaux (DTS) pour un montant de 172,2 milliards, conclusion, en avril 2010, d'un accord de restructuration avec les créanciers privés détenteurs des titres Brady. Cette dernière restructuration s'articule autour des points essentiels suivants :

- une décote de 20% sur le stock de dette estimé au 31 décembre 2009, représentant un abandon de 287 milliards de franc CFA ;
- une émission d'un nouveau titre relatif aux créances restantes (80% du stock) d'une durée de 23 ans, dont 6 ans de différé, assorti d'un taux d'intérêt fixe et faible de 2,5% l'an pendant la période de différé et qui croît progressivement pour atteindre 5,75% l'an sur le long terme.

En 2011, à la fin de la crise post-électorale, le pays a bénéficié d'un soutien financier important des bailleurs de fonds. Ainsi, le Club de Paris, après avoir dénoncé auprès du Gouvernement ivoirien, la troisième phase de l'accord de restructuration du 15 mai 2009, qui couvre la période allant du 1er avril 2011 au 31 mars 2012, a convenu le 15 novembre 2011 avec la partie ivoirienne, d'un nouvel accord d'allègement de la dette publique extérieure, selon les termes de "Cologne". Il devrait permettre de réduire de plus de 78% ou 1 822 millions de dollars, dont 397 millions de dollars annulés, le service de la dette due aux créanciers du Club de Paris entre le 1er juillet 2011 et le 30 juin 2014.

Tous ces mécanismes d'ingénierie financière ont permis à l'Etat de mobiliser, en moyenne annuelle, 250 milliards de financement net. A cela s'ajoutent 86 milliards de ressources nettes issues des titres publics, notamment les emprunts obligataires et les obligations du Trésor. Ce financement a servi à apurer une grande partie des arriérés extérieurs et à faire face aux amortissements dus sur la dette extérieure.

Enfin, rappelons que toutes les opérations de financement du solde budgétaire de l'Etat impliquent les services du Trésor chargés des questions de dette publique, à savoir l'Agence Comptable Centrale du Trésor (ACCT), la Direction du Trésor (DT), la Direction de la Dette Publique (DDP), l'Agence Comptable de la Dette Publique (ACDP) et la Pairie Générale du Trésor (PGT).

Section 4 : Autres activités monétaires et financières importantes du Trésor Public

Pour comprendre, de manière concrète, les autres activités monétaires et financières du Trésor Public, on peut lire des extraits du rapport d'activités de 2013. Ces activités portent sur la réglementation, la surveillance et le contrôle du secteur bancaire et financier d'une part, les opérations financières avec l'étranger d'autre part, et les actions judiciaires.

§-1- Réglementation, surveillance et contrôle du secteur bancaire et financier

Les activités de règlementation, de surveillance et de contrôle relatives au secteur bancaire et financier portent sur les banques, les institutions de microfinance, les compagnies d'assurances les opérations financières avec l'étranger et la lutte contre la criminalité financière.

A. Les banques

Les principales actions entreprises au niveau des banques concernent l'élaboration de projets de textes règlementaires et la régularisation des incidents de paiement. L'élaboration de projets de textes juridiques a porté sur des projets de lois et d'arrêtés relatifs à :

- la fixation des indemnités de liquidateur et de membres de Comité de liquidation ;
- le taux d'intérêt légal en vigueur au titre de l'année 2013 ;
- le traitement des comptes dormants dans les livres des organismes financiers des Etats membres de l'UMOA ;

- l'autorisation des établissements financiers à caractère bancaire à recevoir des dépôts de fonds du public ;

- les demandes de dérogation de l'article 141 de la loi portant réglementation bancaire ;

- la fusion par absorption et la modification de la structure de l'actionnariat d'une banque ;

- la nomination et la prorogation de mandat d'Administrateurs Provisoires.

En matière de régularisation des incidents de paiement, ont fait l'objet de traitement 1 618 dossiers. Les dossiers pénalisés représentent 86,5% de l'ensemble des dossiers traités en nombre et seulement 6 % en valeur.

B - Les institutions de microfinance

Les institutions de Microfinance font l'objet, de la part du Trésor Public, d'une surveillance qui se traduit parfois par des mesures répressives.

Les activités de surveillance sont relatives à la délivrance des autorisations d'exercer et à la réalisation de certains contrôles. 31 demandes d'agrément ont été traitées en 2013 dont 10 demandes de renouvellement d'agréments de la part de structures déjà agréées et exerçant l'activité.

Les contrôles réalisés sont de deux types, à savoir les contrôles sur pièces et les contrôles sur place. Le contrôle sur pièces comporte le suivi de la situation financière et le contrôle interne des systèmes financiers déconcentrés (SFD). Le suivi de la situation financière des SFD a consisté à la collecte et à l'analyse des états financiers afin de s'assurer que les SFD respectent les normes prudentielles et les normes de performances définies par la Banque Centrale.

« L'examen des documents reçus montre une amélioration générale du volume d'activités des SFD et de leur situation financière par rapport aux exercices précédents. Cependant, la situation de bon nombre de SFD reste très critique, eu égard à la faiblesse de leurs fonds propres et à la mauvaise qualité de leur portefeuille de crédit », relate le rapport 2013 du Trésor Public.

Au niveau du suivi du contrôle interne, le Trésor Public a veillé à la réalisation des contrôles internes au sein des SFD, notamment les réseaux et les sociétés anonymes, par la collecte et l'examen des rapports de contrôles réceptionnés. Au terme de l'exercice 2013, le nombre de missions d'inspection sur place réalisées s'élèvent à 28 sur 40 prévues au programme annuel, soit un taux de 70%.

Des mesures ou sanctions ont été prises à l'encontre des SFD ayant violé la règlementation ou dans lesquels des risques importants ont été constatés ; d'où la fermeture de huit structures illicites, la prorogation de la surveillance rapprochée de 12 structures et la mise sous administration provisoire d'une structure.

C- Les compagnies d'assurances

La mission de surveillance et de contrôle des compagnies d'assurances s'appréhende à travers le traitement des demandes d'agréments et l'exercice des activités de contrôle.

Les demandes d'agrément sont de trois types. Il s'agit des demandes d'agrément de sociétés, des demandes d'agrément de dirigeants et des demandes d'agrément de courtiers d'assurances.

Une demande d'agrément de société a été réceptionnée. Cinq demandes d'agrément de dirigeants de sociétés, et deux dossiers ont été transmis à la Commission Régionale de Contrôle des Assurances (CRCA), pour avis. Sur 37 demandes de courtiers d'assurances formulées, 03 projets d'arrêtés ont été soumis à la signature du Ministre en charge des finances.

Les autres demandes concernent les demandes de visas de contrats d'assurances, les demandes de délivrance de cartes professionnelles et les autorisations diverses.

L'examen des demandes de visas réceptionnées a permis à 43 sociétés d'assurances d'obtenir les visas de contrats d'assurances sur les 83 demandes traitées. Sur 471 demandes formulées, 99 cartes ont été délivrées aux agents généraux et agents mandataires. Les 372 demandes de cartes restantes ont donné lieu à l'envoi de correspondances aux compagnies concernées en vue de compléter les dossiers de leurs agents. Les demandes d'autorisation examinées ont trait à la réévaluation d'actifs, à la cession de risque en réassurance à l'étranger à plus de 75% et à la modification de statuts.

Au cours de l'année 2013, 18 sociétés d'assurances ont été contrôlées sur place. Outre ces contrôles, il a été procédé au contrôle de 10 sociétés d'assurances avec des missions du Secrétariat Général de la Conférence Interafricaine des Marchés d'Assurance (CIMA). 13 courtiers d'assurances ont fait l'objet de contrôle sur place à partir des comptes courants des opérations effectuées avec chaque compagnie d'assurance qu'ils produisent chaque trimestre.

Le suivi des mesures préconisées par la CIMA portent généralement sur la surveillance permanente, l'administration provisoire et le retrait d'agrément suivi de la liquidation de société.

En 2013, huit sociétés d'assurances étaient sous surveillance permanente et cinq en liquidation. Au titre de la surveillance permanente, le Trésor Public suit les sociétés de plus près dans leurs activités et participe en tant qu'observateur aux réunions des Conseils d'Administration et des Assemblées Générales et fait des points périodiques à la CRCA. En ce qui concerne la liquidation, il s'agit d'assister les juges contrôleurs désignés par le Tribunal; l'objectif étant la prise en compte des intérêts des assurés et bénéficiaires de contrats d'assurance.

Par ailleurs, 417 demandes d'intervention ou plaintes contre des compagnies d'assurance ont été traitées. Les interventions auprès des compagnies d'assurance ont permis de satisfaire 52 requêtes. La faible proportion de satisfaction est due soit aux difficultés dans l'exercice des recours entre compagnies d'assurance liées aux difficultés de trésorerie de certaines compagnies, soit au fait que le Trésor Public n'a pas toujours reçu le retour des requêtes satisfaites par les compagnies. Ainsi, face aux nombreuses difficultés dans l'exercice des recours contre les compagnies d'assurance entre elles dans le cadre de l'indemnisation des accidents de la circulation, une circulaire a été prise par le Trésor Public pour un suivi plus efficace. Suite à cela, les sociétés d'assurance ont échangé des chèques d'un montant global de 276 millions de FCFA.

§.2. Les opérations financières avec l'étranger

La règlementation et le contrôle des opérations financières avec l'étranger ont concerné les activités des bureaux de change manuel, les opérations de change manuel, les ouvertures de comptes en devises et les autres opérations financières avec l'étranger.

Le traitement des dossiers de règlementation se rapportant aux bureaux de change manuel en 2013 fait ressortir ce qui suit :

- 05 demandes d'agrément introduites ;
- 13 bureaux de change manuel ayant reçu l'avis conforme favorable de la BCEAO;
- 06 bureaux de change manuel agréés ;
- 4 bureaux de change manuel agréés ont ouverts à la suite d'un contrôle conjoint TRESOR/BCEAO.

Une étude complète sur le phénomène de change au marché noir a été menée. Cette étude avait pour objectif de maîtriser les contours du marché parallèle de devises en Côte d'Ivoire et d'asseoir les bases d'une lutte efficace contre le développement de ce phénomène aux conséquences néfastes pour l'économie nationale.

Dans sa mission de règlementation des opérations de changes, le Trésor Public a mené les actions suivantes :

- l'interdiction des clauses d'exclusivité de service entre les banques et les opérateurs de transfert rapide d'argent en Côte d'Ivoire et l'astreinte de ces acteurs au respect scrupuleux des dispositions du règlement n° 02/2002/CM/UEMOA du 23 mai 2002 relatif aux pratiques anticoncurrentielles à l'intérieur de l'UEMOA ;
- la préparation de projets de lois et de décrets uniformes en vue de la transposition de certains textes communautaires adoptés par le Conseil des Ministres de l'UMOA, lors de sa session du 14 décembre 2012 ;
- la préparation d'un projet d'arrêté afin de compléter la liste des banques habilitées à exécuter les opérations financières avec l'étranger, en qualité d'intermédiaires agréés ;

- la tenue de séances de travail avec la BCEAO et les banques, en vue de l'harmonisation des procédures de traitement des Autorisations de Change ;

- la rédaction du document « Le Manuel des Autorisations de Change » à l'effet de faciliter la gestion des demandes d'autorisation de change pour les transferts de fonds à l'étranger ;

- la réception et le traitement de 6 543 dossiers de demande d'autorisation de change pour un montant global de 481, 25 milliards FCFA conformément aux nouvelles dispositions en vigueur.

Les dossiers de demande d'ouverture, de renouvellement et de régularisation de comptes en devises traités se présentent comme suit:

- trois demandes d'autorisation en matière de comptes intérieurs en devises ;

- neuf demandes d'autorisation en matière de comptes résidents à l'étranger ;

- six demandes d'autorisations en matière de comptes étrangers en devises.

Concernant les autres opérations financières avec l'étranger, deux types de contrôles à la fois sur pièces et sur place des opérations financières avec l'étranger ont été effectués au cours de l'année 2013 :

- le contrôle conjoint DGTCP/BCEAO du rapatriement des recettes d'exportations auprès des banques domiciliataires au sein des 24 banques de la place, en vue de s'assurer du rapatriement effectif des recettes d'exportation.

- le contrôle du rapatriement des recettes d'exportations auprès des entreprises exportatrices. Il s'est déroulé du 17 juin au 12 juillet 2013 au sein d'un échantillon de 12 entreprises exportatrices en vue de s'assurer du respect des procédures et formalités prévues par la réglementation en vigueur en matière d'exportation.

27 autorisations de détention de devises ont été accordées à des voyageurs résidents pour couvrir notamment les frais de voyage professionnel à l'étranger (hors UEMOA). Les sorties de devises ainsi occasionnées en 2013 sont évaluées à 1,382 milliard de Francs CFA.

Les activités de lutte contre la criminalité financière portent sur la réglementation et la promotion des mesures anti-blanchiment de capitaux, le contrôle et l'évaluation du dispositif LBC/FT (lutte contre le blanchiment de capitaux et le financement du terrorisme) et sur la coopération internationale.

Plusieurs projets de textes législatifs et réglementaires ont été élaborés ou examinés :

- un projet de décret portant création, attribution et composition du Conseil National de Lutte contre le Blanchiment des capitaux et le Financement du Terrorisme en vue de la réforme du Comité National de Suivi des Activités du GIABA (CNSA-GIABA) ;

- un avant-projet de loi portant répression des actes terroristes en vue de compléter la liste des infractions sous-jacentes incriminées en Côte d'Ivoire ;

- quatre projets de décrets d'application de l'ordonnance relative au financement du terrorisme ;

- un avant-projet de loi uniforme relative à la lutte contre le blanchiment de capitaux et le financement du terrorisme et la prolifération des armes de destruction massive (LBC/FT).

En outre, le rapport de l'Evaluation Nationale des Risques de Blanchiment de Capitaux et de Financement du Terrorisme a été rédigé.

Enfin, une ébauche du Guide de recouvrement des avoirs criminels a été élaborée. Celui-ci établit la distinction entre les processus de gel, de saisie et de confiscation.

§.3- L'assistance juridique

L'intervention du Trésor Public, en matière d'assistance juridique, porte sur la gestion du contentieux, le conseil et l'expertise juridique ainsi que sur les enquêtes et investigations.

A- La gestion du contentieux

Au cours de l'année 2013, 1671 dossiers de contentieux civil et pénal ont été traités : 442 dossiers faisant l'objet de procédure civile, 21 dossiers de procédure pénale, 1012 voies d'exécutions et 96 réclamations diverses. Six dossiers de créances d'une valeur de 4, 5 milliards FCFA ont été ouverts. Le traitement des dossiers de réparations civiles renvoie à la confection de documents destinés à l'indemnisation effective des victimes et au paiement des honoraires des Conseils de l'Etat.

41 dossiers relatifs aux frais, honoraires et accidents d'un montant global de 1,06 milliard FCFA ont été programmés.

Les procédures diverses se résument essentiellement à 23 dossiers de demandes de remboursement de cautionnement traités ou en cours d'instruction. Parmi ces demandes quatre ont fait l'objet de rejet pour inexistence de preuve.

Par ailleurs, une demande de décharge de responsabilité a été réceptionnée et traitée

B - Le conseil et l'expertise juridiques

Les activités liées au conseil et à l'expertise juridique visent essentiellement la double mission de traitement des dossiers de consultation et de contentieux administratif.

La consultation se traduit par la sollicitation du Trésor Public pour, soit rédiger une convention, soit émettre un avis sur :

- des projets de textes de convention ;

- l'exécution des conventions auxquelles l'Etat est partie ;
- l'opportunité d'une action judiciaire ;
- les solutions susceptibles de permettre le règlement de certains conflits auxquels l'Etat est partie.

Pendant l'année, ce sont 88 dossiers d'avis et de consultations juridiques et 4 dossiers pour examen de projets de lois, de décrets et d'arrêtés qui ont fait l'objet de traitement, soit 92 dossiers provenant de l'Etat et de ses démembrements ainsi que de personnes physiques ou de personnes morales de droit privé.

En 2013, l'Etat a fait l'objet de deux condamnations pécuniaires d'un montant total de 10 millions FCFA.

C - Les enquêtes et investigations

Les enquêtes et investigations menées par le Trésor Public se traduisent par l'instruction de quatre dossiers de détournement de deniers publics d'une valeur totale de 39,4 millions F CFA et de 07 dossiers de débet comptable.

Les opérations financières avec l'étranger, exécutées en 2012, se sont caractérisées par la prépondérance des règlements de factures de biens tant en entrées (encaissements de devises) qu'en sorties (décaissements de devises). Les paiements enregistrés, à cette occasion, ont porté essentiellement sur le rapatriement des recettes d'exportation à hauteur de 77,72% des devises encaissées et le financement des importations de biens avec 67,47% des sorties de devises.

Les activités de lutte contre la criminalité financière ont consisté en des actions comme la ratification, par la Côte d'Ivoire, de conventions et protocoles internationaux, le renforcement des capacités des agents, l'équipement en matériels de contrôles, la sensibilisation etc.

Conclusion de la troisième partie

La période allant de 2000 à 2013, réputée être celle de toutes les convulsions politiques en Côte d'Ivoire, a tout de même enregistré des réformes majeures en matière financière et comptable. Suite à des diagnostics faits au milieu des années 1990, des réformes audacieuses ont été entreprises et continuent jusqu'aujourd'hui.

La configuration actuelle du Trésor Public s'inscrit dans le sillage d'un ensemble d'innovations introduites depuis 1997. L'institution a en effet retrouvé une très partie grande des attributions qui devaient lui revenir depuis sa création : la gestion de la dette extérieure, la tutelle de la direction des assurances, la gestion des postes comptables à l'étranger, l'adoption d'un nouveau système comptable structurant et plus performant.

Bien plus, la nouvelle appellation de l'institution « Direction Générale du Trésor et de la Comptabilité Publique (DGTCP) » à la place de Direction Générale de la Comptabilité Publique et du Trésor devait consacrer la prééminence de l'analyse macroéconomique. Mais, dans les faits la tradition résiste.

Les nouvelles procédures d'élaboration des budgets de l'Etat central et de ses démembrements constituent d'autres dimensions des réformes des années 2000 qui avaient déjà commencé en 1998. Consécutivement, des modifications intervenues dans les circuits et procédures d'exécution des dépenses et des recettes du budget général de l'Etat, des comptes spéciaux du Trésor, furent mises en œuvre à travers les progiciels SIGFIP et ASTER, respectivement pour les étapes budgétaire et comptable.

Malgré les incertitudes politiques qui ont engendré par moments des suspensions des relations avec les bailleurs de fonds, la méthodologie d'élaboration des programmes économiques et financiers du FMI a été toujours suivie : l'équilibre des finances publiques, la croissance économique, la lutte contre l'inflation et l'équilibre extérieur. Les interrelations entre les comptes des quatre secteurs ont constitué la trame d'élaboration des programmes économiques et financiers (PEF).

Les résultats des PEF ont été fortement influencés par les chocs exogènes à travers les péripéties socio politiques. Sur toute la période de 2000 à 2011, les indicateurs macroéconomiques des quatre secteurs ont fluctué à la baisse. Les dérapages budgétaires relevés sont essentiellement dus à une sorte de laxisme lié à une gestion trop politicienne des finances publiques. Les niveaux des dépenses publiques improductives et du service de la dette étaient élevés pendant que celui de l'investissement public et des dotations de lutte contre la pauvreté étaient relativement faibles.

Le Trésor Public a essayé de gérer avec beaucoup de difficultés les déficits budgétaires et de trésorerie. Cependant, les différents retraitements et restructurations de la dette publique ont permis d'alléger quelque peu le poids des difficultés. Dans ce sens, après la crise post-électorale, les importantes annulations de dettes obtenues dans le cadre de l'initiative PPTE, le programme d'urgence appuyé par la facilité de crédit rapide (FCR) en 2011 et la facilité élargie de crédit (FEC) conclu en 2012 ont constitué des concours extérieurs d'une grande portée financière.

Le Trésor Public a activement participé à la conduite de toutes ces opérations, notamment en termes de mobilisation de ressources publiques, de paiement des dépenses publiques et parapubliques et de financement des soldes budgétaires, sans oublier d'autres activités monétaires et financières menées par l'institution.

Quelles leçons peut-on tirer de tout cela pour mieux envisager les prochains enjeux et perspectives ?

QUATRIEME PARTIE : PERSPECTIVES DE POLITIQUE FINANCIERE ET INDICATIONS DE REFORMES DU TRESOR PUBLLIC IVOIRIEN

« Une méthode fixe n'est pas une méthode.»
Proverbe Chinois

Après avoir essayé de revisiter la politique financière ivoirienne depuis les origines jusqu'à nos jours, il est trivial de dire qu'il s'est produit beaucoup de changements observés tout au long de ce parcours. Les contextes précolonial, colonial, post indépendance avec l'autonomie du Trésor Ivoirien, le financement des plans quinquennaux de développement, les programmes d'ajustement structurel et les grandes réformes en cours depuis la fin des années 1990 ont eu, chacun, leur idéal type en matière de politique financière.

Le Trésor Public ivoirien a compris, depuis longtemps, le sens du proverbe chinois disant qu'une méthode fixe n'en est pas une. Elle a donc fait l'objet de plusieurs mutations dans ses missions et organisations.

La même logique demande de s'ouvrir par rapport à quelques défis et perspectives financiers internationaux, sous régionaux et nationaux. Cela pourrait indiquer des voies d'ajustement du Trésor Public ivoirien par une réforme de son organisation et de son fonctionnement à l'effet d'une meilleure adaptation.

Chapitre X : Défis et perspectives financiers internationaux et sous régionaux, quel rôle du Trésor Public ivoirien?

Autant les fluctuations des cours des produits primaires déterminent fortement les soldes commerciaux et courants de la Côte d'Ivoire, autant les grands enjeux et perspectives de financiers internationaux ont des incidences sur l'équilibre financier du pays, à travers la balance des capitaux. En outre, les perspectives financières sous régionales et nationales interpellent le Trésor Public. Ce chapitre sera donc consacré à l'analyse de certains enjeux et de politique financière internationale, les nouvelles orientations de politique d'endettement, la recherche de l'efficacité de l'aide au développement et les perspectives de développement du marché financier en Afrique de l'Ouest

Section 1. Quelques enjeux et défis financiers internationaux en direction des pays en développement

Les enjeux et perspectives de politique financière internationale, pour les pays du Tiers monde, portent essentiellement sur certains aspects des programmes financiers appliqués dans ces pays, la question de l'efficacité de l'aide au développement et les risques de ré-endettement.

§.1. Les problèmes posés par certains aspects des programmes financiers en direction des pays en voie de développement

La première génération des PAS fit, en son temps, l'objet de critiques qui ont justifié les idées d' «ajustement à visage humain » de la part de G. Cornia et R. Jolly (1987) et de dimension sociale de l'ajustement (DSA). Aujourd'hui encore, des critiques portent sur plusieurs aspects de la politique financière internationale inspirée des PAS.

La Conférence des Nations Unies sur le Commerce et le Développement (CNUCED) note que la proportion de la population vivant avec moins d'un dollar par jour est passé de 56% dans les années 1970 à 65% vingt ans plus tard. Son dernier rapport montre même que «l'incidence de l'extrême pauvreté n'a pas diminué dans les pays qui ont engagé les PAS, y compris dans le groupe de ceux qui ont été mis en œuvre correctement».

Stiglitz (2002, P.308)1 va plus loin en relevant la contradiction suivante : « les pays du monde en développement ne cessent de demander pourquoi les Etats-Unis, lorsqu'ils sont confrontés à une crise économique, se prononcent pour des politiques budgétaire et monétaire expansionnistes, alors que quand ils se trouvent, eux, dans la même situation, on exige qu'ils fassent exactement le contraire ».

Dans le même sens, Stiglitz (2002 ; 2008) insiste sur les méfaits de la libéralisation des taux d'intérêt en tant que dernier chaînon de la libéralisation financière. Pour lui (id, P.138), « la libéralisation des comptes d'opérations en capital a été le facteur le plus important dans la genèse de la crise ». Bresser-Pereira (2003) observe que la libéralisation des mouvements de capitaux constitue le point de départ du « second » consensus de

[1] Joseph Eugene Stiglitz, Economiste américain, ancien vice-président de la Banque Mondiale, Prix Nobel d'Economie en 2001

Washington. Krugman (2013)[1] n'est pas favorable non plus à la libération financière incontrôlée.

En outre, Stiglitz (2002, P.271) fait remarquer que des sommes importantes prêtées par le FMI servent à maintenir les taux de change à des niveaux insoutenables pendant une courte période, au cours de laquelle les étrangers et les riches peuvent faire sortir leur argent du pays à des conditions plus favorables (grâce aux marchés des capitaux ouverts que le FMI a imposés). Pour chaque unité monétaire nationale, les riches des pays obtiennent davantage de dollars tant que les taux de change sont soutenus. Et les milliards de dollars du FMI servent souvent aussi à rembourser les créanciers étrangers, même quand la dette était privée. Ainsi, « dans bien des cas, l'endettement privé se trouve, de facto, nationalisé ».

Du côté des organisations de la société civile, notamment des altermondialistes, les instruments et modalités de restructuration de la dette, présentés comme des opportunités à saisir par des pays en crise financière ou à faible revenu, n'échappent pas aux critiques. Ces restructurations et retraitements sont parfois regardés comme d'habiles manœuvres médiatiques des pays industrialisés pour maintenir les PVD sous contrôle afin de continuer l'exploitation de leurs ressources naturelles. Par exemple, le refinancement est vu comme un mécanisme qui ne profite pas aux populations, mais plutôt aux banques privées. Le rééchelonnement est perçu comme un sursis. Même l'annulation de la dette est considérée comme une manœuvre politique et diplomatique, ne profitant qu'aux classes dirigeantes et ouvrant plus d'accès aux ressources naturelles et aux marchés des PVD.

Milanovic (2003) conclut toutes ces critiques, en relevant même que les « bons élèves » des pays d'Europe de l'Est et d'Asie Centrale (Moldavie, Géorgie, Kirghizistan et Arménie) ont vu leur PIB divisé par deux depuis 1991 et leur dette exploser alors qu'elle était pratiquement nulle au début des années 1990. L'Arménie et la Moldavie ont même vu leur IDH (indice de développement humain) diminuer au cours de la dernière décennie.

L'autre volet de critiques de la politique financière internationale porte sur l'aide au développement.

§.2. La question de l'efficacité de l'aide au développement

L'aide est composée de dons ou de prêts concessionnels (dont l'élément don est supérieur à 35%). L'aide au développement, comme les prêts, prend

[1] Paul Krugman, Economiste américain, Prix Nobel d'Economie en 2008

plusieurs formes, publique ou privée, bilatérale ou multilatérale, liée ou non liée. Ses buts sont de financer :

- les soldes de balances de paiements (réserves) ;
- les appuis budgétaires ;
- les projets et programmes d'investissements ou de développement ;
- les actions de renforcement des capacités (formation, assistance technique...).

La CNUCED déplore la subordination faite par le FMI et la Banque Mondiale de leur aide à l'application des PAS. Par ailleurs, la plupart des pays industrialisés ne respectent pas les engagements pris devant l'ONU de concéder 0,7% de leur PIB à l'aide au développement.

En réalité, les problèmes posés par l'orientation de l'aide au développement ne sont pas de la seule responsabilité des institutions de Bretton Woods, mais s'étendent à tous les donateurs publics et privés, bilatéraux et multilatéraux.

L'aide liée est une caractéristique sujette à polémique entre les donateurs, les bénéficiaires et les organisations de la société civile. L'attitude (inavouée) des donateurs est souvent inspirée par des considérations suivantes :

- historiques : anciennes colonies ;
- géostratégiques : pays amis en matière diplomatique, militaire ou sécuritaire ;
- économiques : accès à des ressources naturelles, décrochage de gros contrats...

La société civile du sud est méfiante voire critique envers l'une des formes d'aides sus citées, car elles tendent parfois à renforcer des régimes autocratiques et corrompus, aggravant ainsi la pauvreté. Elle apprécie plutôt l'aide subordonnée à la qualité de la gouvernance ou visant son renforcement. Contrairement à la société civile, les autorités nationales des pays bénéficiaires manifestent une préférence pour les trois premières formes d'aides et sont plutôt réservés sur l'aide positivement liée à la gouvernance qu'elles considèrent comme une ingérence dans la politique intérieure.

La question est alors de savoir quelle est l'efficacité de l'aide au développement ?

Minoiu (2010) passe en revue des résultats d'études empiriques sur la question. La plupart des études ont montré que l'aide n'a guère d'impact statistique sur la croissance, l'épargne ou l'investissement. L'aide ne stimule la croissance et ne réduit la pauvreté que si de bonnes politiques macroéconomiques sont en place (Burnside and Dollar, 2000). Des auteurs établissent une différenciation entre l'impact des différentes catégories d'aide sur la croissance économique. L'aide au secteur de la santé, non géostratégique ou non liée, a des impacts sur la croissance selon Mishra et Newhouse (2009), Minou et Reddy (2009), et Bobba et Powell (2007).

Enfin, le caractère imprévisible des flux d'aide peut perturber la gestion budgétaire du pays bénéficiaire et compromettre ses efforts de stabilisation macroéconomique. Bulir et Hamann (2006) notent que, d'une part, les flux d'aide sont très instables et, d'autre part, l'aide reçue par les pays bénéficiaires est inférieure d'au moins 40% en moyenne des montants initialement annoncés dans les programmes.

§ .3. Les problèmes posés par les risques de surendettement

Les problèmes posés par des faiblesses de gouvernance, de gestion macroéconomique et d'inefficacité de l'aide exposent les pays à des risques élevés de surendettement.

En effet, les proportions élevées de dépenses publiques improductives et les emprunts contractés dans des conditions parfois critiquables engendrent un cumul de soldes budgétaires déficitaires d'année en année, se traduisant par un amoncellement de la dette publique.

Si la dette publique peut soutenir une tendance haussière de la conjoncture (politique pro cyclique) ou éviter sa chute brutale (politique anti cyclique), arrivée à un certain niveau, elle commence à pénaliser la croissance économique.

Graphique 18 : Dette extérieure et croissance économique en Côte d'Ivoire de 1970 à 2010

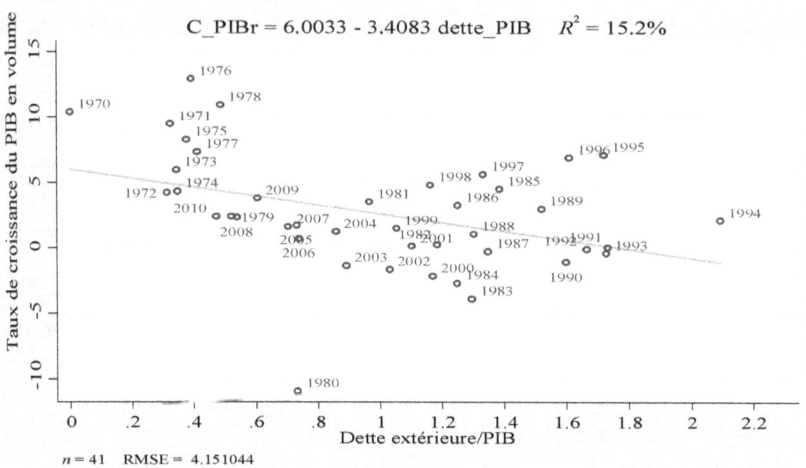

<u>Source</u>: *Nos calculs*

Sur le graphique 18, la pente négative de la droite affine (-3,4083) montre que, sur une période de 40 ans (1970-2010), les années de service de la dette extérieure élevée coïncident avec celles de faible croissance et vice versa. Les années 1970 et la seconde moitié des années 1990 sont celles de faible service de la dette comparativement à la forte croissance du PIB. Les autres années, notamment la période de la première génération des PAS (1981-1993), apparaissent comme celles de prépondérance de service de la dette extérieure et d'atonie de la croissance économique.

Le rendement projeté du capital tendant à diminuer, cela peut provoquer un signal négatif pour les investisseurs (Dijkstra et Hermes, 2001) qui peuvent se montrer attentistes dans leurs décisions d'investissement (Servén, 1997) ou, plus gravement, opter pour des fuites de capitaux (Calvo, 1998). Cette situation extrême se produit lorsque le risque pays est très élevé ou que la gouvernance est de qualité incertaine, comme ce fut le cas de la Côte d'Ivoire durant la douzaine d'années de crise (2000-2011) au cours desquelles se sont succédé plusieurs gouvernements de coalition.

Depuis le milieu des années 1990, les IFI en particulier celles de Bretton Woods, ont intégré toutes les critiques sur la politique financière internationale dans les nouvelles générations de PAS, notamment en matière de politique d'endettement.

Section 2 : Nouvelles orientations de politique d'endettement

A partir du milieu des années 1990, les institutions de Bretton Woods ont conçu un ensemble de mécanismes dans les nouvelles générations des PAS : FASR (facilités d'ajustement structurel renforcé), DSRP (document stratégique de réduction de la pauvreté), IPPTE (initiative pour les pays pauvres très endettés) etc.

Le FMI a appliqué deux nouveaux instruments financiers en 2005 : le mécanisme de protection contre les chocs exogènes et l'instrument de Soutien à la Politique Economique.

En 2009, d'autres instruments pour les pays à faible revenu ont été mis en place :

- la facilité élargie de crédit offrant un soutien souple à moyen terme ;-
- la facilité de crédit de confirmation répondant aux besoins de crédit de précaution à court terme ;
- la facilité de crédit de rapide offrant un soutien d'urgence avec une conditionnalité limitée.

Les IFI soutiennent des programmes d'assistance technique et de renforcement des capacités dans les pays en développement.

L'élément le plus important semble être l'analyse de viabilité de la dette (AVD) car il constitue un cadre d'analyse intégrée de la soutenabilité budgétaire et extérieure utilisé par le FMI dans ses missions de surveillance au titre de l'article IV et de politique et programmation financières. L'AVD permet d'établir un diagnostic de la viabilité de la dette et de faire des recommandations conséquentes aux Etats. L'AVD est constituée de deux cadres différents de l'analyse de la viabilité de la dette :

- la dynamique de la dette publique et les projections du secteur des administrations publiques relativement à la viabilité budgétaire et de la dette publique ;
- la dynamique de la dette extérieure et les projections de la balance des paiements relativement à la viabilité extérieure et à la viabilité des emprunts extérieurs contractés par les résidents du pays.

Enfin, quelles que soient les observations qu'on pourrait faire sur les politiques financières conseillées par les IFI aux pays en développement, il est tout de même recommandé aux Etats africains de continuer de suivre au moins les indications suivantes :

- interdiction de contracter une dette non concessionnelle (« élément don » inférieur à 35%) ;
- renforcement de la capacité de gestion macroéconomique et financière ;
- projections du pays sur les 20 prochaines années et effort de prévention de sa vulnérabilité à des chocs exogènes et économiques ;

Evaluation objective du risque de surendettement sur cette période à partir des seuils indicatifs d'endettement qui dépendent de la qualité des politiques et des institutions du pays.

Les IFI ont aussi adhéré aux initiatives de recherche de l'efficacité de l'aide au développement.

Section 3 : Recherche de l'efficacité de l'aide au développement

La recherche de l'efficacité de l'aide au développement a suivi un certain parcours.

§.1. La Déclaration de Paris sur l'efficacité de l'aide au développement

Les ministres de pays industrialisés et de pays en développement chargés de la promotion du développement, les responsables d'organismes bilatéraux et multilatéraux d'aide au développement, réunis à Paris le 2 mars 2005, ont pris la résolution de mener des actions ambitieuses, se prêtant à un suivi, afin de réformer les modalités d'acheminement et de gestion de l'aide, qui doit être effectué dans le cadre de la mise en œuvre de la Déclaration du millénaire et des objectifs du millénaire pour le développement (OMD).

Les pays partenaires et les donneurs s'engagent conjointement à :

- œuvrer ensemble à la mise en place de cadres définis d'un commun accord, propres à permettre une évaluation fiable de la performance et de la transparence des systèmes des pays partenaires ainsi que des obligations de compte qu'ils comportent ;
- intégrer les études de diagnostic et les cadres d'évaluation des performances dans des stratégies de renforcement des capacités placées sous la conduite des pays partenaires.

Les pays partenaires s'engagent à :

- réaliser des études de diagnostic fournissant une évaluation fiable des procédures et systèmes nationaux ;
- entreprendre, sur la base de ces études de diagnostic, des réformes de nature à garantir l'efficacité, la responsabilité et la transparence des systèmes, institutions et procédures de gestion de l'aide et autres ressources affectées au développement en place à l'échelon national ;
- entreprendre les réformes, dans le domaine de la gestion publique, qui peuvent s'avérer nécessaires pour enclencher des processus de renforcement durable des capacités.

Les pays partenaires renforcent leurs propres capacités de développement avec le concours des donneurs, consolider les capacités de gestion des finances publiques, renforcer les systèmes nationaux de passation des marchés, délier l'aide pour une meilleure utilisation des ressources.

Les donneurs et les pays partenaires sont responsables des résultats obtenus en matière de développement. Une priorité essentielle pour les pays partenaires comme pour les donneurs est de renforcer la responsabilité mutuelle et la transparence concernant l'utilisation qui est faite des ressources affectées au développement. C'est également un moyen de rallier l'adhésion de l'opinion publique aux politiques nationales et à l'aide au développement.

§.2. Le programme d'action d'Accra

Le 4 septembre 2008, les ministres des pays en développement et des pays donneurs chargés de la promotion du développement et les responsables d'organismes bilatéraux et multilatéraux d'aide au développement ont entériné la déclaration d'Accra (Ghana), en vue d'accélérer et d'amplifier la mise en œuvre de la Déclaration de Paris sur l'efficacité de l'aide au développement. Des points majeurs ont été arrêtés. Il s'agit de bâtir des partenariats plus efficaces et plus ouverts à tous au service du développement, de réduire la fragmentation de l'aide qui représente un coût et d'améliorer le rapport coût-résultats des apports d'aide. A Accra, il a été aussi reconnu clairement que l'engagement auprès des organisations de la société civile, considérées comme de véritables acteurs indépendants du développement, produisait des efforts complémentaires de ceux des pouvoirs publics et du secteur privé. Il a été décidé d'améliorer la transparence et la reddition de comptes aux opinions publiques sur les résultats obtenus. Enfin, l'accent a été mis sur l'obtention de résultats et sur l'amélioration de la prévisibilité de l'aide à moyen terme.

§.3. L'accord de Busan

Dans le prolongement des réflexions sur l'efficacité de l'aide, le 4ème Forum de haut niveau s'est tenu à Busan, en Corée du 29 novembre au 1 décembre 2011. Il a réuni les chefs d'État, Ministres et représentants de pays en développement et de pays développés, responsables d'institutions multilatérales et bilatérales, représentants de différents types d'organisations publiques, de la société civile, privées, parlementaires, locales et régionales réunis à Busan. Des principes partagés au service de buts communs ont été adoptés ou réaffirmés portant notamment sur l'appropriation des priorités de développement par les pays en développement, l'orientation vers les résultats, des partenariats pour le développement ouverts à tous, la transparence et la redevabilité réciproque.

A Busan, des recommandations en vue de l'appropriation de l'efficacité de l'aide et de la coopération multiforme entre tous les acteurs : implication systématique de la société civile, du secteur privé, coopération sud-sud, coopération triangulaire au service d'un développement durable. Il faut aussi nouer des partenariats afin de renforcer la résilience et de réduire la vulnérabilité face aux situations difficiles. Il s'est agi aussi de combattre la corruption et les flux illicites. La nécessité d'agir en partenariat vers la réalisation des OMD et au-delà.

Ainsi, les enjeux de la politique financière internationale font intervenir les Etats (donc les Trésor nationaux), les IFI, les universitaires et la société civile. Des consensus s'imposent en matière de politique d'endettement et d'aide au développement.

Section 4 : Le Trésor Public ivoirien et les perspectives de développement du marché financier en Afrique de l'Ouest.

Une décision du Conseil des Ministres de l'UEMOA de 1998, entrée en vigueur en Janvier 2002, ne permet plus un recours automatique à la Banque Centrale pour le financement du solde budgétaire. L'Etat est encouragé à intervenir sur le marché des titres. Ainsi, à côté d'une économie d'endettement dans laquelle la plus grande partie du financement des agents à besoin de financement (dont l'Etat) est assuré par le système bancaire, est appelée à émerger une économie de marché financier où les besoins de financement pourront être satisfaits prioritairement par l'émission de titres.

§.1. Financement des besoins de l'Etat par le marché des titres publics.

Il apparaît alors, pour le Trésor Public, la nécessité d'arbitrage entre financements monétaire et obligataire du solde public. En effet, l'arbitrage entre financement intermédié et désintermédié peut réduire les coûts de transactions (De Boissieu, 1994) et le résultat final sera bénéfique pour l'Etat.

Détenant 40% des ressources de l'UEMOA, la Côte d'Ivoire peut tout autant contribuer au développement du marché financier régional qu'en tirer profit pour sa croissance économique. En effet, Berthélémy et Chauvin (2000) établissent une relation empirique entre le niveau du développement financier et la croissance économique. C'est le développement financier qui, selon eux, a favorisé la mobilisation de l'épargne, l'amélioration de l'information et la qualité des investissements en Asie du Sud-est. Le marché des capitaux se modernise et en particulier la bourse qui accueille plus largement l'épargne des ménages, la fiscalité sur les placements boursiers devient plus intéressante.

Des travaux récents sur les marchés des titres peuvent orienter nos réflexions. Cabrillac et Rocher (2009), dans le cadre de leur diagnostic des marchés des titres africains, ont montré que l'intérêt croissant des investisseurs étrangers a provoqué l'attractivité de ces marchés naissants. Mbengue (2009), quant à lui, montre que les primes de risque sur le marché obligataire sont étroitement liées à des facteurs comme la corruption, le niveau d'endettement des États, les réserves extérieures, le crédit domestique et le service de la dette. Sene (2013), à partir d'une étude sur la période 2002-2012, arrive à la conclusion que les facteurs de solvabilité budgétaire les plus pertinents qui ont affecté les spreads sont le ratio dette sur PIB, le fardeau de la dette, les arriérés de paiement et la position nette du gouvernement. Le rating des agences de notation semble aussi influencer la tarification des titres publics. Le résultat important qui émerge de l'analyse est la nécessité pour les États de respecter les critères de convergence de premier et second rangs permettant de lever des fonds à des taux plus abordables auprès des investisseurs afin de les préserver contre le risque de jeu de Ponzi (emprunter pour rembourser).

L'étude de Cédric Mezieu[1], dont quelques résultats sont exposés ici, permet de cerner certains aspects des marchés obligataires de l'UEMOA. Les marchés obligataires ont connu un essor important en Afrique subsaharienne (hors Afrique du Sud) depuis les années 1990. En moins de 15 ans (1994-2009), les montants des émissions sont passés de 8 milliards à plus de 20 milliards de dollars. En 2010, le volume des émissions des titres publics dans la zone CFA (UEMOA et CEMAC) s'élevait à plus de 2300 milliards FCFA (soit 4,6 milliards de dollars, dont plus de 60% par la Côte d'Ivoire), contre 7,5 milliards de dollars au Nigeria et plus de 2,2 milliards au Kenya.

D'après lui, les marchés obligataires du Maroc et des six pays anglophones (Nigeria, Botswana, Ghana, Kenya, Ouganda et Tanzanie) sont plus développés que ceux de l'UEMOA et de la CEMAC. Dans le premier groupe (le Maroc et les six pays), le marché monétaire et les marchés secondaires existent avec des niveaux de développement différents. En termes de sophistication, la courbe de taux existe ou est en construction et va jusqu'à 20 ans pour Nigeria et 30 ans pour le Kenya et le Maroc. Les marchés des dérivés existent ou sont en construction. Les bases d'investisseurs sont diversifiées. On peut aussi noter le rôle très important des banques centrales dans ces pays, où existent des régimes de change variables. Au contraire, la zone CFA se caractérise par un marché monétaire non dynamique (inexistant dans la zone CEMAC), l'absence d'indice de référence au marché monétaire, un marché secondaire et des dérivés inexistant, l'absence de courbe de taux de référence pour les titres dans chacune des deux régions[2], la base des investisseurs reste dominée essentiellement par le secteur bancaire. Le marché obligataire semble être une extension du marché interbancaire, les deux régions bénéficiant d'un régime de change fixe. Malgré les initiatives des pays de la zone CFA, les progrès restent lents en ce qui concerne le développement des marchés obligataires domestiques.

§.2. Financement monétaire et développement du marché financier

Le taux directeur (taux d'escompte) est faiblement significatif. La masse monétaire M2 est très significative et positive. Il apparaît en effet que, dans

[1] http://www.afdb.org/en/knowledge/publications/working-papers/

[2] Dans l'UEMOA, la courbe de taux de la BOAD sert souvent de benchmark

l'UEMOA, le principal instrument de politique monétaire capable d'influencer le marché obligataire est l'agrégat monétaire, c'est-à-dire le niveau de liquidité. En effet, en abaissant progressivement son taux directeur, la BCEAO a permis aux banques de disposer de plus de liquidités, ce qui a contribué à favoriser l'acquisition des titres publics par le secteur bancaire. La variable retardée d'une période est très significative, avec un effet positif. Ce résultat indique que le niveau d'endettement via le marché obligataire à la période précédente détermine la capacité de mobilisation des ressources par appel public à l'épargne sur la période courante. L'absence de contraintes à la sortie des capitaux semblerait être un frein au développement du marché obligataire domestique dans sa phase de construction. Enfin, l'indicateur de solidité des institutions et de la qualité des politiques (EPIP) est significatif et a un effet positif sur le volume des émissions obligataires. Cela montre que l'amélioration du cadre institutionnel et du fonctionnement des politiques favoriserait le développement du marché obligataire domestique dans l'UEMOA.

Le rapport d'activité 2009 du Pôle-Dette souligne, dans sa conclusion des éléments importants d'appréciation de la situation du marché financier de l'UEMOA. Les pays ont dû faire des efforts d'émissions notables pour satisfaire aussi bien à leurs besoins de trésorerie que d'investissement, entraînant une tendance haussière des opérations sur le marché de titres publics.

§.3. Quelques limites du marché des titres publics dans le financement du développement

Au regard de la modeste croissance constante des flux de ressources mobilisées par le marché, les ressources concessionnelles pourraient constituer un frein aux initiatives des pays de contribuer au développement des marchés de titres, en raison du fait que ces flux d'aides constituent un refuge pour les pays pauvres très endettés.

L'année 2009 a été marquée par un bon vertigineux des offres de titres de courte maturité et une baisse modérée des taux d'intérêt, favorisant ainsi la gestion de la trésorerie publique à partir des programmes d'émissions. Aussi, le développement du marché financier amorcé par les Autorités des sous régions, et qui porte progressivement le taux croissance des fonds mobilisés à 4% du PIB en 2009, est-il un signe encourageant de la portée du cadre institutionnel des émissions.

Cependant, l'observation empirique des opérations du marché révèle des limites se traduisant la faible diversification des instruments confinés aux produits de courte maturité et la gamme encore réduite des acquéreurs potentiels de produits d'investissement. Il en résulte une absence de courbes de taux déterminant pour l'opérateur économique en quête d'opportunités de placement. Par ailleurs, la croissance du volume des fonds mobilisés ne devrait pas entraîner une autosatisfaction des émetteurs souverains et occulter le besoin d'évaluation constante des coûts et risques inhérents au marché de la dette intérieure qui, faute d'être suivie, pourrait conduire à un surendettement public.

Le Trésor Public ivoirien devrait tirer la leçon de cette conclusion édifiante pour son intervention sur le marché domestique en rapport avec sa gestion dynamique de la trésorerie.

Chapitre XI : Enseignements sur le rôle général joué par le Trésor Public dans la politique financière de la Côte d'Ivoire

Dans les analyses précédentes, nous avons présenté les rôles joués par le Trésor Public dans la mobilisation de ressources publiques et le paiement des dépenses de l'Etat aux différentes étapes de l'évolution macro financière du pays. Dans ce chapitre, il s'agit de faire ressortir quelques enseignements à tirer du financement du solde budgétaire, de la position nette du gouvernement et de l'évolution générale du bilan du secteur bancaire, à l'actif et au passif.

Section 1. Modalités de financement du solde budgétaire par le Trésor Public

Le TOFE présenté par la BCEAO, même s'il est moins détaillé que celui du Ministère de l'Economie et des Finances (la Direction Générale de l'Economie) de Côte d'Ivoire[1], a l'avantage de permettre, dans le cadre de cette section, de remonter jusqu'en 1967. A la différence du solde (base ordonnancement) du TOFE national, celui de la BCEAO utilisé ici est à base caisse. A cette différence près, des enseignements peuvent être tirés du mode de financement du solde budgétaire. Jusqu'en 1973, le financement intérieur du solde budgétaire était au niveau que l'extérieur. Depuis cette date jusqu'à nos jours, le second a pris le pas sur le premier, excepté les années 1983 (année de grande sécheresse), 1999 (suspension des relations avec les bailleurs de fonds) et 2009 (incertitudes politiques préélectorales). Cette supériorité du financement extérieur sur l'intérieur ne fait que confirmer, encore une fois, le caractère d'économie dépendante de la Côte d'Ivoire.

Les corrélations entre financements intérieur et extérieur sont élevées et négatives durant les années de forte croissance économique, à savoir (-96%) de 1967 à 1977 et (-93%) de 1994 à 1998. Les deux types de financements ont donc été complémentaires pour faire face aux niveaux élevés des déficits budgétaires concédés en vue de la croissance économique. La corrélation entre les deux modes de financements est relativement forte et négative (-68%) durant la décennie d'incertitudes politiques (2000-2010). Le financement extérieur complète l'intérieur dans le cadre des nombreux retraitements de la dette extérieure et des interventions du Trésor sur le marché financier de l'UEMOA.

En revanche, durant les années de crise économique allant de 1979 à 1993, la corrélation a été faible et positive (11%) entre les deux types de

[1] Qui remonte seulement à l'année 1990

financement. Les concours extérieurs semblent avoir été conditionnés par les efforts internes de financements des déficits budgétaires.

Graphique 19 : Modes de financement du solde budgétaire (base caisse) de 1967 à 2012

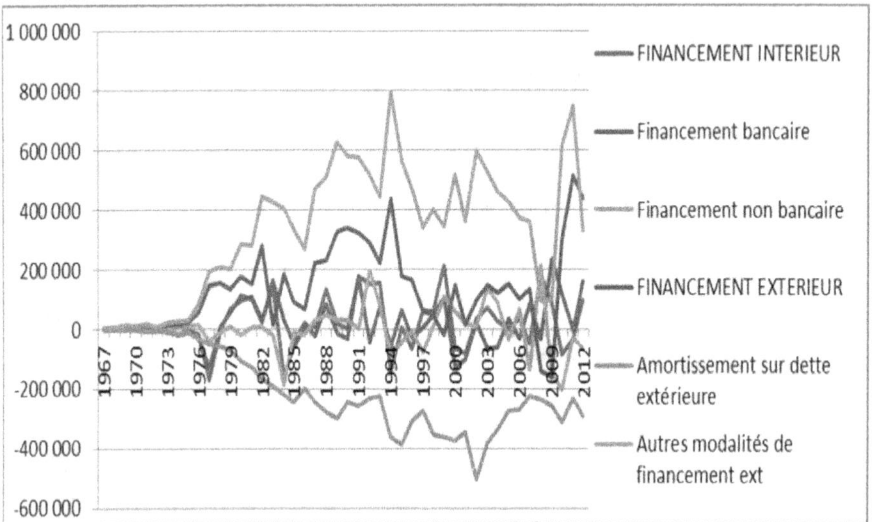

Source : BCEAO, 2013

A l'intérieur de chaque catégorie de financement, les mécanismes utilisés par le Trésor Public se précisent davantage. Dans le financement extérieur du déficit budgétaire, la corrélation entre l'amortissement de la dette et l'ensemble des autres modes de financements est forte et négative (-81%) de 1967 à 2012 ; ce qui signifie que les tirages sur emprunts extérieurs, les restructurations et les variations des arriérés ont permis de compenser en grande partie les amortissements de la dette extérieure. En matière de financement intérieur, le financement non bancaire était supérieur au bancaire jusqu'en 1978. De 1979 à 1985, face à l'acuité de la crise budgétaire, le financement non bancaire, qui est demeuré quasiment constant, s'avérait insuffisant. Il fallait, dans le cadre de l'ajustement interne (1979-1980) et des PAS (1981-1985), solliciter beaucoup plus le financement bancaire qui, de ce fait, a pris le dessus sur le premier. Par la suite (1986-2012), il se produit une alternance de supériorité entre les deux formes de financement interne du solde budgétaire ; d'où un coefficient de corrélation moyen mais négatif (-50%).

Au sein du financement bancaire, le Trésor Public associe les interventions de la BCEAO avec le recours aux banques commerciales. Même si les avances statutaires ont été arrêtées depuis 2003, la Banque Centrale continue de gérer les contreparties FMI, les conventions de consolidations et les dépôts en encaisses du compte du Trésor Public auprès d'elle. Les banques commerciales, elles, gèrent principalement les crédits à l'Etat (PNG), y compris les titrisations, ainsi que les dépôts et obligations cautionnées du Trésor Public. Les autres opérations entre le Trésor et les banques commerciales sont marginales. Il convient tout de même de souligner que, dans le cadre du programme d'ajustement du secteur financier (PASFI), le Trésor Public fit un effort remarquable pour apurer une grande partie des arriérés de l'Etat et participa activement à la recapitalisation des banques en difficultés de 1991 à 1994.

Le financement non bancaire a consisté à associer des modalités diverses pour assurer régulièrement l'amortissement de la dette intérieure : accumulation d'arriérés en cas de tensions de trésorerie, avances nettes d'entreprises publiques à l'Etat, produits de privatisations, ventes d'actifs etc. De manière particulière, le Trésor Public a systématisé, depuis 2003, suite à l'arrêt des avances statutaires de la Banque Centrale, ses interventions sur le marché financier de l'UEMOA par les titres publics.

Section.2. Evolution de la Position Nette du Gouvernement (PNG)

La position nette du gouvernement est le solde des dettes et créances du Trésor Public vis-à-vis du système bancaire. Sur le graphique 19, on observe de manière générale, que la dette de l'Etat envers le système bancaire est deux fois plus élevée que sa créance, si bien que la PNG est positive et très élevée depuis 1980. L'évolution de la PNG respecte, comme celle des autres agrégats, les quatre grandes périodes de l'histoire macroéconomique du pays.

Jusqu'en 1980, la PNG était négative car la dette de l'Etat envers le système bancaire était inférieure à sa créance. Cette situation favorable de l'Etat s'explique par les données ci- après. Les créances de l'Etat connaissent une ascension régulière de 1975 à 1978, voire à 1980. Les dépôts du Trésor auprès de la Banque Centrale passent de 6,2 milliards en 1975 à 40,3 milliards en 1978 et ceux auprès des banques commerciales vont de 2,5 milliards en 1975 à 140,6 milliards en 1980 pendant que les obligations cautionnées s'élèvent de 6,2 milliards à 16,8 milliards sur la période. Le volume des avoirs du Trésor Public était si important que le niveau des billets et monnaies était faible. D'un montant de 591 millions en 1976, il a régulièrement baissé jusqu'à 395 millions en 1980.

Graphique 20 : Evolution de la PNG de 1975 à 2012

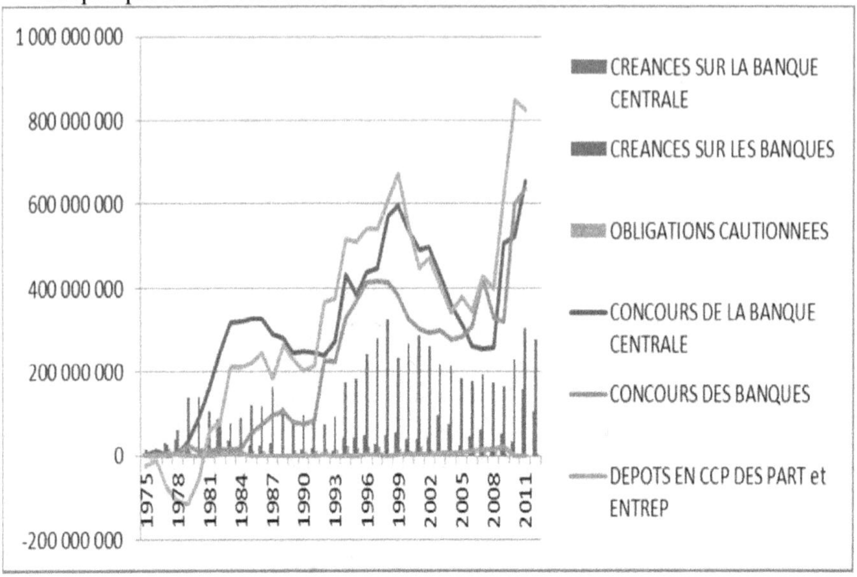

Source des données : BCEAO, 2013

En face des créances, les dettes de l'Etat envers le système bancaire connaissent des accroissements modérés. Au niveau de la Banque Centrale, les concours ont commencé à être significatifs seulement en 1979 (36 milliards) et 1980 (91,9 milliards). Les escomptes d'effets publics (article 15) et les découverts en compte courant (article 14) étaient inexistants respectivement jusqu'en 1978 (30 milliards) et en 1980 (14,7 milliards). Les crédits du FMI ont commencé en 1978 avec des montants dérisoires (6 milliards) et 13,9 milliards en 1980.

Au niveau des banques commerciales, les concours ont été faibles. Ils s'élevaient à moins de 5 milliards en moyenne annuelle jusqu'en 1978 pour ne monter qu'à 13,3 milliards en 1980. Le poste le plus important était, sans nul doute, le compte courant postal, d'un montant moyen annuel de 237,1 milliards sur la période. Les autres postes avaient des parts inexistants ou très faibles.

Mais, du début des PAS (1981) à la dévaluation (début 1994), les engagements de l'Etat ont pris le dessus sur les créances envers le système bancaire. La première génération des PAS est marquée par deux séquences. De 1981 à 1987, on applique une politique budgétaire restrictive pour réaliser des économies budgétaires à l'effet d'accroître les dépôts auprès du système bancaire et faire face aux dettes. Les dépôts du Trésor à la BCEAO sont passés de 2,3 milliards en 1981 à 32,2 milliards en 1987. On a même recours à la création monétaire à hauteur de 611 millions à 993 millions sur la période. Les dépôts auprès des banques commerciales passent de 106,3 milliards à 165 milliards sur la période et les obligations cautionnées de 9,2 milliards en 1981 à 12,2 milliards en 1986. En contrepartie, les concours de la BCEAO sont multipliés par deux de 1981 (166 milliards) à 1986 (327,6 milliards) dus essentiellement aux crédits FMI qui sont également multipliés par deux (100,2 milliards) à (208,1 milliards). A cela s'ajoutent les découverts en compte courant (article 14) qui sont multipliés par trois (35,8 milliards à 106,9 milliards). La dette de l'Etat envers le secteur bancaire augmente de 116% de 1981 à 1987, d'où un changement de signe de la PNG qui, de -55,7 milliards en 1980, devient 184,2 milliards en 1987.

De 1988 à 1993, on mène une politique financière contraire à celle de la première sous-période d'ajustement structurel (1981-1987). Les dépôts du Trésor à la BCEAO et dans les banques commerciales, qui étaient en moyenne annuelle de 35 milliards et 110 milliards de 1981 à 1987, sont réduits considérablement pour se retrouver respectivement à 9,5 milliards et 90,4 milliards de 1988 à 1993. Ni la création monétaire, ni les obligations cautionnées n'ont été en mesure de ralentir l'érosion des créances du Trésor sur le système bancaire. De l'autre côté, on assiste à une décélération des concours de la BCEAO, car la chute continue des crédits FMI (divisés par trois de 1988 à 1993) n'est pas suffisamment couverte par l'accroissement des découverts au titre de l'article 14. La même décélération est constatée au niveau des banques commerciales jusqu'en 1991. Mais en 1992 et 1993, se produisent des montées fulgurantes des volumes du compte courant postal et des effets publics qui font tripler les concours bancaires ; d'où une remontée impressionnante de la PNG qui, d'environ 210 milliards, dépasse 360 milliards à partir de 1992.

La troisième grande période macro financière est celle de 1994 à 1999 qui a vu la gestion de la dévaluation monétaire. La dévaluation a eu un effet amplificateur sur les principaux postes de la PNG, en créances comme en dette. Au niveau des créances, les dépôts moyens annuels du Trésor à la BCEAO et dans les banques commerciales ont été multipliés respectivement par quatre et par trois par rapport à ceux de la sous période 1988-1993. Malgré les fluctuations du volume des billets et monnaies à la BCEAO, les créances du Trésor sur l'institut d'émission sont passées de 13,1 milliards en 1993 à 45,8 milliards en 1994 et à 56,7 milliards en 1999. Le volume total des créances du trésor sur le système bancaire a augmenté de près 150% de 1993 à 1999. En face, les concours de la Banque Centrale ont connu une croissance remarquable de 273,2 milliards en 1993 à 433,2 milliards en 1994 et à 596,4 milliards en 1999. Cette croissance n'est pas liée au découvert du compte courant dont le niveau est resté constant sur la période, ni tellement aux titres d'Etat, apparus en 1993 mais dont le niveau a régulièrement baissé. Elle est particulièrement due aux crédits FMI dont les montants ont augmenté régulièrement pour atteindre 351 milliards en 1999, soit un accroissement de 492% et de 162% par rapport à leurs niveaux de 1993 et de 1994. Les concours des banques commerciales ont aussi augmenté. De 224,7 milliards en 1993, ils ont atteint une moyenne annuelle de 406 milliards sur la séquence de 1996 à 1999. Cette augmentation est due aux effets publics dont les montants, quoiqu'en diminution constante, sont restés consistants ; ainsi qu'aux autres concours qui ont augmenté d'année en année. Au bout du compte, la PNG a affiché une tendance haussière chaque année pour passer de 376 milliards en 1993 à 675 milliards en 1999, soit une croissance de près de 80%.

La quatrième période allant de 2000 à 2011, celle des incertitudes politiques, peut être subdivisée, au regard de l'allure de la figure de la PNG, en deux sous périodes, celles de 2000 à 2008 et de 2009 à 2011. De 2000 à 2008, les principaux postes de la PNG, contrairement à la période précédente, ont pris le versant descendant. Les créances sur le système bancaire ont diminué de 35,2% de 2000 à 2008 parce que tous les postes de créances se sont érodés à cause des incertitudes politiques dans les proportions suivantes : billets et monnaies (-75%), dépôts à la BCEAO (-39%), dépôts dans les banques commerciales (-34,9%), obligations cautionnées (-22%). Du côté des engagements, les réductions sont moins persistantes dans l'ensemble. Certes, les concours de la Banque Centrale baissent de 52% à cause des compressions des découverts en comptes courants (-18%) et des crédits FMI (-71%). Mais les concours des banques secondaires se sont maintenus par le doublement des effets publics et le quadruplement des dépôts en CCP des particuliers et entreprises. Cela a compensé les autres concours ainsi que la fin du compte courant postal. Ainsi, en 2008, on a une PNG réduite de 27% par rapport à son niveau de 2000 mais qui demeure positive (399 milliards).

La deuxième sous période (2009-2012) est caractérisée par une politique monétaire expansive que même la grave crise post-électorale de 2011 ne semble pas avoir entamée. Tous les postes de la PNG reprennent une pente ascendante. Les créances totales de l'Etat sur le système bancaire augmentent de 72% en 2012 par rapport à leur niveau de 2009. Cela s'explique par le fait que la légère contraction des obligations cautionnées (-8,4%) a été insignifiante par rapport aux augmentations des billets et monnaies (66,4%), des dépôts dans les banques commerciales (68,1%) et à la BCEAO (près de 200%). Pendant ce temps, le niveau global des engagements envers le système bancaire augmente de 79,7%. Les raisons sont les suivantes. Malgré la stabilisation des découverts en compte courant (article 14) à 164 milliards depuis 2007, les concours de la BCEAO augmentent de près de 30% de 2009 à 2011 grâce à la réapparition des titres d'Etat[1] en moyenne annuelle de 180 milliards et à la recrudescence des crédits FMI, en moyenne annuelle de 218 milliards contre 92 milliards de 2006 à 2008. Les concours des banques commerciales aussi élèvent leur niveau de 145,7% de 2009 à 2012 à partir des accroissements des volumes

[1] Qui avaient disparu depuis 2006

des effets publics (174,3%) et des autres concours (69,5%). Le résultat final est que la PNG s'établit à une moyenne de 763,4 milliards de 2009 à 2011 contre 419,2 milliards de 2000 à 2008, soit une dégradation 82%.

En somme, les comptes de l'Etat auprès du système bancaire étaient créditeurs durant les deux premières décennies d'indépendance (1960-1980). Les trois décennies suivantes (1981-2012), ils sont devenus débiteurs à des profondeurs moyennes variant selon la politique financière menée par l'Etat à travers le Trésor Public : plus de 200 milliards de 1983 à 1993, plus de 500 milliards de 1994 à 1999, environ 400 milliards de 2000 à 2008 et plus de 750 milliards de 2009 à 2012.

Pour analyser l'évolution de la structure bilancielle du secteur bancaire, il convient de suivre les comportements de l'actif et du passif consolidés sur les deux grandes périodes, avant et après la dévaluation.

Section 3-Analyse de l'actif du bilan consolidé du système bancaire ivoirien

Jusqu'à la dévaluation, le bilan consolidé du système bancaire ivoirien se situait en dessous de 1000 milliards. Après la dévaluation, il a connu une croissance exponentielle en franchissant successivement les barres de 1200 milliards en 1994, 2000 milliards en 2002, 3000 milliards en 2008, 4200 milliards en 2010 et presque 5000 milliards en 2012.

Avant la dévaluation, les avoirs extérieurs nets (AEN) étaient négatifs pendant que le crédit domestique était positif et croissant. Le coefficient de corrélation élevé et négatif (-95%) suggère que les réserves extérieures étaient quelque peu « sacrifiés » au profit du crédit domestique. Après la dévaluation, le coefficient de corrélation change de signe pour devenir positif et significatif (+80%). La revitalisation des exportations et le comportement du taux de change ont permis une abondance de liquidités bancaires ; d'où la croissance concomitante des AEN et du crédit domestique.

Au niveau du crédit domestique, le coefficient de corrélation entre la PNG et le crédit à l'économie est significatif et positif de 66% et de 71% avant et après la dévaluation. On ne peut donc pas affirmer que le crédit accordé à l'Etat provoque un effet d'éviction sur celui accordé au secteur privé. S'il fallait donner une certaine interprétation au signe de ce coefficient, on dirait plutôt que les deux agrégats évoluent parallèlement et dans le même sens, comme l'indique le graphique 20.

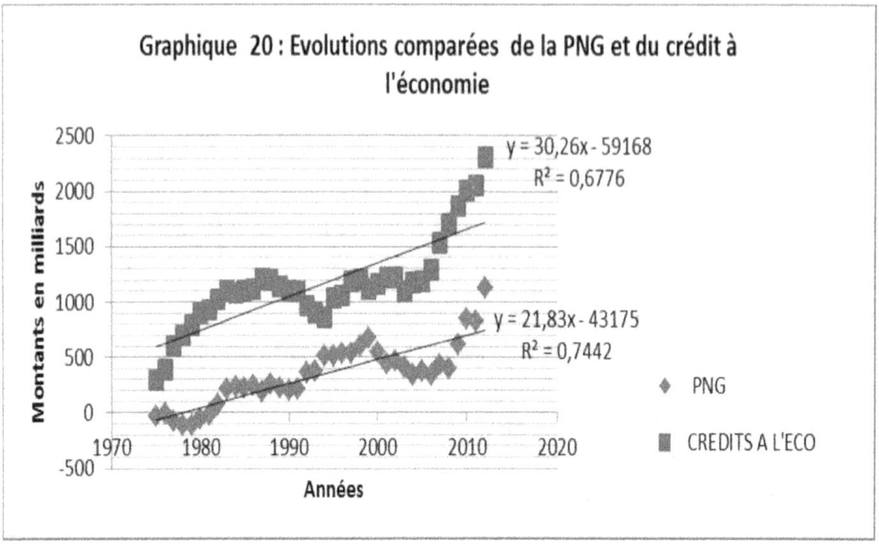

Source : Nos calculs

Les coefficients de détermination empirique R^2 des deux régressions sont bons (68% et 74%).

Même si les pentes des deux droites affines se retrouvent de part et d'autre de la droite de 45°, elles sont positives et relativement proches (30 et 22). Les ordonnées à l'origine sont également proches (-59 et -43). Tout cela confirme le quasi parallélisme de l'évolution de la PNG et du crédit à l'économie. Se déterminent ils par l'intermédiaire des investissements publics et privés ? Cela reste à étudier.

Notons au passage que le paiement du service de la dette intérieure à l'égard des banques améliore la PNG et contribue à l'assainissement dudit secteur. Le plan d'ajustement du secteur financier (PASFI), mis en œuvre de 1991 à 1995, avait justement pour objectifs d'assainir, rendre solvables et diversifier le système financier national. Même si la politique de diversification des produits financiers est lente à se réaliser, les objectifs d'assainissement et de solvabilité du secteur des banques et assurances sont globalement atteints grâce, en particulier, au paiement de l'important service de la dette publique envers le système financier. Au niveau de la Banque Centrale, l'Etat réduit ses avances statutaires de 65,4 milliards et assure la consolidation de 28,5 milliards de dettes des banques liquidées ou en voie de l'être. Il réduit très sensiblement le recours au crédit auprès des banques commerciales qui passe de 90,5 milliards en 1995 à seulement 5,5 milliards en 1996 puis à 3,5 milliards en 1997. Le secteur privé non bancaire est le plus grand bénéficiaire de l'apurement de la dette domestique avec un montant cumulé de 309,4 milliards de 1994 à 1996.

A l'intérieur du crédit à l'économie, les crédits à court terme sont de loin supérieurs (70%) aux crédits à moyen et long terme (30%) sur toute la période de l'étude. La répartition du crédit dans le temps n'a donc pas fondamentalement changé depuis l'indépendance du pays jusqu'aujourd'hui. Au sein des crédits à court terme, les crédits de campagne, qui en représentaient 22%, sont tombés en dessous de 10% à partir de 1999. Jusqu'à la dévaluation, le tiers de l'ensemble du crédit intérieur faisait l'objet de refinancement auprès de la Banque centrale. Après la dévaluation, la proportion est descendue à moins de 10% jusqu'en 2000 et à moins de 5% depuis lors. Cela accentue l'autonomie des banques commerciales à l'égard de la Banque Centrale.

Section 4 - Evolution du passif consolidé du système bancaire

Le taux de liquidité de l'économie, représenté par le ratio masse monétaire sur le PIB (M2/PIB en %) est pratiquement constant de 1960 à 2008, car il est demeuré généralement dans le tunnel de 20% à 30%. Même la dévaluation ne l'a pas fait sortir de ce tunnel. Cependant, en le rapprochant des taux de croissance annuels de la monnaie et de la quasi monnaie (M2), on découvre des situations particulières au fil des sous périodes.

Le taux de croissance de la monnaie et de la quasi monnaie s'est montré relativement volatile pendant une vingtaine d'années (1960 à 1978). Cela n'a pas contrarié une élévation lente mais régulière du taux de liquidité de l'économie qui est passé de 3,3% à 32,6% sur la période. Les fortes fluctuations à la hausse de la masse monétaire (M2) de 1975 à 1978 (atteignant 50%) ont élevé le taux de liquidité légèrement au-dessus de 30% sur cette courte sous période. Par la suite, la restriction de la masse monétaire, dont le taux de croissance est descendu en dessous de 10% (pour raison d'application des PAS) durant trois quinquennats (1979-1993), a été accompagnée d'une contraction quasiment proportionnelle du PIB nominal, si bien que le taux de liquidité est toujours resté en contact avec la barre de 30%. Après le choc de la dévaluation de 1994 ayant porté la croissance de M2 à près de 50%, son taux est redescendu en dessous de 10% de 1996 à 1999 sans être suivi par le PIB nominal qui était d'ailleurs en augmentation ; d'où la baisse du taux de liquidité qui perd plus de 7 points.

Graphique 21 : Proportion et taux de croissance de la masse monétaire

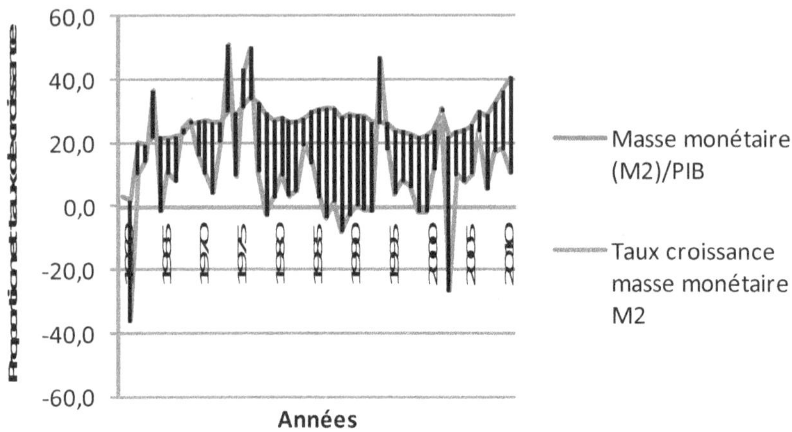

Source des données : World Development Indicators, World Bank, 2013

Le choc exogène de 2002 a retenti violemment sur le taux de croissance de la masse monétaire qui est devenu négatif. Sa remontée de 2003 à 2011 s'est accompagnée d'une constante augmentation du taux de liquidité à cause de la faiblesse du taux de croissance du PIB.

En résumé, on peut dire que la progression du taux de liquidité globale de l'économie de 3,3% en 1968 à 32,6% 1978 est liée à une politique monétaire expansive. Sa baisse à 23% sur la courte période de 1994 à 1999 est déterminée par la croissance du PIB nominal consécutive à la dévaluation. Son maintien à un niveau élevé sur les autres périodes 1979-1993 et 2000-2012 dépend de la faiblesse caractéristique du taux de croissance du PIB, inférieur à 1%.

Ce niveau ne signifie donc pas que l'économie ivoirienne est très liquide.

Graphique 22 : Décomposition de la masse monétaire sur la période de 1968 à 2011

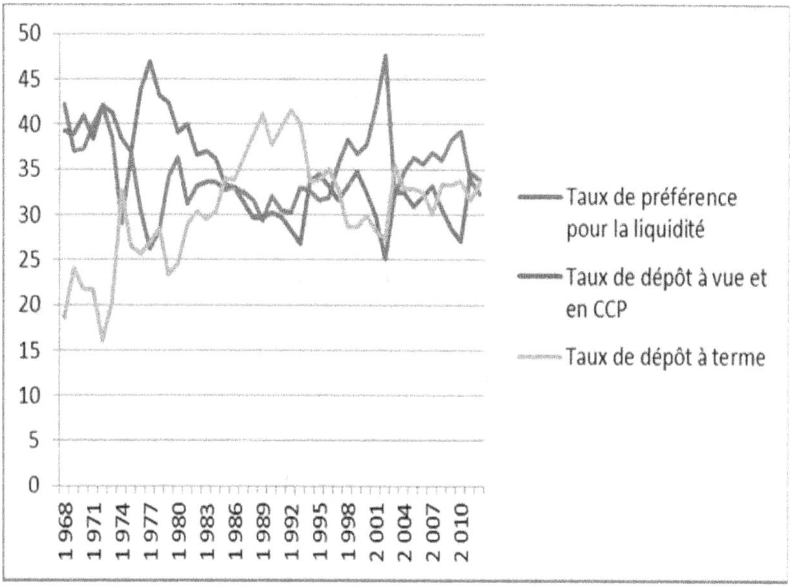

<u>Source des données</u> : BCEAO, 2013

De l'observation du graphique 22, il se dégage trois périodes : avant 1985, entre 1985 et 1994 et après la dévaluation. De 1968 à 1984, le taux de dépôt à vue était supérieur au taux de préférence pour la liquidité qui, lui-même, était supérieur au taux de dépôt à terme.

Taux de préférence pour la liquidité = circulation fiduciaire/Masse monétaire

Taux de dépôts à vue = dépôts à vue (auxquels nous ajoutons les dépôts en CCP)/Masse monétaire

Taux de dépôts à terme = dépôts à terme/ masse monétaire

On constate que, depuis la survenue de la crise en 1979, le taux de dépôts à vue a suivi une tendance baissière jusqu'en 1984 au profit des dépôts à terme qui, paradoxalement, ont pris le chemin inverse pendant que la préférence pour la liquidité se stabilisait. Le paradoxe réside dans le fait qu'en période de crise, les agents économiques ont une forte préférence pour la liquidité, expression, d'une certaine manière, de leur préférence pour le présent et de leur degré d'impatience. La monnaie fiduciaire a tendance à croître plus rapidement que les dépôts bancaires. Les dépôts à vue ont également tendance à augmenter plus rapidement que les dépôts à terme ;

tout cela devant provoquer l'érosion de l'épargne nationale. Or, ici, on observe le phénomène contraire ; d'où le paradoxe.

Certes, certains dépôts à vue des sociétés d'Etat (SODE) et établissements publics à caractère industriel et commercial (EPIC) ont été convertis en dépôts à terme. Mais, cela suffit-il à expliquer ce paradoxe qui prend une plus grande ampleur de 1986 à 1993 où le taux de dépôt à vue est resté en dessous de 30% pendant que celui des dépôts à terme se situait autour de 40%. Le taux de préférence pour la liquidité, lui, n'était que légèrement supérieur à 30%.

De 1994 à 2011, le taux de préférence pour la liquidité prend le dessus ; ce qui semble normal au regard de la crise multiforme qui s'est installée durant toute la décennie 2000. Les dépôts bancaires (à vue ou à terme) se disputent la seconde place.

En somme, le financement du solde budgétaire n'a jamais affecté négativement le crédit bancaire au secteur privé. Les crédits à court terme occupent plus de deux tiers du crédit bancaire. Les banques commerciales sont quelque peu autonomes vis-à-vis de la banque Centrale, car le refinancement de l'institut d'émission est relativement faible. La plupart des banques secondaires étant des filiales pouvant se refinancer auprès de leur maison mère. Le taux de liquidité général de l'économie n'est pas élevé ; ce qui pose le problème de financement de la croissance économique.

Chapitre XII : Perspectives nationales de politique financière : quelles voies indicatives de réformes du Trésor Public ?

Les réformes entreprises depuis la fin des années 1990, soutenues par les partenaires au développement, procèdent du cadre des dépenses à moyen terme (CDMT), du cadre harmonisé des finances publiques de l'UEMOA et de la Revue de la gestion et du Système des finances publiques (Public Expenditure Management and Financial Accountability Review ou PEMFAR).

La finalité des grandes réformes financières et comptables entreprises depuis une quinzaine d'années est l'accroissement de la performance dans la gestion des finances publiques, la transparence dans les passations des marchés publics et le renforcement de la gestion macroéconomique. Ces réformes, soutenues par les partenaires au développement, forment un dispositif dont le déploiement constitue un véritable défi de gouvernance financière.

Il convient donc de faire une brève présentation et évaluation de la mise en œuvre du dispositif de la réforme des finances publiques, Ces analyses inspireront des indications sur des voies de réformes du Trésor Public de Côte d'Ivoire.

Section 1 : Présentation du nouveau dispositif de réforme des finances publiques

Le nouveau dispositif de réforme des finances publiques tire ses sources de ses trois grandes composantes (CDMT, cadre harmonisé des finances publiques de l'UEMOA et PEMFAR) obéissant toutes à une philosophie commune.

§.1. Le cadre de dépenses à moyen terme (CDMT)

Dans les années 1980 et 1990, certains pays européens comme le Portugal et le Danemark qui connaissaient des dérapages budgétaires mettent en place des CDMT. En Afrique, le milieu des années 1990 est caractérisé par la fin de la première génération des PAS marquée par la dévaluation du CFA dans les pays de la zone franc et la mise en place de FRPC (Facilités pour la réduction de la pauvreté et pour la croissance) dans l'ensemble des pays d'Afrique subsaharienne. Vers la fin des années 1990, on assiste dans beaucoup de pays africains, à une nouvelle formule de PAS contenue dans le

DSRP (document de stratégie de réduction de la pauvreté). Dans ce cadre, le CMDT est utilisé comme l'un des instruments d'innovation en matière de réforme budgétaire.

Le CDMT est présenté par la Banque Mondiale (1998) comme « un ensemble cohérent d'objectifs stratégiques et de programmes de dépenses publiques qui définit le cadre dans lequel les ministères opérationnels peuvent prendre des décisions pour la répartition et l'emploi de leurs ressources ». Les objectifs du CDMT, présentés dans le manuel sur la gestion des dépenses publiques de la Banque Mondiale (op cit) peuvent être résumés selon trois axes :

- définir un cadre budgétaire pluriannuel de ressources stables, cohérent et réaliste pour éviter les conséquences des décisions budgétaires prises à partir d'impératifs de court terme, les comportements irrationnels provoqués par les incertitudes de toutes sortes, les retards et autres irrégularités dans l'exécution budgétaire ;
- appliquer la gestion axée sur les résultats (GAR) avec des indicateurs de performance clairement affichés dans l'allocation des ressources publiques ;
- favoriser une approche par programme, avec des coûts clairement établis pour faciliter la mesure de l'efficacité et de l'efficience.

Encadré 6 : Comparaison du CMDT avec l'ancienne méthode de dépenses publiques

Ancienne méthode	Méthode CDMT
Le budget de fonctionnement est préparé par une simple reconduction La direction du budget et les administrations dépensières « se battent » sur chaque ligne budgétaire La structure du budget ne reflète pas les priorités et activités du gouvernement Il n'y a pas de budgétisation à moyen terme Les départements de l'Economie et	Transparence : la classification du budget établit un lien avec les objectifs, les résultats et les coûts. Les documents budgétaires sont plus faciles à comprendre. La direction du budget et les administrations dépensières « se battent » sur les niveaux d'allocations sectorielles mais les unités de base ont plus d'autonomie et de flexibilité pour atteindre les résultats prévus Les responsabilités ont changé mais sont clairement définies et favorisent

du Plan ont un rôle faible à jouer	la coopération.
Le budget d'investissement est peu fiable et est déterminé plus par les financements disponibles des bailleurs que par les besoins et priorités	Etendue : le budget intègre toutes les dépenses de l'Etat, sans exception Prévisibilité : une vision à moyen terme permettant une planification à moyen terme des ressources et dépenses en relation avec le plan de développement
Les liens entre budgets de fonctionnement et d'investissement sont faibles	Coopération et responsabilité : les départements du plan et de l'économie ont un rôle majeur à jouer dans le plan de développement
Le cycle budgétaire connait de nombreuses défaillances au niveau de l'exécution et du contrôle	
Le système incite les services à dépenser leurs crédits en totalité et le plus vite possible et à courir après tous les financements possibles	l'analyse intégrée des politiques, plans, budgets et cadrage macroéconomique

Source : Jean-Pierre Foirry (2012)

Les avantages d'un tel processus sont la transparence, la prévisibilité, la responsabilité, la recevabilité, l'efficacité et, finalement la satisfaction du bénéficiaire du service public.

A cause de la crise politique et de la suspension du processus du DSRP en 2000, l'adhésion de la Côte d'Ivoire au mouvement CDMT et à la Gestion Axée sur les Résultats (GAR) ne date que de 2009, dans le cadre de l'initiative PPTE dont les points de décision et d'achèvement furent atteints respectivement en 2010 et 2011.

L'état d'avancement du CDMT montre que, malgré le retard pris par la Côte d'Ivoire, l'ambition est la couverture de tous les ministères par le CDMT.

Dans la plupart des pays africains, les CDMT se limitent pour l'instant à l'administration centrale. On pourrait également envisager de l'étendre aux collectivités territoriales.

§.2. Le cadre harmonisé des finances publiques de l'UEMOA

A. Intérêt du cadre harmonisé des finances publiques de l'UEMOA

Au cours de ces deux dernières décennies, un consensus théorique s'est dégagé sur le lien obligatoire à établir entre la qualité de la gouvernance et le niveau de développement économique et social en Afrique. Les exigences des normes et pratiques internationales en matière de transparence, de modernisation et de performance dans la gestion des finances publiques appelaient un réajustement de l'UEMOA ; sans oublier qu'au sein même de l'Union, il fallait assurer une meilleure comparabilité des données, requise par le Pacte de convergence, de stabilité, de croissance et de solidarité entre les Etats membres de l'UEMOA.

En conséquence, les objectifs du nouveau cadre harmonisé des finances publiques sont de :

- accroitre l'efficacité de l'action publique, pour le bénéfice de tous (citoyens, usagers, contribuables et agents de l'Etat).
- instaurer une véritable transparence dans la gestion publique, par une plus grande lisibilité des documents budgétaires à la fois pour les institutions et pour le citoyen, renforçant ainsi la démocratie.

B – Composantes du cadre harmonisé des finances publiques

Le cadre harmonisé des finances publiques comprend trois composantes : juridique, comptable et statistique.

1. Composante juridique

La Directive n°06/CM/UEMOA du 26 juin 2009 portant loi organique relative à la loi de finances (LOLF) a été adoptée par le Parlement ivoirien aux termes de la loi organique n° 2014-336 du 05 juin 2014 relative aux lois de finances publiques.

Cette loi fixe les règles relatives au contenu, à la présentation, à l'élaboration, à l'adoption, à l'exécution, à la modification et au contrôle des lois de finances. Elle détermine les conditions dans lesquelles est arrêtée la politique budgétaire à moyen terme pour l'ensemble des finances publiques. Elle énonce les principes fondamentaux relatifs à l'exécution des budgets publics, à la comptabilité publique et aux responsabilités des agents publics intervenant dans la gestion des finances publiques.

La Directive n°01/2009/CM/UEMOA portant Code de transparence dans la gestion des finances publiques au sein de l'UEMOA constitue une trame en ce sens qu'elle inspire toutes les autres directives adoptées le 26 juin de la même année.

Ainsi, le Parlement ivoirien a adopté la loi organique n° 2014-337 du 05 juin 2014 portant code de transparence dans la gestion des finances publiques. Selon l'article 1, les dispositions de cette loi instituent un code de transparence devant conduire à l'utilisation des normes et des meilleures pratiques internationales dans la gestion des finances publiques. Le code définit les principes et obligations qui conditionnent la gestion saine et transparente des finances publiques. Les dispositions de ce code constituent la référence en matière de gestion administrative et financière.

2. *Composante comptable*

La Directive n°07/CM/UEMOA du 26 juin 2009 portant règlement général sur la comptabilité publique (RGCP). Elle fixe les règles fondamentales régissant l'exécution des budgets publics, la comptabilité, le contrôle des opérations financières, la gestion des deniers, valeurs et biens.

En application de cette directive, le décret n°2014-416 du 09 juillet 2014 portant règlement général sur la comptabilité publique fixe les règles fondamentales régissant l'exécution des budgets publics, la comptabilité, le contrôle des opérations financières, la gestion des deniers, valeurs et biens appartenant ou confiés à l'Etat et aux établissements publics nationaux.

Les collectivités territoriales et leurs établissements ainsi que les organismes de sécurité sociale, le cas échéant, sont régis par des textes particuliers qui s'inspirent des principes définis dans le présent décret.

La Directive n°08/CM/UEMOA du 26 juin 2009 portant nomenclature budgétaire de l'Etat (NBE). Elle fixe les principes fondamentaux de présentation du budget général, des budgets annexes et des comptes spéciaux du Trésor. Une nomenclature budgétaire commune à tous les Etats membres de l'UEMOA est annexée à la Directive.

A sa suite, le décret n°2014-417 du 09 juillet 2014 portant nomenclature budgétaire de l'Etat fixe le cadre de la nomenclature budgétaire de l'Etat. Il définit les principes fondamentaux de présentation des opérations du budget général, des budgets annexes et des comptes spéciaux du Trésor, qui constituent le budget de l'Etat.

La Directive n°09/CM/UEMOA du 26 juin 2009 portant Plan Comptable de l'Etat (PCE). Elle détermine l'objet de la comptabilité générale de l'Etat et les normes, règles et procédures relatives à sa tenue et à la production des comptes et états financiers. Elle a élaboré un plan comptable appelé à s'appliquer dans tous les Etats membres de l'UEMOA.

Dans ce sens, le décret n°2014-418 du 09 juillet 2014 portant plan comptable de l'Etat détermine les principes, les règles et les procédures relatifs à la tenue de la comptabilité générale de l'Etat et à la production des comptes et états financiers de l'Etat.

3- Composante statistique

La Directive n°10/CM/UEMOA du 26 juin 2009 portant Tableau des Opérations Financières de l'Etat (TOFE) au sein de l'UEMOA constitue la composante statistique du cadre harmonisé des finances publiques.

Par rapport à cette directive, le décret n°2014-419 du 09 juillet 2014 portant tableau des opérations financières de l'Etat fixe les principes généraux relatifs à l'élaboration et à la présentation des statistiques sur les opérations financières de l'Etat. Ces principes sont basés sur les normes internationales en matière de statistiques des finances publiques.

C - Innovations issues du nouveau cadre harmonisé des finances publiques

Les innovations sont d'ordre budgétaire et comptable.

1. Innovations d'ordre budgétaire

La performance : Comment faire passer les services publics d'une logique d'une logique de moyens à une culture de résultats[1] ? La performance, c'est-à-dire la capacité d'obtenir les résultats attendus en termes d'efficacité et d'efficience, est au centre du nouveau dispositif, d'où la notion de la gestion axée sur les résultats (GAR).

La pluri annualité budgétaire ou la pro activité : La programmation budgétaire doit anticiper les exercices ultérieurs. La pluri annualité permet au budget d'être plus en phase avec les stratégies nationales de développement[2] qui relèvent plus de la planification que de la conjoncture.

Les programmes et dotations : Dans le cadre de la gestion axée sur les résultats (GAR), le budget n'est plus présenté par nature de dépenses (fonctionnement, intervention, investissement etc.), mais par politiques publiques. Le budget est essentiellement assis sur des programmes. « Un programme regroupe les crédits destinés à mettre en œuvre une action ou un ensemble cohérent d'actions représentatif d'une politique publique clairement définie dans une perspective de moyen terme » (article 12, Directive LOLF). L'article 14 de la Directive LOLF précise que «les crédits budgétaires non répartis en programmes sont répartis en dotations. Chaque dotation regroupe un ensemble de crédits globalisés destinés à couvrir des dépenses spécifiques auxquelles ne peuvent être directement associés des objectifs de politiques publiques ou des critères de performance ».

Font l'objet de dotations :

- les crédits destinés aux pouvoirs publics ;
- les crédits globaux pour dépenses accidentelles et imprévisibles ;

---

[1] Comme dans le CDMT

[2] notamment le programme d'investissement public

- les crédits destinés à couvrir les défauts de remboursement ou appels en garantie intervenus sur les comptes d'avances, de prêts, d'aval et de garanties ;

- les charges financières de la dette de l'Etat (dotées de crédits évaluatifs et non limitatifs).

La fongibilité des crédits budgétaires : Les dépenses de personnels peuvent être converties en dépenses de biens et services, en transferts ou en investissements. Toutes les natures de dépenses peuvent être reconverties en dépenses d'investissement et non le contraire.

La déconcentration du pouvoir d'ordonnateur principal : l'article 68 de la Directive LOLF énonce : «les ministres et présidents des institutions constitutionnelles sont ordonnateurs principaux des crédits, des programmes et des budgets annexes de leur ministère ou de leur institution ». Est désormais ordonnateur toute personne ayant qualité, au nom de l'Etat, de prescrire l'exécution des recettes et/ou des dépenses inscrites au budget.

Cette disposition met fin au monopole d'ordonnateur principal du ministre chargé des finances sur l'ensemble des dépenses de l'Etat. Ce dernier reste tout de même responsable de la centralisation des opérations budgétaires des ordonnateurs, en vue de la reddition des comptes relatifs à l'exécution des lois de finances. L'article 67 de la Directive LOLF lui donne aussi le pouvoir de régulation budgétaire en ces termes : « Le ministre chargé des finances est responsable de l'exécution de la loi de finances et du respect des équilibres budgétaire et financier définis par celle-ci. A ce titre, il dispose d'un pouvoir de régulation budgétaire qui lui permet, au cours de l'exécution du budget d'annuler un crédit devenu sans objet au cours de l'exercice, d'annuler un crédit pour prévenir une détérioration des équilibres budgétaire et financier de la loi de finances. En outre, le ministre chargé des finances peut subordonner l'utilisation des crédits par les ordonnateurs aux disponibilités de trésorerie de l'Etat ».

L'apparition d'un nouvel acteur, le Responsable de programme : Selon l'article 13 de la Directive LOLF, « Les responsables de programme sont nommés par ou sur proposition du ministre sectoriel dont ils relèvent. L'acte de nomination précise, le cas échéant, les conditions dans lesquelles les compétences d'ordonnateur leur sont déléguées, ainsi que les modalités de gestion du programme.... ».

Les nouvelles modalités du contrôle : l'article 69 de la Directive LOLF stipule que « Les contrôleurs financiers relèvent du ministre chargé des finances et sont nommés par celui-ci ou à son initiative auprès des ordonnateurs. Ils sont chargés des contrôles à priori des opérations budgétaires. Ils peuvent donner des avis sur la qualité de la gestion des ordonnateurs et sur la performance des programmes ». Ainsi, le contrôleur financier a désormais la possibilité d'adapter les contrôles à priori qu'il opère, afin d'améliorer la qualité et l'efficacité de son contrôle, en fonction de l'évaluation des risques qu'il aura lui-même déterminés.

Le développement du contrôle interne et du contrôle de gestion (Références légales) : Aux termes de l'article 13 de la Directive LOLF, le responsable de programme s'assure du respect des dispositifs de contrôle interne et de contrôle de gestion. L'article 51 précise que la Cour des comptes donne son avis sur le système de contrôle interne et le dispositif de contrôle de gestion. Enfin, l'article 91 de la Directive RGCP lie le contrôle financier modulable à l'efficience du contrôle interne et du contrôle de gestion développés par l'ordonnateur.

Ces innovations entrainent de nouvelles responsabilités des acteurs.

La responsabilité des ordonnateurs : une responsabilité personnelle des contrôles qui leur incombent dans l'exercice de leur fonction. Cette responsabilité peut être disciplinaire, pénale ou civile, sans préjudice des sanctions qui peuvent leur être infligée par la Cour des Comptes pour faute de gestion. Les responsabilités des membres du Gouvernement et des présidents des institutions constitutionnelles sont prévues par la Constitution des Etats membres.

La responsabilité des contrôleurs financiers : une responsabilité personnelle des contrôles qui leur incombent dans l'exercice de leur fonction : vérification de la disponibilité des crédits, des prix par rapport à la mercuriale en vigueur et exactitude des calculs de liquidation de la dépense (article 92 de la Directive RGCP).

La responsabilité des comptables publics : une responsabilité personnelle et pécuniaire des contrôles qui leur incombent dans l'exercice de leur fonction : vérification de la disponibilité des crédits ; des prix par rapport à la mercuriale en vigueur et exactitude des calculs de liquidation de la dépense (article 29 de la Directive RGCP).

Les responsabilités des ordonnateurs, contrôleurs financiers et comptables publics peuvent être disciplinaires, pénales ou civiles, sans préjudice des sanctions qui peuvent leur être infligée par la Cour des Comptes pour fautes de gestion. La Cour des Comptes peut leur infliger des sanctions lorsque des fautes de gestion leur sont imputées. Ces sanctions peuvent avoir une incidence pécuniaire.

Deux autres innovations importantes sont l'accroissement des rôles des pouvoirs législatif et judiciaire.

Pour le parlement, il est désormais institué un Débat d'Orientation Budgétaire en fin de 2ème trimestre avant même le dépôt du projet de loi de finances initiale. La société civile pourrait aussi s'autosaisir sur certains aspects des textes préparatoires du projet de loi de finances pour émettre des opinions. Tous ces avis anticipés peuvent aider le gouvernement dans les arbitrages budgétaires. L'article 75 de la Directive LOLF précise que le Parlement peut demander à la Cour des comptes la réalisation de toutes enquêtes nécessaires à son information. Ces enquêtes peuvent porter sur l'évaluation d'une politique publique ou sur le fonctionnement d'un service de l'Etat.

L'article 13 prévoit que la Cour des comptes contrôle les résultats des programmes et en évalue l'efficacité, l'économie et l'efficience. L'article 51 énonce que la Cour des comptes donne son avis sur le système de contrôle interne et le dispositif de contrôle de gestion, sur la qualité des procédures comptables et des comptes ainsi que sur les Rapports Annuels de Performance. L'article 75 stipule que la Cour des comptes exerce un contrôle sur la gestion des administrations en charge de l'exécution des programmes et des dotations, et qu'elle émet un avis sur les Rapports Annuels de Performance. Enfin, l'article 97 de la Directive RGCP précise que la Cour des comptes juge les comptes des comptables publics et se prononce sur la qualité de la gestion des ordonnateurs, notamment la bonne exécution de leurs programmes.

La Cour des comptes dispose donc désormais du pouvoir de contrôler la gestion des ordonnateurs de façon directe, et non plus seulement par l'intermédiaire du jugement des comptes des comptables publics. Son domaine de compétence s'en est considérablement accru.

2. *Innovations d'ordre comptable*

Le passage d'une comptabilité de caisse à une comptabilité d'exercice fondée sur le principe des droits et obligations constatés (Article 6, PCE) : la comptabilité de caisse ne fait apparaître que les flux monétaires et ne retranscrit pas les autres flux (les entrées et les sorties de biens et services et autres modifications de valeur du patrimoine). L'image de la situation financière de l'Etat est donc incomplète.

L'article 72 de la directive PCE indique la CGE est fondée sur le « principe des droits et obligations constatés ». Les opérations sont prises en compte au titre de l'exercice auquel elles se rattachent indépendamment de leur date de paiement ou d'encaissement. L'article 76 de la directive RGCP précise que la CGE est une « Comptabilité d'Exercice ». La directive PCE précise que les recettes sont enregistrées au moment de la déclaration ou du versement spontané, ou encore au vu de titres de recettes, tandis que les dépenses sont enregistrées au moment de la liquidation. Le passage à une comptabilité d'exercice élargit le champ de la Comptabilité Générale de l'Etat; la CGE permet d'afficher une situation financière plus complète de l'Etat.

La comptabilité des matières, valeurs et titres (Art. 81 à 83 RGCP) est une comptabilité d'inventaire permanent ayant pour objet la description des existants, des biens mobiliers et immobiliers, des stocks autres que les deniers et valeurs de l'État. Elle permet, pour l'établissement du bilan de l'Etat, la prise en compte des amortissements, la constitution des provisions, les réévaluations du patrimoine de l'Etat, ainsi qu'un suivi des immobilisations incorporelles, des immobilisations corporelles, des stocks et des valeurs inactives.

L'instauration d'une Comptabilité d'analyse des coûts (Art. 84 RGCP) : la comptabilité d'analyse des coûts a pour objet de faire apparaître les éléments de coûts des services rendus ou de prix de revient des biens produits et des services fournis ainsi que de permettre le contrôle des rendements et performances des services, notamment dans le cadre des budgets de programmes et de la gestion axée sur les résultats.

La prescription acquisitive (article 75, LOLF) : les comptes de gestion mis en état d'examen et déposés à la Cour des Comptes, doivent être jugés dans un délai de cinq ans. En l'absence de jugement de la Cour des Comptes dans ce délai, le Comptable Public est déchargé d'office de sa gestion.

Le classement des emprunts à moyen et long termes en ressources de trésorerie (Article 55, RGCP) : désormais, les emprunts à moyen et long termes sont retracés comme des opérations de trésorerie et non comme des ressources budgétaires. Une telle innovation permet de mesurer la capacité réelle de l'État à assurer ses charges à partir de ses recettes (fiscales ou non fiscales) propres.

Tableau 25 : Comparaison des nomenclatures comptables actuelle et à venir

Classe de comptes	**Plan des comptes selon le SYSCOA**	**Classe de compt es**	**plan des comptes selon le PCE en vigueur (1998)**	**Classe de comptes**	**plan des comptes selon la nouvelle nomenclat ure PCE UEMOA (2009)**
1	Comptes de ressources durables (capitaux propres et dettes financières)	1	Comptes de résultats et dettes	1	Comptes de ressources à moyen et long termes
	Comptes de l'actif		Immobil isations	2	Comptes d'immobili

2	immobilisé (charges immobilisées et immobilisations incorporelles)	2			sations
3	Comptes de stocks	3	Comptes internes	3	Comptes de stocks, encours et comptes internes
4	Comptes de tiers (créances de l'actif circulant et dettes du passif circulant)	4	Comptes de tiers	4	Comptes de tiers
5	Comptes de trésorerie (Titres de placements, valeurs à encaisser, comptes bancaires et caisse)	5	Comptes financier s	5	Comptes de trésorerie
6	Comptes de charges des activités ordinaires (charges d'exploitation et charges financières)	6	Comptes de charges	6	Comptes de charges
7	Comptes de produits des activités ordinaires (produits d'exploitation et	7	Comptes de produits	7	Comptes de produits

	produits financiers)				
8	Comptes des autres charges et des autres produits (participations des travailleurs, subventions)	8	Comptes de transfert de recettes	8	Engagements hors bilan
		9	Comptabilité budgétaire analytique		
		0	Résultats des lois de règlements		

Source : DGTCP/DCP (2014)

La redéfinition des caractéristiques de la période complémentaire (Article 78, RGCP) qui doit être exclusivement comptable et de durée maximale d'un mois.

La suppression des classes 0 et 9 du Plan Comptable de l'État ainsi que la consécration de la classe 8 aux opérations hors bilan (Articles 3 et 17 PCE).

La nomenclature comptable de l'État se rapproche davantage du SYSCOA. Désormais, les opérations de réflexion sont sans objet, les comptes de charges et de produits étant directement servis quotidiennement par les Comptables Publics.

L'encadrement de la réquisition des comptables publics dans un contexte d'ordonnateurs principaux multiples (Article 50, RGCP) : Les comptables publics sont tenus d'adresser aux ordonnateurs et au ministre chargé des finances une déclaration écrite et motivée de leurs refus de visa, accompagnée des pièces rejetées.

En cas de désaccord persistant, l'ordonnateur principal, après avoir recueilli l'avis consultatif du ministre chargé des finances, peut réquisitionner le comptable selon les dispositions prévues par les réglementations nationales. Dans ce cas, le comptable public procède au paiement de la dépense, et annexe au mandat, une copie de sa déclaration de rejet et l'original de l'acte de réquisition qu'il a reçu. Une copie de la réquisition et une copie de la déclaration des rejets sont transmises à la Cour des Comptes et au ministre chargé des finances et publiées.

Enfin, l'UEMOA a établi un calendrier d'harmonisation des finances publiques comme suit:

- transposition des directives dans les législations nationales : 2009-2011 ;
- application des directives : 2012-2017 ;
- délai supplémentaire accordé pour la mise en œuvre des droits et obligations constatés et pour la comptabilité des matières : 2018-2019.

§.3. La Revue de la gestion et du système des finances publiques

La Revue de la gestion et du système des finances publiques est plus connue sous appellation anglo-saxonne de Public Expenditure Management and Financial Accountability Review (PEMFAR). Le PEMFAR a deux composantes : le diagnostic du système des finances publiques ou Public Expenditure and Financial Accountability (PEFA) et le diagnostic du système de passation des marchés publics selon la méthodologie de l'OCDE (Organisation de Coopération et de Développement Economique).

L'objectif du PEMFAR est d'évaluer en vue de certifier la gestion des finances publiques du pays. La certification peut donner évidemment une bonne image du pays auprès des partenaires au développement, des investisseurs, de l'opinion publique nationale et booster la relance de l'économie.

Le champ d'investigation du PEMFAR peut aller au-delà de ceux du CMDT et des directives de l'UEMOA, en ce sens qu'il peut s'étendre aux domaines institutionnel et structurel.

En Côte d'Ivoire, les principaux axes stratégiques du PEMFAR sont :

- l'amélioration du cadre juridique et institutionnel du système de gestion des finances publiques ;
- le renforcement de la transparence dans la gestion des finances publiques ;
- l'optimisation de l'allocation des ressources ;
- le renforcement de la discipline budgétaire ;
- l'amélioration de la traçabilité et du contrôle de l'exécution budgétaire ;
- le développement des mécanismes de redevabilité ;

- l'amélioration des cadres législatif et réglementaire des marchés publics;
- le renforcement des cadres institutionnel et opérationnel des marchés publics.

En somme, les grands axes de la réforme des finances publiques (CMDT, directives de l'UEMOA et PEMFAR) ont des points communs : la transparence, la performance, la démocratie participative et la croissance inclusive.

Au regard des enjeux, défis et perspectives des politiques financières internationales, sous régionales et nationales, comment le Trésor Public peut-il s'y ajuster ?

Section 2 : Nécessité de renforcer et d'approfondir les missions du Trésor Public ivoirien

Le Trésor Public est l'institution financière dont les attributions principales sont de contribuer à réaliser les grands équilibres macroéconomiques, assurer l'équilibre de trésorerie pour faciliter l'exécution des lois de finances, tenir la comptabilité publique et exercer des fonctions de représentation financière de l'Etat à l'intérieur comme à l'étranger. Tout ceci suggère une réorganisation du Trésor Public ivoirien.

§.1- Contribuer à assurer les grands équilibres macroéconomiques.

La définition des objectifs et priorités macroéconomiques se fait sur la base des orientations données par les autorités nationales en matière de performance économique, de bien-être de la population et d'engagements pris avec les créanciers internationaux ; tout cela sous des contraintes liées à l'environnement national et international.

Traditionnellement, on considère que les équilibres sur le marché des biens et services et sur le marché monétaire entraînent mécaniquement l'équilibre sur le marché des changes.

Les équilibres macroéconomiques, au sens de Kaldor, consistent à réaliser l'égalité de la manière suivante :
- secteur réel : offre et demande de biens et services pour assurer la croissance économique ;

- marché de l'emploi : offres et demande d'emplois1
- marché monétaire : offre et demande de monnaie dans des proportions assurant la stabilité des prix ;
- secteur extérieur : importations et exportations (de biens et services, et de capitaux) pour assurer l'équilibre de la balance des paiements.

Le rôle macroéconomique du Trésor Public, au sens de la politique financière qui est la problématique centrale de l'ouvrage, a consisté à s'impliquer dans les fonctionnements de trois secteurs sur quatre : finances publiques, comptes monétaires et secteur extérieur2. Cela se perçoit à travers lecture des différents chapitres de l'ouvrage, en particulier à partir du chapitre VIII.

§.2- Assurer l'équilibre de trésorerie pour faciliter la bonne exécution du budget

Le Trésor Public joue tout à la fois ses rôles de caissier et de banquier de l'Etat en pourvoyant les ressources nécessaires à l'exécution efficace des finances publiques à travers les procédures de recettes et de dépenses budgétaires.

A. Faire fonctionner et gérer le circuit du Trésor

L'équilibre de trésorerie est l'égalité globale entre les encaissements et les décaissements des postes comptables de l'ensemble du « circuit » du Trésor.

En matière financière nationale, on peut distinguer trois grands circuits : Banque Centrale, banques secondaires et Trésor. Le circuit banque centrale comporte un ensemble d'opérations mettant en circulation les dépôts de la banque centrale, les billets, les monnaies divisionnaires et les devises[3]. Le circuit bancaire, (entendu des banques secondaires) met en mouvement la monnaie scripturale créée par les banques secondaires et par les institutions de micro finance. Ici, l'intérêt porte sur le circuit du Trésor et ses relations avec les autres circuits.

Le Trésor Public est considéré comme la banque de l'Etat. En réalité, le Trésor Ivoirien n'est pas une banque émettrice ou créatrice de monnaie. Elle peut être classée, d'un certain point de vue, dans les institutions financières non bancaires ou tout au plus dans la catégorie des banques de dépôts.

---

[1] NB : Dans le langage courant, la demande d'emploi est exprimée par les chômeurs (et même les travailleurs) et l'offre d'emploi est fournie par les entreprises. En économie, c'est exactement le contraire. La demande et l'offre d'emploi sont exprimées respectivement par les entreprises et les chômeurs.

[2] L'impact du financement du Trésor sur le secteur réel sera traité dans d'autres travaux

[3] En ce qui concerne les monnaies étrangères dans l'UEMOA, la circulation se limite aux opérations de change.

Le circuit propre du Trésor est composé des opérations faites à partir du compte créditeur du Trésor à la banque centrale, des liquidités des caisses des postes comptables, des régies, et des dépôts des correspondants du Trésor à l'Agence Comptable Central des Dépôts (ACCD). Le Trésor Public dispose d'un « compte central » à la BCEAO alimenté par les ressources fiscales et douanières. C'est à partir de ce compte que l'Agent Comptable Central du Trésor (ACCT) fait les approvisionnements des postes comptables.

Les postes comptables sont éparpillés sur l'ensemble du territoire national et à l'extérieur, si l'on y ajoute les paieries à l'étranger (ambassades, consulats…). Les régies de recettes ou d'avances sont des caisses ayant un caractère ad hoc pour percevoir certaines catégories de recettes ou pour payer des menues dépenses. Les régisseurs sont nommés par décision du Directeur Général du Trésor et de la Comptabilité Publique et placés sous l'autorité d'un comptable principal ou supérieur. Les correspondants sont l'ensemble des personnes physiques ou morales qui ont un compte créditeur[1] (c'est-à-dire une épargne) au Trésor. En effet, des personnes physiques, pour des raisons diverses (proximité, civisme, volonté de diversification, confiance en l'Etat), choisissent librement d'ouvrir un compte non rémunéré[2] au Trésor Public au lieu de le faire dans une banque commerciale. Quant aux organismes publics, ils sont tenus d'avoir un compte au Trésor.

Tous les comptes des correspondants sont ouverts auprès de l'Agence Comptable Centrale des Dépôts (ACCD) qui est l'équivalente de la Caisse des Dépôts et Consignations en France.

Tant que les soldes créditeurs des différents comptes du circuit arrivent à compenser les déficits de trésorerie des postes comptables, il y a un équilibre interne de trésorerie de l'Etat. Mais, il est pratiquement impossible que le circuit du Trésor fonctionne en vase clos. Il a nécessairement recours aux autres circuits.

Au premier abord, il convient de souligner que le Trésor ne dispose pas de monnaie propre qu'on pourrait appeler « monnaie Trésor » étant donné qu'elle n'a pas de pouvoir de création monétaire, contrairement à la Banque Centrale et aux banques secondaires. Les banques secondaires n'ont pas, à tout moment, besoin de monnaie banque centrale pour faire leurs opérations. A l'intérieur de leur circuit, elles peuvent effectuer des règlements par des jeux d'écritures à l'occasion de séances de compensations ou de créations de monnaie scripturale. Ces banques ont besoin de la banque centrale seulement pour des opérations sortant de leur circuit ou pour des refinancements.

---

[1] Les comptes des correspondants ne sauraient être débiteurs car le Trésor ne fait ni avance, ni prêt qui seraient assimilables à de la création monétaire scripturale.
[2] Pour le moment en Côte d'Ivoire

Quant au Trésor Public, sa liquidité est constituée exclusivement de monnaie banque centrale.

L'autonomie relative du circuit du Trésor dépend du solde de trésorerie dont le financement se fait en billets, chèques, virements bancaires, devises étrangères[1]. Cet ensemble de liquidités constituent des entrées dans le circuit du Trésor ou des « fuites » vers d'autres circuits. Lorsque les entrées de liquidités en provenance des autres circuits sont supérieures aux sorties en leur direction, la trésorerie est excédentaire. Dans le cas contraire, le Trésor est tenu de chercher des ressources nécessaires auprès des autres circuits lui permettant de continuer d'assurer le financement du budget de l'Etat, c'est dire l'exécution de la loi de finances.

Le Trésor Public utilise à cet effet plusieurs instruments, parmi lesquels on a les bons du Trésor, les emprunts obligataires. Le solde des entrées et fuites à l'égard des autres circuits bancaires est la PNG (position nette du gouvernement). En plus du circuit bancaire et même non bancaire national, le Trésor s'adresse aussi au circuit international pour obtenir des emprunts extérieurs.

En effet, les liquidités de l'Etat sont censées permettre de couvrir ses besoins de financement à court terme. En pratique, cela est rarement le cas. L'Etat est alors amené à intervenir sur le marché monétaire pour lever des fonds lui permettant d'alimenter rapidement ses caisses afin de faire face à ses besoins de paiements immédiats. Dans ce sens, le Trésor garde un niveau minimum de liquidités pour régler des dépenses imprévues.

Par ailleurs, il faut faire une distinction entre l'équilibre budgétaire et l'équilibre de trésorerie. Même si le budget est voté en équilibre, il n'est jamais exécuté en équilibre. Les dépenses ne sont ni engagées, ni ordonnancées en fonction stricte des disponibilités du Trésor Public. Le Trésor Public n'échappe donc pas à la loi de la contradiction permanente entre les besoins et les ressources disponibles. En général, pour diverses raisons, l'exécution des dépenses budgétaires, expression de l'urgence des réponses à donner aux besoins nationaux, a tendance à aller plus vite que la mobilisation effective des ressources budgétaires. Le Trésor Public a le devoir de combler le déficit budgétaire. Cette fois ci, le Trésor interviendra sur le marché financier pour lever des ressources en empruntant à plus long terme.

Ainsi, le Trésor est un agent à besoin de financement (ABF) à court terme sur le marché monétaire et à long terme sur les marchés financiers. Cette mission fait du Trésor Public, le gestionnaire de la dette de l'Etat. D'ores et déjà, on peut noter que les équilibres budgétaires et de trésorerie permettent de préserver la crédibilité de la signature du Trésor Public, à affirmer l'autorité financière de l'Etat qui est le sous bassement de son autorité administrative et de la souveraineté nationale.

[1] Pour la dette extérieure

Le Trésor Public, en tant que gardien des équilibres budgétaires et de trésorerie, a une mission de conseils auprès des ordonnateurs pour l'application effective des principes de finances publiques que sont l'annualité, l'unité, la spécialité et l'universalité budgétaires.

B. Gérer efficacement le portefeuille de l'Etat

Aujourd'hui, le besoin de financement de l'Etat devient de plus en plus important pendant que l'aide extérieure s'amenuise. La Banque Centrale, de son côté, a arrêté son concours à l'Etat conformément à une décision du Conseil des Ministres de l'UEMOA entrée en vigueur en janvier 2002. Cette politique de la BCEAO s'inscrit dans la nouvelle philosophie du système financier international, intervenue à la fin des années 1970, qui privilégie la finance directe et l'indépendance de la Banque Centrale.

1. Aspects de la performance des titres publics

A première vue, les performances des titres publics ivoiriens sur le marché de l'UEMOA sont très satisfaisantes car les montants collectés sont généralement supérieurs aux montants indicatifs. Ces succès des émissions de titres publics, en dépit du contexte de crise, témoigne de la crédibilité signature de l'Etat de Côte d'Ivoire, selon les autorités nationales. Si cette assertion est totalement vérifiée du point de vue de la mobilisation des ressources, elle nécessite tout de même une certaine modération sous l'angle des coûts de transactions.

- ✓ Cas des bons du Trésor

Durant toute la décennie de 2003 à 2013, les bons du Trésor à maturité infra annuelle ont contribué à adoucir ponctuellement des tensions de trésorerie. Ceux de maturité plus longue ont eu des destinations budgétaires.

Cependant, les intérêts versés, les commissions et divers frais ne sont pas des coûts fixes. Ils sont indexés sur le montant mobilisé. Or sur le marché de l'UEMOA, les taux d'intérêts ont souvent des tendances haussières comme le montre le graphique ci-dessous. Pour un bon de six mois, pendant que les taux de pensions sont quasiment constants, les taux marginaux et moyens pondérés suivent une trajectoire haussière en commençant en dessous de 4% pour franchir, au fil des mois, les barres de 5%, puis 6%, puis 7%.

Graphique 23 : Evolution des taux des bons de Trésor à 182 jours

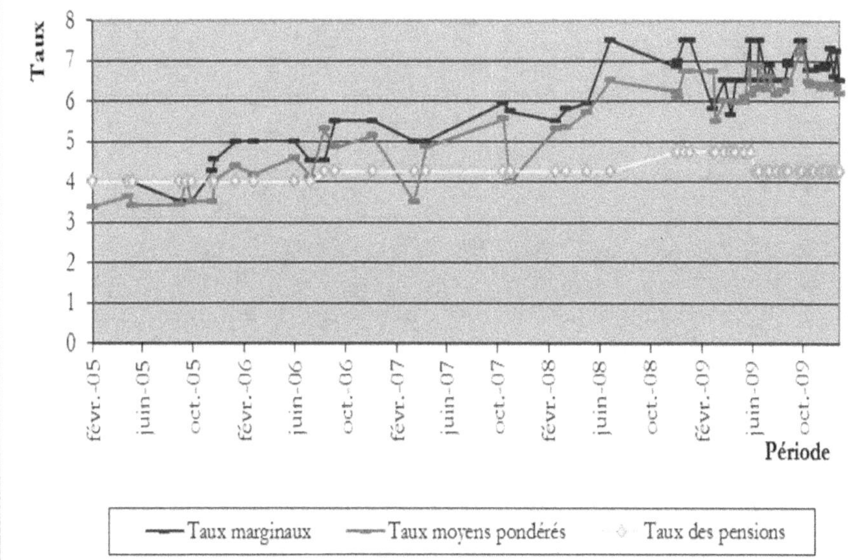

Source : Pôle-Dette, 2009

En outre sur le marché de l'UEMOA, la Côte d'Ivoire, qui représente la plus grande part du PIB, enregistre pourtant les taux les plus élevés de titres publics, notamment des bons du Trésor. Est-ce le contexte de crise et d'incertitudes politiques qui détermine cette tendance ?

Les taux marginaux et moyens de la Côte d'Ivoire sont pratiquement les doubles de ceux du Benin et du Mali. Tout ceci ne fera que gonfler l'encours et le service de la dette, créant des tensions de trésorerie à effet « boule de neige ».

C'est cette situation qui se produisit en 2011. En effet, au cours de l'année 2010, le Trésor Public avait fait beaucoup d'options sur les instruments de court terme, notamment les bons d'un, trois et six mois. Au premier trimestre 2011, le contexte de crise post-électorale engendra la rupture de la Côte d'Ivoire avec la BCEAO. Alors, la BCEAO dut émettre, à la place du Trésor ivoirien, des bons en revolving pour honorer les échéances des bons antérieurs. L'inconvénient d'un tel procédé fut l'accroissement des encours sur les bons du Trésor de courte maturité dont le montant s'éleva à 607 milliards en fin novembre 2011. A l'issue de négociations entre le Trésor et les investisseurs, sous arbitrage de la BCEAO, on en vint à une restructuration de cet encours en deux types d'instruments :

- émission d'un bon du Trésor de deux ans d'un montant de 242 milliards ;

- émissions de deux obligations du trésor de trois ans (2011-2014) et de cinq ans (2011-2016) de 169,8 milliards chacune.

Tableau 26 : Evolution des taux d'intérêt des titres à 182 jours (établi en 2009)

Montant en millions F CFA

PAYS	Date d'émission	Montant retenu en millions F CFA	Taux d'intérêt %		Ecart des taux d'int en point de base	
			Marginal	Moye pondéré	Marginal	Moyen pondéré
	30/08/2005	23 350	3,5000	3,4272		
Bénin	24/02/2006	21 150	5,0000	4,1687	150,00	74,15
	10/07/2006	25 400	4,5000	4,1133	-50,00	-5,54
	10/05/2005	25 500	3,9900	3,4094		
Burkina	13/01/2006	13 100	5,0000	4,3732	101,00	96,38
	06/09/2006	20 500	5,5000	4,8500	50,00	47,68
	13/04/2007	26 600	4,9900	4,8514	-51,00	0,14
	31/10/2007	20 250	5,7500	4,0000	76,00	-85,14
	14/03/2008	20 000	5,8000	5,3321	5,00	133,21
	26/06/2008	59 166	7,5000	6,5044		
	19/12/2008	43 797	7,5000	6,7450	0	24,06
Côte d'Ivoire	17/06/2009		7,5000	6,8543		
	30/09/2009		7,5000	7,3296		
	08/12/2009		7,3000	6,6134		
	30/06/2004	21 000	3,495	3,158		
	02/02/2005	35 550	4,0000	3,3858	50,50	22,78
Mali	22/11/2005	29 000	4,5400	4,053	54,00	66,72
	16/03/2007	28 100	5,0000	3,5000	46,00	-55,30
	18/02/2008	39 300	5,4995	5,3068	49,95	180,68
	25/03/2009		6,5000			
	22/10/2009		6,5000			
	29/04/2005	15 000	4,0000	3,6327		
	17/11/2005	15 000	4,2500	3,6400	25,00	0,73
	31/05/2006	8 300	5,0000	4,5871	75,00	94,71
Niger	05/12/2006	15 040	5,5000	5,1458	50,00	55,87
	15/10/2007	15 085	5,9500	5,5584	45,00	41,26
	02/05/2008	20 000	5,9500	5,7280	0,00	16,96
	02/12/2008	15 000	6,8500	6,2307	90,00	50,27
	15/06/2009			6,7500		
Togo	28/05/2009		6,4996	6,1488		

Source : BCEAO

Le Trésor en tira une première leçon, celle de ne plus émettre de bons de courte maturité. Dorénavant, ne seront émis que des bons de maturité supérieure à une année. Cependant, la deuxième leçon reste encore à tirer, celle de ne pas collecter au-delà du montant indicatif de l'émission, même avec les emprunts obligataires.

✓ Cas des emprunts obligataires

Les emprunts obligataires, connus sous le nom d'emprunts TPCI (Trésor Public de Côte d'Ivoire), ont alimenté le budget de l'Etat, de 1999 à 2013, d'un montant cumulé de 1156,5 milliards de FCFA, à un taux de réalisation moyen de 133% qui confirme la confiance des investisseurs dans la signature de l'Etat.

Tableau 27: Analyse comparative des coûts des emprunts TPCI (en FCFA).

(en FCFA)	**1999-2002**	**2002-2005**	**2003-2006**
Montant levé	30 000 000 000	63 973 330 000	40 403 320 000
Commission réseau	675 000 000	2 111 284 890	545 629 400
placeur	300 000 000	767 739 960	644 880 480
Commission d'Arrangeur		2 879 024 850	1 190 509 880
(structuration)	975 000 000		
Citibank/SBGCI-	2 280 000 000	0	0
Citibank/CAA	3 255 000 000	2 879 024 850	1 190 509 880
Total commission payé	3 ,25 %	4,50 %	2,95 %
par le Trésor	1,08 %	1,50 %	0,98 %
Total frais d'escompte des	2,53 %	0,00 %	0,00 %
obligations cautionnées	8,00 %	7,00 %	6,50 %
Total commission et	11,25 %	11,50 %	9,45 %
escompte payé par le	11,62 %	8,50 %	7,48 %
Trésor			
Taux de commission			
Taux de commission annualisé			
Taux d'escompte moyen annuel Coupon			
Taux de sortie global			
Taux de sortie annualisé			

Source : CAA (2003)

En matière de gestion de la trésorerie, on observe, sur le tableau 26, une amélioration de la performance dans les placements des obligations de l'Etat. Les emprunts TPCI étaient à 8 % (1999-2002), 7% (2003-2005) et 6,5% (2003-2006). Du point de vue des commissions d'intermédiation financière pure, la structuration de la dernière émission 6,5 % 2003-2006 s'est avérée encore moins onéreuse pour le Trésor Public que celle de l'année précédente ; elle-même très avantageuse par rapport à celle de 1999-2003. En effet, le taux de sortie en 2003 est de 7,48 % contre 8,5 % en 2002 et 11,62 % en 1999. La structuration proposée en 1999 requérait d'escompter, en moyenne, 2 milliards d'obligations cautionnées par trimestre. Ceci constituait un coût caché qui n'avait pas été suffisamment pris en compte par le Trésor Public dans la détermination du coût de l'émission et qui a dû se répercuter sur les coûts de transactions. De plus, en 1999, sur un montant levé de 30 milliards FCFA, seuls 15 milliards FCFA étaient disponibles pour le Trésor Public puisque la structure de l'opération lui faisait obligation de constituer un dépôt de sécurité de 15 milliards, dès le début de l'opération.

A l'inverse, la structure proposée dès 2002 est suffisamment souple et ne requiert ni obligation d'escompte, ni dépôt initial de sécurité. La totalité du montant levé (déduction faite des commissions d'intermédiation et des frais et charges de l'opération) est mise à la disposition du Trésor Public. La structure retenue dans le cadre de cette opération fait plutôt appel à la mise en place d'un compte séquestre domicilié à la BCEAO où les obligations arrivées à maturité sont transférées pour servir de garantie pour le paiement des échéances. Ce compte séquestre constitue une garantie pour les investisseurs (acquéreurs de titres publics). Il est alimenté par les obligations cautionnées. L'Etat cherche des ressources additionnelles pour son financement. Les recherches s'orientent vers les ressources pétrolières et de téléphonie cellulaire.

Cette innovation constitue, malgré sa relative complexité de mise en œuvre, un moyen de financement avantageux pour le Trésor public de Côte d'Ivoire, au regard du taux de sortie de 7,48% relativement exceptionnel dans le contexte de crise que connaît le pays. C'est un niveau auquel les banques commerciales auraient probablement hésité à prêter au Trésor Public ivoirien. Les résultats de l'émission TPCI 6,5% (2003-2006) pour 40,4 milliards avec une sur-souscription de l'ordre de 33% sont à cet égard très remarquables.

Tableau 28 : Evolution des emprunts obligataires TPCI

N°	Nature opération	Taux intérêt	Type d'amortissement	Montant réalisé (milliards)	Taux de réalisation	Nature	Encours
1	TPCI 1999-2002	8,00%	IF	30,2	202%	Echu	0
2	TPCI 2002-2005	7,00%	IF	64	213%	Echu	0
3	TPCI 2003-2006	6,50%	IF	40,4	135%	Echu	0

4	TPCI 2005-2008	6,50%	IF	86,1	215%	Echu	0
5	TPCI 2006-2009	6,50%	IF	84,2	105%	Echu	0
6	TPCI 2007-2010	6,00%	IF	51,7	172%	Echu	0
7	TPCI 2008-2011	6,25%	IF	61,2	102%	Echu	0
8	TPCI 2009-2014	6,95%	ACD	107,3	179%	Encours	35,8
9	TPCI 2010-2013	6,25%	IF	64,8	108%	Encours	64,8
10	TPCI 2010-2017	7,00%	AC	22,9	38%	Encours	13,1
11	TPCI 2011-2016	6,50%	ACD	160,2	160%	Encours	160,2
12	TPCI 2012-2015	6,00%	ACD	71,9	120%	Encours	71,9
13	TPCI 2012-2017	6,50%	ACD	93,7	156%	Encours	93,7
14	TPCI 2013-2016	6,00%	IF	120,9	130%	Encours	120,9
15	TPCI 2013-2018	6,30%	AC	97	107%	Encours	
	Total	**6,53%**		**1156,5**	**133%**		

Source : Trésor Public (DDP, 2014)

AC : amortissement constant ; ADC : amortissement constant différé IF : in fine

Cependant, comme dans le cas des bons du Trésor, des observations s'imposent au regard des tableaux 26 et 27. L'excédent de réalisation engendre des coûts de transactions. Les taux d'intérêts, encore une fois, sont les plus chers de l'UEMOA et la tendance, qui était baissière de 1999 à 2002, est devenue oscillatoire autour de 6,40% de 2003 à 2013. L'option pour l'amortissement in fine est prédominante. L'avantage est de moins peser sur la trésorerie de l'Etat dans les premières années ; mais les inconvénients sont d'entretenir un alourdissement de l'encours de la dette sur une longue période et un effet de bousculade du service de la dette à la fin.

✓ Cas des obligations du Trésor

Les obligations du Trésor constituent un autre instrument que le Trésor Public utilise depuis 2009. Ce nouvel instrument a procuré à l'Etat des ressources importantes retracées dans le tableau 29. Les taux marginaux et les taux moyens pondérés sont à apprécier en fonction des maturités, des montants indicatifs et des périodes d'émissions. Les maturités sont plus longues ; ce qui constitue un avantage aussi bien pour les investisseurs qui disposeront d'épargne longue que pour l'Etat qui reçoit dans les caisses du Trésor, des ressources longues pour financer des programmes d'investissements.

Tableau 29 : Evolution des obligations du Trésor

	Montant collectés	Taux de réalisations	Maturité	Taux/prix marginal	Taux/prix moyen pondéré
2009	73 984 000 000	105,7%			
2010	36 788 000 000	122,6%	7 ans	10, 000	
2011	169 717 120 000	93,2%	3 ans	10, 000	
	169 717 120 000	93,2%	5 ans	10, 000	
2012	60 922 000 000	100%	3 ans	98	98,49
	25 755 500 000	103%	5 ans	100	100
2013	80 403 940 000	114,9%	7 ans	98,500	99,016
	43 749 380 000	62,5%	5 ans	97,000	98,340
	71 792 160 000	102,6%	7 ans	98,500	98,940
2014	241 767 670 000	96,7%	7 ans	99,000	99,030
	29 256 000 000	58,5%	7ans	98,000	98,420

Source : DGTCP/DDP (2014)

Le taux moyen de réalisation de 95,7% montre que les investisseurs expriment moins d'engouements pour ce nouvel instrument que pour les bons du Trésor et les emprunts obligataires. Cela pourrait s'expliquer par la connaissance insuffisante des obligations du Trésor et par une forte préférence des investisseurs pour le présent.

Par-delà cette performance des émissions des titres publics, la gestion efficace du portefeuille de l'Etat commande une politique de diversification pour recycler l'épargne nationale en vue d'apurer la dette intérieure dans le cadre général des mécanismes à mettre en place pour accroître la performance du portefeuille de la dette publique.

2. *Des paradoxes à résoudre en matière de coûts de transactions.*

Deux paradoxes méritent d'être clarifiés relativement aux taux d'emprunts et de réalisation des titres publics ivoiriens.

La Côte d'Ivoire étant l'économie la plus forte de l'UEMOA, devait bénéficier d'avantages comparatifs en matière de taux emprunteurs sur le marché financier sous régional, exactement comme le fait l'Allemagne sur les euromarchés. Le paradoxe est que les taux emprunteurs de la Côte d'Ivoire figurent parmi les plus élevés de l'UEMOA, générant ainsi des coûts d'opportunités. Il se produit ici un véritable besoin d'évaluation en termes de coût-avantage. L'explication de ce paradoxe doit se trouver certainement dans l'intervalle entre les problèmes liés au montage financier (notamment les coûts de l'intermédiation financière) et l'image donnée par le pays depuis une décennie d'incertitudes politiques.

L'autre paradoxe réside dans les taux de réalisation généralement supérieurs à 100%. Les sur- souscriptions des titres publics ivoiriens sont généralement interprétées comme une marque de confiance des investisseurs dans la signature de l'Etat de Côte d'Ivoire. Toutefois, cette interprétation, prenant parfois l'allure d'une autosatisfaction, a besoin d'être atténuée au regard de la rationalité économique. L'explication de l'intérêt des investisseurs pour les titres publics ivoiriens peut aussi se trouver dans l'attractivité des taux emprunteurs qui figurent parmi les plus élevés de l'UEMOA. En tout état de cause, la collecte, par le Trésor Public, de ressources d'emprunts au-delà des montants indicatifs génère des coûts réciproques en termes d'alourdissement du service de la dette. Elle pourrait même s'avérer contre-productive sur certaines places financières étrangères en ce sens que cette pratique signifierait que les cadrages budgétaires et les plans de trésorerie manquent de fiabilité. C'est pour cela qu'elle est à déconseiller sur les marchés des capitaux étrangers au moment où le Trésor Public ivoirien va aller sur les euromarchés.

Il est plutôt conseillé au Trésor Public de limiter les montants collectés aux montants indicatifs initialement annoncés et de revenir, si besoin, plus régulièrement sur le marché. Cela aurait deux avantages : donner l'image de rigueur dans les prévisions budgétaires et de gestion de trésorerie et contribuer à l'animation du marché (par exemple sous régional).

3. Rendement du portefeuille des actions

La gestion de tout actif du secteur public doit, en principe, viser les finalités liées aux fonctions régalienne, économique et tutélaire de l'Etat. La gestion optimale du portefeuille financier de l'Etat se traduit par la maximisation des ressources issues de la détention d'actifs financiers (dividendes, revenus de privatisations et de liquidations).

Le diagnostic fait par le gouvernement du fonctionnement des entreprises publiques sur la période 1992-1998 révèle un résultat net pour l'ensemble du secteur parapublic de 39 milliards F CFA contre un montant total de subventions s'élevant à 568 milliards dont 165 milliards alloués aux sociétés d'Etat (SODE) et aux sociétés d'économie mixte. Selon Danho (2001, P. 8), le sous-secteur des SODE (où l'Etat détenait 100 % du capital) a réalisé des pertes nettes cumulées de 85 milliards sur la période. Les sociétés à participation financière publique (SPFP) majoritaire ont généré des pertes nettes cumulées de 10 milliards. En revanche, les SPFP minoritaires ont généré des bénéfices cumulés de 134 milliards. Cette faible performance du secteur parapublic est imputable au système de gestion, à la lenteur du progrès technologique ayant pour corollaire, la faible productivité. L'auteur indique, en outre, que les SODE ont versé 31 milliards d'impôts sur la période contre 213 milliards versés par les SPFP minoritaires.

La Direction de la Participation et de la Privatisation (DPP) note que les dividendes des entreprises publiques ont chuté de 86 % de 1998 à 2000. Les dividendes de 2000 se sont situées à 1,973 milliards F CFA et ont atteint 2,246 milliards en 2001. Ces dividendes sont- elles optimales, autrement dit, le secteur public n'aurait-il pas dû mieux faire ? La réponse se trouve dans la nature et les domaines d'activités des différentes sociétés. Certes, certaines sociétés d'Etat n'ont pas, pour vocation première, la maximisation de profit ; mais des études approfondies s'avèrent nécessaires pour apprécier la performance des entreprises publiques.

C. Réussir la création et la mise en œuvre du compte unique du Trésor

Le Trésor Public a fait sien le diagnostic du fonctionnement de la trésorerie posé par AFRITAC de l'Ouest, une structure d'assistance statistique du FMI. A partir des faiblesses relevées dans la gestion de la trésorerie, il est envisagé la création d'un compte unique du Trésor (CUT) ayant des objectifs et un mécanisme de fonctionnement appropriés.

Les faiblesses résident dans la multiplicité de comptes du Trésor à la BCEAO et dans les banques commerciales. Les conséquences sont les difficultés de consolidation de la trésorerie publique, les retards dans la centralisation des liquidités de l'Etat, l'impossibilité de faire une gestion active de la trésorerie et l'existence de ressources oisives sur plusieurs comptes.

La différence de cadence des encaissements et décaissements, en dépit des efforts de régulation budgétaire[1], crée des tensions permanentes de trésorerie dans la plupart des postes comptables, pendant que quelques-uns se retrouvent exceptionnellement excédentaires. Les déficits de trésorerie génèrent des coûts de transactions sur les futures opérations du Trésor. Les excédents génèrent évidemment des coûts d'opportunités. La gestion active de la trésorerie revient à minimiser tous ces coûts pour arriver à un niveau optimum de liquidité ou d'illiquidité.

Bien plus, une gestion performante de la trésorerie de l'Etat repose sur deux principes complémentaires : l'unité de trésorerie et l'unité de caisse réaffirmées par la Directive n° 07/2009 portant RGCP en son article 57 : « Les fonds détenus par les comptables publics sont gérés selon le principe de l'unité de caisse. Un poste comptable dispose, sauf dérogation expresse du ministre chargé des finances, d'une seule caisse, d'un seul compte courant bancaire ou postal quel que soit le nombre d'unités administratives dont il assure la gestion. L'unité de trésorerie est le principe selon lequel le Trésor a un seul compte ouvert à la banque centrale dans lequel toutes les ressources de l'Etat sont déposées et duquel tous les décaissements sont effectués ».

En application de cette directive, a été pris le décret n°2014-421 du 09 juillet 2014 portant création du compte unique du Trésor et délimitation de son champ.

Les principaux objectifs du Compte Unique du Trésor concernent la gestion de la trésorerie et de la dette.

En matière de gestion de la trésorerie, le CUT permet de savoir :

- disponibilité de l'information en temps réel sur le niveau des avoirs liquides de l'Etat ;
- réduction des délais de versement des recettes (fiscales et non fiscales) ;
- disponibilité des ressources en temps utile ;
- paiement rapide des dépenses publiques ;
- élimination des ressources oisives gestion active de la trésorerie.

En matière de gestion de la dette

- émission prudente de la dette à travers une meilleure maîtrise des besoins réels ;
- maitrise de la dette publique.

[1] Toujours mal reçus par les administrateurs de crédits

AFRITAC souligne que Le CUT permet aussi :

- de suivre de manière régulière la position des disponibilités dont dispose l'Etat pour payer ses dépenses et celles de ses correspondants.
- d'opérer les ajustements dans le temps et dans l'espace, afin de disposer partout et toujours des fonds nécessaires.
- de prendre, à l'avance, les mesures appropriées, évitant ainsi toute rupture ou insuffisance de disponibilités qui risquerait de perturber le paiement des dépenses publiques et de générer des arriérés de paiement, préjudiciables à la crédibilité de l'Etat.
- d'enrichir les techniques de collecte des données relatives aux recettes et aux dépenses publiques, nécessaires à l'amélioration de la gestion de trésorerie.

Le champ du CUT couvre l'ensemble des comptes ouverts aux noms des comptables publics sur le territoire national et à l'étranger, ainsi que les comptes non nécessairement gérés par des comptables publics, appartenant aux unités administratives. Tout se passe comme s'il n'existait sur l'ensemble du territoire, qu'une seule caisse, où tous les réseaux de comptables publics puisent et versent les fonds selon les besoins de leurs services.

Son fonctionnement se fait en recettes et dépenses. Pour l'encaissement des recettes, le fonctionnement des comptes bancaires du CUT repose sur un mécanisme de nivellement quotidien, sur le compte central du Trésor logé à la BCEAO, des soldes des comptes divisionnaires ouverts à l'ACCD ou à la BCEAO. Ce mécanisme est automatisé. Les recettes enregistrées dans les banques commerciales sélectionnées sont également répercutées quotidiennement sur le CUT à la BCEAO. Concernant les dépenses, elles sont effectuées sur la base des demandes de paiement, transmises préalablement par les postes comptables au gestionnaire du CUT. Celui-ci les valide au regard des plafonds établis à travers un mécanisme approprié, tenant compte du solde du CUT.

Le CUT est un compte courant central du Trésor sur lequel la trésorerie de l'Etat sera consolidée. Le CUT sera suivi et supervisé par l'ACCT, en qualité de comptable centralisateur de l'Etat. Les Comptes ordinaires actuels des trésoriers nationaux seront transformés en sous-comptes du compte courant du Trésor ouverts au nom des comptables principaux (dont l'ACCT), pour leur permettre de suivre les opérations d'encaissements/décaissements dont ils ont la responsabilité et le contrôle.

Néanmoins, pour sécuriser ce système et maîtriser la gestion de trésorerie de l'Etat, un dispositif reposant sur la mise en place d'un mécanisme de plafonnements périodiques (journalier, hebdomadaire ou mensuel) des paiements pour l'ensemble des comptables payeurs, à mettre en œuvre.

D'éventuels excédents, même provisoires, sur le CUT, peuvent être placés par la BCEAO, pour le compte du Trésor à l'effet d'optimiser la trésorerie disponible.

§.3. Tenir la comptabilité publique

La tenue de la comptabilité publique est l'attribution que le Trésor Ivoirien maîtrise le plus. La réforme de la comptabilité publique est assise sur la refonte du plan comptable de l'Etat visant à concevoir et déployer une véritable comptabilité à partie double. La réforme de la comptabilité publique a conduit à la mise en place d'un système comptable permettant de produire régulièrement la balance générale des comptes du Trésor et de respecter les délais de reddition des comptes publics.

Le développement de nouveaux outils informatiques vise à prendre en compte les impacts induits par la mise en œuvre des CDMT sur le système d'information et concerne notamment la fusion de certains applicatifs d'une part, et les interfaçages entre applicatifs des différentes régies financières, d'autre part.

L'exercice du PEMFAR 2013 a révélé de gros progrès en matière de la reddition des comptes, permettant de passer de l'évaluation D+ à A pour l'indicateur 25 sur la qualité et respect des délais des états financiers annuels. Le Compte Général de l'Administration des finances (CGAF) est jugé complet et le projet de loi de règlement et le CGAF de l'exercice 2011 ont été soumis à la Chambre des Comptes moins de quatre mois après la fin de l'exercice. Enfin, les normes comptables appliquées sont celles de la directive UEMOA relative au plan comptable de l'État qui, elle-même s'inspire du système SYSCOA.

En parallèle, la DGCPT va devoir absorber les réformes induites par la transposition des directives portant RGCP et PCE. Ces textes introduisent en particulier une comptabilité patrimoniale base exercice en droits constatés.

Le passage à cette nouvelle comptabilité, sera un processus long. L'adoption de cette nouvelle comptabilité est donc appelée à se faire progressivement.

Il est donc prévu un basculement vers une comptabilité d'exercice en droits constatés en 2017 et d'intégrer progressivement le patrimoine de l'Etat dans cette comptabilité.

En matière comptable, les enjeux sont de réussir le passage de la tenue d'une comptabilité de caisse dans une optique essentiellement budgétaire vers une comptabilité de l'Etat d'exercice en droits constatés à la liquidation des dépenses et sur une approche patrimoniale visant à mieux suivre la situation financière globale de l'Etat.

Pour relever ces défis, il a été créé une Equipe-Projet au sein de la Direction Générale du Trésor et de la Comptabilité Publique (Arrêté n°294/MPMEF/DGTCP/DCP du 24 juin 2013)

Elle est composée de :

- un Comité de Pilotage présidé par le DGTCP et ses Adjoints assure la supervision des activités liées à la mise en œuvre des Directives;
- un Comité Technique, organe consultatif présidé par l'Inspecteur Général du Trésor (IGT) valide les travaux du Comité Opérationnel ;
- un Comité Opérationnel dont les activités sont coordonnées par le Directeur de la Comptabilité Publique (DCP).

§.4 : Exercer des fonctions de représentation financière de l'Etat aux plans national et international

Le Trésor Public, parmi tous les services du Ministère des finances, est l'administration qui représente le plus l'Etat dans ses relations financières domestiques et étrangères. Cette représentation se situe à trois niveaux : territorial, juridique et extérieur.

Il représente les intérêts de l'Etat dans des établissements ou sociétés à participation financière publique (souvent par délégation du ministre des finances).

Ces établissements ou sociétés sont de toutes les natures juridiques : établissements publics administratifs (EPA), établissements publics à caractère industriel et commercial (EPIC), établissements autonomes, sociétés privées détentrices de contrats de concessions, entreprises privées exerçant dans des secteurs stratégiques etc. Dans les établissements publics nationaux (EPN), l'agence comptable est tenue par un fonctionnaire du Trésor Public. Le Trésor pourvoit à leur équilibre de trésorerie par des approvisionnements. Ces établissements ou sociétés sont également de tous les secteurs d'activités économiques : agro-industrie, industrie, commerce, médias...

Le Trésor assure aussi la tutelle administrative des institutions financières. « Il doit, à ce titre, veiller à leur bon fonctionnement, à leur orientation et à leur déontologie. Cette fonction de tutelle ne se confond pas avec celle relative à la surveillance et au contrôle qui relève, quant à elle, de la Commission bancaire », souligne W. Gilles (op cit).

Le Trésor Public ivoirien assure le paiement des contributions de la Côte d'Ivoire dans des organisations sous régionales (UEMOA, CEDEAO....), régionales (UA, BAD...) et internationales (ONU, FMI, Banque Mondiale...).

Il gère la dette extérieure. De manière générale, il est toujours et à juste titre associé par le ministre des finances à toutes les négociations internationales ayant ou susceptibles d'avoir des incidences sur les finances publiques, les comptes monétaires et extérieurs. Dans ce sens, il est un interlocuteur privilégié des partenaires bilatéraux et multilatéraux, notamment les institutions de Bretton Woods.

Le Trésor est classé parmi les administrations publiques les plus modernes et performantes de Côte d'Ivoire. Elle a subi beaucoup de réformes dans son fonctionnement, en particulier au cours la dernière décennie. Mais, les défis de performance, présentés dans toute cette quatrième partie de l'ouvrage, commandent un approfondissement des missions financières et comptables du Trésor Public par une plus grande responsabilisation et une meilleure en performance.

Section 3 : Redessiner l'organigramme du Trésor Public

En France, les deux départements du Trésor Public sont nettement séparés et constituent deux directions générales : la Direction Générale du Trésor et la Direction Générale de la Comptabilité Publique. En Côte d'Ivoire, les deux directions générales sont réunies pour former la Direction Générale du Trésor et de la Comptabilité Publique (DGTCP).

Mais, les enjeux et perspectives actuels de performance requièrent une spécialisation et une concentration plus poussées des deux branches du Trésor Public ivoirien par l'institution de deux postes de directeurs généraux adjoints chargés respectivement du Trésor et de la comptabilité publique, la création d'une direction transversale des études et de la recherche, et la répartition adroite des autres services transversaux.

§.1. Instituer deux postes de directeurs généraux adjoints chargés respectivement du Trésor et de la comptabilité publique

A. Les attributions du Directeur Général Adjoint du Trésor

Les principaux enseignements tirés de la politique financière de l'Etat mettent en relief le rôle joué ou à jouer par le Trésor Public. L'approche multidimensionnelle des principaux agrégats de l'économie ivoirienne sur la période 1965-2010 et les enseignements tirés de la politique financière des PAS en matière de gestion des finances publiques laissent voir que le Trésor a fait, par le passé, de son mieux, sans pouvoir atteindre l'optimum.

Or, les enjeux de la politique financière internationale sont encore plus importants en termes de densité. Le risque de ré endettement à cerner, l'efficacité de l'aide publique au développement à obtenir, les exigences de la notation financière internationale à assumer et l'adresse dans l'intervention sur les marchés des capitaux étrangers sont autant d'épreuves que doit affronter le Trésor Public.

Les enjeux et perspectives de la politique financière sous-régionale ne sont pas de moindre importance. Ils se définissent en termes de :

- convergence nominale voire réelle au sein de l'UEMOA et de la CEDEAO ;
- développement de marché financier sous régional et degré de capitalisation boursière ;
- degré d'indépendance de la banque centrale par rapport aux Trésors nationaux et politique monétaire communautaire ;
- politique de change (fixe ou flottant) et création de la monnaie unique de la CEDEAO à l'horizon 2020.

Les enjeux et perspectives de la politique financière nationale se situent un double niveau :

- la mise en œuvre de l'axe 2 (Planification, programmation, budgétisation et pilotage de l'exécution des dépenses de l'Etat) du schéma directeur de réforme des finances publiques ;
- l'exercice de deux des quatre missions du Trésor Public moderne, à savoir : assurer les grands équilibres macroéconomiques et exercer des fonctions de représentation financière de l'Etat à l'intérieur comme à l'étranger.

B. Les attributions du Directeur Général Adjoint de la comptabilité publique

Les attributions du Directeur Général Adjoint de la comptabilité publique découleraient de deux des quatre grandes missions du Trésor Public présentées plus haut, à savoir, assurer l'équilibre de trésorerie pour faciliter l'exécution des lois de finances et tenir la comptabilité publique. Il doit en outre veiller à la transposition réussie des directives de l'UEMOA en matière de comptabilité publique et suivre la mise en œuvre des six autres axes du schéma directeur de la réforme des finances publiques qui sont :

- fiscalité et gestion des recettes de l'Etat ;
- organisation et systèmes d'information financière de la chaîne de la dépense publique ;
- passation des marchés publics ;
- comptabilité publique et gestion de la trésorerie de l'Etat ;
- dispositifs de contrôles et d'audits internes et externes ;
- décentralisation de la gestion des finances publiques au profit des collectivités territoriales.

§.2 - Créer une Direction des Etudes, de la Recherche et des Méthodes

La Direction des Etudes, de la Recherche et des Méthodes (DERM) serait un réservoir d'idées « Think Tank » interne. Elle aurait une mission transversale la plaçant en « back office » des autres directions qui lui confieraient des études et recherches. Elle ferait toutes les études statistiques, financières, de méthodes et de performance à son initiative, à la demande de la Direction Générale ou des services. Elle offrirait ses services en particulier à la DDP, l'ACCD, la DT, la DCP, la DCPP, la DM, la DQN, la DCRP et toutes les autres directions qui la solliciteraient.

§.3- Répartir adroitement les autres services transversaux

Les autres services transversaux seraient répartis de manière pertinente et équilibrée entre les deux Directeurs généraux adjoints du Trésor. L'Inspection Générale du Trésor (IGT) resterait directement rattaché au Directeur Général du Trésor et de la Comptabilité Publique.

La spécialisation des deux directions générales adjointes aurait l'avantage de privilégier l'expertise par rapport à l'administration. Elle permettrait une plus grande concentration par rapport au risque fréquent de dispersion. Il en découlerait une plus grande efficacité dans chaque direction générale adjointe au bénéfice de la performance générale du Trésor Public.

Section 4 : Concevoir et mettre en œuvre d'un tableau de bord des finances publiques

En dépit du vote du budget en équilibre et des réajustements hebdomadaires de prévisions de trésorerie dans le cadre des comités de trésorerie, les déficits budgétaires et de trésorerie de l'Etat demeurent chroniques.

Pour remédier à ce problème, la solution envisagée est la création du compte unique du Trésor (CUT) présenté plus haut. Le CUT présentera l'avantage de « lisser » la trésorerie de l'Etat pour faciliter la régulation dans l'exécution budgétaire et réduire les stocks d'arriérés. Cependant, le CUT a une vocation comptable et statistique.

Or, le Tableau des opérations financière de l'Etat (TOFE) a une vocation macro-économique pour des études conjoncturelles et sa fréquence est mensuelle dans le meilleur des cas.

Le tableau de bord des finances publiques (TBFP ou TabFiP) que nous proposons aurait pour mission d'établir la solvabilité actuelle et potentielle de toute l'administration publique.

Son champ, limité à l'administration centrale, à titre expérimentale, couvrirait progressivement toute l'administration publique (l'Etat central et ses démembrements). Sa fréquence serait bimensuelle au début, hebdomadaire par la suite et bi hebdomadaire plus tard.

Il ferait une articulation dynamique des logiques du TOFE, du plan de trésorerie et du CUT.

		Tableau de bord des finances publiques						
(1)	(2)	(3)	(4)	(5) (TOFE)	(6) (plan trésorerie)	(7)	(8)	(9)
OPERATIONS	RAR (n-1)	DOTATIONS BUDGET	EMISSIONS previsions	RECOUVRE MENTS	Encaissements	RAR n	RAR total	TAUX D'EXECUT. BUDGET. (%)
RECETTES + DONS	**410**	**2000**	**1615**	**1058**	**965**	**617**	**1027**	**53**
Recettes	**390**	**1890**	**1515**	**995**	**910**	**580**	**970**	**53**
Recettes fiscales	200	880	750	500	480	250	450	57
Recettes non fiscales	90	315	250	205	195	45	135	65
Recettes en capital	15	50	50	30	30	20	35	60
Recettes des CL	20	280	225	90	60	135	155	32
Recettes des EPN	65	290	240	130	110	110	175	45
Recettes en inst. imput		75	60	40	35	20	20	53
Dons	**20**	110	100	**63**	**55**	**37**	**57**	**57**
Dons intérieurs		10	8	5	5	3	3	50
Dons extérieurs	20	100	92	58	50	34	54	58
OPERATIONS	RAP (n-1)	DOTATIONS BUDGET	ENGAGE MENTS	ORDONNAN CEMENTS	PAIEMENTS	RAP n	RAP total	TAUX EXEC BUDGET
DEPENSES + PRETS NETS	**370**	**2000**	**1450**	**1228**	**918**	**310**	**730**	61
Dépenses	**355**	**2010**	**1455**	**1235**	**928**	**307**	**712**	61
Dépenses courantes	80	850	600	450	318	132	212	53
Dépenses en capital	70	565	475	380	270	110	180	67
Subventions	20	100	70	50	30	20	40	50
Intérêts dus sur la dette	40	75	50	45	35	10	50	60
Dépenses des CT	80	265	180	160	100	60	140	60
Dépenses des EPN	65	155	80	70	55	15	80	45
Dépenses en inst. imput				80	70	10	10	
Avances aux Régies					50			
Prêts nets	**15**	-10	**-5**	**-7**	-10	**3**	18	**70**
Prêts avalisés ou retroc	35	30	20	15	10	5	40	50
- Rec prêts aval ou retroc	-20	-40	-25	-22	-20	-2	-22	55
(a) SOLDES FINANCIERS	40	0	**165**	**-170**	**47**	**307**	**297**	**-8**
(b)AUTRES SOLDES FINANCIERS	**688**	0	**-392**	**-195**	(c)	**748**	**328**	
(a) FINANCEMENTS	**-688**		**392**	**170**	**-47**	**-748**	**-343**	
Financement intérieur	**-688**		**227**	**126**		**-748**	**-343**	
Financement bancaire			77	71			0	
Financement non bancaire	-88		65	55	-47	-345	257	
Variation arriérés n-1	-600		50	-25			-600	
Variation arriérés n			27	20		-253	253	
Variation dette flotante			8	5		-150	150	
Financement extérieur			165	**44**				
Tirages			70	15				
Amortissement exigible			-60	-40				
Allègement et annulation			15	10				
Reéchelonnement			45	21				
Variation des arriérés ext.			95	38				
Ecarts de financement			0	0				

Source : Nos calculs

Cette articulation dynamique partirait des cadrages macroéconomique et budgétaire. Elle établirait les statistiques journalières ou hebdomadaires ou bi hebdomadaires des prévisions et réalisations de recettes et dépenses. Les prévisions de recettes sont les restes à recouvrer (RAR), les émissions, les prises en charge et les recouvrements. Les prévisions de dépenses sont les engagements, les liquidations, les ordonnancements et les prises en charge. Les réalisations sont les encaissements et décaissements.

Les statistiques ainsi établies présenteront forcément des saisonnalités, voire des cycles et des tendances. Il s'agira de faire des modélisations économétriques et mathématiques appropriées.

La modélisation économétrique consistera à faire des calculs infra mensuels voire infra hebdomadaires. Des calculs de probabilités soutiendront un ensemble de simulations.

La modélisation mathématique consistera à concevoir et appliquer des modèles d'optimisation (dynamique) et de programmation mathématique pour, entre autres, déterminer les différents niveaux critiques de recettes et dépenses, mais surtout l'encaisse optimale en fonction de la conjoncture.

Le TBFP (ou TaBFiP) présente au moins six avantages :

- Il essaie de réunir à la fois les qualités de globalité et de synthèse, en ce sens qu'il prend en compte les données de toute l'administration publique (l'Etat Central et ses démembrements) ;
- Il essaie également de réunir la sophistication et la simplicité, car après des calculs souterrains, il donne les résultats simples sur une seule page;
- Il articule les logiques du TOFE, du plan de trésorerie et du CUT ;
- Il présente côte à côte des opérations budgétaires et de trésorerie ;

Il fait ressortir les ressources et emplois passés, présents et surtout potentiels ;

- Il permet d'approfondir l'analyse financière à travers la possibilité de calculer et d'interpréter plusieurs types de soldes financiers qui ont des incidences macroéconomiques.

Une esquisse du projet de tableau de bord des finances publiques est illustrée par le tableau X.

La sommation des colonnes (2) et (4) donne la solvabilité potentielle

La colonne (3) est la sommation du budget de l'Etat et de ses démembrements

La colonne 5 traduit une méthode de TOFE résumé

La colonne 6 représente le plan de trésorerie résumé

Les lignes (a) et (b) sont des modes de calculs de différents soldes financiers qui ont des incidences macroéconomiques

(a) Financement des soldes calculés à partir du recouvrement total. Les autres soldes sont des simulations.

(c) Disponibilités dans le circuit du Trésor (CUT)

(b) Détermination des autres soldes financiers:

688 = Recouvrement total - RAP (n-1)

-392 = Recouvrements - Engagements

-195 = Recouvrement hors dons - Dépenses hors intérêts
748 = Encaissements - Dépenses totales
328 = Recouvrements - Dépenses totales

Enfin, le tableau de bord des finances publiques serait tenu par la Direction des Etudes, de la Recherche et des Méthodes (DERM).

En conclusion de ce chapitre, des idées majeures apparaissent. La réforme des finances publiques ivoiriennes trouve ses sources dans le CMDT, le cadre harmonisé des finances publiques ivoiriennes et le PEMFAR. La philosophie commune à toutes ces réformes se traduit dans ses dimensions relatives à la transparence, la gestion axée sur les résultats, l'efficience, la performance, la responsabilité et la redevabilité.

Sur tous ces plans, des efforts notables ont été faits par la Côte d'Ivoire depuis 2009, quand bien même des améliorations sont encore attendues au niveau des différents indicateurs de recettes, de dépenses, de soldes budgétaire et de trésorerie, en un mot de performance.

La réorganisation du Trésor Public requise par des tels chantiers consiste en la création et en la spécialisation des deux directions générales adjointes (Trésor et comptabilité publique), la création d'une direction des études, de la recherche et des méthodes et la conception d'un tableau de bord des finances publiques.

Conclusion de la quatrième partie

Le Trésor Public, pour accomplir pleinement ses missions, gagnerait à intégrer, dans sa vision, quelques enjeux et perspectives de politique financière internationale au regard des besoins de la Côte d'Ivoire. Il s'agit de corriger certaines limites des PAS et de l'aide publique au développement afin qu'ils contribuent plus efficacement à l'atteinte des objectifs, non seulement macroéconomiques, mais également microéconomiques de la Côte d'Ivoire, en tant que pays en voie de développement. Les nouvelles générations de PAS, celles du milieu des années 1990 jusqu'aujourd'hui, prennent de plus en plus en compte les différentes dimensions de politique de développement.

Le pays doit pouvoir également gérer sa position face aux enjeux de politique financière internationale relativement au risque de ré endettement. Pour minimiser ce risque, l'analyse de la viabilité de la dette (AVD) constitue un cadre d'analyse intégrée de la soutenabilité budgétaire et extérieure utilisé par le FMI dans ses missions de surveillance au titre de l'article IV et de politique et programmation financières. L'AVD permet d'établir un diagnostic de la viabilité de la dette et de faire des recommandations conséquentes aux Etats.

Au niveau sous régional, le marché financier a besoin d'être renforcé par une diversification avec des instruments de longue maturité et une grande attractivité des investisseurs. Le Trésor Public, au cours de la décennie d'incertitudes de l'environnement institutionnel qui a pesé sur les relations financières entre la Côte d'Ivoire et les IFI, s'est beaucoup appuyé sur la mobilisation des ressources intérieures (fiscales, non fiscales et d'emprunts sur le marché financier de l'UEMOA). Sur le marché financier sous régional, les taux de réalisations (ratios de montants collectés sur montants indicatifs) de la Côte d'Ivoire ont été remarquables. Mais lorsqu'on prend en compte tous les coûts d'intermédiation et de transactions, la performance des titres publics ivoiriens devient faible au regard de la place prépondérante de l'économie ivoirienne dans l'UEMOA.

La gestion du déficit budgétaire a imposé le recours à tous les mécanismes prévus en la matière : complémentarité entre financements intérieur et extérieur, entre financements bancaire et non bancaire, entre divers retraitements et restructurations de la dette. Notons toutefois que la PNG n'a pas eu d'incidence négative sur l'actif consolidé du système bancaire, ni sur le crédit à l'économie de nature à induire un effet d'éviction. Les corrélations sont même positives.

Le passif consolidé du système bancaire reflète l'orientation restrictive de la politique monétaire. Le taux de liquidité de l'économie (M2/PIB en %) est pratiquement constant de 1960 à 2008, car il est demeuré généralement dans le tunnel de 20% à 30%, en dépit de la dévaluation de 1994. Son maintien à un niveau élevé sur certaines périodes 1979-1993 et 2000-2012 dépend de la faiblesse caractéristique du taux de croissance du PIB, inférieur à 1%. Ce niveau ne signifie donc pas que l'économie ivoirienne est très liquide.

En outre, le niveau très élevé du crédit à court terme (plus de deux tiers du crédit bancaire) reflète le taux élevé de préférence pour la liquidité. Le niveau très moyen du taux de liquidité général de l'économie pose le problème de financement de la croissance.

Par ailleurs, les différentes réformes financières et comptables (SIGFIP, ASTER, CDMT, directives de l'UEMOA, PEMFAR), entreprises depuis la fin des années 1990, visent une meilleure performance de la politique financière, selon les standards internationaux.

En conséquence, des voies indicatives de réformes du Trésor Public de Côte d'Ivoire passent par la contribution active de l'institution dans la réalisation des grands équilibres macro- économiques, celle de l'équilibre de trésorerie pour faciliter l'exécution des lois de finances, la bonne tenue de la comptabilité publique et l'exercice efficace des fonctions de représentation financière de l'Etat à l'intérieur comme à l'étranger. Tout ceci suggère une réorganisation du Trésor Public ivoirien dans le sens d'une plus grande performance de l'institution en matière de contribution à la politique financière de l'Etat.

Conclusion générale

Le tour d'horizon rapide sur les politiques économique et financière de la Côte d'Ivoire précoloniale a permis de tirer quelques enseignements essentiels. Contrairement à des idées reçues, les peuples de l'époque ne se livraient pas qu'à la cueillette, à la chasse et au troc. Ils avaient la notion d'économie de marché, grâce à l'usage d'instruments monétaires. Les peuples à organisations déconcentrées pratiquaient une décentralisation financière plus avancée que celle de l'époque moderne. Les peuples à Etats centralisés connaissaient, d'une certaine façon, certaines catégories macro-économiques : flexibilité des prix pour les équilibres partiels, régulation contra cyclique (ou contra saisonnier), prix semi administrés pour assurer un équilibre général non inflationniste...

La gestion des finances publiques, les procédures budgétaires et comptables, quoique discrètes pour des raisons de sécurité et de souveraineté nationales, étaient pourtant très rigoureuses grâce à leur encadrement par des mécanismes institutionnels, moraux et religieux rigides. Là aussi, les catégories suivantes étaient observées : l'excédent budgétaire et de trésorerie pour ne pas compromettre la souveraineté nationale, la séparation des fonctions d'ordonnateur et de comptable, la réédition des comptes...

Dès lors, la qualité approximative de la gouvernance économique et financière dans l'Afrique moderne ne devrait pas être mise sur le compte de la culture africaine précoloniale.

Les colonisations arabe (du 7ème au 18ème siècle) et européenne (du 15ème au 20ème siècle), en désorganisant fondamentalement le mode de production africain, a transformé totalement la politique financière traditionnelle. Ainsi, certains auteurs voient dans la politique financière menée dans l'Afrique francophone indépendante, une perpétuation déguisée du Pacte colonial, pendant que d'autres considèrent plutôt le franc CFA comme un instrument d'intégration monétaire et économique. La réalisation du projet de création de la monnaie unique de la CEDEAO à l'horizon 2020 permettra certainement de dissiper cette polémique.

Durant les deux décennies qui ont suivi l'indépendance de la Côte d'Ivoire, le Trésor Public, qui a obtenu son autonomie à l'égard du Trésor français en 1963, a dû parachever son organisation administrative et comptable pour lui permettre de jouer des rôles dans le financement des plans quinquennaux de développement et dans la politique monétaire de l'UMOA. La Côte d'Ivoire enregistra de belles performances économiques jusqu'en 1978.

Cependant, les finances publiques des deux premières décennies d'indépendance se caractérisaient par l'hétérogénéité du système budgétaire, la prédominance des droits de porte, l'inélasticité du système fiscal et la complexité des opérations du Trésor Public. En considérant seulement l'administration centrale, ses opérations étaient concurremment effectuées par le Trésor Public, la caisse autonome d'amortissement (CAA) et la caisse de stabilisation et de soutien des prix de production agricole (CSSPPA).

Les principales faiblesses de la politique financière de l'Etat résidaient dans la grande dépendance de l'économie de la volatilité des cours des produits primaires sur les marchés internationaux, de la conduite de la politique d'endettement et des faiblesses de gestion interne dont des traits caractéristiques étaient particulièrement remarquables dans les contreperformances enregistrées par la plupart des établissements publics nationaux et des sociétés d'Etat. Tout cela suscita une tentative d'ajustement interne en 1979-1980, sans succès.

Ainsi, la crise économique et financière, intervenue à la fin des années 1970 et persistant au début des années 1980, a amené les autorités ivoiriennes à accepter des programmes d'ajustement structurel (PAS). Dans ce nouveau contexte, plusieurs textes (décrets et arrêtés) ont été pris pour organiser le Trésor Public de 1981 à 1993. Les mesures déflationnistes des PAS se sont traduites par des politiques budgétaire et monétaire restrictives de 1981 à 1993.

Les résultats peu satisfaisants de cette première génération de PAS ont justifié une dévaluation en janvier 2014 qui a été soutenue, dans sa mise en œuvre, par des mesures d'accompagnement financées par des partenaires extérieurs et a été appuyée, au plan interne, par des dispositions de court et moyen terme. Les résultats de la dévaluation se sont traduits par une période d'expansion économique allant de 1994 à 1997 suivie de celle de l'inflexion de la courbe de croissance en 1998-1999.

Durant toute la période d'ajustement structurel, le Trésor Public s'est réorganisé et a participé, à partir de 1997, à la mise en place des réformes budgétaires et comptables contenues notamment dans les progiciels SIGFIP et ASTER.

Les effets bénéfiques de la dévaluation s'étant estompés en 1999, la crise économique et financière est revenue en 2000 pour perdurer jusqu'en 2011, sur fond d'incertitudes politiques. De nouvelles versions de PAS, comportant des volets sociaux et d'importants retraitements de la dette, ont été appliquées.

En dépit de la prévalence de convulsions politico institutionnelles de 2000 à 2011, cette période a tout de même enregistré des réformes majeures en matière financière et comptable. La configuration actuelle du Trésor Public s'inscrit dans la mouvance des innovations introduites depuis 1997. L'institution a retrouvé la plupart des attributions qui devaient lui revenir depuis sa création : la gestion de la dette extérieure, la tutelle de la direction des assurances, la gestion des postes comptables à l'étranger, l'adoption d'un nouveau système comptable structurant et plus performant,

ASTER. Bien plus, la nouvelle appellation de l'institution « **Direction Générale du Trésor et de la Comptabilité Publique (DGTCP)** » à la place de Direction Générale de la Comptabilité Publique et du Trésor, devait consacrer la prééminence de l'analyse macroéconomique. Mais, dans les faits, la tradition résiste.

Les nouvelles procédures d'élaboration des budgets de l'Etat central et de ses démembrements constituent d'autres dimensions des réformes des années 2000 qui avaient déjà commencé en 1997. Consécutivement, des modifications intervenues dans les circuits et procédures d'exécution des dépenses et des recettes du budget général de l'Etat, des comptes spéciaux du Trésor, furent mises en œuvre à travers les progiciels SIGFIP et ASTER, respectivement pour les étapes budgétaire et comptable.

Malgré les incertitudes politiques qui ont provoqué, par moments, des suspensions des relations avec les bailleurs de fonds, la méthodologie d'élaboration des programmes économiques et financiers du FMI a été toujours suivie : l'équilibre des finances publiques, la croissance économique, la lutte contre l'inflation et l'équilibre extérieur. Les interrelations entre les comptes des quatre secteurs ont constitué la trame d'élaboration des programmes économiques et financiers (PEF).

Les résultats des PEF ont été fortement influencés par les chocs exogènes à travers les péripéties politico institutionnelles. Sur toute la période de 2000 à 2011, les indicateurs macroéconomiques des quatre secteurs ont fluctué à la baisse. Les dérapages budgétaires relevés sont essentiellement dus à une sorte de laxisme lié à une gestion quelque peu politicienne des finances publiques. Les niveaux des dépenses publiques improductives et du service de la dette étaient élevés pendant que celui de l'investissement public et des dotations de lutte contre la pauvreté étaient relativement faibles.

Le Trésor Public a essayé de gérer avec beaucoup de difficultés les déficits budgétaires et de trésorerie. Cependant, les différents retraitements et restructurations de la dette publique ont permis d'alléger dans une certaine le poids des difficultés. Dans ce sens, après la crise post-électorale, les importantes annulations de dettes obtenues dans le cadre de l'initiative PPTE, le programme d'urgence appuyé par la facilité de crédit rapide (FCR) de 2011 et la facilité élargie de crédit (FEC) conclu en 2012 ont constitué des concours extérieurs d'une grande portée financière.

Le Trésor Public a activement participé à la conduite de toutes ces opérations, notamment en termes de mobilisation de ressources publiques, de paiement des dépenses publiques et parapubliques et de financement des soldes budgétaires, sans oublier d'autres activités monétaires et financières menées par l'institution.

En termes de perspectives, il apparait nécessaire au Trésor Public, pour accomplir pleinement ses missions, de prendre en compte de manière plus systématique les enjeux de politique financière internationale au regard des besoins de la Côte d'Ivoire. Il s'agit, notamment, de d'obtenir l'accroissement de l'efficacité de l'aide publique au développement, la minimisation des risques de surendettement, la meilleure maîtrise du dispositif d'analyse de la viabilité de la dette (AVD)...

Au niveau sous régional, le marché financier a besoin d'être renforcé par une diversification avec des instruments de longue maturité et une grande attractivité des investisseurs. De son côté, le Trésor ivoirien devrait aller au-delà des taux de réalisations pour rechercher une meilleure performance des titres publics ivoiriens calculée sur la base de la fréquence des émissions, et des coûts d'intermédiation et de transactions.

En matière de politique financière nationale, la gestion du déficit budgétaire, par la Trésor Public, a fait appel à diverses modalités: complémentarité entre financements intérieur et extérieur, entre financements bancaire et non bancaire, entre divers retraitements et restructurations de la dette. La remarque notable est que la PNG (position nette du gouvernement) n'a pas eu d'incidence négative sur l'actif consolidé du système bancaire, ni sur le crédit à l'économie de nature à induire un effet d'éviction. C'est plutôt l'effet d'attraction qui semble probable. En outre, le niveau très élevé du crédit à court terme (plus de deux tiers du crédit bancaire) reflète le taux élevé de préférence pour la liquidité ; ce qui s'avère préjudiciable à l'épargne nationale.

Le passif consolidé du système bancaire reflète l'orientation restrictive de la politique monétaire. Le taux de liquidité de l'économie (M2/PIB en %) est pratiquement constant de 1960 à 2008, car il est demeuré dans un tunnel de 20% à 30%, en dépit de la dévaluation de 1994. Son élévation au cours des périodes de crise économique, (1979-1993) et (2000-2012), est surtout liée à la faiblesse caractéristique du taux de croissance du PIB, inférieur à 1%. Ce niveau très moyen du taux de liquidité de l'économie pose le problème général du financement de la croissance, dont l'une des causes est à rechercher dans la politique monétaire restrictive de la Banque Centrale et des PAS.

Par ailleurs, les différentes réformes financières et comptables (SIGFIP, ASTER, CDMT, directives de l'UEMOA, PEMFAR), entreprises depuis la fin des années 1990, visent une meilleure performance de la gouvernance financière dans ses dimensions relatives à la transparence, la gestion axée sur les résultats, l'efficience, la responsabilité et la redevabilité.

Le Trésor Public, étant au cœur de la politique financière de l'Etat, doit donc s'ajuster par des réformes appropriées afin de pouvoir répondre effectivement et efficacement aux différents enjeux et défis de performance exigés par des orientations de politiques financières internationale, sous régionale et nationale. Des voies indicatives de réformes du Trésor Public ivoirien passent par la contribution active de l'institution dans la réalisation des grands équilibres macro- économiques, de l'équilibre de trésorerie pour faciliter l'exécution des lois de finances, la bonne tenue de la comptabilité publique et l'exercice efficace des fonctions de représentation financière de l'Etat à l'intérieur comme à l'étranger. Tout ceci suggère sa réorganisation et la mise en place d'un tableau de bord des finances publiques.

BIBLIOGRAPHIE

I. Ouvrages

Agbohou, Nicolas (2012) : Le Franc CFA et l'EURO contre l'Afrique, Editions Solidarité Mondiale

Agénor, Pierre Richard (2000): The economics of adjustment and growth, Washington DC, Academic Press.

Allais, Maurice (1972) : La libéralisation des relations économiques internationales, Paris, Gauthier-Villars

Amaïzo, Y. Ekoué (2001) : Naissance d'une banque de la zone Franc, 1848-1901, Paris L'Harmattan

Amin, Samir (1971) : L'Afrique de l'ouest bloquée : l'économie politique de la colonisation 1880-1970, Paris, Editions Minuit, 322 p.

Amin, Samir (1967) : Le développement du capitalisme en Côte d'Ivoire, Paris, Editions Minuit, 331p.

Amin, Samir (1970) : L'accumulation à l'échelle mondiale, Paris, Anthropos

Arghiri, Emmanuel (1969) : L'échange inégal : essai sur les antagonismes dans les rapports économiques internationaux, Maspero, collection "Economie et Socialisme"

Arnott, Richard and others (2003): Economics for an imperfect world: essays in Honor of Pr. Joseph E. Stiglitz, The MIT Press, November 2003.

Baastian A. den Tuinder (1978): Ivory Coast, the challenge of success, A World Bank Country Report.

Banque Mondiale (1987) : La Côte d'Ivoire en transition : de l'ajustement structurel à la croissance auto entretenue, rapport n°6051-IVC, volume II, Rapport principal, Washington.

Banque Mondiale (1998) : « Côte d'Ivoire : Revue des dépenses Publiques – 1991 à 1998 » Vol.1, Analyses, Banque Mondiale, Washington, D.C.

Banque Mondiale (1998) : « Côte d'Ivoire : Revue des dépenses Publiques – 1991 à 1998 » Vol.2, Annexes, Banque Mondiale, Washington, D.C.

Banque Mondiale (2003) : «Côte d'Ivoire, renforcement de la gestion et du contrôle des dépenses publiques», Revue des dépenses publiques, 16 Décembre, Rapport n°27141-IVC, Banque Mondiale.

BCEAO (2000) : Histoire de l'union monétaire ouest africaine, Paris, Georges Israël éditeur

Bloch-Lainé, François et Pierre de Vogue (1961): Le Trésor public et le mouvement général des fonds, 375 p., Bibliothèque de la société économique, Paris, PUF.

Bouche, Denise (1991) : Histoire de la colonisation française, tome 2, flux et reflux (1815-1962), Paris, Fayard

Clozel, François Joseph (1906) : Dix ans à la Côte d'Ivoire, Paris, Edition Librairie maritime et coloniale.

Cornevin, Robert (1975) : Histoire de l'Afrique, Tome 3 : Colonisation, décolonisation, indépendance, Paris, Payot

Cornevin, Robert et Marianne (1964): Histoire de l'Afrique, des origines à nos jours, Payot

Contamin, Bernard et Yves Fauré (1990) : La bataille des entreprises publiques en Côte d'Ivoire, l'histoire d'un ajustement interne, Karthala et ORSTOM

Cornia, Geovanni et Richard Jolly (1987) : L'ajustement à visage humain : protéger les groupes vulnérables et favoriser la croissance, Paris, Economica, UNICEF.

Daumont, Roland et al (1999) : Programmation financière, méthode et application à la Tunisie, Institut du FMI.

De Miras, Claude (1982) : L'entrepreneur ivoirien ou une bourgeoisie privée de son état.

In Faure Y.A. (ed.), Medard J.F. (ed.) Etat et bourgeoisie en Côte d'Ivoire. Paris : Karthala, 1982, p. 181-229.

Devaux, Gilbert (1957): La Comptabilité publique. Tome 1. Les Principes. Paris, Presses Universitaires.

Diop, Cheikh Anta (1981) : Civilisation ou barbarie. Autopsie sans complaisance, Présence Africaine 526 p.

Diop, Cheikh Anta (1979) : Nations nègres et culture, 3eédition, Tome I et II, Présence Africaine,

Diop, Cheickh Anta (1960) : L'Afrique noire précoloniale, Présence Africaine

Diop, Cheickh Anta (1987) : Antériorité des civilisations nègres, mythe ou vérité historique, Présence Africaine

Duruflé, Gilles (1988) : L'ajustement structurel en Afrique, Sénégal, Côte d'Ivoire, Madagascar, Paris, Karthala

Ekanza, Simon Pierre (1995) : Le dernier siècle de l'Afrique libre, Abidjan, Presse Universitaire de Côte d'Ivoire

Ekanza, Simon-Pierre (2005) : L'Afrique au temps des Blancs, 1880-1935, Abidjan, Editions CERAP, 2005, 188p.

Ela, Jean Marc (1982) : l'Afrique des villages, Karthala

Fauré, Yves et J. F. Médard (1982) : Etat et bourgeoisie en Côte d'Ivoire, Karthala.

FMI (1984) : Programmation financière appliquée à la Côte d'Ivoire, Washington DC, FMI.

Foirry, Jean-Pierre et Denis Resquier-Desjardins (1986) : Planification et politique économique en Côte d'Ivoire 1960-1985, Abidjan, CEDA.

Girault, Arthur (1904) : Principes de colonisation et de législation coloniale, (3 août 1894),

Hayek, Friedrich Von (1975): Choice in currency: a way to stop inflation, Institute of Economic

Hopkins, Anthony Gerald (1973): An economic history of West Africa, London, Longmans, 337 p.

Jurgensen, Philippe et Daniel Lebègue (1988) : Le Trésor et la politique financière, Paris, Montchrestien.

Ki-Zerbo, Joseph (1972) : Histoire générale de l'Afrique Noire, Paris, Hatier.

Lecallo, Denis (1982) : Les entreprises publiques en Côte d'Ivoire, Ministère des Relations Extérieures, France, juin 1982.

Lebon, André (1901) : La politique de la France en Afrique, 1896-1898, Mission Marchand Niger, Madagascar.

Loucou, Jean-Noël (2012) : La Côte d'Ivoire coloniale, Abidjan, les Editions du CERAP et Fondation Félix Houphouët Boigny, 365 p.

Pouémi, Joseph Tchundjang (1980) : Monnaie, servitude et liberté : la répression monétaire Editions Jeune Afrique

Mandilou, Désiré (2008) : la dette africaine, l'état des savoirs, Paris, l'Harmattan

Mauny, Raymond (1970) : les siècles obscurs de l'Afrique Noire, Paris, Fayard

Mauny, Raymond (1960) : Tableau géographique de l'Ouest africain au Moyen Âge d'après les sources écrites, la tradition et l'archéologie, Dakar 1960, 587 p, réimpression à Amsterdam, Swets & Zeitlinger, 1975.

Meillassoux, Claude (1986) : Anthropologie de l'esclavage : le ventre de fer et d'argent, Paris, PUF, (reéd, 1998)

Memel-Fotê Harris (2007) : L'esclavage dans les sociétés lignagères de la forêt ivoiriennes (XVIIe-XXe siècle) Editions du CERAP - IRD - Paris - 2007

Moreux, René (1951) : Principes nouveaux d'économie coloniale, Paris, 174 p p.155.

Niangoran Bouah, Georges (1984) : L'univers akan des poids à peser l'or. Les poids non figuratifs, Tome 1. Les poids figuratifs, Tome 2, Tome 3, NEA, MCB, 311 p., 313 p.

Nyahoho Emmanuel (1995) : La concurrence des monnaies dans un marché financier dématérialisé, L'Actualité Economique vol 71, n°3 pp. 334-364

Paulme, Denise (1971) : « les classes d'âges dans le Sud-est de la Cote d'Ivoire », Paris, Plon, « Recherches en Sciences Humaines »35:205-287

Sachs, Jeffrey (1989): The debt overhang of developing countries, in debt, stabilization and Development, Basil Blackwell, Oxford.

Stiglitz, Joseph E. (2002) : La grande désillusion, Paris, Fayard.

Stiglitz, Joseph E. (2003) : Quand le capitalisme perd la tête, Paris, Fayard.

Stiglitz, Joseph E. (2008): Le triomphe de la cupidité, Paris, Fayard

Stiglitz, Joseph E. (2010): The Stiglitz Report: Reforming the international monetary and financial systems in the wake of the global crisis, The New Press, 2010.

Société française d'histoire d'outre-mer (1981) : Le sol, la parole et l'écrit : 2000 ans d'histoire africaine : mélanges en hommage à Raymond Mauny, Paris, L'Harmattan, 1 016 p.

Sundaram, J. Kwame and R. von Arnim (2008): Economic liberalization and constraints to development in sub-Saharan Africa, Working Papers, 67, September

Vitaux, Alain et André Doulourou (1989) : Histoire des douanes ivoiriennes: premier centenaire 1889-1989, Abidjan: IPNETP, 366-LCVI p.: ill. cf. Annexe 7-XXI.

World Bank (1978): Ivory Coast, the challenge of success, A World Bank Country Report.

Wickens, Michael (2010) : Analyse macroéconomique approfondie : une approche par l'équilibre général dynamique, Bruxelles, de Boeck Université.

Yao, Y. Joseph (2005) : Méthode d'étude et de recherche en Sciences économiques et sociales, avec application au contexte d'Afrique Noire, Paris, L'Harmattan

II – Articles, thèses, rapports et communications

Agbroffi, D. Joachin (1997) : L'Abyssa nzema et ordre social et politique chez les Nzima, option anthropologie politique, Thèse de doctorat de 3e cycle, Facultés des Lettres, Arts et Sciences humaines, Université d'Abidjan Cocody, Côte d'Ivoire.

Aglietta, Michel et Vladimir Borgy (2005) : «Héritage Greenspan : le triomphe de la politique discrétionnaire», La lettre du CEPII, N°251, décembre 2005

Akitoby, Bernadin (1997): Termes de l'échange endogènes et cycles économiques réels, une application à la Côte d'Ivoire, Revue Economique, Vol.48, N°4, Juillet, PP. 1485-1508

Alesina, Alberto and D. Dollar (2000): Who gives foreign aid to whom and why? Journal of Economic Growth 5, 33–63. www.nber.org/papers/w6612

Allingham, Michael G. and Agnar Sandmo. (1972): "Income tax evasion : theorical analysis", Journal of Public Economics, Vol.1 pp 323-338.

Allou, K. René (2002) : Histoire des peuples de civilisation Akan des origines à 1874, Abidjan, Université d'Abidjan, 2002, 3 volumes, 1514p. Thèse pour le Doctorat d'Etat.

Anouma, René-Pierre (1975) : L'impôt de capitation en Côte d'Ivoire de 1901 à 1908 : modalités et implications d'un instrument de politique et d'économie coloniales, in Annales de l'Université d'Abidjan. Série I Histoire, Vol. tome 3, 1975, pp. 121-139.

Artus, Patrick (2006) : Que nous apprennent les écrits académiques de Ben Bernanke ? , Flash CDC-IXIS, n°2006-45

Assémien, Alexandre (1994) : « Dette et croissance : le cas de la Côte d'Ivoire », Abidjan, CIRES/CAPEC, DT n°2, décembre.

Baldet, Jacques et al. (1986) : "Aide-mémoire portant sur certains aspects de la fiscalité et du système douanier ivoirien", FMI, août.

Berthelemy Jean-Claude and Sophie Chauvin (2000): "Structural changes in Asia and growth prospects after the crisis, CEPII – Document de travail n° 00-09.

Bhagwati, N. Jadish (1958): « Immiserising growth: a geometrical note», Review of Economic Studies, pp 201-255.

Bhagwati, N. Jadish (1968) : « Distorsions and immiserising growth: a generalization », Review of Economic Studies 35, pp 481-485.

Birdsall N., Claessens S., Diwan I. (2001): "Will HIPC matter? The debt game and donor behavior in Africa". UNU/ WIDER Development Conference on Debt Relief, 17- 18 août, Helsinki, Finlande.

Bobba, Matteo and Powell, Andrew (2007): Aid and growth: politics matters, Working Paper No. 601 (Washington: Inter-American Development Bank). www.iadb.org/res/publications/pubfiles/pubWP-601.pdf

Boncoeur, Jean et Hervé Thouément (2007) : Histoire des idées économiques de Platon à Marx, Ed. CIRCA, Paris, Armand Colin.

Bouoiyour, Jamal et Oscar Kuikeu (2012) : "Pertinence de la dévaluation du Franc CFA de janvier 1994: une évaluation par le taux, cas de l'économie camerounaise", Document de travail CATT, n° 11, juillet

Bouley, D., Suire, G., et Toussaint, G. (2002) : « Côte d'Ivoire : Préparation et Exécution du Budget de l'Etat ». Département des Finances Publiques, Fonds monétaire International, Washington, D.C.

Boutillier, Jean-Louis (1969) : « La ville de Bouna de l'époque précoloniale à aujourd'hui », in Cahiers O.R.S.T.O.M., série Sciences humaines, vol. VI, n°2, (pp.2-20), p.9.

Bulíř, Arles and Javier A. Hamann (2006): "Volatility of development aid: from the frying pan into the fire?" IMF Working Paper 06/65 (Washington: International Monetary Fund). http://www.imf.org/external/pubs/ft/wp/2006/wp0665.pdf

Calvo, Guillermo. A (1998): "Growth, debt and economic transformation: The Capital Flight problem" in New Theories in Growth and Development, Coricelli F, di Matteo M, Hahn F. (dir.). New York.

Chamley, Christophe et Hassan Ghanem (1990): Macroeconomic of public deficit: the case of Côte d'Ivoire, The World Banck, July

Clements, Benedict and alii (2003): « External debt, public investment and growth in low-income countries», IMF Working Paper, WP/03/249, December. PP.1-21

Cohen, Daniel. (1999), « Instabilité financière et croissance : leçons des crises Africaines et Latino-américaines », Revue d'Economie du Développement n°2000/1-2, Juin.

Collier, Paul et Jan Willem Gunning (1999): Why Africa has grown slowly?, Journal of Economic Perpective, Vol.13, N°3, PP.64-111

Conrad, Bouley et Cornély (1990) : Côte d'Ivoire, amélioration des structures et procédures budgétaires, FMI, Département des Finances Publiques, Washington DC

Corden, W. Max (1988):"Debt relief and adjustment incentives". IMF Staff Paper, vol.35, n°4, pp.628- 643, décembre.

Conseil National de la Comptabilité (2012 : Evaluation de l'architecture comptable et financière de le Côte d'Ivoire selon la méthodologie CNUCED / ISAR) : Rapport final, Abidjan 31 Juillet 2012

De Boissieu, Christian (1994): "Problématique des marchés émergents", Revue d'Economie Financière, N°29, Eté 1994, PP.13-24

DGI (2014) : Rapport sur les coûts fiscaux, janvier 2014, DGI

DGBF (2014) : les réformes induites par les nouvelles directives de l'UEMOA et l'appropriation du budget 2014, DGBF

DGTCP (2011): Compte générale de l'administration des finances, CGAF 2011

DGTCP (2012): Rapport d'activités 2012, Abidjan, DGTCP

DGTCP (2012): Compte général de l'administration des finances, DGTCP

Devarajan, Shantayana. and Jaime De Melo (1987) : « Adjustment with a fixed exchange rate : Cameroon, Côte d'Ivoire and Senegal», The World Bank Economic Review, Vol.1, n°3 May, pp 447-487.

Dijkstra, Geske, and Niels Hermes (2001): The uncertainty of debt service payments and economic growth of Highly Indebted Poor Countries: Is Therea case for debt relief? UNU/ WIDER Development Conference on Debt Relief, 17- 18 Août, Helsinki, Finlande.

Easterly, William (2001): "The lost decades: explaining developing countries' stagnation in spite of policy reform 1980-1998", Journal of Economic Growth, vol.6, n°2.

Edwards, Sebastian [2003a]."Debt relief and fiscal sustainability". Review of World Economics, vol. 139 (1) p.38-65.

FMI (1996) : « Ajustement budgétaire : Principes directeurs », série des brochures du FMI, n°49-F, pp 13-15, Washington DC.

FMI (1998): Côte d'Ivoire: Final document on the Initiative for Heavily indebted Poor Countries (HIPC) Washington: IMF and IDA, March.

Garrard, Timothy F. (1989): Studies in Akan goldweights THSG, XIII (i), p. 120, XIII (i), pp. 149-160, p. 1-17

Gbaka, K. Gaspard (2002) : « Réflexion pour le renforcement du rôle des impôts fonciers dans le financement des collectivités publiques ivoiriennes », CAPEC/CIRES, Abidjan, août.

Grandcolas, Jean et al (1995) : « République de Côte d'Ivoire : réformes fiscales et renforcement des administrations fiscale et douanière », FMI, Juin.

Guillaumont, Patrick et Sylviane Jeanneney (1984) : Zone franc et développement africain Economica, 337 pages

Kipré, Pierre (1975) : La place des centres urbains dans l'économie de la Côte d'Ivoire de 1920 à 1930 Annales de l'Université d'Abidjan. Série I Histoire, pp. 94-110.

Kouamela, Kacou (2003) : « Impacts du Tarif Extérieur Commun sur l'économie ivoirienne» CAPEC/CIRES, DT. N° 84, décembre.

Kodjo, Niamkey Georges (1992): «Notes et documents sur l'histoire du Nord-Est de la Côte d'Ivoire », Annales de l'Université nationale de Côte d'Ivoire, p. 207-224.

Koulibaly, Mamadou (1995) : Comprendre la dévaluation du Franc CFA en 1994, Audace Afrique

Krugman, Paul (1988a) :"Financing vs. forgiving a debt overhang". NBER Working Paper n°2486. January.

Kwasi-Fosu, Augustin (1996): "Primary exports and economic growth in developing countries", The World Economy, July, pp. 465- 75

Lord Lugar (1922) : The dual mandate in British tropical Africa, Londres, dans Economie mondiale et grandes puissances au 20ème siècle, Cahiers français n°265 mars-avril 1994.

Meillassoux, Claude (1962) : L'économie des échanges précoloniaux en pays Gouro, in Cahiers d'études africaines, n° 12, vol. III, pp.553-555.

Memel-Fotê, Harris (1969,), Le système politique des Adioukrou. Une société sans Etat et à classes d'âge de Côte d'Ivoire, Thèse de 3e cycle, Université de Paris, Université de Côte d'Ivoire, 444 p.

Minoiu, Carmelia and S. Reddy (2009): "Development aid and economic growth: A positive long-run relation," Quarterly Review of Economics and Finance, forthcoming. http://www.camelia-minoiu.com/aid.pdf

Ministère de l'Economie et des Finances (2001) : Examen des conditions nécessaires à la conduite d'une politique monétaire au moyen d'instruments de marché, MEF (PADESFI).

N'Gouan, Patrick (2013) : Contribution de l'industrie manufacturière dans la convergence des pays de la CEDEAO vers les pays émergents des BRICS, Revue Africaine de l'Intégration et du Développement, volume 6, n°1, édition spéciale, PP.98-127, mars 2013, Commission de l'Union Africaine, Département des Affaires Economiques

N'Gouan, K. Patrick (2011) : Impacts des variables budgétaires et de gouvernance sur le développement en Afrique, Actes du 2ème Congrès des

Economistes Africains, volume 2, PP. 64-76, Abidjan, 24-26 novembre 2011.

N'Gouan, K. Patrick (2007) : « pauvreté et gestion du budget de l'Etat », in LIDHO (2007) : « Pauvreté et droits de l'homme, Paris, l'Harmattan.

N'Gouan, K. Patrick (2005): "Financement budgétaire et croissance économique en Côte d'Ivoire", Thèse de Doctorat, Université de Paris 1, Panthéon Sorbonne, France.

N'Gouan, K. Patrick (1992): "Ajustement structurel et préservation du bien-être des ménages urbains de Côte d'Ivoire", Mémoire de DEA, Université d'Abidjan-Cocody.

Niangoran Bouah, Georges (1972) : « Problèmes de la recherche en milieu de tradition orale », Kasa bya Kasa 1, IES, Université d'Abidjan, décembre

Niangoran-Bouah, Georges (1974) : « Poids à peser l'or et les problèmes de l'écriture chez les Akan de Côte d'Ivoire et du Ghana », Colloque interuniversitaire Ghana-Côte d'Ivoire, Bondoukou

Pégatienan, H. Jacques (1987): "Stabilization policy in an agricultural dependent economy, an econometric model of Côte d'Ivoire", Boston University.

Rama, Martin, 1998. "Wage misalignment in CFA countries: are labor market policies to blame?," Policy Research Working Paper Series 1873, The World Bank.

République de Côte d'Ivoire (2013) : Cadre de mesure de la performance de la gestion des finances publiques, Rapport sur la seconde évaluation du système de la GFP, Février 2013

Sachs, Jeffrey D. and others (2004): Ending Africa's poverty trap, Brookings Papers on Economic Activity Vol. 1, pp. 117–240 (Washington: The Brookings Institution). www.unmillennium project.org/documents/BPEA Ending Africas Poverty Trap FIN AL.pdf

Semi-bi Zan (1973-1974) : « La Politique coloniale des travaux publics en Côte d'Ivoire (1900-1940) » in Annales de l'Université d'Abidjan. Série I Histoire, 1973-1974, p.59.

Servén, Luis (1997): "Uncertainty, Instability and Irreversible Investment: Theory, evidence and Lessons From Africa". World Bank Policy Research Working Paper n°1722.

Stiglitz, Joseph E. (2012): "Estimating the costs of war: methodological issues, with applications to Iraq and Afghanistan," with L. Bilmes, Oxford Handbook of the Economics of Peace and Conflict, Oxford University Press, 2012, pp.275-317.

Stiglitz, Joseph E (2008): Capital market liberalization, globalization, and the IMF, in Capital Market Liberalization and Development, J.A. Ocampo (eds.), New York: Oxford University Press, 2008, pp.76-100.

Thill, Jean et al. (1991) : « Côte d'Ivoire, vers une fiscalité adaptée », Ministère de la Coopération et du Développement, République Française.

Terray, Emmanuel (1982) : « L'économie politique du royaume abron du Gyaman », in Cahiers d'Etudes Africaines, Vol. 22 N°87-88. pp. 251-275.

Terray, Emmanuel (1974) : « Bondoukou avant la conquête coloniale : le témoignage des visiteurs britanniques », Colloque interuniversitaire Ghana-Côte d'Ivoire, Bondoukou.

Tokpa, Jacques Lepé (2006) : Côte d'Ivoire: l'immigration des voltaïques, 1919-1960, Abidjan: CERAP, 121p.

Wondji, Christophe (1981), « L'histoire dans les sociétés lignagères de la Côte d'Ivoire forestière », Mélange en hommage à Raymond Mauny, Société Française d'Histoire d'Outre-Mer, Paris

Wong, Chorng-Huey (2002): Ajustement macroéconomique et équilibre interne et externe, Quartely Journal of Economics, Vol.109, PP.485-490

Yatta, François Paul (2008) : Décentralisation financière, une vue d'ensemble de la problématique, Atelier sous régional du CIFAL, Ouagadougou, 30 mars 2008

Yansané, Kerfalla (2012) : L'Afrique veut croire à un nouveau départ avec la FMI, JA, 113/10/2012

Zinsou, Jean-Vincent (1975) : « L'Administration française en Côte d'Ivoire, 1890-1922 », in Annales de l'Université d'Abidjan. Série I Histoire, vol. III, pp. 73-84.

TABLE DES MATIERES

Côte d'Ivoire
aux éditions L'Harmattan

Dernières parutions

FEMMES VICTIMES DE VIOLENCES PENDANT LES CONFLITS
Sofia, la belle solitude – Récit
Sastre Danièle
Ce livre retrace le parcours d'une jeune femme ivoirienne ayant été contrainte de quitter son pays en y laissant ses enfants, après avoir été victime de violences sexuelles perpétrées par un groupe armé. Sofia, 32 ans, après un long périple, découvre en France l'accueil froid fait aux réfugiés victimes de violations des droits humains. Puis, grâce à sa vitalité, à son courage et à l'aide d'associations, elle apprend petit à petit à vivre une nouvelle vie de femme, de mère et de citoyenne.
(10.00 euros, 68 p.)
ISBN : 978-2-343-04762-1, ISBN EBOOK : 978-2-336-36319-6

MUTUELLES (LES) DE DÉVELOPPEMENT EN CÔTE D'IVOIRE
Idéologie de l'origine et modernisation villageoise
Yao Gnabéli Roch
Préface de Laurent Bazin
«Mutuelles de développement» est le nom générique qu'ont pris en Côte d'Ivoire les associations regroupant cadres et travailleurs originaires d'un même village ou d'une même région. Comment expliquer la permanence de tels groupements ? Pourquoi leurs organisateurs doivent-ils sans relâche réunir, interpeller les membres villageois ou citadins pour obtenir leur participation ? Les mutuelles de développement constituent en Côte d'Ivoire des dispositifs sociaux où se fabrique l'ancrage des rapports sociaux et politiques.
(Coll. Anthropologie Critique, 25.00 euros, 256 p.)
ISBN : 978-2-343-04765-2, ISBN EBOOK : 978-2-336-36388-2

LAURENT GBAGBO : LA PASSION D'UNE ESPÉRANCE DÉMOCRATIQUE
Dagbo Raphaël
Préface de Alain Cappeau
L'Afrique de l'Ouest a été balkanisée pour répondre aux besoins de colonies d'exploitation que voulaient les colonisateurs. Ils en ont fait un espace de micro-États peu fiables politiquement et économiquement. Les nombreux coups d'État, pilotés de l'extérieur ou non, en sont la triste illustration. La Côte d'Ivoire qui faisait partie des exceptions bascule à son tour dans l'engrenage infernal en 1999. Au milieu d'un tableau d'apocalypse, la voix de Laurent Gbagbo se fait fortement entendre.
(Coll. Afrique liberté, 25.00 euros, 248 p.)
ISBN : 978-2-343-03243-6, ISBN EBOOK : 978-2-336-36072-0

BÔGÔBLÔ (LE)
Musique dans la société Atchan (Côte d'Ivoire)
Djoke Théophile Bodjé
Le bôgôblô est un instrument ancestral de prédilection du peuple Atchan, dont l'auteur est natif. Dans cet ouvrage, il développe des aspects de la musique du bôgôblô des Tchaman

propres à la société Atchan, à savoir la musique de réjouissance, la musique funéraire et la musique militaire.
(Coll. Harmattan Côte-d'Ivoire, 15.50 euros, 150 p.)
ISBN : 978-2-336-30576-9, ISBN EBOOK : 978-2-336-35762-1

GUERRE (LA) EN CÔTE D'IVOIRE
Récits et réflexions pour sortir des sentiers battus
Kouadio Jean
Le 19 septembre 2002, quand éclate ce que certains observateurs et analystes ont qualifié de «La guerre de la France contre la Côte d'Ivoire», le jeune prêtre d'alors qu'est le père Kouadio Jean sent une révolte sourdre en lui. Il s'engage aux côtés des patriotes qui luttent pour libérer le pays de l'emprise néocoloniale. Il se met donc à réfléchir sur l'impérialisme et ses conséquences dans le monde et surtout dans celui des peuples pauvres et humiliés, et exprime ses réflexions.
(Coll. Études africaines, 16.50 euros, 160 p.)
ISBN : 978-2-343-03510-9, ISBN EBOOK : 978-2-336-35964-9

CÔTE D'IVOIRE (LA), D'UNE CRISE À L'AUTRE
Sous la direction de Viti Fabio
Le caractère composite de ces approches fait de ce recueil une contribution interdisciplinaire : politistes, anthropologues, sociologues, donnent une lecture croisée des évènements qui ont profondément secoué la Côte d'Ivoire. Il s'agit ici d'élargir le regard, de l'actualité immédiate à une plus longue durée, comprenant la colonisation jusqu'à la dernière crise postélectorale de 2010-2011.
(24.00 euros, 246 p.)
ISBN : 978-2-343-02959-7, ISBN EBOOK : 978-2-336-35346-3

CÔTE D'IVOIRE
Sous le règne du faux
Holy Bedi
«Le monde est faux» aurait écrit l'écrivain malien Yambo Ouologuem, qui traîne aujourd'hui dans les rues parmi les nombreux malheureux que ce monde faux n'arrive pas à intégrer. La fausse apparence est devenue le modèle de vie, la tricherie et la fourberie ont été élevées au rang de règle, on a fait de la duplicité une méthode de réussite, de la prostitution une preuve de capacité d'attirance et de la corruption un système de régulation des relations au quotidien : l'imposture dans ce monde est grande ! Et elle l'est encore plus en Afrique.
(Coll. Afrique liberté, 14.00 euros, 130 p.)
ISBN : 978-2-343-03551-2, ISBN EBOOK : 978-2-336-35548-1

COMMERCE (LE) DANS LA RÉGION DE MAN
Côte d'Ivoire (1896-1940)
Sohi Blesson Florent
À l'époque ancienne, le commerce met en mouvement des populations aussi diverses que les Bété, les Gouro, les Toura, les Guéré, les Wobé et les Yacouba, sur leur quête de produits de consommation courante mais aussi dans l'acquisition de biens rares et convoités. Le commerce colonial se greffe à ces échanges anciens, accroissant la misère et les souffrances des populations. L'auteur souligne ici les ruptures diverses introduites dans la société «Dan-Wè» à l'avènement de ce commerce colonial.
(Coll. Racines du Présent, 41.00 euros, 434 p.)
ISBN : 978-2-343-03789-9, ISBN EBOOK : 978-2-336-35636-5

CÔTE D'IVOIRE : ON IRA JUSQU'AU BOUT !
Ohouochi Clotilde
«On ira jusqu'au bout» est la célèbre formule lancée par le président Laurent Gbagbo lors de sa première comparution à la Cour pénale internationale, en décembre 2011. Cette formule est reprise en écho par Clotilde Ohouochi qui raconte comment, en tant que personnalité proche de Laurent Gbagbo, elle a vécu les douloureux événements de la guerre postélectorale.
(Coll. IREA (Institut de recherche et d'études africaines), 19.00 euros, 194 p.)
ISBN : 978-2-343-00622-2, ISBN EBOOK : 978-2-296-53899-3

FRANCE (LA) CONTRE LA CÔTE D'IVOIRE. L'AFFAIRE DU SANWI
Du malentendu politico-juridique à la tentative de sécession
Koffi Koffi Lazare
Préface du professeur Séry Bailly
L'affaire du Sanwi est souvent évoquée à chaque crise qui marque le destin de la nation ivoirienne. Cette «affaire» a, de 1959 à 1970, secoué tout le sud-est forestier de la Côte d'Ivoire indépendante et entraîné tout un peuple avec son roi dans une douloureuse aventure, à la recherche de son indépendance, de sa liberté et de sa dignité perdues. Dans cette tentative sécessionniste, ils connurent des privations de liberté, mais aussi toutes sortes d'humiliations.
(Coll. Afrique liberté, 27.00 euros, 286 p.)
ISBN : 978-2-336-29311-0, ISBN EBOOK : 978-2-296-53799-6

COMMUNICATION (LA) DE CRISE AU PORT AUTONOME D'ABIDJAN
Goa Kacou
La communication de crise au port autonome d'Abidjan est un cas exemplaire et d'actualité. Il cadre avec la réalité ivoirienne et africaine. D'abord, ce cas permet d'établir le descriptif des différents systèmes de crise de communication interne et externe. Ensuite, il enseigne l'importance et l'utilité de la fonction communication dans tout espace à tout moment. Enfin, il permet de comprendre que la crise est un moment charnière pour l'entreprise.
(Coll. Harmattan Côte-d'Ivoire, 24.00 euros, 236 p.)
ISBN : 978-2-336-29310-3, ISBN EBOOK : 978-2-296-53848-1

PRÉSIDENT (LE) LAURENT GBAGBO À LA COUR PÉNALE INTERNATIONALE
Justice ou imposture ?
Koudou Kessie Raymond, Oulaye Hubert
Cet ouvrage rassemble les contributions d'intellectuels africains et européens, juristes, politologues, psychologues, sociologues, avocats, journalistes, écrivains... qui posent la question de la crédibilité de la CPI, à partir de l'analyse des faits et au regard des charges contre le président Laurent Gbagbo.
(Coll. Afrique liberté, 22.00 euros, 244 p.)
ISBN : 978-2-343-01046-5, ISBN EBOOK : 978-2-296-53712-5

NOTRE HISTOIRE AVEC LAURENT GBAGBO
Regard sur quinze années de crise en Côte d'Ivoire
Wakili Alafé
Préface de Mamadou Koulibaly
Postface de Ibrahim Cissé Bacongo
«L'auteur nous fait revivre, à travers son regard, la dernière décennie au coeur de la Côte d'Ivoire. Les épisodes de l'histoire s'enchaînent, se mêlent. Des milliers d'Ivoiriens sont morts, blessés, traumatisés, divisés, exilés, expropriés, parce que les hommes politiques n'ont pas eu le courage de gérer la crise, ne pensant qu'à leurs intérêts personnels à court terme. Aujourd'hui, notre terre d'Eburnie est toujours malade. Elle souffre des mêmes maux. Nous connaissons ces maux. Nous savons où ils peuvent nous mener.» (Mamadou Koulibaly.)
(21.00 euros, 216 p.)
ISBN : 978-2-343-00714-4, ISBN EBOOK : 978-2-296-53552-7

LAURENT GBAGBO AU CENTRE D'UN COMPLOT
Le rapport du groupe d'experts de l'ONU mis à nu
Koudou Kessie Raymond
L'ouvrage porte sur le rapport de mi-mandat du groupe d'experts de l'ONU sur la Côte d'Ivoire en octobre 2012, révélant la tenue d'une réunion de pro-Gbagbo au Ghana, dont l'objectif était la préparation d'une entreprise de déstabilisation de la Côte d'Ivoire, en relation avec les jihadistes de Ansar-Dine. La première partie présente les articles de 17 contributeurs et la seconde les réactions de personnes mises en cause. Ce livre vise à démontrer que ce rapport ne mérite aucun crédit parce que manipulatoire et tendancieux.
(Coll. Afrique liberté, 20.00 euros, 204 p.)
ISBN : 978-2-343-00813-4, ISBN EBOOK : 978-2-296-53488-9

CÔTE D'IVOIRE, COMMENT JE SUIS DEVENU CYBERACTIVISTE
Au coeur de la traque des partisans de Laurent Gbagbo par le régime Ouattara
Beko Steve - Préface d'Arsène Touho
Cet ouvrage retrace le parcours de Fabrice Lago, alias Steve Beko, qui, tout en étant singulier, est commun à de nombreux jeunes Ivoiriens qui ont dû fuir leur pays pour préserver leur vie face à la violence sans précédent qui s'est abattue sur les partisans de Laurent Gbagbo après sa capture le 11 avril 2011. Blogueur et cyberactiviste, il est l'un des porte-voix du camp Gbagbo sur les réseaux sociaux.
(Coll. Points de vue, 18.00 euros, 182 p.)
ISBN : 978-2-336-00718-2, ISBN EBOOK : 978-2-296-53345-5

MIGRATIONS ET MISE EN VALEUR DE LA BASSE CÔTE D'IVOIRE (1920-1960)
Cissé Chikouna - Préface du Professeur Boubacar Barry
Voici une histoire vivante du phénomène migratoire tel qu'il a été organisé par le pouvoir colonial en réponse aux besoins de mise en valeur de la Basse Côté d'Ivoire. La mobilisation sous l'empire de la contrainte de la main-d'oeuvre «indigène» a durablement marqué l'histoire démographique de l'Afrique de l'Ouest, de la Côte d'Ivoire, qui fut la plaque tournante des migrations de travail en AOF, du début des années 1920 à la fin de l'ère coloniale.
(Coll. Etudes africaines, 32.00 euros, 314 p.)
ISBN : 978-2-296-99565-9, ISBN EBOOK : 978-2-296-53386-8

GESTION (LA) BUDGÉTAIRE DE L'HÔPITAL PUBLIC EN CÔTE D'IVOIRE
Kouyaté Mohamed D.
La gestion budgétaire de l'hôpital public constitue une dimension incompressible du management général qu'il importe à tout acteur hospitalier de connaître. Gérer l'hôpital public ivoirien, c'est d'abord et surtout gérer des dotations budgétaires rares face à une immensité d'urgences à couvrir.
(Coll. Harmattan Côte-d'Ivoire, 38.50 euros, 400 p.)
ISBN : 978-2-336-29298-4, ISBN EBOOK : 978-2-296-53486-5

MÉDIAS COLONS ET MONDIALISATION
Le cas de la Côte d'Ivoire
N'Da Jean-David
Le lynchage médiatique de la Côte d'Ivoire exécuté pendant plus d'une décennie par le système médiatique français est un succès. Cet ouvrage explique la géostratégie racialiste qui se tient derrière l'assaut des médias colons et dévoile l'hypocrisie du mondialisme avare, prédateur et appauvrissant qui le sous-tend. Le jeu trouble des acteurs politiques ivoiriens se dévoile aussi.
(Coll. Points de vue, 15.50 euros, 154 p.)
ISBN : 978-2-336-29279-3, ISBN EBOOK : 978-2-296-53049-2

N'DOLO
Chants, jeux et danses en pays baoulé
Yao Koffi Célestin
Les baoulés sont un peuple de Côte d'Ivoire, issus du groupe akan. Au niveau de la culture et des arts, ils constituent l'un des peuples les plus créatifs d'Afrique. L'art sculptural baoulé fait le bonheur de nombreux musées occidentaux. Cependant, au pays baoulé, il n'y a pas que les masques et les statuettes, mais de nombreuses autres formes artistiques, dont l'art du chant et de la danse. En règle générale, ces formes s'associent pleinement au cérémonial dit du « masque »...
(21.00 euros)
ISBN : 978-2-336-00794-6, ISBN EBOOK : 978-2-296-53194-9

L'HARMATTAN ITALIA
Via Degli Artisti 15; 10124 Torino

L'HARMATTAN HONGRIE
Könyvesbolt ; Kossuth L. u. 14-16
1053 Budapest

L'HARMATTAN KINSHASA
185, avenue Nyangwe
Commune de Lingwala
Kinshasa, R.D. Congo
(00243) 998697603 ou (00243) 999229662

L'HARMATTAN CONGO
67, av. E. P. Lumumba
Bât. – Congo Pharmacie (Bib. Nat.)
BP2874 Brazzaville
harmattan.congo@yahoo.fr

L'HARMATTAN GUINÉE
Almamya Rue KA 028, en face
du restaurant Le Cèdre
OKB agency BP 3470 Conakry
(00224) 657 20 85 08 / 664 28 91 96
harmattanguinee@yahoo.fr

L'HARMATTAN MALI
Rue 73, Porte 536, Niamakoro,
Cité Unicef, Bamako
Tél. 00 (223) 20205724 / +(223) 76378082
poudiougopaul@yahoo.fr
pp.harmattan@gmail.com

L'HARMATTAN CAMEROUN
BP 11486
Face à la SNI, immeuble Don Bosco
Yaoundé
(00237) 99 76 61 66
harmattancam@yahoo.fr

L'HARMATTAN CÔTE D'IVOIRE
Résidence Karl / cité des arts
Abidjan-Cocody 03 BP 1588 Abidjan 03
(00225) 05 77 87 31
etien_nda@yahoo.fr

L'HARMATTAN BURKINA
Penou Achille Some
Ouagadougou
(+226) 70 26 88 27

L'HARMATTAN SÉNÉGAL
10 VDN en face Mermoz, après le pont de Fann
BP 45034 Dakar Fann
33 825 98 58 / 33 860 9858
senharmattan@gmail.com / senlibraire@gmail.com
www.harmattansenegal.com

L'HARMATTAN BÉNIN
ISOR-BENIN
01 BP 359 COTONOU-RP
Quartier Gbèdjromèdé,
Rue Agbélenco, Lot 1247 I
Tél : 00 229 21 32 53 79
christian_dablaka123@yahoo.fr

Achevé d'imprimer par Corlet Numérique - 14110 Condé-sur-Noireau
N° d'Imprimeur : 119415 - Dépôt légal : juin 2015 - *Imprimé en France*

www.ingramcontent.com/pod-product-compliance
Lightning Source LLC
LaVergne TN
LVHW011151061026
849535LV00003B/695
* 9 7 8 2 3 4 3 0 5 5 9 4 7 *